文史哲學集成

王偉勇著

詞學專題研究

文史哲出版社印行

國家圖書館出版品預行編目資料

詞學專題研究 / 王偉勇著. -- 初版. -- 臺北市 :文史哲, 民 92
面; 公分. -- (文史哲學集成 ; 475)
參考書目：面
ISBN 957-549-507-1 (平裝)

1.詞 – 評論

823.88　　92007787

文史哲學集成 475

詞學專題研究

著　　者：王　偉　勇
出 版 者：文 史 哲 出 版 社
http://www.lapen.com.tw
登記證字號：行政院新聞局版臺業字五三三七號
發 行 人：彭　正　雄
發 行 所：文 史 哲 出 版 社
印 刷 者：文 史 哲 出 版 社
臺北市羅斯福路一段七十二巷四號
郵政劃撥帳號：一六一八〇一七五
電話 886-2-23511028・傳真 886-2-23965656

實價新臺幣五六〇元

中華民國九十二年(2003)四月初版

ISBN 957-549-507-1

自序

民國七十六年，余自母校東吳大學中國文學研究所博士班畢業，渥蒙先師林炯陽所長之提攜，遂應聘返校擔任專任教職。民國八十一年，並囑余在研究所開課，名為「詞學專題研究與討論」。為使課程名實相副，乃規劃每學年講授若干專題，並採上學期教師講授，學生提問；下學期學生報告，師生討論之方式進行。民國八十九年，余赴逢甲大學中國文學系碩士班兼課；九十年轉至國立成功大學中國文學系專任，此課程亦持續開授，至今十有二年矣！

十餘年來，為講授此課程，經余編教材供討論，進而修改整理，發表在學報暨期刊之論文，凡二十五篇，累計四十餘萬字。此中部分專題，並指導學生完成碩士論文，或寫成單篇論文發表在刊物上。以強調詞體之實用性為例，余曾撰寫〈南宋詞中所反映之宋季朝政〉與〈南宋詞中所反映之朝政——以高、孝、光、寧四朝為例〉兩文，以「主題」探索之方式，強調南宋詞人在宋、金對峙，奸相秉權之時代，亦曾將當時朝政反映於作品中；固不止於應酬歌筵、抒發幽憤而已。依此思考，乃系列指導學生完成與節令相關之論文，計有：陶子珍《兩宋元宵詞研究》、張金蓮《兩宋上巳寒食清明詞研究》、林幸蓉《兩宋端午詞研究》、劉學燕《兩宋七夕與重陽詞研究》、曾淑姿《兩宋中秋詞研究》等，以見詞中亦有反映民風節俗之內涵。而廖祐孰《兩宋懷古詞研究》、鄭淑玲《兩宋詠史詞研究》，亦屬「主題」探索之論文，可視為同系列作品。

又如〈以唐、五代小令為例試述詞律之形成〉一文，旨在探討唐、五代小令在體製、句法、平仄、用韻四方面，承襲與突破詩體，建立詞體規矩之現象。由於涉及詞調之探析，乃將相關令詞，逐調分予學生比照探析；至今已有三十詞調，完成整理，此中連文萍〈試論詞調「河傳」之特色〉、曾秀華〈「訴衷情」詞調分析〉、郭娟玉〈「南歌子」詞調試析〉及〈淺析「調笑」詞之藝術特色〉、黃慧禎〈試論「浪淘沙」之特色〉、謝俐瑩〈在詩律與詞律之間——「漁歌子」詞調分析〉、林宜陵〈「更漏子」詞調研究〉、陶子珍〈「虞美人」詞調試析〉、杜靜鶴〈「生查子」詞調試析〉、李雅雲〈「西江月」詞牌研究〉等十篇作品，已發表於《東吳中文研究所集刊》、《中國國學》及《國文天地》等刊物上，以印證其學習心得。至於近年始講授之「校箋」專題，亦指導東吳、逢甲、成大研究所學生，合力將晏殊、張先、晏幾道三人之詞集，依所揭原則，予以重新注釋；假以時日，宋詞之全面校箋，宜可期待也。

總之，十餘年之教學相長，切磋琢磨，對於詞學，已略有心得。為便於日後教學，且避免學生影印單篇論文之苦，乃先將十篇已發表之論文，分「校箋」、「理論」、「體製」、「主題」四類，予以匯集成書，付梓印行。至於近六年來，所著力之《宋詞與唐詩之對應研究》一書，亦將隨之推出；於焉四十餘萬字，分見各刊物之論文，終可「化零為整」，有一歸宿；箇中甘苦，誠然點滴心頭。尚祈學界 先進、同行 方家，不吝 教正是幸。

又：前揭兩書所錄之論文中，〈南宋詞中所反映之朝政——以高、孝、光、寧四朝為例〉、〈試述當行、本色在詞壇上之應用〉、〈賀鑄《東山詞》借鑒唐詩之探析〉、〈晏殊《珠玉詞》借鑒唐詩之探析——兩宋詞人大量借鑒唐詩之先驅〉、〈蘇軾集句詞四考〉、〈唐詩校勘北宋詞示例〉六篇，分別獲得行政院國家科學委員會八十、八十三、八十五、八十六、八十八、八十九等六學年度之甲種研究獎勵，對長年孜孜矻矻之研究者而言，誠屬莫大鼓舞。

而多年來在東吳大學協助繕打文稿之眾賢棣：潘麗琳、彭舒伶、江姿慧、林友良、周雯、王秋文、吳秀蘭，以及成功大學高曉琪學棣，則是此兩書之幕後助手；秀蘭同時負責最後彙整工作，辛苦可感。其次，兩年來，成功大學學生在教學上所給予之肯定，中文系同仁集體研究之激勵，以及學校對教師研究方面之敦促，亦令余產生積極出書之念頭。至於平日為余擔待諸多家族事務之兄弟妹，以及忙碌公務、家務之餘，仍需不時為余處理緊急瑣事，充當師生間傳遞訊息之內子，尤形同助理中之助理；俾余得無後顧之憂，奔波於教學、研究、服務、輔導，真非一「謝」字，可道感激於萬一。茲值此兩書出版之際，爰綴數語併深致謝忱焉。

王偉勇

民國九十二年四月序於
國立成功大學中國文學系

詞學專題研究　目錄

體製篇

主題篇

校箋篇

試論唐詩對箋校宋詞之重要性

壹、前　言

王國維《人間詞話》云：「楚辭之體，非屈子所創也。〈滄浪〉、〈鳳兮〉之歌已與三百篇異，然至屈子而最工。五七律始於齊、梁而盛於唐；詞源於唐而大成於北宋。故最工之文學，非徒善創，亦且善因。」[1]以此準度，宋詩之「善因」唐詩，而「善創」自我面貌，率爲學者所肯定，故論宋詩者，莫不以宋詩人所推崇之唐詩人爲線索，或分期、或分派、或分類，探其理論所宗，及其作品風格。茲據梁昆《宋詩派別論》[2]、吉川幸次郎著、鄭清茂譯《宋詩概說》[3]、許總《宋詩史》[4]、周裕鍇《宋代詩學通論》[5]等專著所述，分期概舉於宋詞壇亦具相當地位之宋詩人[6]，

1 引自滕咸惠校註《人間詞話新注》，臺北：里仁書局，一九八七年八月，頁一一四。
2 臺北：東昇出版事業有限公司，一九八〇年五月初版。
3 臺北：聯經出版事業公司，一九七七年四月初版。
4 重慶：重慶出版社，一九九二年三月第一版。
5 成都：巴蜀書社，一九九七年一月第一版。

簡論其所「善因」之唐詩人如下：

北宋前期：晏殊，一般均視為「崑體」詩人，推崇李商隱，筆者於所撰《晏殊〈珠玉詞〉借鑒唐詩之探析——兩宋詞人大量借鑒唐詩之先驅》一文[7]，則進一步指出，晏氏亦兼取白居易，故所作與「崑體」仍有不同。至若歐陽脩，則推崇韓愈與白居易。

北宋後期：蘇軾，除陶潛外，尚兼取唐代之杜甫、韓愈、白居易等。至若黃庭堅及江西詩派，固亦推重陶潛，然尤祖述唐代杜甫，兼取韓愈、李商隱等。

南宋前期：陳與義，乃江西詩派三宗之一，習染與之相近，而兼取宋之蘇、黃。陸游則由江西諸子入，而上推李、杜，兼取岑參。

南宋中、後期：「四靈」與「江湖」詩派興起：「四靈」詩人，於詞壇無足稱；「江湖」詩人，則有劉克莊、姜夔，最有聲稱於詞壇。劉克莊，除取徑晚唐賈島、姚合外，亦廣納中、晚唐其他詩人；甚而重新體會杜詩之妙處。姜夔，則自江西入而自晚唐出，尤喜陸龜蒙。

至若宋詞，雖云「善因」唐五代詞，然依筆者研究，宋代詞人仍以唐詩為其重要借鑒，終呈

6　此處分期，係採先師　鄭騫先生編註《詞選》之見解，由於南宋後期未見於宋詞壇上具相當地位之宋詩人，故與中期並論。該書係由臺北：中國文化大學出版部出版，一九八二年四月新一版。

7　見載於《東吳中文學報》第三期，一九九七年五月，頁一五九至二一〇。

別樣異彩。[8]惜乎至今仍未有專著予以闡揚；蓋當時詞人猶未普遍提出相關理論，而後世學者亦未能全面自宋詞「善因」唐詩之現象，予以系統研究，致難凸顯也。雖然，歷來詞論家，實已留意及之。如杜文瀾《憩園詞話》卷一云：「詩之幽瘦者，宋人均以入詞，如『曲終人不見，江上數峰青』一聯，秦少游直錄其語。若是者不少，是在塡詞家善於引用，亦須融會其意，不宜全錄其文。」[9]況周頤《蕙風詞話》卷一亦云：「兩宋人塡詞，往往用唐人詩句；金元人製曲，往往用宋人詞句。」（同前註，冊五，頁四四一九）至論「善因」唐詩之特定詞人，則以賀鑄（字方回）、周邦彥（字美成，自號清真居士）等人最爲人所道及。茲擇要摘錄相關評論如次：

王銍《默記》卷下云：

> 賀方回遍讀唐人遺集，取其意以為詩詞，然所得在詞人遺意也。[10]

張炎《詞源》卷下〈字面〉項云：

> 賀方回、吳夢窗皆善於煉字面，多於李長吉、溫庭筠詩中來。（同註9，冊一，頁二五九）

陳振孫《直齋書錄解題》卷二一云：

---

8 可參拙作〈兩宋詞人取材唐詩之方法〉，《東吳中文學報》第一期，一九九五年五月，頁二二三至二五八；〈賀鑄《東山詞》取材唐詩之方法〉，《東吳中文學報》第二期，一九九六年五月，頁一二五至一五五；〈晏殊《珠玉詞》借鑒唐詩之探析——兩宋詞人大量借鑒唐詩之先驅〉，同前註。

9 見錄於唐圭璋編《詞話叢編》，臺北：新文豐出版公司，一九八八年二月台一版，冊三，頁二八六〇

10 臺北：臺灣商務印書館《景印文淵閣四庫全書》本，冊一〇三八，一九八六年八月，頁三五五。

美成詞多用唐人時檃括入律，混然天成。長調尤善鋪敘，富豔精工，詞人之甲乙也。[11]

周密《浩然齋詞話》云：

周美成長短句，純用唐人詩句，如「低鬟蟬影動，私語口脂香」，此乃元、白全句。賀方回嘗言：「吾筆端驅使李商隱、溫庭筠，常奔走不暇。」則亦可謂能事矣。（同註9，冊一，頁二三四）

張炎《詞源》卷下〈雜論〉項云：

美成詞只當看他渾成處，於軟媚中有氣魄，採唐詩融化如自己者，乃其所長。（同前註，頁二六六）

沈義父《樂府指迷》云：

凡作詞，當以清真為主。蓋清真最為知音，且無一點市井氣，下字運意，皆有法度，往往自唐、宋諸賢詩句中來，而不用經史中生硬字面，此所以為冠絕也。（同前註，冊一，頁二七七至二七八）

吳衡照《蓮子居詞話》卷一云：

辛稼軒別開天地，橫絕古今，論、孟、詩小序、左氏春秋、南華、離騷、史、漢、世說、

一一　同註10，冊六七四，一九八五年八月，頁八八八。

選學、李、杜詩，拉雜運用，彌見其筆力之峭。（同註9，冊三，頁二四〇八）

謝章鋌《賭棋山莊詞話》卷九云：

晏、秦之妙麗，源於李太白、溫飛卿；姜、史之清真，源於張志和、白香山；惟蘇、辛在詞中，則藩籬獨闢矣。（同註9，冊四，頁三四四四）

要之，自以上敘述可知：無論詩人而兼詞人，如晏殊、歐陽脩、蘇軾、黃庭堅、陳與義、陸游、劉克莊、姜夔等；或被偏重視爲詞人之作者，如晏幾道、秦觀、賀鑄、周邦彥、辛棄疾、史達祖、吳文英等，縱或兼取唐詩以外之對象及領域，然論其主要習染，無不在於勤讀唐詩，「善因」唐詩，而後「善創」宋詞。而此等作者，對於宋代詞壇之影響，復極廣遠；因之，唐詩對宋詞之影響，亦幾遍及宋代詞壇，吾人於欣賞或箋註、校勘宋詞之際，自不可輕忽視之！

而研究宋詞者，自朱祖謀、龍沐勛、夏承燾、唐圭璋等大家著手從事宋詞之蒐輯、校訂、箋註、彙刊以還，後世踵繼之學者，不乏其人，亦頗有可觀。然真能洞燭唐詩對宋詞之影響，而於箋校之際，充分予以探微揭隱者，究未普遍。本文以「試論唐詩對箋校宋詞之重要性」爲題，即在重新呼籲詞學界同道，能專注於此，務期對宋詞之箋校，增加其深度及準確度，並期全面將宋詞箋註行世，以便閱讀與研究。

貳、正　文

為進一步了解以唐詩箋校宋詞之空間與深度，進而知其重要性，本單元擬自編年、校勘、箋註三大方向，運用相關唐詩，並以目前所見較完善之箋校著作為例，舉其得失，俾供思考。而所舉詞家，暫限於北宋，以省篇幅。又：除有必要，否則凡引自《全唐詩》、《全宋詞》之詩詞，逕以所據版本隨文附標冊數、卷數及頁碼[12]，以免繁碎。

一、編　年

歷來箋註宋詞者，恆對作品予以繫年，而所據率為詞家之相關傳記資料及其詩文作品等。以蘇試《東坡詞》為例，自以龍沐勛著《東坡樂府箋》為最早之編年箋校本[13]，目前則以石聲淮、唐玲玲著《東坡樂府編年箋注》[14]，最稱完善，蓋據龍氏之著而增補也。然筆者遍查歷來之箋註

[12] 本文所據《全唐詩》，凡十二冊，為臺北：盤庚出版社，一九七九年二月第一版；《全宋詞》，凡五冊，為臺北：世界書局，一九七六年十月初版。

[13] 臺北：華正書局，一九八〇年二月初版。

[14] 臺北：華正書局，一九九三年八月初版。

本，均將蘇軾三闋〈南鄉子〉集句詞，列入「未編年」項[15]，蓋謂無從編年也。然筆者按其所集唐詩，乃見其編年線索，堪稱一得。茲先錄原詞如次：

寒玉細凝膚（吳融）。清歌一曲倒金壺（鄭谷）。冶葉倡條遍相識（李商隱），爭如。豆蔻花梢二月初（杜牧）。　年少即須臾（白居易）。芳時偷得醉工夫（白居易）。羅帳細垂銀燭背（韓偓）歡娛。豁得平生俊氣無（杜牧）。〈南鄉子〉之一

悵望送春杯（杜牧）。漸老逢春能幾回（杜甫）。花滿楚城愁遠別（許渾），傷懷。何況清絲急管催（劉禹錫）。　吟斷望鄉臺（李商隱）。萬里歸心獨上來（許渾）。景物登臨閒始見（杜牧），徘徊。一寸相思一寸灰（李商隱）。〈南鄉子〉之二

何處倚闌干（杜牧）。弦管高樓月正圓（杜牧）。蝴蝶夢中家萬里（崔塗），依然。老去愁來強自寬（杜甫）。　明鏡借紅顏（李商隱）。須著人間比夢間（韓愈）。蠟燭半籠金翡翠（李商隱），更闌。繡被焚香獨自眠（李商隱）。〈南鄉子〉之三

此三闋集句詞，蘇軾均逐句註明詩句之作者；且各版本均將此三闋相次排列，故筆者頗疑三詞係一時之作也。復查蘇軾三闋集句詞中，有兩闋所集之原詩，乃涉及相同之地點，且與蘇軾之行實密切相關，益令筆者堅信「一時之作」之判斷。如〈南鄉子〉之二，「花滿」一句，引自許渾〈竹

15 同註13，卷三，頁三〇九；又：同前註，卷三，頁四三〇至四三三。其餘箋註本，不一一列舉。

林寺別友人〉七律之頷聯：「花滿楚城傷遠別，蟬鳴蕭寺喜同遊。」（冊八，卷五三六，頁六一一六）[16]詩中明顯點出「楚州城」。而其〈南鄉子〉之三，「蝴蝶」一句，係引自崔塗〈春夕〉七律詩，其前四句云：

> 水流花謝兩無情，送盡東風過楚城；蝴蝶夢中家萬里，子規枝上月三更。（冊一〇，卷六七九，頁七七八三）[17]

此詩復提及「楚城」其地，蘇軾顯然切所在之地，而集前人詩句以入詞也。至若〈南鄉子〉之一，雖未指明「楚城」，然細考之，亦與楚地有關。蓋此詞引吳融〈即席十韻〉之「寒玉細凝膚」詩句，而此詩係五言排律，其前八句云：

> 佳處方窺宋，平生未嫁盧；暖金輕鑄骨，寒玉細凝膚。妒蝶長成伴，傷鸞耐得孤；城堪迷下蔡，臺合上姑蘇。（冊一〇，卷六八五，頁七八七〇）

詩中「城堪迷下蔡」一句，係「堪迷下蔡城」之倒裝，典出宋玉〈登徒子好色賦〉：「東家之子……嫣然一笑，惑陽城，迷下蔡。」[18]而陽城、下蔡，乃戰國楚地所在，恆用以切「楚州」。如蘇軾「贈楚守田待制小鬟」〈浣溪沙〉即云：「學畫鴉兒正妙年，陽城下蔡困嫣然。」（冊一，頁三一八）

16　此詩詩題一作〈與德玄別〉，一作〈李玄〉。而詩中「楚城」二字，一作「謝城」；「傷遠別」三字，一作「傷共別」。

17　此詩詩題，一本下有「旅懷」二字。詩中「子規」二字，一作「杜鵑」。

18　見錄於梁蕭統編《文選》，臺北：藝文印書館，一九七二年九月六版，卷一九，頁二七四。

[19]，例證皦然。因之，以吳融所寫有關「楚州」之詩句，集入「楚州」所塡之詞，正見蘇軾之工夫，此亦宋代大家所作集句詞，迥非後人所能企及之處，固非泛泛戲作而已。

而綜考蘇軾一生，曾五度適楚州，首次係於仁宗嘉祐四年冬日。據王宗稷《東坡先生年譜·嘉祐四年己亥》載：「是歲，先生年二十四，服除。十二月，侍老蘇舟行適楚。」[20]此時，蘇軾尚無正式之詞作可考，且時在冬季，與三闋集句詞所涉春末、深秋之時間不符，三詞自不可能作於此年。

二度至楚州，係於神宗熙寧四年十月，自京城赴任杭州通判之際。據施宿《東坡先生年譜·熙寧四年辛亥》載：「是年六月，先生乞補外，上批示出與知州差遣，中書不可，擬通判潁州；上又批出改通判杭州。……十月，始渡淮，經行濠、楚、揚、潤諸郡。」（同前註，頁四二）此年，蘇軾三十六歲，此前，縱有〈華清引〉之創製[21]，然可考者亦僅此一闋，無他首可證；且抵楚州之時間，亦與三集句詞所涉者不符，故亦不可能作於此時。

三度至楚州，係於神宗元豐七年冬至日，自黃州量移汝州之際。據施宿《東坡先生年譜·元

---

19 詞題「田待制」三字，或又作「田待問」。原詞如下：「學畫鴉兒正妙年。陽城下蔡困嫣然。憑君莫唱短因緣。霧帳吹笙香嫋嫋，霜庭按舞月娟娟。曲終紅袖落雙纏。」

20 見收於王照編《宋人所撰三蘇年譜彙刊》，上海：上海古籍出版社，一九八九年十一月第一版，頁三一八。

21 據石聲淮、唐玲玲《東坡樂府編年箋注》考訂，蘇軾於英宗治平六年，已有〈華清引〉之創製。（參同註14，頁三。）

豐七年甲子》載：「八月，至京口，渡淮已歲晚矣。先生初欲求田金陵，及淮上，故盤桓久之，然竟不遂。」（同註20，頁六七）而王文誥《蘇文忠公詩編註集成總案》卷二四亦載：「元豐七年甲子，冬至日，抵山陽，……與王斿遇於淮上，并和田待問贈詩。待問席上贈小鬟，作〈浣溪沙〉詞；與秦觀淮上飲別，作〈虞美人〉詞」[22]所謂「淮上」，即楚州也。此年，蘇軾四十九歲，所作〈浣溪沙〉自題云：「席上贈楚守田待問小鬟」，似可與〈南鄉子〉之一，所謂「寒玉細凝膚，清歌一曲倒金壺」，相提並論，同係寫歌妓之曼妙；然一云「芳時偷得醉工夫」，一云「霜庭按舞月娟娟」（原詞參註19），時令顯然有別，自非一時之作也。

四度、五度至楚州，均於神宗元豐八年，由於關係三闋集句詞寫作之確切時間，茲依王文誥《蘇文忠公詩編註集成總案》卷二三至卷二六爲主，間參酌諸家所編年譜、紀年等資料，節略蘇軾元豐七、八年間有關之行實及作品如次：

元豐七年甲子

三月，告下，特授檢校尚書水部員外郎，汝州團練副使，本州安置，不得簽書公事。

四月，自黃州移汝州。

七月，抵金陵，往見王安石於蔣山。

---

[22] 臺北：學生書局，一九六七年五月初版，冊二，頁九二二至九二三。

八月，數見王安石於蔣山。

十月，至揚州；十九日，上表乞常州居住。[23]

冬至日，至淮上，即楚州也。楚守田待問席上，贈小鬟，作〈浣溪沙〉詞。

十二月一日，抵泗州。

元豐八年乙丑

正月四日，發泗州，再上乞常州居住表；上元，至宿川，填〈南鄉子〉（千騎試春遊）宿州上元詞。[24]

二月，至南都（今河南商丘）；告下，仍以檢校尚書水部員外郎，汝州團練副使，不得簽書公事，常州居住。

三月一日，宣仁皇后高氏垂簾聽政，立哲宗為皇太子；五日，神宗崩，哲宗即位。六日，

---

[23] 關於蘇軾上表乞常州居住之時間，施宿編《東坡先生年譜》，王宗稷編《東坡先生年譜》，均載於元豐七年十二月抵泗州之後（同註20，頁六七、三五二），與王文誥之編年略有出入，附錄供參考。

[24] 〈南鄉子〉（千騎試春遊）一詞，王文誥《蘇文忠公詩編註集成總案》未予編年。朱祖謀《東坡樂府》注，於此詞後案云：「本集〈泗岸喜題〉云：『謫居黃州五年，今日離泗州北行，岸上聞騾馱鐸聲空籠，意亦欣然，元豐八年正月四日書。』據此，則上元至宿州，情事適合，編乙丑。」（臺北：廣文書局，一九七二年九月初版，卷二，頁七四。）亦即元豐八年乙丑也，茲從之。

在南都，聞神宗皇帝遺詔，尋自南都還常州。[25]

四月，過楚州，田叔通席上贈舞鬟，作〈南鄉子〉（繡鞅玉鐶游）詞。

五月一日，過揚州，游竹西寺；二十二日，至常州。

六月，告下，復朝奉郎，起知登州軍州事。[26]

七月，自常州赴登州。[27]

八月，過揚州。

九月一日，抵楚州。

十月，過海州；十五日，抵登州任。二十日，告下，以禮部郎中召還。

十二月，抵京師，至禮部郎中任；尋告下，遷起居舍人。

由上列行實可知，元豐八年，蘇軾兩度經楚州，一在四月，由南都還常州之際；並依正月上元所填〈南鄉子．宿州上元〉之韻腳，再填一闋，贈田叔通舞鬟，其詞曰：

繡鞅玉鐶遊。鐙晃簾疏笑卻收。久立香車催欲上，還留。更且檀唇點杏油。　花遍六么

---

25 三月六日，在南都聞神宗皇帝遺詔事，王文誥《蘇文忠公詩編註集成總案》未載，茲據施宿編《東坡先生年譜》（同註20，頁二〇九）補入。

26 蘇軾復朝奉郎之時間，傅藻《東坡紀年錄》，列入元豐八年乙丑七月，並云：「八月十七日，得旨除知登州。」（同註20，頁四二七），與他書所載略有不同，附錄供參考。

27 蘇軾於元豐八年七月，自常州赴登州，見載於施宿編《東坡先生年譜》（同註20，頁六八）。

球。面旋迴風帶雪流。春入腰肢金縷細，輕柔。種柳應須柳柳州。

比較〈南鄉子〉之一所寫內容，亦屬贈歌者之作，均爲酒宴歡樂之敘寫也。而所謂「芳時偷得醉工夫」，亦可切春季之時。復比較〈南鄉子〉之二上片云「悵望送春杯。漸老逢春能幾回。花滿楚城愁遠別，傷懷。何況清絲急管催。」則可見暮春已逝之時間，餞別酒宴之場所，益確切相符；蓋蘇軾此別，正由南都還常州途中，且過楚州後，即往過揚州，故有傷別之語。而〈南鄉子〉之一，集杜牧〈贈別二首〉詩句「豆蔻梢頭二月初」入詞，一則稱許歌者之容貌出眾，一則正切離別之依依；尤高明者，該詩末兩句云：「春風十里揚州路，捲盡珠簾總不如。」正告示別後將抵達之地點——揚州，蘇軾洵非泛泛落筆也。

至若〈南鄉子〉之三，則當作於元豐八年九月，其時，蘇軾因獲「復朝奉郎，起知登州軍州事」之命，故七月自常州起程，擬赴登州；而於九月再抵楚州。此詞起首兩句云：「何處倚闌干，弦管高樓月正圓」，正道出值此秋月團圓之際，原宜在常州與家人團聚，孰料此度依然風塵僕僕，隻身獨赴登州，故云：「蝴蝶夢中家萬里，依然，老去愁來強自寬。」又云：「須著人間比夢間，……繡被焚香獨自眠。」頗有身不由己之嘆。而「老去」一句，出自杜甫〈九日藍田崔氏莊〉七律之首聯：「老去悲秋強自寬，興來今日盡君歡。」（冊四，卷二二四，頁二四〇三）[28]乃重九之作，正切

---

[28] 此詩「今日」二字，一作「終日」。

秋季；況此句傅幹《注坡詞》正作「老去悲秋強自寬」[29]，乃杜詩原句，證諸蘇軾「九月一日抵楚州」之行實，正相契合。而蘇軾所引杜甫詩，其詩題雖提及「藍田」其地，然考諸蘇軾一生，僅於仁宗嘉祐六年（一〇六一）至英宗治平元年（一〇六四），赴秦鳳路任「簽書鳳翔府判官」職，並未至屬於永興軍路京兆府管轄之「藍田縣」。故所引杜詩，側重在點出季節，而非示其所經之地；自與筆者「抵楚州」之論斷無矛盾。

綜上論述，可知蘇軾此三闋集句詞，實可明確編年：〈南鄉子〉之一、之二，係作於元豐八年四月；〈南鄉子〉之三，則作於元豐八年九月。歷來編年箋註者，或緣未細說其內容，或緣楚州僅蘇軾過境之地，未予特別留意，致輕忽遺漏，殊可惜也。此亦可證，唐詩於宋詞之編年，自有一定之助益，然就筆者所見，宋詞之箋註者，尚無人如此運用，寧無遺憾！而全宋詞，甚或兩宋近六十闋集句詞，是否可依此方法將部分作品予以繫年，筆者亦不敢自必，端賴同好深入探討。

二、校勘

歷來箋註宋詞者，均頗留意字句之校勘。或運用古今鈔本、刻本，相互比對；或蒐輯各選集、別集、總集，相互校讎，成績亦頗可觀。此中，尚能運用唐詩對各版本之異同，予以論斷者，仍

[29] 成都：巴蜀書社，一九九三年七月一版，卷第四，頁一二四。

屬少數；而鍾振振校註賀鑄《東山詞》[30]，實乃箇中之翹楚。如〈擁鼻吟〉（即〈吳青子〉）上片：

> 別酒初銷，憮然弭櫂蒹葭浦。回首不見高城，青樓更何許。大舶軻峨。越商巴賈。萬恨龍鍾，篷下對語。

鍾振振校勘云：「『萬恨』，知不足齋本作『葛恨』，不可通。四印齋本缺作『口恨』，餘本以『葛』為『萬』形訛，故改。按：原本『葛』字不誤，所訛者『恨』也。唐李端〈荊門歌送兄歸夔州〉：『船門相對多商估，葛服龍鍾篷下語。』賀詞用此，故應作『葛服』」（同前註，卷二，頁二九九）似此論斷，誠卓見也。

次如「揉藍」一詞，乃唐詩人常見用語，如方干〈贈江上老人〉七絕詩云：「卻教魚目無分別，須學揉藍染釣絲。」（冊一〇，卷六五三，頁七五〇二）或亦用作「挼藍」，如白居易〈春池上戲贈李郎中〉七絕詩云：「直似挼藍新汁色，與君南宅染羅裙。」（冊七，卷四五四，頁五一四四）宋詞人用此語入詞者綦夥。如王安石〈漁家傲〉起首云：「平岸小橋千嶂抱，柔藍一水縈花草。」（冊一，頁二〇五）黃庭堅〈點絳脣〉云：「淚珠輕溜，裛損揉藍袖。」（冊一，頁四一〇）、〈訴衷情〉云：「山潑黛，水挼藍，翠相攙。」（冊一，頁四一四）秦觀〈南歌子〉云：「揉藍衫子杏黃裙，獨倚玉闌無語，點絳脣。」（冊一，頁四六八）皆是其例。然秦觀另一闋〈臨江仙〉起首云：「千里瀟湘挼藍浦，

---

30 上海：上海古籍出版社，一九八九年十二月第一版。

蘭橈昔日曾經。」（見同上）據徐培均校註《淮海居士長短句》校勘，此中「挼藍」一詞，「李本、段本、毛本、四庫本、黃本、王本、詞律、秦本、彊村本、均作『接藍』，誤。」[31]此判斷亦極是，「接」與「揉」、「挼」兩字，蓋形近而誤也。

以上兩則，均係依唐詩或唐詩人慣用語進行校勘之範例，自較單純臚列字句異同之箋註方式，周到深入。雖然，憑一人之力，而欲了解每一字句之出處，據以準確校勘，亦戛戛其難。即以賀鑄〈芳心苦〉爲例：

楊柳迴塘，鴛鴦別浦。綠萍漲斷蓮舟路。斷無蜂蝶慕幽香，紅衣脫盡芳心苦。　返照迎潮，行雲帶雨。依依似與騷人語。當年不肯嫁春風，無端卻被秋風誤。

鍾振振校註《東山詞》，已查覺詞末「當年」句中之「春風」，「《全芳備祖．前集》卷一一〈花部．荷花〉、《歷代詩餘》卷三六作『東風』」，並註明此句係引自韓偓〈寄恨〉七絕詩：「死恨物情難會處，蓮花不肯嫁春風。」（同註30，卷一，頁七八、七九）而經查《全唐詩》，此詩出句之「難」字，一作「無」字；下句之「春風」，一作「東風」（冊一〇，卷六八三，頁七八四二），故不礙文義。同時，鍾振振亦發覺此詞末句「秋風」一詞，「《歷代詩餘》作『西風』，四印齋本作『春風』」，並斷云：「均不足據」。因之，其〈箋註．一〉乃云：「本篇疑作於哲宗元祐元年丙寅（一〇八六）至八年

[31] 上海：上海古籍出版社，一九八五年八月第一版，頁一四四。

癸酉（一〇九三）間。按：『當年』二句，感慨萬端，當與新舊黨爭有關。方回出仕於神宗熙寧間，適逢王安石變法，『不肯嫁春風』者，似謂己之未附新黨。『無端卻被秋風誤』者，則似指元祐更化，舊黨執政後，己亦不見重用也。」（同註30），（卷一，頁七八）

鍾氏如此推斷，恐值商榷，蓋未查明此詞末句仍有出處也。韓愈〈落花〉七絕詩云：「無端又被春風誤，吹落西家不得歸。」（冊五，卷三四三，頁三八五〇），此詞末句正出於此，四印齋本「秋風」作「春風」，非「不足據」也。而似此改易唐詩字面，引之入詞之現象，乃兩宋詞人慣用之技倆；即賀鑄《東山詞》亦尚有他例，如：

疏雨池塘見，微風襟袖知。〈南歌子〉起首[32]

翠穀參差拂水風，暖雲如絮撲低空。〈浣溪沙〉起首（同註30，卷四，頁四三八〇）

按：杜牧〈秋思〉詩云：「微雨池塘見，好風襟袖知。」（冊八，卷五二三，頁五九八五）顯而易見，前例係襲用杜詩，特改「微」字爲「疏」字，「好」字爲「微」字耳。又按：杜牧〈長安雜題長

---

32 此詞，《彊村叢書》、《全宋詞》及鍾振振《東山詞》均未標題，黃啓方先生《東山詞箋注》（臺北：嘉新水泥公司文化基金會出版，研究論文集第一七三種，一九六九年八月初版）考調云：「按：即〈南歌子〉，此詞五十二字，此體《詞律》收歐陽脩及石孝友詞各一首，《詞譜》另收毛熙震、辛棄疾各一首，方回此詞即歐詞體，蓋宋人皆用歐體也。」（卷一，頁三八）黃書並以賀鑄寓聲之例，取詞中語名調，曰〈囀黃鸝〉，此處則逕以一般通稱名之也。

句〉六首之二云：「晴雲如絮惹低空，紫陌微微弄袖風。」（同上，卷五二一，頁五九五一）[33]後例下句，亦顯襲用杜詩，特易「晴」字爲「暖」字，「惹」字爲「撲」字耳。（有關賀鑄借鑒唐詩之方法，詳參註8所揭拙作）

至若〈芳心苦〉一詞，其末句究應作「無端卻被秋風誤」，或「無端卻被春風誤」？仍有討論之空間。蓋此詞係詠蓮之作，觀上片「紅衣脫盡芳心苦」之語，則末兩句作「當年不肯嫁春風，無端卻被秋風誤」，自較合理，蓋蓮花不開於春季，卻被秋風吹落於秋季也。然若如鍾振振推斷，此詞，「當與新舊黨爭有關」，則「當年不肯嫁春風，無端卻被春風誤」，自產生前後呼應之效果，非但語順合理，證諸當時政治環境，亦較可取。蓋賀鑄於神宗時代，王安石變法之際，確「未附新黨」；而其一生，無疑與「舊黨」較有往來。如其《東山詞》序，即由蘇門四學士之張耒所作；而哲宗元祐七年，尚以「李清臣、范百祿、蘇試薦，改西頭供奉官入文資，爲承直郎。」[34]然元祐八年，朝局將變，蘇軾乞補外，而於是年六月，以端明、翰林侍讀二學士除知定州。……自此至九月，尚留京師，行禮部事。……冬十月，到定州。」（同註20，頁八六、八七、三六八）而賀鑄亦於同年「十月，離京東歸山陰。」（同註34）時間與此詞寫作之時令——深秋，正相契合。蘇、賀

33 此詩「如絮」二字，一作「似絮」。
34 參鍾振振校註《東山詞·附錄三》，同註30，頁五一二。

兩人，幾乎同時離京，即緣當年九月，太皇太后高氏崩，哲宗親政，頗用新黨人士，復欲推行新政，故舊黨人士乃紛紛避之而去。果不其然，元祐八年四月十二日，哲宗改元「紹聖」，「詔王安石配享神宗廟，復印行王安石三經義，詔役法並依元豐八年見行條約。……五月，罷詩賦，專治經術。……六月，責降呂大防、劉摯等。七月，追降司馬光、呂公著等，及責降元祐以來用事人。」（同註20，頁八九、九〇）元祐大臣乃紛紛遭殃。明乎此，筆者頗疑賀鑄此詞，當作於元祐八年秋季之後，所謂「當年不肯嫁春風，無端卻被春風誤」云云，蓋謂「當年未附新黨，而今新黨又起，自己無端又被捲入黨爭，爲其所排擠也。」否則以賀鑄與舊黨之關係，寧復以未見重用而怪之，豈其爲人所宜然！

此外，吾人閱讀宋詞之際，若見字詞生澀、文義不明、平仄違拗等現象，固宜取其他版本相比對，以明究竟；縱各版本無異詞，仍宜用心考證，當有意外收穫；而運用唐詩加以辨證，洵爲重要之一途。如賀鑄〈水調歌頭〉（彼美吳姝唱）上片之末結云：「癡信東歸虜，黑自死心降。」此中「黑自」一句，各版本均無異詞，然義頗晦澀。鍾振振校註，即依杜牧〈寄唐州李玭尚書〉詩：「奚胡聞道死心降」，斷定「黑自」兩字爲「聞道」之訛；蓋「黑」爲「聞」字傳寫之訛，「自」則「道」字中間之殘筆也。（同註30，卷三，頁三六〇）茲更舉晏殊〈浣溪沙〉爲例：

楊柳陰中駐彩旗。芰荷香裡勸金觥。小詞流入管絃聲。　只有醉吟寬別恨，不須朝暮促歸程。雨條煙葉繫人情。（冊一，頁九〇）

此詞末句，筆者閱讀之際，總覺「雨條」一詞甚深澀，然各本均無異詞，諸校註亦未曾疑之。蔡茂雄《珠玉詞研究》乃註云：「雨條，雨絲也。煙葉，山水雲霧等氣，亦曰煙。白居易詩：《煙葉蒙朧侵夜色》」[35]筆者心猶未安，經深入查證，始知「雨條」一詞，乃「風條」之誤，見於白居易〈楊柳枝二十韻〉（序略）：

小妓攜桃葉，新聲蹋柳枝。……身輕委迴雪，羅薄透凝脂。……樂童翻怨調，才子與妍詞。便想人如樹，先將髮比絲。風條搖兩帶，煙葉貼雙眉。……曲罷那能別，情多不自持。纏頭無別物，一首斷腸詩。（冊七，卷四五五，頁五一五六）

此詩係以「風條」、「煙葉」狀女子之妝扮，晏詞末句予以截用，以喻女子之牽繫人情，與雨絲山水迴不相涉，蔡註未免望文生義，而「雨條」終因得白詩，而知爲「風條」之誤也。又如王安石〈浣溪沙〉：

百畝中庭半是苔。門前白道水縈迴。愛閒能有幾人來。　小院回廊春寂寂，山桃溪杏兩三栽。為誰零落為誰開。（冊一，頁二〇六）

此詞亦爲集句詞，而首句前四字，王安石《臨川文集》、周祖謀《彊村叢書》[36]亦皆作「百畝中

---

35 臺北：文津出版社，一九七五年七月初版，頁七九。
36 《臨川文集》，見同註10，冊一一〇五，一九八七年二月，卷三七，頁二七三。《彊村叢書》，見臺北：廣文書局，冊二，一九七〇年三月初版，頁六〇五。

庭」。然南宋曾慥《樂府雅詞》、黃昇《花菴詞選》，以及明代陳耀文《花草粹編》[37]，均作「百畝庭中」，兩者何者爲是？經查此句係出自劉禹錫〈再遊玄都觀〉詩（冊六，卷三六五，頁四一一六），原句正作「百畝庭中半是苔」；《全宋詞》等書，顯將「庭中」誤倒作「中庭」也。再者，此詞下闋第二句前四字，《臨川文集》、《樂府雅詞》、《彊村叢書》亦皆作「山桃溪杏」；而《花菴詞選》、《花草粹編》，則作「山桃野杏」。經查此句，係出自雍陶〈過舊宅看花〉詩（冊八，卷五一八，頁五九二五），原句正作「山桃野杏兩三栽」；而王安石〈招葉致遠〉集句詩引此句，亦作「山桃野杏」（同註36，卷三六，頁二六六）。可證《全宋詞》等書，顯將「野杏」誤植作「溪杏」；而《臨川文集》之編纂者亦未查覺王安石之集句詞與集句詩，同集此詩句而有用字之異，致未予以校正。[38]次如滕宗諒〈臨江仙〉下片：

帝子有靈能鼓瑟，淒然依舊傷情。微聞蘭芝動芳馨。曲終人不見，江上數峰青。（冊一，頁一一〇至一一一）

詞中第三句，一般譜律均作「平平仄仄仄平平」，而滕作乃作「平平平平仄平平」，顯然綦拗；縱

37 《樂府雅詞》，見同註10，冊一四八九，一九八八年二月，卷上，頁一八九；《花菴詞選》，見同上，卷二，頁三二九。《花草粹編》，見同註10，冊一四九〇，一九八八年二月，卷三，頁一六八。

38 《臨川文集》係於南宋高宗紹興十年，由郡守桐廬詹大和校定重刻、豫章黃次山爲之序，凡百卷。按《欽定四庫全書總目》卷一五三《臨川文集》提要云：「安石詩文本出門弟子排比，非所自定，故當時已議其舛錯。」（臺北：藝文印書館，一九七四年十月四版，冊五，卷一五三，頁三〇四五）

「一、三、五」不論，然第四字之「芝」，斷無作「平」之理。《全宋詞》於此詞後附載，係錄自吳曾《能改齋漫錄》卷十六。經筆者查該書，此句係作「微聞蘭芷動芳馨」[39]，格律爲「平平平仄仄平平」，其中第三字平仄不拘，自屬合律；是亦可知《全宋詞》顯將「芷」字誤植作「芝」字也。且此詞係化用錢起〈省試．湘靈鼓瑟〉詩，其原詩云：「善鼓雲和瑟，常聞帝子靈；馮夷空自舞，楚客不堪聽。苦調淒金石，清音入杳冥；蒼梧來怨慕，白芷動芳馨。流水傳瀟浦，悲風過洞庭；曲終人不見，江上數峰青。」（冊四，卷二三八，頁二六五一）[40]詩中「白芷」一句，正爲滕詞「微聞」句所本，益可證作「芷」字爲是。

以上所舉，皆屬運用唐詩校勘宋詞，而能確切得其是非之例。然宋人所讀唐詩版本，與今人或不盡相同；而宋人又好以「截取」、「增損」、「化用」、「襲用」等技巧運用唐詩（參註8所揭拙作），故校勘之際，務必謹愼判斷，庶免過猶不及之失。

三、箋註

今人之箋註宋詞，無論選註或全集專註，數量已甚豐富；然詳贍周備、準確深入之作，仍不

---

39 臺北：廣文書局，一九七〇年十二月初版，卷一六，頁一一。

40 此詩用字多異，茲據《全唐詩》歸納如下：「善鼓」，一作「善拊」；「空自」，一作「徒自」；「來怨慕」，一作「成怨慕」；「瀟浦」，一作「湘浦」。

可多得。試嘗論今人箋註之缺失蓋有五端：其一，誤註，即未仔細查其原典而誤註之；其二，缺註，即宜註而未註之，率緣不知原典，或不明所以而漏註之；其三，略註，即僅註字面意思，而未詳其出處；其四，臆註，即望文生義，無所依據而註之；其五，泛註，即見他人曾使用相同或相似之詞語，無論時代先後，即比附爲註，全不論其當否。雖然，以上五端，欲求全於所有註本，誠亦甚難；而以筆者觀察，宋詞人既以借鑒唐詩爲最普遍，自亦以出自唐詩之詞語，誤註、缺註最嚴重。即以前舉蘇軾〈南鄉子〉之二下片起兩句：「年少即須臾，芳時偷得醉工夫」爲例，其他註本皆未註，唯石聲淮、唐玲玲《東坡樂府編年箋註》爲之註云：

> 「年少即須臾」：青春容易消逝。用白居易《東南行一百韻。寄通州元九侍御、澧州李十一舍人、果州崔二十二使君，開州韋大員外，庚三十三補闕遺、李二十助教，竇七校書》句。
>
> 「芳時偷得醉工夫」：缺。（同註14，卷三，頁四三一）

經筆者查白居易《東南行一百韻……》詩，原作：「歲華何倏忽，年少不須臾。」（冊七，卷四三八，頁四八七八）然此詞下句云：「芳時偷得醉工夫」，顯係勸人年少及時飲酒行樂之意，而《東南行一百韻……》詩意，並未道及此，因之筆者以爲蘇軾係化用白居易〈短歌行〉末節詩意，而後集之入詞，此乃蘇軾及時人常見之集句技巧，不足怪也。[41]其歌云：「勸君且強笑一面，勸君且強飲一杯；人生不得長歡樂，年少須臾老到來。」（冊七，卷四三五，頁四八一〇）即以措辭論，詞中「年少即須臾」，與此歌末句，結構、意思亦較相同，與「年少不須臾」，終覺違拗也。

至若「芳時偷得醉工夫」一句，所有註《東坡樂府》者，均未註出，或未索原。筆者細查《全唐詩》，始知，此句係出自鄭遨〈招友人遊春〉七絕詩：「難把長繩繫日烏，芳時偷得醉工夫。」（冊一二，卷八五五，頁九六七二）[42]蓋緣蘇軾誤記爲白居易詩，致此句成爲箋註之「懸案」。又如前舉〈南鄉子〉之三「蝴蝶夢中家萬里」句，前揭箋註者僅云：

逼真地夢見萬里之外的家。蝴蝶夢：夢境清楚，醒後也記得分明的夢；《莊子．齊物論》：「昔者莊周夢為蝴蝶，栩栩然蝴蝶也；自喻適志與，不知周也。」（同註14，卷三，頁四三三）

然此係集句詞，蘇軾既自標「崔塗」詩，自應將其出自崔氏〈春夕〉七律詩點出（詩見「校勘」項），方稱周備。再如蘇試〈訴衷情〉詞：

小蓮初上琵琶弦。彈破碧雲天。分明繡閣幽恨，都向曲中傳。　膚瑩玉，鬢梳蟬。綺窗

---

41 可參拙作〈《臨川先生歌曲》借鑒唐詩之探析——王安石爲詞壇開啓集句入詞之風氣〉一文，《東吳中文學報》第四期，一九九八年五月，頁二六一，註119。

42 此詩又題作杜光庭詩，亦見於《全唐詩》冊一二，卷八五四，頁九六六七。然佟培基編撰《全唐詩重出誤收考》（西安：陝西人民教育出版社，一九九六年八月第一版，頁六四五）考訂，作鄭遨詩爲是，茲從之。

前。素娥今夜，故故隨人，似鬥嬋娟。

石聲淮、唐玲玲箋註此詞「小蓮」、「分明」、「素娥」三句，如是云：

「小蓮」：一個彈琵琶的少女，用北齊的馮淑妃為比。據《北史·后妃傳》：馮淑妃名小憐，原是穆后的婢，「能彈琵琶，工歌舞」。「小蓮」即「小憐」，《太平御覽》九七五〈果部·蓮〉引《三國典略》：「馮淑妃，名小蓮也。」「分明繡閣幽恨，都向曲中傳」：少女內心隱藏的情感，都在琵琶聲中分明地傳出。分明，清楚地，形容「傳」字。繡閣，少女居住之處，這裡指少女。幽恨，不被別人知道的幽怨。曲，指她演奏的樂聲。

「素娥今夜，故故隨人，似鬥嬋娟」：月亮今夜故意緊緊地跟著小蓮，好像要和小蓮比賽誰美。素娥：月中的女神嫦娥。《文選》卷十三謝莊〈月賦〉：「集素娥於後庭。」李周翰注：「常（同「嫦」）娥竊藥奔月，月色白，故云素娥。」這裡指月亮。故故，故意。人：指彈琵琶的少女。鬥，比賽。嬋娟：美麗，指少女之美和月色之美。（同前註，頁五〇八至五〇九）

如此箋註，已頗清晰，解釋亦恰當，唯各句出處猶未舉出，難稱完備。如「小蓮」句，自是用馮淑妃典，然該句實化自李賀〈馮小憐〉五律詩起首：「灣頭見小憐，請上琵琶語。」（冊六，卷三九二，頁四四一六）而「分明」兩句，顯係化自杜甫〈詠懷古跡〉之三：「千載琵琶作胡語，分明怨恨曲中論。」（冊四，卷二三〇，頁二五一一）[43]箋註者若能如此舉出，益見精確；而原作者詠「琵琶女」（冊一，頁三〇九）[44]，即化用前人作品中與「琵琶」有關之詩句，用心亦可彰顯。至若末結三句中之「故故」，乃唐詩人常見語，如杜甫〈月〉五律詩頷聯即云：「時時開暗室，故故滿青天。」（冊四，卷二三〇，頁二五二八）白居易〈人定〉五律詩尾聯亦云：「誰家放鸚鵡，故故語相驚。」（冊七，卷四四八，頁五〇五二）張相《詩詞曲語辭匯釋》卷四〈故〉字下釋云：「故故，猶云常常或頻頻也。」[45]，是否較「故意」之解爲善？箋註者亦可多一分思考空間。

復以賀鑄《東山詞》爲例，除前節所舉〈芳心苦〉一詞，鍾振振漏註「無端卻被秋風誤」一句外，他如〈璧月堂〉（即〈小重山〉）上片：

夢草池南璧月堂，綠陰深蔽日，囀鸝黃。淡蛾輕鬢似宜妝。歌扇小，煙雨畫瀟湘。

鍾振振註「綠陰」兩句云：「王維〈瓜園詩〉：『黃鸝囀深木。』鸝黃，《廣韻》上平聲〈五朝・離〉：『《說文》曰：「離黃，倉庚，鳴則蠶生。」』今用「鸝」，爲「鸝黃」』按：即黃鸝。」（同註30，卷一，頁一一）此處舉王維〈瓜園詩〉爲原典，恐待斟酌。筆者以爲此句宜出自王維〈積雨輞川莊作〉

---

43 此詩詩題，一作「詠懷一章，古跡四首。」而詩中「怨恨」二字，一作「愁恨」。

44 此詞《全宋詞》題作「琵琶女」，龍沐勛及石聲淮、唐玲玲箋註本則無詞題。

45 臺北：臺灣中華書局，一九七三年四月臺三版，頁四八〇至四八一。

七律之頷聯：「漠漠水田飛白鷺，陰陰夏木囀黃鸝」（冊二，卷一二八，頁一二九八）[46]而此聯賀鑄極喜好，故亦見之其佚調詞之上片：「疏雨池塘見，微風襟袖知。陰陰夏木囀黃鸝。何處飛來白鷺、立移時。」（同註30，卷一，頁四四）又如〈第一花〉（即「鷓鴣天」）詞牌之取名，鍾振振箋註云：

宋劉斧《青瑣高議》前集卷六秦醇《溫泉記》（西蜀張俞遇太真）託名張俞再過驪山留題二絕，其二云：「不妨野鹿踰垣入，銜出宮中第一花。」（同前註，頁三五）

然「第一花」一詞，唐人詩中即有之，不必至西蜀張俞始見。許渾〈客有卜居不遂薄遊汧隴因題〉詩云：「海燕西飛白日斜，天門遙望五侯家；樓臺深鎖無人到，落盡春風第一花。」（冊八，卷五三八，頁六一三八）賀鑄之詞題及詞云：「金樓玉蕊皆殊豔，別有傾城第一花。」（同前註），或亦出自許渾詩，自應並注爲宜。又如〈伴雲來〉（即〈天香〉）下片：

當年酒狂自負。謂東君、以春相付。流浪征驂北道，客檣南浦。幽恨無人晤語。賴明月、曾知舊游處。好伴雲來，還將夢去。

鍾振振於此詞末結，並未註其所出（同前註，頁一六八至一六九），實則此結係化自杜牧〈丹水〉五律詩之頷聯：「恨身隨夢去，春態逐雲來。」（冊八，卷五二三，頁五九七八）[47]又如〈減字浣溪沙〉

---

[46] 此詩詩題，一本「莊」下有「上」字；一本作「秋歸輞川莊作」。

[47] 詩中「恨身」二字，一作「恨聲」。

上片：

　　兩點春山一寸波。當筵嬌甚不成歌。動人情態可須多。

鍾振振於此詞首句，亦未註其所出（同註30，卷三，頁三九七），實則「一寸波」一詞，係出自韋莊〈秦婦吟〉：「西鄰有女真仙子，一寸橫波剪秋水。」[48]亦可簡稱「寸波」，如賀鑄〈窗下繡〉（即〈一落索〉）起首即云：「初見碧紗窗下繡，寸波頻溜。」是其證也。

　　以上所舉石聲淮、唐玲玲《東坡樂府編年箋註》，以及鍾振振校註《東山詞》，已屬宋詞箋註本中之佼佼者，堪與鄧廣銘《稼軒詞編年箋註》[49]，錢仲聯《後村詞箋注》[50]等書並稱，然猶不免誤註、缺註，其餘箋註之種種缺失，亦可知矣！而其關鍵尤在昧於宋詞人好借鑒唐詩，致未能充分運用唐詩以註之也。

參、結語

　　綜上論述，可知運用唐詩箋校宋詞之重要性，亦可知運用唐詩箋校宋詞，仍有許多空間。茲

48 此詩見錄於陳尚君輯校《全唐詩補編》，北京：中華書局，一九九二年十月 第一版，上冊，頁三五至三六。
49 臺灣：臺灣中華書局，一九七二年十二月臺四版。
50 臺北：大立出版社，一九八二年景印初版。

更扼要歸納本文之觀點如次：

其一，就編年而言，本文以宋詞所引用之唐詩爲線索，將蘇軾三闋〈南鄉子〉集句詞予以編年，此方法是否可行於其他作品，甚至近六十闋之宋詞集句之作，筆者仍不敢自必，蓋「編年」誠爲箋校工作中最艱難之一環，不易有功；然亦相信苟能充分運用唐詩，可編年之宋詞，當不止於此三闋。

其二，就校勘而言，本文既舉證稱賞能運唐詩校勘之箋註成果；亦舉證說明未查知出處而遽下斷語之校勘，務必謹慎。尤舉例提醒箋註者，對於字詞生澀、文義不明、平仄違拗之詞句，縱各本無歧異，亦宜費心探索，善用唐詩，必有意外之收穫。而僅臚列各本異同之校勘方式，最宜改進，方能更有助於閱讀與研究。然鑒於宋人所註之唐詩版本，或不同於後世；又鑒於宋人於前人作品（尤其唐詩），每好以「奪胎換骨」、「點鐵成金」之方式[51]，加以擷取，故校勘論斷之際，最宜秋毫明察也。

---

51 釋惠洪《冷齋夜話》卷一載黃庭堅之言云：「詩意無窮，人之才有限，以有限之才，追無窮之意，雖淵明、少陵不能盡也。然不易其意而造其語，謂之換骨法；現模其意形容之，謂之奪胎法。」（臺北：弘道文化事業有限公司《詩話叢刊》本，下冊，一九七一年三月，頁一六一八。）又黃庭堅《豫章黃先生文集》卷一九〈答洪駒父書第二首〉云：「老杜作詩，退之作文，無一字無來處；蓋後人讀書少，故謂韓、杜自作此語耳。古之爲文章者，真能陶冶萬物，雖取古人之陳言，入於翰墨，如靈丹一粒，點鐵成金也。」（臺北：臺灣商務印書館《四部叢刊初編縮本》，一九六五年五月，頁二〇四。）

其三，就箋註而言，本文先臚列目前箋註宋詞者，恆見五缺失：誤註、缺註、略註、臆註、泛註是也。而後以石聲淮、唐玲玲《東坡樂府編年箋註》、鍾振振校註《東山詞》爲例，各舉數詞爲證，論其誤註、缺註之處。而此兩書於諸宋詞箋註本中，已屬佼佼者，尙不免有缺失，足證憑一人之力而欲求箋註之完備詳贍，誠不易也。

要之，箋校之工作，固極細碎繁重，僅憑少數人之心力，而欲求其完備，誠然戛戛其難。況兩宋詩人、詞人，率極熟悉唐詩，益以當時作詩爲文，提出「無一字無來處」之主張（黃庭堅語，見同前註），於焉有意無意之間，宋代詞壇借鑒唐詩，乃成極普遍之現象，亦益增箋註之困難。雖然，以筆者之知見，兩宋詞人之專集，若柳永《樂章集》、張先《安陸集》、晏殊《珠玉詞》、歐陽脩《歐陽文忠公近體樂府》、晏幾道《小山詞》、蘇軾《東坡樂府》、黃庭堅《山谷詞》，秦觀《淮海居士長短句》、賀鑄《東山詞》、晁補之《晁氏琴趣外編》、周邦彥《清真集》、毛滂《東堂詞》、朱敦儒《樵歌》、李淸照《漱玉詞》、向子諲《酒邊詞》、張元幹《蘆川詞》、朱淑真《斷腸集》、陸游《放翁詞》、范成大《石湖詞》、張孝祥《于湖詞》、辛棄疾《稼軒詞》、陳亮《龍川詞》、姜夔《白石道人歌曲》、史達祖《梅溪詞》、劉克莊《後村詞》、吳文英《夢窗詞》、劉辰翁《須溪詞》、周密《草窗詞》、王沂孫《碧山樂府》、蔣捷《竹山詞》、張炎《山中白雲詞》等，均已有箋註本，甚或一詞家而有多種箋註者，可證詞學界同好已於此方面投入極大之心力；然論其水準，顯然參差不齊，良莠並存。以筆者閱讀與研究所及，欲強化箋校之深度與精確度，留意宋詞中借鑒唐詩之現象，實爲最重要之一途；亦唯有運用唐詩箋校宋詞，在宋詞之箋校上，方能更突破現有之成就。而此工作，尤賴詞學界同好群策群力，整合計畫，統一規範，方能收事半功倍之效；亦可避免人力之重複，方式之散亂，而可臻於一定之水準。筆者頗期待宋詞之箋註工作，能全面展開，早日完成，斯乃本文撰寫之終極目的，亦筆者拋磚引玉之願望也。

※原載於《林炯陽先生六秩壽慶論文集》（臺北：洪葉文化事業有限公司，一九九九年二月初版一刷），頁六三五至六六一。

唐詩校勘北宋詞示例

壹、前　言

兩彥塡詞好借鑒唐詩，而云：「（美成詞）多用唐人詩語，檃括入律，渾然天成；長調尤善鋪敘，富豔精工，詞人之甲乙也。」[1]至若況周頤則云：「兩宋人塡詞，往往用唐人詩句。」[2]已然留意借鑒唐詩宋詞人塡詞，頗好借鑒唐詩，乃不爭之事實；宋詞人及後世論者每道及之。如賀鑄曾自謂其塡詞係借鑒唐李商隱、溫庭筠，而云：「吾筆端驅使李商隱、溫庭筠常奔命不暇。」[3]；陳振孫論周邦，乃兩宋人普遍之現象也。爲印證此觀點，筆者近年來，曾撰寫：〈兩宋詞人取材唐詩之方法〉、〈晏殊《珠玉詞》借鑒唐詩之探析〉、〈《臨川先生歌曲》借鑒唐詩之探析〉、〈賀鑄《東

1 見《直齋書錄解題》卷二一，臺北：臺灣商務印書館《景印文淵閣四庫全書》本，一九八五年八月，冊六七四，頁八八八。

2 見《蕙風詞話》卷一，臺北：新文豐出版公司《詞話叢編》本，一九八八年二月臺一版，冊五，頁四四一九。

3 見《宋史》卷四四三〈列傳二〇二・文苑五・賀鑄傳〉，臺北：鼎文書局，一九八二年十一月四版，冊一六，頁一三一〇三。而張炎《詞源》卷下〈字面〉項載：「賀方回、吳夢窗皆善於鍊字面，多於李長吉、溫庭筠詩中來。」其論點與《宋史》所載，略有不同。

山詞》取材唐詩之方法〉等相關論文[4]，發現兩宋詞人借鑒唐詩之方法，蓋有十端：一、泛用唐詩字面；二、截取唐詩字面；三、增損唐詩字面；四、改易唐詩字面；五、化用唐詩句意；六、襲用唐詩成句；七、合集唐詩成句；八、隱括唐人詩篇；九、引用唐人故實；十、綜合運用各類方法。本文凡涉及兩宋詞人借鑒唐詩之方法，其使用術語，亦皆以此爲基準。

同時，筆者復發現，兩宋詞人借鑒唐詩既爲普遍之現象，則自詞中所運用之唐詩，亦當可借以繫年、校勘、箋註宋詞，於焉而有〈試論唐詩對箋校宋詞之重要性〉一文之發表。[5]並藉由宋詞人作品所集唐人詩句中所涉及之地名、時令，將蘇軾、汪元量所作集句詞凡十二闋，予以繫年；而有〈蘇軾集句詞四考〉及〈汪元量《憶王孫》集句二考〉兩文之發表。[6]至若宋詞之校勘，歷來學者，或運用古今鈔本、刻本、刊本，相互比對；或蒐集各選集、總集，甚或文集、全集、各類詞譜，相互校讎，成績真有可觀。然能留意兩宋詞人借鑒唐詩之現象，進而運用唐詩對各版本

4　「兩宋」一文，見《東吳中文學報》第一期，一九九五年五月，頁二一三至二五八；「晏殊」一文，見前揭學報第四期，一九九八年五月，頁二一五至二七二；「賀鑄」一文，見前揭學報第二期，一九九六年五月，頁一二五至一五五。

5　收入《第四屆中國詩學會議論文集——唐代詩學》，臺灣：國立彰化師範大學國文系編印，一九九八年五月，頁四九五至五二四。此文經修正後，收入《林炯陽先生六秩壽慶論文集》，臺北：洪葉文化事業公司印行，一九九九年二月，頁六三五至六六二。

6　「蘇軾」一文，見《宋代文學研究叢刊》第四期，高雄：麗文文化事業公司，一九九八年十二月，頁二七一至三〇一。「汪元量」一文，見《東吳中文學報》第六期，二〇〇〇年五月，頁七三至一〇四。

之異同，予以論斷者，仍屬少數。因之，筆者乃承近年來之研究，而有本論文之撰寫，期對宋詞之研究另闢蹊徑，以略盡棉薄之力焉。

爲便於檢索及簡省篇幅，本文所列詞人及作品之先後，悉依唐圭璋所編《全宋詞》[7]；所引唐詩，悉依康熙敕撰《全唐詩》[8]，冊數及頁碼，亦以所舉版本爲主，逕標於該詩、詞之後，除非必要，不再一一附注。其次，本文特爲強調宋詞校勘之另一途徑，因之所舉例證，率爲平日閱讀所及，故未針對特定詞人之作品全面校勘；然亦僅限於北宋之詞人，庶免篇幅過於膨脹。至若列舉版本，要以能見其字詞相異者爲主，不要求各版本盡備焉。

貳、主　文

一、柳　永

例一：〈早梅芳〉（海霞紅）下片：

鈴齋少訟，宴館多歡，未周星，便恐皇家，圖任勳賢，又作登庸計。（冊一，頁一四）

7 臺北：世界書局，一九七六年一〇月初版。
8 臺北：盤庚出版社，一九七九年二月第一版。

校勘：起句「鈴齋」兩字，《詞譜》卷三十三作「黔齋」[9]，不通，宜作「鈴齋」爲是。按：「鈴齋」，唐以前均作「鈴閣」，指將帥或州郡長官辦事之地。如晉干寶《搜神記》卷七載：「今狂花生枯木，又在鈴閣之間；言威儀之富，榮華之盛，皆如狂花之發，不可久也。」[10]《晉書》卷三十四〈列傳第四・羊祜傳〉載：「（祜）在軍，常輕裘緩帶，身不披甲；鈴閣之下，侍衛者不過十數人。」[11]至唐，則「鈴閣」之外，並用「鈴齋」一詞，或爲平仄故也。如韓翃〈寄裴鄆州〉詩云：「官樹陰陰鈴閣暮，州人轉憶白頭翁。」[12]（冊四，頁二七五九）又〈贈鄆州馬使君〉詩云：「他日鈴齋內，知君亦賦詩。」[13]（同上，頁二七四一）宋人泛取唐詩字面，亦以「鈴閣」、「鈴齋」兩詞並用，而以「鈴齋」爲常見。此詞而外，柳永〈少年遊〉起首亦云：「鈴齋無訟宴遊頻，羅綺簇簪紳。」（冊一，頁三三）是可證「黔齋」之誤也。

例二：〈永遇樂〉（天閣英遊）下片：

吳王舊國，今古江山秀異，人煙繁富。甘雨車行，仁風扇動，雅稱安黎庶。棠郊成政，槐府登賢，非久定須歸去。且乘閒、孫閣長開，融尊盛舉。（冊一，頁二六）

---

9 臺北：洪氏出版社，一九八〇年十一月，冊四，頁二三九四。
10 臺北：鼎文書局，一九八〇年三月再版，頁六六。
11 版本同注1，冊二，頁一〇一五。
12 詩中「白頭翁」三字，一作「白鬚翁」。
13 此詩詩題「鄆州」兩字，一作「邳州」。

校勘：此詞末結，「孫閣」兩字，毛晉《宋六十名家詞・樂章集》作「暖閣」[14]，《詞譜》卷三十二作「弘閣」。[15]按：柳永〈永遇樂〉詞凡兩闋，本詞而外，其另一闋末結云：「祝堯齡、北極齊尊，南山共久。」（見同上），可見此調末結，柳永以三字領調後，即以對句出之。故知「暖閣」、「弘閣」均非，「孫閣」為是，以其方足與「融尊」對仗也。而「孫閣」，即「孫楚樓」，乃古金陵酒樓名，以之入詩，首見於李白〈翫月金陵城西孫楚酒樓……〉詩云：「朝沽金陵酒，歌吹孫楚樓。」（冊三，頁一八一七）柳永此詞，既歌詠江、浙一帶，「吳王舊國」；則以「孫楚酒樓」，切「金陵」其地，兼及人文故實，正見巧思。復以孔融「座上客恒滿，尊中酒不空」之故實[16]，以道「好客」之期待。於焉，乃將「楚孫酒樓」化稱「孫閣」，孔融置酒待客之事，括稱「融尊」，以相對仗，並藉「酒」為媒，以連貫此二典。筆者因謂作「孫閣」為是，而「孫閣」之論定，又以李白詩為依據也。

例三：〈定風波〉（自春來、慘綠愁紅）下片：

---

[14] 臺北：臺灣商務印書館《國學基本叢書》本，一九六八年九月臺一版，冊一，頁一五。

[15] 同注9，冊四，頁二三九六。

[16] 見《後漢書》卷七十〈列傳第六十・孔融傳〉，版本同注1，冊四，頁二二七七。又：姚學賢、龍建國《柳永詞詳註及集評》（鄭州：中州古籍出版社，一九九一年二月），薛瑞生《樂章集校注》（北京：中華書局，一九九四年一二月），均以為此詞為投獻詞。唯姚氏、龍氏以為投獻之對象為孫沔，薛氏則以為係滕宗諒；苟若前者所云，則此詞「孫閣」云云，亦可用指孫沔府第，特附注供參考。

早知恁麼。悔當初、不把雕鞍鎖。向雞窗、只與蠻牋象管，拘束教吟課。……（冊一，頁三〇）

校勘：詞中「蠻牋」兩字，毛晉《宋六十名家詞・樂章集》、萬樹《詞律》卷九、《詞譜》卷二十七俱作「鸞牋」。[17]按：此詞「牋」字，或作「箋」，乃通用字。而「蠻牋」與「鸞牋」，兩皆可通。然「蠻牋」唐人已見之，原指高麗或蜀地所產彩色之牋紙，後亦泛指彩色牋紙，如陸龜蒙〈酬襲美夏首病愈見招次韻〉詩云：「雨多青合是垣衣，一幅蠻牋夜款扉。」（冊九，頁七一八二）即是一例。至若「鸞牋」，則始見宋人用之，蘇易簡《文房四譜》卷四〈紙譜〉即載云：「蜀人造十色牋，凡十幅爲一榻，……然逐幅于方版之上研之，則隱起花木麟鸞，千狀萬態。」[18]後遂稱彩牋爲「鸞牋」，如張鎡〈池上木芙蓉欲開述興二首〉之二云：「岸巾三酌便酣眠，墮地鸞牋寫未全。」[19]，即是一例。雖然，「蠻牋象管」，乃唐以還恆見之詞語，用指高麗或蜀地所產之紙與象牙管之筆，亦泛指名貴之紙筆。如羅隱〈清溪江令公宅〉詩云：「蠻牋象管夜深時，曾賦陳宮第一詩。」（冊一〇，頁七五四四）劉兼〈春

---

17 《宋六十名家詞》版本同注14，冊一，頁一八。《詞律》，臺北：廣文書局，一九七一年九月初版，頁一七一。《詞譜》版本同注9，冊三，頁一九三八。

18 臺北：臺灣商務印書館《叢書集成簡編》本，一九六六年八月臺一版，頁五三。

19 見《全宋詞》卷二六八九，北京：北京大學出版社，一九九八年十二月第一版，冊五〇，頁三一六六五。

宴河亭〉詩云：「蠻牋象管休凝思，且放春心入醉鄉。」（冊一一，頁八六九五）柳永此詞，既以「蠻牋」與「象管」並舉，蓋亦承唐人習慣而用之，筆者因以爲作「蠻牋」爲是。

二一、張先

舉例：〈木蘭花〉上片：

青錢貼水萍無數。臨曉西湖春漲雨。泥新輕燕面前飛，風慢落花衣上住。（冊一，頁六八）

校勘：此詞「青錢」兩字，朱彝尊《詞綜》卷五及《御選歷代詩餘》卷三十一並作「青銅」。[20]按：「青銅」兩字，除用指鑄造器物之材料外，唐人詩文所見，多數用指「青銅錢」或「青銅鏡」；其用指「青銅錢」者，又可省稱「青錢」。如杜甫〈北鄰〉詩云：「青錢買野竹，白幘岸江皋。」（冊四，頁二四三四）即指「青銅錢」。而羅隱〈傷華髮〉詩云：「青銅不自見，只擬老他人。」（冊一〇，頁七五七〇）則指「青銅鏡」也。唐以後文士乃引申用之，以狀色綠而形圓之物，如荷葉、苔點、榆葉等，如杜甫〈絕句漫興〉云：「糝徑楊花鋪白氈，點溪荷葉疊青錢。」[21]（冊四，頁二四五一）；李咸用〈石版〉詩云：「古蘚小青錢，塵中看野色。」（冊一〇，頁七三八五）；歐陽炯〈春光好〉（花滴露）詞：「風颭九衢榆葉動，簇青錢。」（冊一

---

20 《詞綜》，臺北：世界書局，一九六八年十一月三版，上冊，頁六〇。《御選歷代詩餘》，臺北：廣文書局，一九七二年五月初版，冊三，頁一三。

21 詩中「疊」字，或又作「累」；「錢」字，或又作「鈿」。

二，頁一〇一二五）皆是其例。至若「青銅」一詞，至宋始用以狀如鏡之清水，如毛滂〈清平樂〉（絳河千歲）詞：「萬里青銅開碧霽，俯見南山晚翠。」（冊二，頁六六二）即是一例。今讀張先此詞，係以「青錢」狀貼水之萍葉，蓋承唐人習慣而用之；若作「青銅」，反覺生澀矣！

三、晏　殊

例一、〈浣溪沙〉

二月和風滿上林。牡丹妖豔直千金。惱人天氣又春陰。　為我轉回紅臉面，向誰分付紫檀心。有情須殢酒杯深。（冊一，頁八八）

校勘：此詞下片首兩句，字句頗有出入。唐圭璋於「紫檀」下案云：「『檀』原作『臺』，改從《唐宋名賢百家詞》。」然唐氏所據之吳訥《百家詞》乃傳鈔本，而臺北：廣文書局出版之排印本《百家詞·珠玉詞》[22]，載此詞此句，仍作「紫臺心」，不知其理安何？而《詞林集珍》胡士明校點本《珠玉詞》，於此詞「紅臉」之「臉」字下注云：「一作『粉』」；「紫臺」之「臺」字下注云：「一作『檀』」[23]，蓋據《元獻遺文》[24]而校注。然筆者所見，若毛晉

22 《百家詞》，又名《唐宋元明百家詞》，臺北：廣文書局，一九七一年五月初版，冊一，頁一。
23 《詞林集珍》，上海：上海古籍出版社，一九八九年二月第一版，頁一至二。
24 《元獻遺文》，臺北：臺灣商務印書館《景印文淵閣四庫全書》本，一九八七年二月，冊一〇八七，頁三六。

《宋六十名家詞》、《景印文淵閣四庫全書》所據毛氏本《珠玉詞》，以及四部備要排印之《宋六十名家詞》本，於此二句，均作「紅臉面」、「紫臺心」[25]；即胡氏之校點，亦以此爲正，而附註其他異文。筆者有鑒於此，復據唐人運用「紫臺心」之寄意，以及此詞與唐錢起〈贈闕下裴舍人〉詩，頗有借鑒之跡，因曾撰寫〈晏殊《浣溪沙》（三月和風滿上林）詞探微——以唐詩繫年宋詞之又一證〉一文[26]，證明作「紫臺心」爲確，讀者可參考該文，茲不贅述。

例二：〈浣溪沙〉

楊柳陰中駐彩旌。芰荷香裏勸金觥。小詞流入管絃聲。　只有醉吟寬別恨，不須朝暮促歸程。雨條煙葉繫人情。（冊一，頁九〇）

校勘：此詞末句，各本均作「雨條煙葉繫人情」，然「雨條煙葉」一詞，終覺費解。白居易〈楊柳枝二十韻〉云：「小妓攜桃葉，新聲踏楊枝。……身輕委迴雪，羅薄透凝脂。……小才與妍詞。便想人如樹，先將髮比絲。風條搖兩帶，煙葉貼雙眉。……曲罷那能別，情多不自持。纏頭無別物，一首斷腸詩。」（冊七，頁五一五六）詩中以「風條」、「煙葉」喻女子之

---

[25] 《宋六十名家詞》版本，同注14，冊一，頁一。《景印文淵閣四庫全書》本《珠玉詞》，一九八八年二月，冊一四八七，頁三。

[26] 見《東吳中文學報》第五期，一九九九年五月，頁八五至一一八。

妝扮，晏殊此詞蓋截取用之，以喻女子之牽繫人情，若作「雨條」則不通矣！雖然，晏幾道〈浪淘沙〉（麗曲醉思仙）詞亦云：「多少雨條煙葉恨，紅淚離筵。」（冊一，頁二四四）不知晏氏父子是否以爲「風條」終不足狀女子飾物之多，而改爲「雨條」；抑小晏獨喜乃父「雨條煙葉」一詞，而襲用之耶？要之，欲知此句命意，必先了解白詩之意，則無可疑也。

四、滕宗諒

舉例：〈臨江仙〉（湖水連天天連水）下片：

帝子有靈能鼓瑟，淒然依舊傷情。微聞蘭芝動芳馨。曲終人不見，江上數峰青。（冊一，頁一一〇）

校勘：此詞下片「微聞」句，其平仄格律爲：「平平平平仄平平」，顯然有誤。《全宋詞》此詞後附載係錄自吳曾《能改齋漫錄》卷十六，經筆者查該書，始知該句原作「微聞蘭芷動芳馨」[27]，《全宋詞》顯將「蘭芷」誤刻作「蘭芝」，以致平仄全失。而此詞下片，係括自錢起〈省試湘靈鼓瑟〉詩，原詩云：「善鼓雲和瑟，常聞帝子靈。……苦調淒金石，……白芷動芳馨。……曲終人不見，江上數峰青。」（冊四，頁二六五一）詩詞比對，益可證「芝」爲「芷」之誤也。

---

[27] 臺北：廣文書局，一九七〇年十二月初版，下冊，卷十六，頁一一一。

五、歐陽脩

例一：〈朝中措〉上片：

平山闌檻倚晴空。山色有無中。手種堂前垂柳，別來幾度春風。（冊一，頁一二二）

校勘：此詞上片「山色」句，黃昇《花庵詞選》卷二作「樓閣有無中。」[28]然蘇軾〈水調歌頭〉（落日繡簾卷）詞云：「長記平山堂上，欹枕江南煙雨，渺渺沒孤鴻。認得醉翁語，山色有無中。」（冊一，頁二七九）可證該句作「山色有無中」爲是。唯蘇軾謂此句乃歐陽脩語，亦誤；以歐詞係襲自王維〈漢江臨汎〉詩，其中兩句云：「江流天地外，山色有無中。」（冊二，頁一二七九）而似此全然襲用唐詩成句之現象，《六一詞》中不下十處，此亦宋人塡詞之習性，不足爲奇。此外，詞中「垂柳」兩字，《花庵詞選》（見同上）及《御選歷代詩餘》卷十七並作「楊柳」。[29]而萬樹《詞律》卷五此處雖作「垂柳」，乃按云：「『垂』字應作『楊』字，故坡公〈西江月〉云：『欲弔文章太守，仍歌楊柳春風。』」[30]此論斷真未必然。蓋蘇軾此詞係就歐詞加以化用，因而更動一、二字，亦宋詞常見，萬樹實不得遽爾作此論斷（詳參本文結語）。否則前引蘇軾〈水調歌頭〉詞，既云：「長記平山堂上，欹枕江南煙雨」，是

---

28 見《景印文淵閣四庫全書》本，一九八八年二月，冊一四八九，頁三二一。
29 《御選歷代詩餘》版本同注20，冊二，頁五。
30 《詞律》版本同注17，頁八七。

否可據以論斷歐詞「晴空」爲非，宜作「煙雨」爲是，方切「山色有爲無」之境？校勘之不得不謹慎，此可爲一借鑒。

例二：〈減字木蘭花〉：

傷懷離抱。天若有情天亦老。此意如何。細似輕絲渺似波。　扁舟岸側。楓葉荻花秋索索。細想前歡。須著人間比夢間。（冊一，頁一二四）

校勘：此詞首句，《醉翁琴趣外編》作「傷離懷抱」[31]，恐誤刻。蓋「離抱」一詞乃唐人詩中常見用語，如唐韋應物《寄中書劉舍人》詩云：「晨露方愴愴，離抱更忡忡。」（冊三，頁一九一六）；李商隱〈酬令狐郎中見寄〉詩云：「萬里懸離抱，危於訟閣鈴。」（冊八，頁六一五六）皆是其例，故筆者以爲作「傷懷離抱」爲古雅。再者，此詞次句，《醉翁琴趣外編》作「天若有情人亦老。」（見同註31）顯將「天」字誤刻作「人」字。蓋此詞偶數句，皆集唐詩成句，茲先索原如次：「天若」一句，出自李賀〈金銅仙人辭漢歌〉：「衰蘭送客咸陽道，天若有情天亦老。」（冊六，頁四四〇三）；「細似」一句，出自吳融〈情〉詩：「依依脈脈兩如何，細似輕絲渺似波。」（冊一〇，頁七八七四）；「楓葉」一句，出自白居易〈琵琶行〉：「潯

31 見吳昌綬、陶湘輯《景刊宋金元明本詞·景宋本醉翁琴趣外篇》，上海：上海古籍出版社，一九八九年九月第一版，頁七三。

陽江頭夜送客，楓葉荻花秋索索。」[32]（冊七，頁四八二一）：「須著」一句，出自韓愈〈遊城南十六首・遣興〉：「莫憂世事兼身事，須著人間比夢間。」[33]（冊五，頁三八五二）是知歐詞原結構，係自鑄詞與集句交錯而成，故次句若作「天若有情人亦老」，非但詞意不通，亦非李賀原句，自是誤刻。

六）例三：〈蝶戀花〉[34]上片：

海燕雙來歸畫棟。簾影無風，花影頻移動。半醉騰騰春睡重。綠堆枕香雲擁。（冊一，頁一二

校勘：此詞第四句，「騰騰」兩字，唯陳耀文《花草粹編》卷十三作「海棠」[35]，蓋以為歐詞係用楊貴妃「海棠春睡」[36]之故實而改之。殊不知「騰騰」一詞，唐詩人又寫作「瞢騰」、「懵騰」，恒用以狀醉態與睡態。如韓偓〈格卑〉詩云：「惆悵後塵流落盡，自拋懷抱醉懵騰。」

32 此詩詩題，《全唐詩》作〈琵琶引〉，然所附前序末云：「命曰〈琵琶行〉」，後世遂多稱〈琵琶行〉。又：此詩次句，「索索」兩字，一作「瑟瑟」。

33 此詩詩題，一作「遠興」。

34 此詞作者，據唐圭璋按云：「此首《類編草堂詩餘》卷二，誤作俞克成詞。」茲從唐氏考訂，作歐陽脩詞。

35 見《景印文淵閣四庫全書》本，一九八八年二月，冊一四九〇，頁四〇一。

36 楊貴妃「海棠春睡」典，見釋惠洪《冷齋夜話》卷一〈詩本出處〉條引《太真外傳》載。收入臺北：弘道文化事業有限公司《詩話叢刊》下冊，一九八二年三月，頁一六一一。至若今本《太真外傳》，則未見載。

（冊一〇，頁七八二〇）此狀醉態也。又：〈三憶〉詩云：「憶眠時，春夢困騰騰。」（同上，頁七八三八）此狀睡態也。歐詞此處，正用「騰騰」一詞，綰合「半醉」與「春睡」之狀，固不止用貴妃典而已，實不宜妄改。

例四：〈漁家傲〉（別恨長長歡計短）下片：

河鼓無言西北盼。香蛾有恨東南遠。脈脈橫波珠淚滿。歸心亂。離腸便逐星橋斷。（冊一，頁一三二）

校勘：此詞下片首句，「河鼓」兩字，陳元靚《歲時廣記》卷二十六作「河漢」；「香蛾」兩字，作「星娥」。[37]而「西北盼」三字，毛晉《宋六十名家詞・六一詞》作「西北眄」。[38]按：「河鼓」作「河漢」，「西北盼」作「西北眄」，意皆可通，律、韻亦皆不誤，無妨。然「香蛾」與「星娥」，則必辨之。查「香蛾」一詞，唐人每用指「美人」，而無用指「織女」者，如戎昱〈送零陵妓〉詩：「寶鈿香蛾翡翠裙，裝成掩泣欲行雲。」[39]（冊四，頁三〇二二）即是一例。而此詞係詠「七夕」之聯章詞，其前兩闋起句，一云：「喜鵲塡河仙浪淺」，一云「乞巧樓頭雲幔卷」，皆可爲證。故此下片前兩句，實亦應景而設，所謂「河鼓」，即牽牛

37 臺北：新文豐出版公司《叢書集成新編》本，一九八六年元月臺一版，冊四三，頁二九四。
38 同注14，冊一，頁一〇。
39 此詩詩題，一作「送妓赴于公召」。

星，又名「天鼓」、「黃姑」、「三將軍」，位於牛宿西北，居銀漢之南，與河北織星相對。至若織女星，則位於牽牛星之東南方，其異稱之見於詩文者，或謂「天孫」，或謂「星娥」，而無「香娥」之名。如李商隱〈聖女祠〉詩云：「星娥一去後，月姊更來無。」（冊八，頁六一九七）；又〈海客〉詩云：「海客乘槎上紫氛，星娥罷織一相聞。」（同上，頁六一九八）即是其例。故此詞下片次句，宜作「星娥有恨東南遠」爲是。

六、王安石

例一：〈甘露歌〉之三：

天寒日暮山谷裏。的礫愁成水。池上漸多枝上稀。唯有故人知。（冊一，頁二〇五）

校勘：唐圭璋於此詞後按云：「甘露歌原不分段，茲從《花草粹編》卷一作三首」[40]，經查《花草粹編》卷一載錄此詞，其第三句「池上」兩字，係作「地上」[41]，《全宋詞》顯係誤刻。而此闋乃集句詞，此句係出自張籍〈謻客詞〉詩：「請君看取園中花，地上漸多枝上稀。」（冊六，頁四二八二），益見《全宋詞》之誤也。

例二：〈浣溪沙〉：

---

40 關於〈甘露歌〉分段之問題，可參拙作「《臨川先生歌曲》借鑒唐詩之探析」一文，刊載處見注4，頁二二三至二二六。

41 同注35，頁二一八。

百畝中庭半是苔。門前白道水縈迴。愛閒能有幾人來。　小院回廊春寂寂，山桃溪杏兩三栽。為誰零落為誰開。（冊一，頁二〇六）

校勘：此詞亦見《花草粹編》卷三載錄，唯上片「中庭」兩字作「庭中」，下片「溪杏」兩字作「野杏」，有兩字之異。[42]按：此亦集句詞，「百畝」句出自劉禹錫〈再遊玄都觀〉詩：「百畝庭中半是苔，桃花淨盡菜花開。」[43]（冊六，頁四一一六）詩詞互校，顯然「庭中」爲是。即以詞意論之，「中庭」而有「百畝」，豈合常規？故知作「庭中」爲是。至若「山桃」句，則出自雍陶〈過舊宅看花〉詩：「山桃野杏兩三栽，樹樹繁花去後開。」（冊八，頁五九二五）詩詞對校，顯作「野杏」爲是。復查《臨川文集》卷三十七載錄此詞，雖亦作「溪杏」，然同集卷三十六載錄王安石〈招葉致遠〉集句詩，引此句正作「野杏」[44]，自不宜以意可通或版本有別，而予以通融。

例三：〈南鄉子〉（自古帝王州）下片：

繞水恣行游。上盡層城更上樓。往事悠悠君莫問，回頭。檻外長江空自流。（冊一，頁二〇七）

---

42 同前注，頁一六八。
43 此詩「淨」字，一本作「開」，一本作「落」。
44 臺北：臺灣商務印書館《景印文淵閣四庫全書》本，一九八七年二月，冊一一〇五，卷三七，頁二七三；卷三六，頁二六六。

校勘：此闋亦屬集句詞，下片次句出自李商隱〈夕陽樓〉詩：「花明柳暗繞天愁，上盡重城更上樓。」[45]（冊八，頁六一八八）詩詞互校，顯有「重城」與「層城」之異。而此二詞，意、律皆同，亦時見文士運用於詩文中。且宋人集句，就原詩更動字句之現象，亦所有多有[46]；所見唐詩版本，或未必盡同於今人，故此句原毋需論其正誤。然查《臨川文集》卷三十六，載錄王安石〈金陵懷古〉集句詩，引此句正作「重城」[47]，顯見更動字句及版本之問題，應不存在，疑作「重城」爲是。

七、晏幾道

例一：〈蝶戀花〉（庭院碧苔紅葉遍）下片：

試倚涼風醒酒面。雁字來時，恰向層樓見。幾點護霜雲影轉。誰家蘆管吹秋怨。（冊一，頁二二三）

校勘：此詞下片末結，「吹秋怨」三字，黃昇《花庵詞選》卷三及佚名編《草堂詩餘》卷二[48]，均作「吟秋怨」，有一字之異。按：此句秋怨之所以產生，蓋緣聞蘆管之聲而起。而蘆管

---

45 此詩詩題下，原注云：「(樓)在滎陽，是所知今遂寧蕭侍郎牧滎陽日作矣。」蕭侍郎，蕭澣也。

46 見拙作「兩宋集句詞形式考——兼論兩宋集句詞未必盡集前人成句」一文，《宋代文學研究叢刊》第五期(同注6)，一九九九年十二月，頁三六三至三九八。

47 同注44，頁二六七。

48 並見《景印文淵閣四庫全書》本，一九八八年二月，冊一四八九，頁三四〇及五五九。

即蘆笳，聲音較淒厲，用「吟」狀之，終覺不妥。元稹〈遣行十首〉之九云：「猿聲蘆管調，羌笛竹雞聲。」（冊六，頁四五五四）可以爲證。因之，此句用「吹」字爲是，且「吹蘆管」爲唐詩現成用語，引之較爲自然。如李益〈夜上受降城聞笛〉詩云：「不知何處吹蘆管，一夜征人盡望鄉。」[49]（冊五，頁三二二九）即是一例。

例二：〈玉樓春〉（當年信道情無價）下片：

來時醉倒旗亭下。知是阿誰扶上馬。憶曾挑盡五更燈，不記臨分多少話。（冊一，頁二三七）

校勘：朱祖謀《彊村叢書・小山詞校記》於此詞次句校云：「原本『阿』作『何』，從毛本。」[50]所謂毛本，即明毛晉《宋六十名家詞》本。朱氏此校甚確，唯宜進一步說明。按：「阿誰」與「何誰」，均爲唐以前即見用之詞語，且均作「何人」解；而此處平仄可不拘，故兩詞語似無差異，唯見於詩體，絕大多數詩人均好用「阿誰」耳。然所以知用「阿」字爲是者，以此五字係引自李白〈魯中都東樓醉起作〉五絕，原詩如次：「昨日東樓醉，還應倒接䍦；阿誰扶上馬，不省下樓時。」[51]（冊三，頁一八五二）

例三：〈梁州令〉（莫唱陽關曲）下片：

49　此詩「吹蘆管」三字，一作「吹蘆笛」。

50　臺北：廣文書局，一九七〇年三月初版，冊二，頁五九二。

51　此詩「東樓醉」三字，一作「東城飲」；「還應」兩字，一作「歸來」。

南樓楊柳多情緒。不繫行人住。人情卻似飛絮。悠揚便逐春風去。（冊一，頁二五七）

校勘：此詞下片首句，「南樓」兩字，《宋六十名家詞・小山詞》作「南橋」[52]，應以「南橋」為是。按：唐人詩中，云南橋柳者，所在多有；云南樓柳者，則筆者猶未見。如皇甫冉〈贈別〉詩云：「南橋春日暮，楊柳帶青渠」（冊四，頁二八二九）又：張籍〈寄孫洛陽格〉詩云：「遙愛南橋秋日晚，兩邊楊柳映天津。」[53]（冊六，頁四三四三）殷堯藩〈還京口〉詩云：「北府市橋聞舊酒，南橋官柳識歸橈。」（冊八，頁五五六九）顯見「南橋柳」已然為唐詩人慣用之詞語，晏幾道或因之而寫入詞中。其〈少年遊〉（西溪丹杏）詞云：「南樓翠柳，煙中帶愁。」（冊一，頁二四七），亦泛用此語；故《宋六十名家詞・小山詞》亦作「南橋翠柳」[54]，理應從之。

八、蘇軾

例一：〈雨中花〉上片：

今歲花時深院，盡日東風，蕩颺茶煙。但有綠苔芳草，柳絮榆錢。……（冊一，頁二八二）

---

[52] 版本同注14，冊二，頁三六。

[53] 皇甫冉〈贈別〉詩題，一作「贈寄權三客舍」；詩中「青渠」兩字，一作「清渠」。張籍〈寄孫洛陽格〉詩題，一作〈寄洛陽孫明府〉；詩中「兩邊」二字，原作「雨邊」，當是誤刻。

[54] 同注52，頁二五。

校勘：此詞第三句，「蕩颺」兩字，南宋傅幹《注坡詞》卷十一及《彊村叢書・東坡詞》卷一；均作「輕颺」[55]；《宋六十名家詞・東坡詞》，則作「蕩漾」。[56]按：「蕩漾」以狀水波，乃一般認知；用以狀茶煙，殊覺過重。而「輕颺」一詞，含意有二：其一，謂舟船輕快蕩漾前進，陶潛〈歸去來辭〉云：「舟遙遙以輕颺，風飄飄而吹衣」[57]是也。其二，謂輕輕飄揚，杜牧〈題禪院〉詩云：「今日鬢絲禪榻畔，茶煙輕颺落花風。」[58]（冊八，頁五九七四）是也。至「颺」之讀音，則可平可仄，讀平聲之際通作「輕揚」；讀仄聲之際，義通「輕揚」與「輕漾」，較爲活用。查蘇軾此句，「颺」字宜讀仄聲中之去聲，義則作「輕揚」解；且「輕颺茶煙」乃杜詩成句，蘇軾特截取用之。若仔細推敲，則此詞前三句亦頗有化用杜詩之意，故筆者以爲作「輕颺」爲是。

例二：〈定風波〉上片：

雨洗娟娟嫩葉光。風吹細細綠筠香。秀色亂侵書帙晚。簾捲。清陰微過酒尊涼。（冊一，頁二八九）

---

55 《注坡詞》，成都：巴蜀書社，一九九三年七月一版，頁三二〇。《彊村叢書》版本，同注50，冊三，頁六八八五。

56 版本同注14，冊一，頁四六。

57 見《文選》卷四十五，臺北：藝文印書館，一九七二年九月六版，頁六四八。

58 此詩詩題，一作「醉後題僧院」；詩中「輕颺」兩字，一作「悠颺」。

校勘：此詞首句，「娟娟」兩字，《宋六十名家詞・東坡詞》作「涓涓」。[59]按：「娟娟」為是，用以狀經雨沖洗過後，嫩葉之鮮光秀美也。至若「涓涓」兩字，則用以狀水細流貌，實不宜狀雨過葉滴之景。而此上片，係括自杜甫〈嚴鄭公宅同詠竹得香字〉詩：「綠竹半含籜，新梢才出牆；色侵書帙晚，陰過酒尊涼。雨洗娟娟淨，風吹細細香；但令無剪伐，會見拂雲長。」（冊四，頁二四八五）是知杜詩原作「娟娟」，自宜從之。

例三：〈南鄉子〉（寒玉細凝膚）下片：

年少即須臾（白居易）。芳時偷得醉工夫（白居易）。羅帳細垂銀燭背（韓偓）。歡娛。豁得平生俊氣無（杜牧）。（冊一，頁二九二）

校勘：此闋係集句詞，每句之下，蘇軾均已注明出處，然「芳時」一句，歷來索原箋註者，均莫得其詳，經筆者細查《全唐詩》，始知此句係集自鄭遨〈招友人遊春〉詩：「難把長繩繫日烏，芳時偷取醉工夫。」（冊一二，頁九六七一）蘇軾顯然誤記作「白居易」，致成箋註懸案；至若原詩「取」字，詞中所集作「得」字，不論屬蘇軾誤記，或版本不同，均不礙文義，無妨。

例四：〈南鄉子〉上片：

---

[59] 同注56，頁三五。

悵望送春杯（杜牧）。漸老逢春能幾回（杜甫）。花滿楚城愁遠別（許渾），傷懷。何況清絲急管催（劉禹錫）（冊一，頁二九二）

校勘：此詞首句「杯」字，傅幹《注坡詞》卷四作「歸」字。今人劉尚榮校云：「『歸』，清鈔本誤作『社』，元本、吳訥鈔本、二妙集本、毛本作『杯』，今據珍重閣本改。」[60]按：將「杯」字易作「歸」字，意雖較清晰，然劉校誠非也。蓋此闋亦屬集句詞，此句係集自杜牧〈惜春〉詩：「悵望送春杯，殷勤掃花帚。」（冊八，頁五九四五）自以作「杯」為是。

例五：〈南鄉子〉：

何處倚闌干（杜牧）。絃管高樓月正圓（杜牧）。胡蝶夢中家萬里（崔塗），依然。老去愁來強自寬（杜甫）。　明鏡借紅顏（李商隱）。須著人間比夢間（韓愈）。蠟燭半籠金翡翠（李商隱），更闌。繡被焚香獨自眠（許渾）。（冊一，頁二九二）

校勘：此詞上片末句，「愁來」兩字，傅幹《注坡詞》卷四作「悲秋」。[61]按：傅本是也，以此句係集自杜甫〈九日藍田崔氏莊〉詩：「老去悲秋強自寬，興來今日盡君歡。」[62]（冊四，頁二四〇三）而詩中「悲秋」兩字，並未見異本，自當以「悲秋」為是。其次，下片首句，各

60 同注55，頁一二四。
61 同前注。
62 詩中「今日」兩字，一作「終日」。

本均作「明鏡借紅顏」，然句意甚不通，以「借」字故也。今查此句係集自李商隱〈戲贈張書記〉詩：「危絃傷遠道，明鏡惜紅顏」（冊八，頁六二二三）是知李詩原作「惜」字，各本顯將「惜」字誤刻爲「借」字也。

例六：〈阮郎歸〉（暗香浮動月黃昏）下片：

雪肌冷，玉容真。香腮粉未勻。折花欲寄隴頭人。江南日暮雲。（冊一，頁二九八）

校勘：此詞下片末兩句，「隴頭」兩字，傅幹《注坡詞》卷六作「嶺頭」；「日暮雲」三字，作「日暮春」，並引柳惲〈江南曲〉：「日暮江南春」句，以證其是。[63]按：傅本實値斟酌，其一，此詞「折花」句，係化用南朝宋陸凱〈贈范曄〉詩：「折梅逢驛使，寄與隴頭人；江南無所有，聊贈一枝春。」[64]故作「隴頭」較符原詩用字。其二，「江南」句，與若作「江南日暮春」，則韻腳「春」字，與上片次句「堂前一樹春」，犯重韻，不妥。此句蓋化自杜甫〈春日憶李白〉詩：「渭北春天樹，江東日暮雲。」（冊四，頁二三九五）意謂己之思念遠人，亦如杜甫之思念李白也。蘇軾〈臨江仙〉詞起首云：「尊酒何人懷李白，草堂遙指江東」（冊

---

63 同注55，頁一五九。

64 關於陸凱〈贈范曄〉詩事，明楊慎《升庵詩話》卷九〈寄梅事〉條，以爲「曄爲江南人，陸凱字智君，代北人，當是范寄陸耳，凱在長安，安得梅花寄曄乎？」（見《續歷代詩話》收錄，臺北：藝文印書館，一九七四年四月，下冊，頁九六九至九七〇）

一，頁二八六），亦同此意。而此詞所以易「江東」爲「江南」，蓋緣其上既用陸凱寄梅花典，此句自宜切此主題；《宋六十名家詞・東坡詞》於此詞題作「集句梅花」[65]，益可見蘇軾爲切題旨而易字之用心也。

例七：〈浣溪沙〉：

醉夢醺醺曉未蘇，門前轆轆使君車。扶頭一琖怎生無。　廢圃寒蔬挑翠羽，小槽春酒凍真珠。清香細細嚼梅鬚。（冊一，頁三二四）

校勘：此詞上片首句，「醺醺」兩字，《宋六十名家詞・東坡詞》及《彊村叢書・東坡詞》卷一，均作「昏昏」。[66]按：當以「昏昏」爲是，蓋「醺醺」特狀醉酒，此詞既云「醉夢」，係指沈睡之夢中，非謂醉酒；否則其下不宜再道：「扶頭一琖怎生無」。因之，此句宜作「醉夢昏昏曉未蘇」，其語典則出自李涉〈題鶴林寺僧舍〉詩：「終日昏昏醉夢間，忽聞春盡強登山。」（冊七，頁五四二九）其次，下片次句，「凍真珠」三字，傅幹《注坡詞》卷十及《彊村叢書・東坡詞》卷一，均作「滴真珠」。[67]按：當以「滴真珠」爲是，蓋其下句既云：「清香細細」，則此春酒必有滴流；況既以「真珠」狀之，必是涓滴使然。而此句係化自李賀

---

65 同注14，冊一，頁一六。

66 《宋六十名家詞》版本，同前注，頁三。《彊村叢書》版本，同注50，冊三，頁七一四。

67 《注坡詞》版本，同注55，頁二七一。《彊村叢書》版本，同前注。

〈將進酒〉：「琉璃鐘，琥珀濃，小槽酒滴真珠紅。」（冊一，頁一七〇）若作「凍真珠」，則味道全失矣！

九、黃庭堅

例一：〈水調歌頭〉（瑤草一何碧）上片：

……我欲穿花尋路，直入白雲深處，浩氣展虹霓。祇恐花深裏，紅霧濕人衣。（冊一，頁三八六）

校勘：此詞上片末句，「紅霧」兩字，《御選歷代詩餘》卷五十九作「紅露」。[68] 按：「紅霧」與「紅露」兩詞，均見唐詩人用之。「紅霧」，指紅色之霧，恆用以狀一片花海，如蘇頲殘句：「飛埃結紅霧，遊蓋飄青雲。」[69]（冊二，頁八一五）皮日休〈以毛公泉一瓶獻上諫議因寄〉詩：「劉根昔成道，茲塢四百年。……五色既鍊矣，一勺方鏗然。……赤鹽撲紅霧，白華飛素煙。」（冊九，頁七〇三七）皆是其例。而「紅露」一詞，多謂紅花上之露珠，如白居易〈江亭玩春〉詩：「日消石桂綠嵐氣，風墜木蘭紅露漿。」（冊七，頁四九四五）皮日休〈病中庭際海石榴花盛發感而有寄〉詩：「風勻祇似調紅露，日暖唯憂化赤霜。」（冊九，頁七〇七一）

68 《御選歷代詩餘》版本，同注20，冊五，頁一三。

69 《全唐詩》於此殘句下注云：「紀事云：長安盛遊春，頲製詩云云，明皇嘉賞，以御花親插其巾。」

皆是其例。今黃庭堅此詞，既云「白雲深處」、「花深裏」，則必用「紅霧」一詞，方足狀其花紅迷濛之景；若作「紅露」，則僅「點」之感覺，失之淺矣！

例二：〈定風波〉（萬里黔中一漏天）下片：

莫笑老翁猶氣岸。君看。幾人黃菊上華巔。戲馬臺南追兩謝。馳射。風流猶拍古人肩。（冊一，頁三八九）

校勘：此詞下片，「黃菊」兩字，《宋六十名家詞・山谷詞》作「白髮」；「戲馬臺南」，作「戲馬臺前」；「風流」兩字，作「風情」。[70]按：此詞係寫重九之事，「黃菊」兩字若作「白髮」，非但與「華巔」意複，亦少節氣之味。蓋重九戴菊，已成活動之一，杜牧〈九日齊安登高〉詩云：「塵世難逢開口笑，菊花須插滿頭歸。」[71]（冊八，頁五九六六）足以爲證；且唯有「菊花插滿頭」，方足凸顯「氣岸」之老翁，不入俗眼之舉止。其次，「風流」若作「風情」，真不足形容老翁之「氣岸」；且此「風流」兩字，係與「氣岸」相呼應，均截自李白〈流夜郎贈辛判官〉詩：「氣岸遙凌豪士前，風流肯落他人後。」（冊三，頁一七五一）故「風流」兩字，萬不可易作「風情」。至若「戲馬臺前」作「戲馬臺南」，特方位不同，作者自可彈

70 同注14，冊二，頁一〇。
71 此詩詩題，一作「九日齊山登高」。

性運用。黃庭堅另一闋〈南鄉子〉（諸將說封侯），亦重九作，引此典亦作「戲馬臺南金絡頭」（冊一，頁四一〇），諸刻均無殊異；以此論之，此蓋黃庭堅用此典之習慣，作「戲馬臺南」爲是。

例三：〈清平樂〉（黃花當戶）下片：

使君一笑眉開。新晴照酒尊來。且樂尊前見在，休思走馬章臺。（冊一，頁三九三）

校勘：此詞下片第三句，「見在」兩字，《御選歷代詩餘》卷十三作「現在」。[72]按：此句係化自牛僧孺〈席上贈劉夢得〉詩：「休論世上昇沉事，且鬥樽前見在身。」（冊七，頁五二九二）就原詩意論之，「見在」係強調生命之「存在」，而非強調「現在」之時間；引之入詞，自宜作「見在」。似此就原詩減一字，而後寫入詞中之例，尚見於黃庭堅所作之〈西江月〉詞：「斷送一生唯有，破除萬事無過。」（冊一，頁四〇〇）此二句係就韓愈〈游城南十六首・遣興〉詩：「斷送一生惟有酒，尋思百計不如閒。」[73]（冊五，頁三八五二）各減去末一字，以寫入詞中。唯〈清平樂〉尚將原詩之「鬥」，改爲「樂」，故屬化用；而〈西江月〉則僅

72 《御選歷代詩餘》版本，同注20，冊二，頁六。

73 此詩詩題，一作「遠興」。而「斷送」一詞，宜釋爲過也；度也。二字平用，「斷」亦「送」也。如杜甫〈水檻遣心詩〉：「淺把涓涓酒，深憑送此生！」送此生者，猶云度此生也。又〈曲江詩〉：「自斷此生休問天，杜曲幸有桑麻田。」斷此生者，度此生也，即所謂終殘年也。

減去二字，故屬增損。就借鑒唐詩論之，技巧仍稍有不同。

例四：〈醉落魄〉（陶陶兀兀）之三下片：

街頭酒賤民聲樂。尋常行處尋歡適。醉看檐雨森銀竹。我欲憂民，渠有二千石。（冊一，頁三九五）

校勘：此詞下片，「尋歡適」三字，《宋六十名家詞・山谷詞》作「逢歡適」；「森銀竹」三字，作「森銀燭」。[74]按：作「森銀竹」爲是，語出李白〈宿鰕湖〉詩：「白雨映寒山，森森似銀竹。」（冊三，頁一八四四）。詩中蓋用「森森」狀雨貌，黃庭堅截而用之，逕省作「森銀竹」。而李詩又化自晉張協〈雜詩〉：「翳翳結繁雲，森森散雨足。」[75]至若「尋歡適」三字，此處但列其異文，以其與唐詩校勘無涉，故不論。

例五：〈南鄉子〉：

黃菊滿東籬。與客攜壺上翠微。已是有花兼有酒，良期。不用登臨恨落暉。　滿酌不須辭。莫待無花空折枝。寂寞酒醒人散後，堪悲。節去蜂愁蝶不知。（冊一，頁三九六）

校勘：此詞上片末句，「恨落暉」三字，《宋六十名家詞・山谷詞》作「上落暉」[76]，《御選歷代

---

74 同注14，冊二，頁一四。

75 見《文選》卷二十九，同注57，頁四二九。

76 同注14，冊二，頁一六。

詩餘》卷三十三作「怨落暉」。[77]下片末句，「不知」兩字，《御選歷代詩餘》作「未知」（同注77）。按：此闋爲集句詞，「不用」句，集自杜牧〈九日齊安登高〉詩：「但將酩酊酬佳節，不用登臨歎落暉。」（冊八，頁五九六六，並參注71）《全唐詩》於「歎」字下附注云：「一作『恨』」，是故該字作「歎」、作「恨」、作「怨」，均可視爲版本不同，而意皆可通；唯作「上」字，則句不可解矣！至若「節去」一句，係集自鄭谷〈十日菊〉詩：「節去蜂愁蝶不知，曉庭環繞折殘知」[78]（冊一〇，頁七七三〇）此中「不」字易作「未」字，亦可通融。

例六：〈浣溪沙〉上片：

新婦灘頭眉黛愁。女兒浦口眼波秋。驚魚錯認月沉鉤。

校勘：此詞首句，「新婦灘頭」四字，《宋六十名家詞・山谷詞》作「新婦磯頭」。[79]按：作「新婦磯頭」爲是，蓋此詞前兩句係對仗，而以「新婦磯」對「女兒浦」，始於顧況〈漁父詞〉：「新婦磯邊月明，女兒浦口潮平。」（冊四，二九七二）宋人詩話每道及此事，如吳聿《觀林詩話》載：「樂天云：『眉月晚生神女浦，臉波春傍窕娘堤。』」涪翁用此意作〈漁父詞〉云：『新婦磯邊眉黛愁，女兒浦口眼波秋。』然『新婦磯』、『女兒浦』，顧況六言已作對矣！」

---

[77] 《御選歷代詩餘》版本，同注20，冊三，頁五。

[78] 此詩詩題，一作「十月菊」。詩中「蜂愁」兩字，一作「風愁」；「曉庭」兩字，一作「曉來」。

[79] 同注14，冊二，頁二八。

雖然，吳氏所引黃庭堅詞，乃作「新婦磯邊」，猶有一字之異，特錄供參考。[80]

十、秦　觀

例一：〈望海潮〉（星分牛斗）下片：

……往事逐孤鴻。但亂雲流水，縈帶離宮。最好揮毫萬字，一飲拚千鍾。

校勘：此詞下片，「往事」句中「孤鴻」兩字，據徐培均校注云：「黃本（即黃儀校本《淮海居士長短句》）作『歸鴻』」。[81]按：作「孤鴻」爲是。杜牧〈題安州浮雲寺樓寄湖州張郎中〉詩云：「恨如春草多，事與孤鴻去。」（冊八，頁五九四五）秦詞顯就杜詩下句予以化用，寫入詞中。而杜詩此兩句，宋詞人每好用之，如周邦彥〈瑞龍吟〉（章臺路）云：「事與孤鴻去，探春盡是，傷離意緒。」（冊二，頁五九五）又〈西平樂〉（稚柳蘇晴）云：「歎事逐孤鴻盡去，身與塘蒲共晚，爭知向此，征途迢遞，佇立塵沙。」（冊二，頁五九八）此中，並未見用「歸鴻」者，益可證「孤鴻」爲是。

例二：〈雨中花〉上片：

指點虛無征路，醉乘斑虯，遠訪西極。……（冊一，頁四五六）

---

80 見《續歷代詩話》收錄，同注64，上冊，頁一三〇。又：曾季貍《艇齋詩話》亦有類似記載，見同書，頁三六五。

81 上海：上海古籍出版社，一九九六年八月第一版，頁一。

校勘：此詞首句，「指點」兩字，《宋六十名家詞》作「點指」。[82]按：宜作「指點」爲是。杜甫〈送孔巢父謝病歸遊江東兼呈李白〉詩云：「蓬萊織女回雲車，指點虛無是征路。」[83]（冊四，頁二三五九），秦詞特就杜詩下句，減一「是」字，寫入詞中，自宜作「指點」爲是。

例三：〈調笑令〉：

回顧。漢宮路。桿撥檀槽鸞對舞。……（冊二，頁四六六四）

校勘：此詞第三句，「桿撥」兩字，《宋六十名家詞・淮海詞》作「捍撥」。[84]按：作「捍撥」爲是，以其乃彈奏琵琶用之撥子，質地堅實，故稱之。而此術語，唐詩人每用之，如張籍〈宮詞〉：「黃金捍撥紫檀槽，弦索初張調更高。」（冊六，四三五七）李賀〈春懷引〉詩：「蟾蜍碾玉掛明弓，捍撥裝金打仙鳳。」（冊六，頁四四三九）是知秦觀用詞，亦有所承，自宜作「捍撥」爲是。

例四：〈臨江仙〉上片：

千里瀟湘挼藍浦，蘭橈昔日曾經。月高風定露華清。微波澄不動，冷浸一天星。（冊二，四六

82 同注14，冊二，頁一三。

83 此詩詩題下，《全唐詩》附注：「巢父字弱翁，冀州人；與李白等隱徂徠，號竹溪六逸。」詩中「蓬萊織女」四字，一作「仙人玉女」；「是征路」三字，一作「引歸路」。

84 同注14，冊二，頁二。

八）

校勘：此詞首句，「挼藍浦」三字，《宋六十名家詞・淮海詞》及《彊村叢書・淮海居士長短句》卷下，均作「接藍浦」。[85]按：作「挼藍」爲是。「挼藍」原指浸揉藍草以作染料，自唐詩人用之，則恆以借指湛藍色；其字又寫作「柔藍」或「揉藍」，若作「接藍」，則不可通矣。如白居易〈春池上戲贈李郎中〉詩：「直似挼藍新汁色，與君南宅染羅裙。」（冊七，頁五一四四）又：方干〈贈江上老人〉詩：「欲教魚目無分別，須學揉藍染釣絲。」（冊一〇，頁七五〇三）又：王安石〈漁家傲〉詞起首句：「平岸小橋千嶂抱，柔藍一水縈花草。」（冊一，頁二〇五）凡此皆足爲證。而秦觀另一闋〈南歌子〉上片云：「香墨彎彎畫，燕脂淡淡勻。揉藍衫子杏黃裙。獨倚玉闌無語、點檀唇。」（冊一，頁四六八）此處「揉藍」一詞，各本均無異刻，益見秦觀用詞，其來有自，斷無作「接藍」之理。

十一、賀　鑄

舉例：〈芳心苦〉（楊柳迴塘）下片：

返照迎潮，行雲帶雨。依依似與騷人語。當年不肯嫁春風，無端卻被秋風誤。（冊一，頁五〇七）

校勘：此詞末句，「秋風」兩字，鍾振振《東山詞》卷一校云：「《歷代詩餘》作『西風』，四印齋

85　《宋六十名家詞》版本，同注14，冊二，頁九。《彊村叢書》版本，同注50，冊三，頁九五六。

本作『春風』，均不足據。」[86]按：鍾氏此言非矣，此詞末句，係化自韓愈〈落花〉詩：「無端又被春風誤，吹落西家不得歸。」（冊五，頁三八五〇）顯然賀鑄此句仍有所據，唯賀鑄塡詞，好借鑒唐詩，故此處亦有可能爲切合上片「紅衣脫盡芳心苦」之實景，而將「春」字易作「秋」字耳。又：鍾氏《東山詞》借唐詩校勘宋詞之處，凡四十餘見，乃筆者經眼相關研究中最傑出者；而此中猶不免少許疏忽，則見宋詞箋校之不易。茲更補兩則如下：其一，賀鑄〈第一花〉（豆蔻梢頭莫漫誇）詞，鍾氏引宋劉斧《青瑣高議前集》卷六所載秦醇《溫泉記》爲證，謂「第一花」三字，見於該書。[87]實則唐許渾〈客有卜居不遂薄游汧隴因題〉詩已云：「樓臺深鎖無人到，落盡春風第一花。」（冊八，頁六一三八）「第一花」三字，蓋始見於此。其二，賀鑄〈伴雲來〉（煙絡橫林）末結云：「賴明月，曾知舊游處，好伴雲來，還將夢去。」（冊一，頁五一三）鍾氏未注明出處，實則後兩句係化自杜牧〈丹水〉詩：「恨身隨夢去，春態逐雲來。」[88]（冊八，頁五九七八）

十二、周邦彥

例一：〈應天長〉上片：

86 上海：上海古籍出版社，一九八九年十二月第一版，頁七八。
87 同前注，卷一，頁三五。
88 詩中「恨身」兩字，一作「恨聲」。

條風布暖，霏霧弄晴，池塘遍滿春色。正是夜堂無月，沉沉暗寒食。梁間燕，前社客。似笑我、閉門愁寂。亂花過，隔院芸香，滿地狼藉。（冊二，頁五九六）

校勘：此詞第四句，「夜堂」兩字，《詞譜》卷八作「夜臺」。[89]按：此句若作「夜堂」，詞意實不可解。蓋起首既云「條風布暖」，分明白日之景；而「夜堂」若轉寫夜間，則其下又如何見「梁間燕」及「亂花」？故宜作「夜臺」爲是。「夜臺」，墳墓，亦可借指陰間；語出南朝梁沈約〈傷美人〉賦：「曾未申其巧笑，忽淪軀於夜臺。」[90]周邦彥此詞，既寫寒食，則祭掃陰間故人之時，自易起傷逝悼亡之情；如此亦無日夜錯倒之失。李白〈哭宣城善釀紀叟〉詩云：「紀叟黃泉裡，還應釀老春；夜臺無曉日，沽酒與何人。」[91]（冊三，頁一八八六）比較詩詞，則見周詞該句，亦頗有化用李詩「夜臺無曉日」之意，故作「夜臺」爲是。

例二：〈漁家傲〉上片：

幾日輕陰寒測測。東風急處花成積。醉踏陽春懷故國。歸未得。黃鸝久住如相識。（冊二，頁六〇〇）

---

89 同注9，冊一，頁五二九。

90 見明張溥編《漢魏六朝百三家集・沈隱侯集》卷一，臺北：新興書局，一九六三年二月初版，冊七四，頁二一八九七。

91 此詩詩題，一作〈題戴老酒店〉；詩云：「戴老黃泉下，還應釀大春；夜臺無李白，沽酒與何人。」

校勘：此詞上片首句，「寒測測」三字，《宋六十名家詞・片玉詞》卷上作「寒惻惻」。[92]按：就唐詩所見，「測測」與「惻惻」兩詞，均可用以狀「寒冷貌」。如韋應物〈再游西山〉詩：「測測石泉冷，曖曖煙谷虛。」（冊三，頁一九七七）韓偓〈寒食夜〉詩：「惻惻輕寒翦翦風，小梅飄雪杏花紅。」[93]（冊一〇，頁七八三四）即是其例。查周邦彥詞中，寫暮春而用「測測」一詞者，見之於《全宋詞》，尚有〈荔枝香〉詞：「照水殘紅零亂，風喚去。盡日測測輕寒，簾底吹香霧。」（冊二，頁五九六）而《六十名家詞・片玉詞》卷上，於此處仍作「惻惻」[94]就周邦彥塡詞「多用唐人詩檃括入律」（參注2）之角度論之，此兩詞蓋均借鑒韓偓寫寒食之詩句，而化用入詞，自宜作「惻惻」爲是。

例三：〈華胥引〉上片：

川原澄映，煙月冥濛，去舟如葉。……（冊二，頁六〇四）

校勘：此詞起句，「川原」兩字，南宋佚名編《草堂詩餘》卷二及明陳耀文《花草粹編》卷十六，均作「川源」。[95]按：作「川原」爲是。韓愈〈和李相公攝事南郊覽物興懷呈一二知舊〉

---

92 同注14，冊三，頁一一。

93 此詩詩題，一作「夜深」。詩中「小梅」兩字，一作「杏花」；「杏花」兩字，一作「小桃」；亦即此句或作「杏花飄雪小桃紅」。

94 同注14，冊三，頁五。

95 《草堂詩餘》版本，同注48，頁五六九。《花草粹編》版本，同注35，頁四七五。

詩云：「川原共澄映，雲日還浮飄。」（冊五，頁三八三七）可見周詞係就韓詩上句，減一字而寫入詞中也。

例四：〈六幺令〉（快風收雨）下片：

華堂花豔對列，一一驚郎目。歌韻巧共泉聲，間雜琮琤玉。……（冊二，頁六〇九）

校勘：《宋六十名家・片玉詞》卷下，載錄此詞，毛晉按云：「『間雜琮琤玉』，《清真集》作『間雜淙哀玉』。」[96]按：「間雜淙哀玉」，不通，當是書賈誤刻。而此句實化自韓愈、孟郊〈城南聯句〉詩：「竹影金瑣碎，泉音玉淙琤。」（冊一一，頁八九〇二）「淙琤」，猶「琮琤」，本指玉碰擊聲，唐以還文人恆用以狀水流相激聲，韓詩、周詞即其例也。

例五：〈拜星月〉上片：

夜色催更，清塵收露，小曲幽坊月暗。……水眄蘭情，總平生稀見。（冊二，頁六一三）

校勘：《宋六十名家・片玉詞》卷上，載錄此詞，毛晉按云：「『水眄蘭情』，或作『木眄蘭情』，非。韓詩云：『吳魚嶺雁無消息，水眄蘭情別來久。』」[97]毛晉所按是也，而此亦以唐詩校宋詞之一例。至所云韓詩，係指韓琮〈春愁〉詩，見《全唐詩》冊四，頁六五四八。然經

---

96 同注14，冊三，頁二二二。
97 同前注，頁一四。

查所見引詩「水眄」句，係作「水誓蘭情別來久」，而後小字附注於「誓」下云：「一作『盻』」，仍稍有不同。

以上係以唐詩校勘北宋十二位詞家四十闋作品，茲更依校勘結果，將此四十闋詞四十八例，歸納整理如次：

一、字詞訛誤，以致意澀或不可解者，凡十八例：

1.「鈴齋少訟」（柳永〈早梅芳〉），「鈴齋」，或作誤作「黔齋」。

2.「青錢貼水萍無數」（張先〈木蘭花〉），「青錢」，或作誤作「青銅」。

3.「天若有情天亦老」（歐陽脩〈減字木蘭花〉），「天亦老」，或誤作「人亦老」。

4.「星娥有恨東南遠」（歐陽脩〈漁家傲〉），「星娥」，或誤作「香蛾」。

5.「百畝庭中半是苔」（王安石〈浣溪沙〉），「庭中」或誤作「中庭」。

6.「誰家蘆管吹秋怨」（晏幾道〈蝶戀花〉），「吹秋怨」，或誤作「吟秋怨」。

7.「醉夢昏昏曉未蘇」（蘇軾〈浣溪沙〉），「昏昏」，或誤作「醺醺」。

8.「小槽春酒滴真珠」（同上），「滴真珠」，或誤作「凍真珠」。

9.「雨洗娟娟嫩葉光」（蘇軾〈定風波〉），「娟娟」，或誤作「涓涓」。

10.「醉看檐雨森銀竹」（黃庭堅〈醉落魄〉），「森銀竹」，或誤作「森銀燭」。

11.「不用登臨恨落暉」（黃庭堅〈南鄉子〉），「恨落暉」，或誤作「上落暉」。

12.「指點虛無征路」(秦觀〈雨中花〉),「指點」,或誤作「點指」。
13.「捍撥檀槽鸞對舞」(秦觀〈調笑〉),「捍撥」,或誤作「桿撥」。
14.「千里瀟湘挼藍浦」(秦觀〈臨江仙〉),「挼藍」,或誤作「接藍」。
15.「正是夜臺無月」(周邦彥〈應天長〉),「夜臺」,或誤作「夜堂」。
16.「川原澄映」(周邦彥〈華胥引〉),「川原」,或誤作「川源」。
17.「間雜琮琤玉」(周邦彥〈六幺令〉),「琮琤玉」,或誤作「淙哀玉」。
18.「水眄蘭情」(周邦彥〈拜星月〉),「水眄」,或誤作「木眄」。

二、意雖可通,而字詞仍值斟酌者,凡十六例:

1.「向雞窗、只與蠻牋象管」(柳永〈定風波〉),「蠻牋」,或作「鸞牋」,終不如「蠻牋象管」慣用。
2.「向誰分付紫臺心」(晏殊〈浣溪沙〉),「紫臺心」,或作「紫檀心」;終不如「紫臺心」爲能得晏殊之詞心。
3.「手種堂前垂柳」(歐陽脩〈朝中措〉),「垂柳」,或據蘇軾〈西江月〉詞,主張宜改作「楊柳」,然蘇軾特化用歐詞,實不必泥指。
4.「傷懷離抱」(歐陽脩〈減字木蘭花〉),此句或作「傷離懷抱」,意轉通俗,有待斟酌。
5.「半醉騰騰春睡重」(歐陽脩〈蝶戀花〉),「騰騰」,或作「海棠」;終不如「騰騰」可綰合

「半醉」與「春睡」之態。

6.「南橋楊柳多情緒」（晏幾道〈梁州令〉），「南橋柳」，或作「南樓柳」；終不如「南橋柳」爲慣用。

7.「輕颸茶煙」（蘇軾〈雨中花〉），「輕颸」，或作「蕩漾」，又作「蕩颸」； 亦不如「輕颸」爲慣用。

8.「折花欲寄隴頭人」（蘇軾〈阮郎歸〉），「隴頭」，或作「嶺頭」。然此句既化用陸凱〈贈范曄〉詩，自當以「隴頭」爲佳。

9.「江南日暮雲」（同上），「日暮雲」，或作「日暮春」。然此句實兼化用陸凱〈贈范曄〉與杜甫〈春日憶李白〉兩詩之句意，自宜作「日暮雲」爲佳。

10.「紅霧濕人衣」（黃庭堅〈水調歌頭〉），「紅霧」，或作「紅露」；終不如「紅霧」之能切合「花深裏」之情景。

11.「幾人黃菊上華巔」（黃庭堅〈定風波〉），「黃菊」，或作「白髮」。然「白髮」與「華巔」意犯複，終不如「黃菊」之切合時令，且較能凸顯老翁「氣岸」之情。

12.「風流猶拍古人肩」（同上），「風流」，或作「風情」。然前既云：「莫笑老翁猶氣岸」，則唯「風流」爲能凸顯此情也。

13.「且樂尊前見在」（黃庭堅〈清平樂〉），「見在」，或作「現在」。然原詞係強調此身之「存在」，自宜作「見在」爲佳。

14.「新婦磯頭眉黛愁」（黃庭堅〈浣溪沙〉），「新婦磯」，或作「新婦灘」。然此詞起首係對仗句法，而「新婦磯」對「女兒浦」，唐人已見，黃氏引之入詞，自宜作「新婦磯」爲佳。

15.「往事逐孤鴻」（秦觀〈望海潮〉），「孤鴻」，或作「歸鴻」。然此係化用杜牧詩，自宜作「孤鴻」爲佳。

16.「幾日輕陰寒惻惻」（周邦彥〈漁家傲〉），「惻惻」，或作「測測」。此二詞雖均狀「寒冷」貌，然此詞實化用韓偓「寒食詩」，自宜作「惻惻」爲佳。

三、意雖可通，而非原作字句者，凡八例：

1.「山色有無中」（歐陽脩〈朝中措〉），「山色」，或作「樓閣」。然據蘇軾〈水調歌頭〉詞，確知此乃歐陽脩原作，而此句又襲用王維〈漢江臨汎〉詩成句也。

2.「地上漸多枝上稀」（王安石〈甘露歌〉），「地上」，或作「池上」。然此闋乃集句詞，此句係集自張籍〈謠客詞〉，自以作「地上」爲佳。

3.「山桃野杏兩三栽」（王安石〈浣溪沙〉），「野杏」，或作「溪杏」。然此闋亦集句詞，此句係集自劉禹錫〈再遊玄都觀〉詩，自以作「野杏」爲佳。

4.「上盡重城更上樓」（王安石〈南鄉子〉），「重城」，或作「層城」。然此闋亦集句詞，此句係集自李商隱〈夕陽樓〉詩，自以作「重城」爲佳。

5.「知是阿誰扶上馬」（晏幾道〈玉樓春〉），「阿誰」，或作「何誰」。然此句「阿誰」五字，爲李白「魯中都東樓醉起作」詩之成句，自以作「阿誰」爲佳。

6.「悵望送春杯」（蘇軾〈南鄉子〉），「春杯」，或作「春歸」。然此闋屬集句詞，此句集自杜牧〈惜春〉詩，自以作「春杯」爲是。

7.「老去悲秋強自寬」（蘇軾〈南鄉子〉），「悲秋」，或作「愁來」。然此闋亦集句詞，此句集自杜甫〈九日藍田崔氏莊〉詩，自以作「悲秋」爲佳。

8.「節去蜂愁蝶不知」（黃庭堅〈南鄉子〉），「不知」，或作「未知」，然此闋屬集句詞，此句集自鄭谷〈十日菊〉詩，自以作「不知」爲佳。

四、意雖可通，而規矩不符者，凡兩例：

1.「孫閣長開」（柳永〈永遇樂〉），「孫閣」，或作「暖閣」，又作「弘閣」。然此詞末結，柳永慣以對句作結，故必作「孫閣」，方足與「融尊」成對。

2.「微聞蘭芷動芳馨」（滕宗諒〈臨江仙〉），「蘭芷」，或作「蘭芝」。然以平仄論，該處宜作「仄仄」，亦可作「平仄」，自以「蘭芷」爲是；且此句實化自錢起〈省試湘靈鼓瑟〉詩也。

五、或為作者原誤者，凡三例：

1.「雨條煙葉繫人情」（晏珠〈浣溪沙〉），「雨條」兩字，各本均無異刻，然意甚不可解。經筆者詳查《全唐詩》，發現此句係截取白居易〈楊柳枝二十韻〉詩之用詞，宜作「風條」爲是。

2.「芳時偷得醉工夫」（蘇軾〈南鄉子〉），此句之下，蘇軾原註「白居易」三字，各本亦無異刻。而此闋係集句詞，經查此句，係出自鄭遨〈招友人遊春〉詩，非白居易之作，恐蘇軾原已誤記矣！

3.「明鏡借紅顏」（蘇軾〈南鄉子〉）此句「借」字甚費解，然各本均無異刻。而此闋係集句詞，此句則出自李商隱〈戲贈張書記〉詩，原詩此句作「明鏡惜紅顏」，「借」字顯非原字，恐亦作者誤記也。

六、今人校勘而論斷疏忽者，僅得一例：

「無端卻被秋風誤」（賀鑄〈芳心苦〉），「秋風」，或作「春風」，鍾振振校勘以爲「不足據」。然此句係化用韓愈〈落花〉詩，非不足據也。

參、結　語

由正文論述可知，運用唐詩校勘宋詞，仍有極大空間。所校勘之內容，又有下列六端：㈠字詞訛誤，以致意澀或不可解者；㈡意雖可通，而字詞仍待斟酌者；㈢意雖可通，而非原作字句者；

㈣意雖可通，而規矩不符者；㈤或為作者原誤者；㈥今人校勘而論斷疏忽者。此中，今人之校勘，由於絕大多數僅作異文比對，未作判斷，致實例較少。然亦可證，由於校勘者未能充分知其用字遣詞之所自來，致難據以判定正誤；而此中對宋詞人借鑒唐詩之現象，若能予以充分掌握，筆者以為對宋詞之校勘工作，必有更可觀之成績。

雖然，由於兩宋詞人借鑒唐詩之技巧，極其靈活多變，校勘者務須謹慎判斷，庶免過與不及之失。如晏殊〈玉樓春〉上片：

燕鴻過後鶯歸去。細算浮生千萬緒。長於春夢幾多時，散似秋雲無覓處。（冊一，頁九五）

《宋六十名家詞．六一詞》並錄此詞，此中「長於」兩字，作「來如」；「散似」兩字，作「去似」；「秋雲」兩字作「朝雲」。[98] 鑒於宋人好化用唐人作品，以及所讀唐詩版本或與今人有異，因之似此詞意皆可通之字句，實難遽爾論其正誤。如此兩句，係出自白居易〈花非花〉詞，《全唐詩》原文作：「花非花，霧非霧。夜半來，天明去。來如春夢不多時，去似朝雲無覓處。」（冊一〇，頁一〇〇五六）兩詞比較，尚有「幾多時」與「不多時」之異。而白居易〈蕭相公宅遇自遠禪師有感而贈〉詩云：「轉似秋蓬無定處，長於春夢幾多時。」（冊七，頁四九四三）可見此詩之句意，白居易本人即曾自我變化；宋人仿之，而有一二字之調整，實不足怪也。又如周邦彥〈木蘭花〉：

---

[98] 同注14，冊三，頁二二一。

郊原雨過金英秀。風拂霜威寒入袖。感君一曲斷腸歌，勸我十分和淚酒。 古道塵清榆柳瘦。繫馬郵亭人散後。今宵燈盡酒醒時，可惜朱顏成皓首。（冊二，頁六○五）

此中，「勸我」兩字，《宋六十名家詞．片玉詞》卷上作「送我」。[99]按：白居易〈曉別〉詩云：「請君斷腸歌，送我和淚酒。」（冊七，頁四七七八）顯然周詞係就白詩予以化用，而上句「請君」兩字既已易作「感君」，則此句「送我」兩字，自可易作「勸我」，固不必泥指作「送我」爲是。凡此現象，均爲運用唐詩校勘宋詞者，所宜留心也。

※原載於《唐代文化學術研討會論文集》（臺北：東吳大學中國文學系，二○○○年七月初版一刷），頁二二七至二七一。

[99] 同前注，頁一四。

宋詞箋注之缺失與示例

壹、前　言

宋詞之箋注，自南宋傅幹《注坡詞》[1]、陳元龍集注《片玉集》[2]以還，歷代學者投注於此者，頗不乏人；尤以民國以後爲然。時至今日，以筆者知見，兩宋詞人之專集，若柳永《樂章集》、張先《安陸集》、晏殊《珠玉詞》、歐陽脩《歐陽文忠公近體樂府》、晏幾道《小山詞》、蘇軾《東坡樂府》、黃庭堅《山谷詞》、秦觀《淮海居士長短句》、賀鑄《東山詞》、晁補之《晁氏琴趣外編》、周邦彥《清真集》、毛滂《東堂詞》、朱敦儒《樵歌》、李清照《漱玉詞》、向子諲《酒邊詞》、張元幹《蘆川詞》、朱淑真《斷腸集》、陸游《放翁詞》、范成大《石湖詞》、張孝祥《于湖詞》、辛棄疾《稼軒詞》、陳亮《龍川詞》、劉過《龍洲詞》、姜夔《白石道人歌曲》、史達祖《梅溪詞》、劉克莊《後村詞》、吳文英《夢窗詞》、劉辰翁《須溪詞》、周密《草窗詞》、王沂孫《碧山樂府》、

---

1 成都：巴蜀書社，一九九三年七月第一版。

2 收入朱祖謀《彊村叢書》（臺北：廣文書局，一九七〇年三月初版）第四冊。

蔣捷《竹山詞》、張炎《山中白雲詞》等，均已有箋注本，甚或一詞家而有多種箋注者，可證詞學界同好已於此方面投入極大之心力；然論其水準，顯然參差不齊，良莠並存。爲使後學者，以及未來有志箋注宋詞者，有一完備之箋注概念，筆者先就所見宋詞箋注之缺失，分項舉證說明，並舉詞例予以箋注，而後提出積極性「要點」，以就教於同好先進。至於箋注者恒涉及之「校勘」工作，筆者已撰成〈唐詩校勘北宋詞示例〉一文[3]，可供參考，茲不贅述。

貳、宋詞箋注之缺失

論及宋詞箋注之缺失，要而言之，蓋有四端：一曰誤注，二曰漏注，三曰泛注，四曰略注。茲分述如次：

一、誤注——即箋注錯誤之意，凡觀念、人名、地名、典故、出處、字詞……等之誤注，均屬之。如晁補之〈江神子・集句・惜春〉：

雙鴛池沼水融融。桂堂東。又東風。今日看花，花勝去年紅。把酒問花花不語，攜手處，遍芳叢。留春且住莫匆匆。秉金籠。夜寒濃。沈醉插花，走馬月明中。待得醒時君不

3　收入《唐代文化學術研討會論文集》，臺北：東吳大學中國文學系編印，二〇〇〇年七月，頁二二七至二七一。

見，不隨水，即隨風。

喬力《晁補之詞編年箋注》[4]，於詞題「集句」兩字，箋注云：

〔集句〕 古時作詩方式，截取前人一家或數家的詩文成句，另按己意拼集成別一首詩，現存最早集句詩為晉傅咸〈七經詩〉。宋代此風漸盛。而集句為詞，則始於蘇軾，其後黃庭堅、秦觀、晁補之等蘇門學士繼踵之，遂于詞中別立一體。

此即觀念誤注之例也。其一，經筆者以兩宋集句詞歸納分析，論定「集句詞」之定義應爲：「集句詞者，以整引、截取、增損、化用、檃括等方式，雜集古句；間或雜入一、二今人或個人作品以成詞也。」[5]固不止於「截取前人」，或僅限於「成句」也。其二，集句爲詞，宋吳曾《能改齋詞話》卷二、明陳霆《渚山堂詞話》卷三、清謝章鋌《賭棋山莊詞話》卷一二[6]，均載明王安石已啓其端，非始於蘇軾。而筆者撰《臨川先生歌曲借鑒唐詩之探析——王安石爲詞壇開啓集句入詞之風氣》一文，更指出：「在《全宋詞》收錄之作品中，可能早於王安石而具集句形式之詞篇，

---

4 濟南：齊魯書社，一九九二年三月第一版。

5 參拙作〈兩宋集句詞形式考——兼論兩宋集句詞未必盡集前人成句〉，收入《宋代文學研究叢刊》第五期（高雄：麗文文化事業公司，一九九九年一二月），頁三九二。

6 以上三書，並收入唐圭璋編《詞話叢編》，臺北：新文豐出版公司，一九八八年二月臺一版。

當推宋祁之〈鷓鴣天〉。」[7]要之，集句入詞，絕非始於蘇軾也。又如：周邦彥〈尉遲杯〉（隋堤路）：

隋堤路，漸日晚、密靄生深樹。陰陰淡月籠沙，還宿河橋深處。無情畫舸，都不管、煙波隔南浦。等行人、醉擁重衾，載將離恨歸去。　因念舊客京華，長偎傍疏林，小檻歡聚。冶葉倡條俱相識，仍慣見、珠歌翠舞。如今向、漁村水驛。夜如歲、焚香獨自語。有何人、念我無憀，夢魂凝想鴛侶。

此詞「無情畫舸」以下四句，陳元龍集注云：

唐鄭仲賢詩：亭亭畫珂繫寒潭，直到行人酒半酣；不管煙波與風雨，載將離恨過江南。[8]

此中「鄭仲賢」乃宋人，非唐人，陳元龍顯誤植作者朝代。羅忼烈《周邦彥清真集箋》已予以糾謬，且按云：「鄭仲賢名文寶，宋初寧化人，此詩題爲〈柳枝詞〉。」[9]然胡仔《苕溪漁隱叢話・後集》卷三十五載云：

《復齋漫錄》云：『亭亭畫舸繫春潭，只向行人酒半酣。不管煙波與風雨，載將離恨過江南。』張文潛詩也。王平甫嘗愛而誦之。然余謂張特取東坡長短句『無情汴水自東流，只載一船離恨、向西州』之句。」苕溪漁隱曰：「余以張右史集遍尋無此詩。《蔡寬夫詩話》

7　該文見載於《東吳中文學報》第四期，一九九八年五月，頁二三六。
8　同注2，卷九，頁一一九九。
9　香港：三聯書店香港分店，一九八五年二月香港第一版，上冊，頁二三一。

以謂此詩嘗有人於客舍壁間見之，莫知誰作。或云鄭兵部仲賢也，然集中無之，二說竟未知孰是？」[10]

可見此詩作者有二說：一曰張耒，一曰鄭仲賢，羅氏集箋斷爲鄭仲賢詩，恐仍有未安。[11]至若「鄭仲賢」究爲何許人也？胡仔《苕溪漁隱叢話‧後集》卷三十五又載：

余於《叢話‧前集》云：「鄭兵部仲賢、鄭工部文寶，不知其果一人邪？」今觀歐陽永叔《詩話》云：「鄭工部文寶，於張僕射園吟詩一聯，最為警絕，云：『水暖鳧鷗行哺子，溪深桃李臥開花。』」《蔡寬夫詩話》云：「鄭兵部仲賢，歐陽文忠公稱其張僕射園中一聯，以為集中少比。」即前一聯詩是也。以此考之，則文寶、仲賢蓋是一人，名與字耳，但工部、兵部之稱不同。《西清詩話》云：「〈緱山王子晉祠詩〉，是鄭工部文寶題。」則工部之稱，與歐公同，但蔡寬夫誤作兵部耳。（同前注）

---

[10] 臺北：臺灣商務印書館《國學基本叢書》本，一九六八年六月臺一版，冊四，頁六八四。

[11] 此詩作者，至今猶難斷定。《全宋詩》冊一（北京：北京大學出版社，一九九一年七月第一版），卷五八，頁六四〇，「鄭文寶」欄下，列有〈絕句三首〉，此詩爲第一首。然《全宋詩》冊二〇（同前，一九九五年六月第一版），卷一一八七，頁一三四一八，「張耒三三」欄下，亦錄此詩，僅一首，亦名〈絕句〉；且按云：「一說唐鄭仲賢作，見《宋詩話輯佚‧蔡寬夫詩話》並郭紹虞按語，又見楊慎《升庵詩話》卷八。」是知此詩仍以作者兩存爲宜。至若此按語謂鄭仲賢係唐人，誤甚。即以所舉郭紹虞《宋詩話輯佚》（臺北：華正書局，一九八一年十二月初版，卷下，頁四〇二）核之，郭氏亦已正爲宋人，《全宋詩》編纂者，顯未察之。至若此詩之作者，郭氏仍以兩存處理，顯見謹慎，特此說明。

由此記載可知，「鄭仲賢」乃宋人，非唐人，陳元龍注《片玉集》所云，顯然訛誤。又據《宋史》卷二十七〈列傳〉第三十六載：「鄭文寶，字仲賢。……（太宗時）加工部員外郎，……（真宗）大中祥符初，改兵部員外郎。」[12] 則知《苕溪漁隱叢話》指「蔡寬夫誤作兵部耳」，亦不正確。注者於此，苟能逐一辨明，則一切誤解，自可避免，亦有助於閱讀也。

又如周邦彥〈風流子〉：

楓林凋晚葉，關河迥、楚客慘將歸。望一川暝靄，雁聲哀怨；半規涼月，人影參差。酒醒後，淚花銷鳳蠟，風幕卷金泥。砧杵韻高，喚回殘夢；綺羅香減，牽起餘悲。　亭皋分襟地，難拚處、偏是掩面牽衣。何況怨懷長結，重見無期。想寄恨書中，銀鉤空滿；斷腸聲裡，玉筯還垂。多少暗愁密意，唯有天知。

此中「亭皋」一詞，陳元龍集注云：

〈子虛賦〉云：「亭皋千里」。[13]

羅忼烈箋云：

王勃〈餞韋兵曹〉：亭皋分遠望，延想間雲涯。[14]

---

[12] 臺北：鼎文書局《新校注標點二十四史》本，一九八二年一一月四版，《宋史》冊十二，頁九四二五至九四二九。
[13] 同注2，卷五，頁一一五二。
[14] 同注9，上冊，頁七三。

然此詞實見於司馬相如〈上林賦〉：「亭皋千里，靡不被築。」[15]是知「亭皋」一詞，漢時已見，陳注已然揭之，特誤引出處，羅注則流入「泛注」之失也。又如晏殊〈浣溪沙〉：

湖上西風急暮蟬。夜來清露滋紅蓮。少留歸騎促歌筵。　為別莫辭金盞酒，入朝須近玉爐煙。不知重會是何年。

〈喜遷鶯〉：

風轉蕙，露催蓮。鶯語尚綿蠻。堯蓂隨月欲團圓。真馭降荷蘭。　褰油幕。調清樂。四海一家同樂。千官心在玉爐香。聖壽祝天長。

〈燕歸梁〉：

雙燕歸飛繞畫堂。似留戀虹梁。清風明月好時光。更何況，綺筵張。　雲衫侍女，頻頻壽酒，加意動笙簧。人人心在玉爐香。慶佳會，祝筵長。

〈訴衷情〉：

秋風吹綻北池蓮。曙雲樓閣鮮。畫堂今日嘉會，齊拜玉爐煙。　斟美酒，祝芳筵。奉觥船。宜春耐夏，多福莊嚴。富貴長年。

上舉四詞均有「玉爐」一詞，蔡茂雄注《珠玉詞》僅於首闋注云：「玉爐，玉製之爐，李賀詩：

---

15 見梁昭明太子撰《文選》（臺北：藝文印書館，一九七二年九月六版），卷八，頁一二七。

玉爐炭火香鼕鼕。」[16]實則非也。蓋唐人之用「玉爐」，固有如蔡注者，如胡杲〈七老會〉詩：「霜鬢不嫌杯酒興，白頭仍愛玉爐熏。」李賀〈神弦〉詩：「女巫燒酒雲滿堂，玉爐炭火香鼕鼕。」然唐人又有「御爐」一詞，恒藉指帝王、朝廷。如柳宗元〈省城觀慶雲圖〉詩：「抱日依龍袞，非煙近御爐。」黃滔〈喜侯舍人蜀中新命〉詩：「立被御爐煙氣逼，吟經棧閣雨聲秋。」晏殊則統此兩意，一律作「玉爐」。實則所舉前兩例之「玉爐」，均宜視為「御爐」，借指朝廷；末兩例始為「玉製之爐」，不可誤解。又如晏殊〈浣溪沙〉：

楊柳陰中駐彩旌。芰荷香裡勸金觥。小詞流入管絃聲。　只有醉吟寬別恨，不須朝暮促歸程。雨條煙葉繫人情。

此詞末句，筆者閱讀之際，總覺「雨條」一詞甚深澀，然各本均無異詞，諸校注亦未曾疑之。蔡茂雄《珠玉詞研究》乃注云：「雨條，雨絲也。煙葉，山水雲霧等氣亦曰煙。白居易詩：『煙葉蒙朧侵夜色』」[17]筆者心猶未安，經深入查證，始發現「雨條」一詞，乃「風條」之誤，見於白居易〈楊柳枝二十韻〉(序略)：

小妓攜桃葉，新聲蹋柳枝。……身輕委迴雪，羅薄透凝脂。……樂童翻怨調，才子與妍詞。

---

16 臺北：文津出版社，一九七五年七月，頁七八。

17 同前注，頁七九。

便想人如樹，先將髮比絲。風條搖兩帶，煙葉貼雙眉。……曲罷那能別，情多不自持。纏頭無別物，一首斷腸詩。

此詩係以「風條」、「煙葉」狀女子之妝扮，晏詞末句予以截用，以喻女子之牽繫人情，與雨絲山水迥不相涉，蔡注未免望文生義；而「雨條」終因得白詩，而知為「風條」之誤也。晏幾道〈浪淘沙〉（麗曲醉思仙）云：「多少雨條煙葉恨，紅淚離筵。」亦正用此語典；而李明娜《小山詞校箋注》[18]、楊繼修《小山詞研究》[19]，均缺而不注，蓋亦不曉此出處也。

二、漏注——即應注之觀念、人名、地名、典故、出處、字詞……等，注者均遺漏之。如歐陽脩〈減字木蘭花〉：

傷懷離抱。天若有情天亦老，此意如何。細似輕絲渺似波。　扁舟岸側。楓葉荻花秋索索。細想前歡。須著人間比夢間。

此詞之七字句，實均集自唐人詩，然歷來注〈六一詞〉者，如蔡茂雄《六一詞校注》[20]、李栖《歐陽脩詞研究及其校注》[21]、黃畬《歐陽脩詞箋注》[22]等，均未予以注全；尤以「細似」、「須著」

---

18 臺北：文津出版社，一九八一年六月，頁一一五。
19 臺北：黎明文化公司，一九八〇年三月初版，頁二一二。
20 臺北：嘉新水泥公司文化基金會，一九六九年五月初版，頁一一八。
21 臺北：文史哲出版社，一九八二年三月初版，頁一五九。
22 臺北：文史哲出版社，一九八八年一〇月臺一版，頁二二一。

兩句，均遺漏未注。茲補注此四句之出處如次：

1.天若有情天亦老：出自李賀〈金銅仙人辭漢歌〉：「衰蘭送客咸陽道，天若有情天亦老。」

2.細似輕絲渺似波：出自吳融〈情〉詩：「依依脈脈兩如何，細似輕絲渺似波。」

3.楓葉荻花秋索索：出自白居易〈琵琶行〉：「潯陽江頭夜送客，楓葉荻花秋索索。」[23]。

4.須著人間比夢間：出自韓愈〈遊城南十六首・遣興〉：「莫憂世事兼身事，須著人間比夢間。」

又如蘇軾〈訴衷情〉詞：

小蓮初上琵琶弦。彈破碧雲天。分明繡閣幽恨，都向曲中傳。　膚瑩玉，鬢梳蟬。綺窗前。素娥今夜，故故隨人，似鬥嬋娟。

石聲淮、唐玲玲箋注此詞「小蓮」、「分明」、「素娥」三句，如是云：

1.小蓮：一個彈琵琶的少女，用北齊的馮淑妃爲比。據《北史・后妃傳》：馮淑妃名小憐，原是穆后的婢，「能彈琵琶，工歌舞」。「小蓮」即「小憐」，《太平御覽》九七五〈果部・蓮〉引《三國典略》：「馮淑妃，名小蓮也。」

2.分明繡閣幽恨，都向曲中傳：少女內心隱藏的情感，都在琵琶聲中分明地傳出。分明，淸楚地，形容

---

[23] 此詩詩題，《全唐詩》作〈琵琶引〉，然所附前序末云：「命曰〈琵琶行〉」，後世遂多稱〈琵琶行〉。又：此詩次句，「索索」兩字，一作「瑟瑟」。

「傳」字。繡閣，少女居住之處，這裡指少女。幽恨，不被別人知道的幽怨。曲，指她演奏的樂聲。

3.素娥今夜，故故隨人，似鬥嬋娟：月亮今夜故意緊緊地跟著小蓮，好像要和小蓮比賽誰美。素娥：月中的女神嫦娥。《文選》卷十三謝莊〈月賦〉：「集素娥於後庭。」李周翰注：「常（同『嫦』）娥竊藥奔月，月色白，故云素娥。」這裡指月亮。故故，故意。人：指彈琵琶的少女。鬥，比賽。嬋娟：美麗，指少女之美和月色之美。[24]

如此箋注，已頗清晰，解釋亦恰當，唯各句出處猶未舉出，難稱完備。如「小蓮」句，自是用馮淑妃典，然該句實化自李賀〈馮小憐〉五律詩起首：「灣頭見小憐，請上琵琶語。」而「分明」兩句，顯係化自杜甫〈詠懷古跡〉之三：「千載琵琶作胡語，分明怨恨曲中論。」箋注者若能如此舉出，益見精確；而原作者詠「琵琶女」，即化用前人作品中與「琵琶」有關之詩句，用心亦可彰顯。至若末結三句中之「故故」，乃唐詩人常見用語，如杜甫〈月〉五律詩頷聯即云：「時時開暗室，故故滿青天。」白居易〈人定〉五律詩尾聯亦云：「誰家放鸚鵡，故故語相驚。」張相《詩詞曲語辭滙釋》卷四〈故〉字下釋云：「故故，猶云常常或頻頻也。」[25]是否較「故意」之解爲善？箋注者亦可多一分思考空間。

---

[24] 以上三注，見石聲淮、唐玲玲《東坡樂府編年箋注》（臺北：華正書局，一九九三年八月初版），卷三，頁五〇八至五〇九。

[25] 臺北：臺灣中華書局，一九七三年四月臺三版，頁四八〇至四八一。

又如：黃庭堅〈南鄉子〉：

黃菊滿東籬，與客攜壺上翠微。已是有花兼有酒，良期，不用登臨上落暉。　滿酌不須辭，莫待無花空折枝。寂寞酒醒人散後，堪悲，節去蜂愁蝶不知。

譚錦家《山谷詞校注》注此云：

1.東籬：陶潛〈飲酒詩〉：「採菊東籬下，悠然見南山。」盧照鄰〈田家詩〉：「東籬菊正芳。」

2.有花兼有酒：李商隱〈春日寄懷〉：「縱使有花兼有月，可堪無酒又無人。」

3.不用登臨上落暉：杜牧〈九日齊山登高〉詩：「但將酩酊酬佳節，不用登臨怨落暉。」

4.莫待無花空折枝：杜牧〈金縷衣〉：「花開堪折直須折，莫待無花空折枝。」

5.節去蜂愁蝶不知：鄭谷〈十月菊〉詩：「節去蜂愁蝶不知，曉庭環繞折殘枝。」[26]

實則此詞亦屬集句詞，譚注不知，致誤注並漏注數句，茲補正如次：

1.黃菊滿東籬：出自司空圖〈五十〉七律末聯：「漉酒有巾無黍釀，負他黃菊滿東籬。」

2.與客攜壺上翠微：出自杜牧〈九日齊山登高〉七律首聯：「江涵秋影雁初飛，與客攜壺上翠微。」

3.滿酌不須歸：出自于武陵〈勸酒〉絕句首聯：「勸君金屈卮，滿酌不須辭。」

4.寂寞酒醒人散後：出自白居易〈偶作〉五律頷聯：「闌珊花落後，寂寞酒醒時。」

---

[26] 以上五注，見譚錦家《山谷詞校注》（臺北：學海出版社，一九八四年七月初版），頁一五六。

又如：賀鑄〈伴雲來〉（即〈天香〉）下片：

煙絡橫林，山沈遠照，邐迤黃昏鐘鼓。燭映簾櫳，蛩催機杼。共苦清秋風露。不眠思婦。齊應和、幾聲砧杵。驚動天涯倦宦，駸駸歲華行暮。　當年酒狂自負。謂東君、以春相付。流浪征驂北道，客檣南浦。幽恨無人晤語。賴明月、曾知舊游處。好伴雲來，還將夢去。

鍾振振校注《東山詞》於此詞末結，並未注其所出[27]；實則此結係化自杜牧〈丹水〉五律詩之頷聯：「恨身隨夢去，春態逐雲來。」又：賀鑄〈減字浣溪沙〉上片云：「兩點春山一寸波。當筵嬌甚不成歌。動人情態可須多。」鍾振振於此詞首句「一寸波」三字，亦未注其所出。[28]實則「一寸波」一詞，係出自韋莊〈秦婦吟〉：「西鄰有女真仙子，一寸橫波剪秋水。」亦可簡稱「寸波」，如賀鑄〈窗下繡〉（即〈一落索〉）起首即云：「初見碧紗窗下繡，寸波頻溜。」是其證也。又如：辛棄疾〈西江月〉（遣興）：

醉裏且貪歡笑，要愁那得工夫。近來始覺古人書。信著全無是處。　昨夜松邊醉倒，問松我醉何如。只疑松動要來扶。以手推松曰去。

---

[27] 此詞見收於鍾振振校注《東山詞》（上海：上海古籍出版社，一九八九年一二月第一版）卷一，頁一六八至一六九。

[28] 同前注，卷三，頁三九七至三九八。

此詞末句，鄧廣銘《稼軒詞編年箋注》並未注出[29]，而此句關係稼軒此詞之深層意蘊，實應補注。《漢書》卷七十二〈王貢兩龔鮑傳〉載：「兩龔皆楚人也，勝字君賓，舍字君倩。兩人相友，並著名節，故世謂之楚兩龔。少皆好學明經，勝爲郡吏，舍不仕。……丞相王嘉上書薦故廷尉梁相等，尚書劾奏嘉『言事恣意，迷國罔上，不道。』下將軍中朝者議，左將軍公孫祿、司隸鮑宣、光祿大夫孔光等十四人，皆以爲嘉應迷國不道法。勝獨書議曰：『嘉資性邪僻，所舉多貪殘吏。位列三公，陰陽不合，諸事並廢，咎皆繇嘉，迷國不疑，今舉相等，過微薄。』日暮議者罷。明旦復會，左將軍祿問勝：『君議亡所據，今奏當上，宜何從？』勝曰：『將軍以勝議不可者，通劾之。』博士夏侯常見勝應祿不和，起至勝前謂曰：『宜如奏所言。』勝以手推常曰：『去！』」[30]明乎此，則知稼軒蓋借此典，以抒其傲岸不屈之執著也。

三、泛注——即泛舉詩文以注釋，最常見者，即舉後人作品，以注前人作品；或同爲前人作品，而泛舉其一箋注，未能溯其原始（或有一詞多義，而泛舉其一箋注，本文則視爲「誤注」，如前舉「玉爐」一例即是），如柳永〈望漢月〉：

明月明月明月。爭奈乍圓還缺。恰如年少洞房人，暫歡會、依前離別。　小樓憑檻處，

---

29 此詞見收於鄧廣銘《稼軒詞編年箋注》（臺北：華正書局，一九八六年八月初版），卷五，頁四八六至四八七。

30 同注12，《漢書》冊四，頁三〇八一。

正是去年時節。千里清光又依舊，奈夜永、厭厭人絕。

賴橋本《柳永詞校注》注此詞云：

1.明月：光明的月亮。宋玉〈神女賦〉：「其少進也，皎若明月舒其光。」班婕妤〈怨歌行〉：「裁成合歡扇，團團似明月。」

2.洞房：深邃的房室。《楚辭・招魂》：「姱容修態，絙洞房些；蛾眉曼睩，目騰光些。」後常用來指新婚之室。庾信〈和詠舞詩〉：「洞房花燭明，燕餘雙舞輕。」

3.歡會：快樂的聚會。杜甫〈陪王侍御同登東山詩〉：「人生歡會豈有極，無使霜露沾人衣。」

4.小樓憑檻處：小樓，小小樓房。王績〈晚年敘志示翟處士詩〉：「望氣登重閣，占星上小樓。」憑檻，憑欄。李咸用〈送錢尊師歸廬山詩〉：「憑檻雲還在，攀松鶴不飛。」

5.清光：清朗的月光。李白〈擬古詩〉：「明月看欲墮，當窗懸清光。」

6.夜永厭厭：夜永，夜長。戴叔倫〈白苧詞〉：「美人不眠憐夜永，起舞亭亭亂花影。」厭厭，同懨懨，病態。韓偓〈春盡日詩〉：「把酒送春惆悵在，年年三月病厭厭。」[31]

似此箋注方式，乃今人注本最常見者。其優點在於極常見之用語，均予注釋，誠有助於閱讀，並有助於宋詞之推廣。然以學術觀點論之，此等極常見之用語，必欲舉前人作品予以印證，則宜仔

---

[31] 以上六注，見賴橋本《柳永詞校注》（臺北：黎明文化公司，一九九五年四月初版），下卷，頁三七三至三七四。

細探其源頭，方稱嚴謹。茲以上舉六注爲例，其值斟酌者凡四：其一，「歡會」一詞，解作「快樂的聚會」，最早見於三國魏曹植〈閨情〉詩：「歡會難再逢，芝蘭不重榮。」自宜舉曹詩作注爲是。其二，「憑檻」一詞，李咸用之前，已見白居易用之，其〈江樓偶宴贈同座〉詩云：「南浦閒行罷，西樓小宴時；望湖憑檻久，待月放盃遲。」此處自宜引此詩爲注。其三，「清光」一詞，最早泛指清亮之光輝，見於南朝齊謝朓〈侍宴華光殿曲水〉詩：「歡飫終日，清光欲暮。」唐以後，則多用指月光、燈光，如賴注所引李白詩即是。苟能如此解說，自較周到。其四，「厭厭」一詞，最早作「安靜」、「安逸」解，見於《詩・秦風・小戎》：「厭厭良人，秩秩德音。」，漢、晉以後，始用以狀「微弱貌」、「精神不振貌」。如《漢書》卷七十五〈李尋傳〉：「列星皆失色，厭厭如滅。」即以「厭厭」狀星之微弱也。至如晉陶潛〈和郭主簿〉詩之二：「檢素不獲展，厭厭竟良月」，則以「厭厭」狀精神不振也。及至宋代詞人，又用指人之「懶倦」、「無聊」，柳永詞中，即多採此解，此詞而外，尚有〈定風波〉（自春來慘綠愁紅）：「暖酥消，膩雲嚲，終日厭厭倦梳裹。」可以爲證。若泛解作「病態」，漫引韓偓詩爲證，真有不妥。又如黃庭堅〈漁家傲〉：

踏破艸鞋參到老。等閒拾得衣中寶。遇酒逢花須一笑。重年少。俗人不用嗔貧道。是處青旗誇酒好。醉鄉路上多芳艸。提著葫蘆行未到。風落帽。葫蘆卻纏葫蘆倒。

譚錦家校注《山谷詞》，於此中「等閒」一詞注云：

等閒：猶云尋常，無足輕重也。山谷詩：「不將春色等閒拋。」[32]

而黃庭堅另有〈西江月〉（斷送一生唯有）詞，亦有「花病等閒瘦惡」句，譚注「等閒」一詞，又云：

等閒：朱熹詩：「等閒識得東面風」（宜作「東風面」爲是）。[33]

試問：同一詞語，同一書內，竟有兩出處，而朱熹且後於黃山谷，真泛注也。應改注爲：

等閒：猶言「平常」、「隨便」、「無端」，唐詩人恒用之，如張謂〈湖上對酒行〉：「眼前一尊又長滿，心中萬事如等閒。」白居易〈琵琶行〉：「今年歡笑復明年，秋月春風等閒度。」宋詞人亦承襲用之，如晏殊〈浣溪沙〉起首：「一向年光有限身，等閒離別易銷魂。」又〈少年遊〉（重陽過後）：「莫將瓊萼等閒分，留贈意中人。」

又如〈少年心〉一詞：

對景惹起愁悶。染相思，病成方寸。是阿誰先有意，阿誰薄倖。斗頓恁少喜多嗔。合下休傳音問。你有我，我無你分。似合歡桃核，真堪人恨。心兒裏有兩箇人人。

譚錦家注此中「斗頓」一詞云：

---

32 同注25，頁九〇。

33 同前注，頁一九七。

斗頓：斗與陡同，猶頓也。辛棄疾〈賀新郎〉詞：「斗頓南山高如許，是先生拄杖歸來後，山不記，何年有。」[34]

亦以南宋辛棄疾詞注北宋黃庭堅之作品，真泛注也。宜改注爲：

斗頓：斗，與「陡」同，猶「頓」也，「突然」之意。唐詩人恒單用之，如杜甫〈義鶻行〉：「斗上捩孤影，噭哮來九天。」韓愈〈答張十一功曹〉詩：「吟君詩罷看雙鬢，斗覺霜毛一倍加。」至宋詞人，或單用，如舒亶〈虞美人〉起首：「酒邊陡覺羅衣暖，獨倚黃昏看。」又：〈蝶戀花〉（深炷熏爐扃小院）：「短鬢潘郎，斗覺年華換。」或「陡頓」連用，如柳永〈浪淘沙〉（夢覺透窗風一線）：「負佳人、幾許盟言；更忍把、從前歡會，陡頓翻成憂戚。」

又如秦觀〈鷓鴣天〉：

枝上流鶯和淚聞。新啼痕間舊啼痕。一春魚鳥無消息，千里關山勞夢魂。　無一語，對芳尊。安排腸斷到黃昏。甫能炙得燈兒了，雨打梨花深閉門。

徐培均校注《淮海居士長短句》，於此中「甫能」一詞注云：

甫能：《詩詞曲語辭匯釋》卷二：「猶云方纔也。」辛棄疾〈杏花天〉詞：「甫能得見茶甌

---

34 同前注，頁七九。

面，卻早安排腸斷。」[35]

此亦以南宋之辛棄疾詞注釋北宋秦觀之作品，亦泛注之例，應改注爲：

甫能：方纔也。此詞北宋晚期詞人始用之，或又寫作「副能」。如蔡伸〈點絳唇〉（背壁燈殘）下片：「數盡更籌，滴盡羅巾淚。如何睡。甫能得睡。夢到相思地。」毛滂〈最高樓〉（微雨過）：「副能小睡還驚覺，略成輕醉早醒鬆。」辛棄疾〈杏花天〉詞：「甫能得見茶甌面，卻早安排腸斷。」蓋化自秦詞。

又如姜夔〈洞仙歌〉（黃木香贈辛稼軒）：

花中慣識，壓架玲瓏雪。乍見緗蕤間琅葉。恨春風將了，染額人歸，留得箇、裊裊垂香帶月。鵝兒真似酒，我愛幽芳，還比酴醿又嬌絕。自種古松根，待看黃龍，亂飛上、蒼髯五鬣。更老仙、添與筆端春，敢喚起桃花，問誰優劣。

黃兆漢《姜白石詞詳注》注姜夔詞，亦頗詳盡；就注釋言，與賴橋本之注柳永詞，極爲相似，亦即尋常用語皆不憚其煩，予以說解。然此中「泛注」之現象，亦所在多有。以此詞爲例，除編年外，計注「黃木香」、「壓架」、「緗」、「將」、「染額」、「裊裊」、「鵝兒」、「酴醿」、「黃龍」、「蒼髯五鬣」、「老仙添與筆端春」等詞。茲以所注「鵝兒」一詞爲例：

---

35 此注見於徐培均《淮海居士長短句・補遺》（上海：上海古籍出版社，一九八五年八月第一版），頁一九二。

鵝兒：幼鵝毛色黃嫩，故以喻嬌嫩淡黃之物。這裏指黃木香花嬌嫩淡黃。宋蘇軾〈次荊公韻〉之一：「深紅淺紫從爭發，雪白鵝黃也鬥開。」[36]

實則姜夔「鵝兒」三句，係化自杜甫〈舟前小鵝兒〉五律之首聯：「鵝兒黃似酒，對酒愛新鵝。」與蘇軾〈次荊公韻〉詩終無涉。縱欲注「鵝兒」一詞，亦應引杜詩爲證，以杜詩實早於蘇詩也。

四、略注——即略去所引詩文之篇名，或節略其內容。此現象古書常見，蓋爲節省雕工也。而後人不查，每誤以爲原文，而輒轉予以引用，真不宜也。如毛滂〈浣溪沙〉（寒時初晴，桃杏皆已零落，獨牡丹欲開）：

魏紫姚黃欲占春，不教桃杏見清明，殘紅吹盡恰纔晴。　芳草池塘新漲綠。官橋楊柳半拖青，鞦韆院落管絃聲。

史龍治校注《東堂詞》，於此中「魏紫姚黃」一詞，注云：

魏紫姚黃：牡丹名。歐陽脩《洛陽牡丹記》：「牡丹之名，或以氏、或以州、或以地、或以色、或旌其所異者而志之，姚黃左花魏花以姓著。」〈花釋名〉：「牡丹中魏花者千葉肉紅，出於魏仁浦故相家，姚黃者千葉黃花，出於民姚氏家。」〈牡丹譜〉：「錢思公曰：人謂牡

36 此注見於黃兆漢《姜白石詞詳注》（臺北：學生書局，一九九八年二月初版），頁五〇一。

丹花王，今姚黃真為王，魏紫后爾。」[37]實則本注係見於歐陽脩《洛陽牡丹記・花釋名第二》，原文爲：「牡丹之名，或以氏，或以州，或以地，或以色；或旌其所異者而志之。姚黃、左花、魏花，以姓著；青州、丹州、延州紅，以州著。……姚黃者，千葉黃花，出於民姚氏家。……魏花者，千葉肉紅花，出於魏相仁浦家。……錢思公嘗曰：人謂牡丹花王，今姚黃，真可爲王，而魏花乃后也。」[38]兩相比較，史注實節略並割裂歐陽脩原文也。又如周邦彥〈玉樓春〉（玉琴虛下傷心淚）下片首兩句：「萋萋芳草迷千里，惆悵王孫行未已。」陳元龍注云：「《文選・招隱士》：王孫游兮不歸，芳草生兮萋萋；王孫兮歸來，山中兮不可以久留。」[39]實則此注宜改注爲：「《楚辭・淮南小山・招隱士》：『王孫游兮不歸，春草生兮萋萋。……王孫兮歸來，山中兮不可以久留。』」如此箋注，既索原典，亦足以知其節略。又如周邦彥〈黃鸝繞碧樹〉（雙闕籠嘉氣）下片：「草莢蘭芽漸壯，且尋芳、更休思慮。」陳元龍注云：《帝王世紀》云：「唐堯之時，草夾階而生，每月朔生一莢，月半則十五莢；自十六日一莢落，月盡矣。」[40]此處陳氏但述其意，實易令人誤以爲原文。宜更注云：《帝王世紀》載：「堯時有草

---

[37] 此注見於史龍治《東堂詞校注》（臺北：文津出版社，一九七八年八月），頁一〇。

[38] 此書見收於陳夢雷編《古今圖書集成・博物彙編・草木典卷二八七・牡丹部》（臺北：鼎文書局，一九八五年四月再版，冊五四，頁二六六一。）

[39] 同注2，卷八，頁一一九三。

[40] 同前注，頁一一九四。

莢生庭，每月朔旦生一莢，至月半，則生十五莢。至十六日後，日落一莢，至月晦而盡，若月小餘一莢。王者以是占曆，唯盛德之君，應和氣而生，以爲堯瑞。名曰蓂莢，一名曆莢，一名瑞草。」爲具體了解「略注」之現象，茲更以「誤注」項所引周邦彥〈風流子〉詞爲例，舉陳元龍集注中處理詩文與典故出處之方式如次：

1. **楓林凋晚葉關河迥楚客慘將歸**：杜詩：「玉露凋傷楓樹林」。關，境上門；河，孟津也。宋玉〈九辨〉：「登山臨水兮送將歸。」
2. **望一川暝靄雁聲哀怨**：應瑒詩：「朝雁鳴雲中，音響一何哀。」
3. **半規涼月人影參差**：謝靈運詩：「遠峰隱半規」；杜詩：「涼月白紛紛」；荊公詩：「月明還見影參差」；〈赤壁賦〉：「人影在地」。
4. **淚花銷鳳蠟風幕卷金泥**：庾信詩：「銅荷承淚蠟」；杜詩：「花催蠟炬消」；《南史》：「王僧綽少時，與兄弟聚會采蠟淚爲鳳凰」，「鳳蠟」事本於此。李後主詞：「曲欄朱箔，惆悵捲金泥。」「金泥」，銷金也。
5. **砧杵韻高喚回殘夢綺羅香減牽起餘悲**：謝惠連詩：「簷高砧響發，楹長杵聲哀」；古詩：「喚回午夢黃鸝」；秦韜玉詩：「蓬門未識綺羅香」；杜詩：「慷慨有餘悲。」
6. **亭臯分襟地難拚處偏是掩面牽衣**：〈子虛賦〉：「亭臯千里」；李義山詩：「愁極惜分襟」；盧仝詩：「羅襟掩面啼向天。」
7. **想寄恨書中銀鉤空滿斷腸聲裡玉筯還垂**：李義山詩：「寄恨一尺素」；晉索靖草書婉若銀鉤；《白氏

六帖》：「魏甄后面白，淚雙垂如玉筯。」

8.多少暗愁密意唯有天知：《大曲・琵琶行》詞：「別有暗愁深意」；天知，出《楊震傳》[41]

陳氏身處南宋，集注周邦彥《片玉集》，大抵已能點出各句之出處，真不易也。然今日讀之，若能就其「略注」處加以索原補充，益見完備。茲以鄙意調整解釋之詞句，並剔除陳注「泛注」之詩文，而後予以索原，以供對照：

1.楓林凋晚葉：杜甫〈秋興八首〉之一：「玉露凋傷楓樹林，巫山巫峽氣蕭森。」。

2.楚客慘將歸：楚客，《左傳・襄公二十六年》：「楚客聘於晉，過宋。」周邦彥客江陵，故自稱楚客。慘將歸，宋玉〈九辨〉：「憭慄兮若在遠行，登山臨水兮送將歸。」

3.望一川暝靄雁聲哀怨：應瑒〈侍五官中郎將建華臺集詩〉：「朝雁呼雲中，音響一何哀；問子遊何鄉，戢翼正徘徊。」

4.半規涼月人影參差：半規，謝靈運〈遊南亭〉詩：「密林含餘清，遠峰隱半規。」；涼月，杜甫〈陪鄭廣文遊何將軍山林十首〉：「絺衣挂蘿薜，涼月白紛紛」；人影參差，王安石〈溝上梅花欲發〉詩：「莫恨夜來無伴侶，月明還見影參差。」

5.酒醒後淚花銷鳳蠟：鳳蠟，《南齊書》卷三十三〈王僧虔傳〉：「僧虔年數歲，獨正坐採蠟燭為鳳凰。」

---

41 以上八注，見同注2，頁一一五一至一一五二。

詞稱蠟燭曰鳳蠟，即原於此典。杜甫〈西閣三度期大昌嚴明府同宿不到〉詩：「金吼霜鐘徹，花催蠟炬消。」杜牧〈贈別〉詩：「蠟燭有心還惜別，替人垂淚到天明。」詞句暗用其意。

6. **風幕卷金泥**：李煜〈臨江仙〉詞：「子規啼月小樓西，畫簾珠箔，惆悵卷金泥。」[42]

7. **砧杵韻高**：謝惠連〈擣衣詩〉：「簷高砧響發，楹長杵聲哀。」白居易〈八月三日夜作〉：「氣爽衣裳健，風疏砧杵鳴。」

8. **綺羅**：江淹〈恨賦〉：「綺羅畢兮池館盡，琴瑟滅兮丘隴平。」

9. **餘悲**：陶潛〈輓歌詩〉三首之三：「親戚或餘悲，他人亦已歌。」杜甫〈水檻〉詩：「人生感故物，慷慨有餘悲。」

10. **亭皋分襟**：亭皋，司馬相如〈上林賦〉：「亭皋千里，靡不被築。」分襟，駱賓王〈秋日送侯四得彈字〉：「歧路分襟易，風雲促膝難。」

11. **掩面牽衣**：掩面，作「遮住面孔」，始見於《左傳・哀公十六年》：「子西以袂掩面而死。」至唐人，或用以狀「嬌羞貌」，如李嘉祐〈江上曲〉：「掩面羞看北地人，回身忽作空山雨。」或用以狀「悲不忍見貌」，如

---

42 此詞見收於張璋、黃畬編《全唐五代詞》（臺北：文史哲出版社，一九八六年一〇月臺一版），卷四，頁四五五。此中「畫簾珠箔」一句，〈校勘〉云：《花草粹編》作「曲欄朱箔」，《類說》作「曲瓊鉤箔」，《苕溪漁隱叢話》、《詩話總龜》、《堯山堂外紀》作「曲欄金箔」，《墨莊漫錄》、《耆舊續聞》作「玉鉤羅幕」，《雪舟脞語》作「曲瓊金箔」，《樂府紀聞》作「玉鉤牽幕」，《陽春白雪》康伯可補足李重光詞作「曲屏珠箔晚」。

盧仝〈樓上女兒歌〉：「箜篌歷亂五六弦，羅袖掩面啼向天。」牽衣，梁簡元帝〈采蓮曲〉：「荷絲傍繞腕，菱角遠牽衣。」李白〈別內赴徵三首〉之二：「出門妻子強牽衣，問我西行幾日歸。」

12.寄恨書中：李商隱〈夜思〉：「寄恨一尺素，含情雙玉璫。」

13.銀鉤：《晉書》卷六十〈索靖傳〉載靖著〈草書狀〉，中有言：「蓋草書之爲狀，婉若銀鉤，漂若驚鸞。」

14.玉筯：白居易《白氏六帖事類集》卷二〈玉五十七．玉箸〉：「王昭君之淚如玉箸。」同書卷十九〈哭二十一．玉筯〉：「甄后面白，淚雙垂如玉筯。」玉筯，即玉箸也。

15.唯有天知：《後漢書》卷五十四〈楊震傳〉載：「楊震字伯起，弘農華陰人也。……當之郡，道經昌邑，故所舉荊州茂才王密爲昌邑令，謁見，至夜懷金十斤以遺震。震曰：『故人知君，君不知故人，何也？』密曰：『暮夜無知者。』震曰：『天知，神知，我知，子知。何謂無知！』密愧而出。」此典故於周邦彥前便已見用，如：唐盧仝〈蕭宅二三子贈答詩二十首〉之序中便有「遂盡錄寄蕭，天知地知」之句。

比較筆者處理引文、引詩、引詞及典故出處之方式，可見有別於陳元龍集注者凡三：其一，所引詩、文、詞必列舉作者、篇名（或詞牌）；且引詩必舉一聯，引文、引詞必舉一段。其二，所引事典，必列書名、卷數，而後整引相關內容；此中內容有節錄者，必以刪節號顯示，俾讀者了解原文之真相。其三，一詞而有兩例者，必依早出、晚見之順序排列，如「餘悲」即是；此中或有多義者，必分別指出其義涵，以及詞中所採之意義，如「掩面」即是。要之，必如此箋注，始能免於「略注」之失，而有助於讀者之了解。

參、宋詞箋注示例

前節既將宋詞箋注之四項缺失：誤注、漏注、泛注、略注，分別舉證論述；本節則擬進一步將筆者箋注宋詞之觀念，具體落實於詞例上。爰舉晏殊《珠玉詞》前四闋：〈點絳唇〉一闋、〈浣溪沙〉三闋，分別箋注如次：

一、點絳唇

露下風高，井梧宮簟生秋意❶。畫堂筵啟。一曲呈珠綴❷。　天外行雲，欲去凝香袂。爐煙起。斷腸聲裏。斂盡雙蛾翠❹。

箋註：

❶井梧宮簟生秋意：井梧，古時井旁多植梧桐為蔭，故曰井梧。井梧生秋意，唐詩人恒寫此情景，如杜甫〈宿府〉詩：「清秋幕府井梧寒，獨宿江城蠟炬殘。」白居易〈東南行一百韻〉詩：「春色辭門柳，秋聲到井梧。」宮簟，製作精美之竹席。唐宋人恒以「宮」字狀精美之物，如宮綾、宮羅、宮簫等。

❷一曲呈珠綴：喻歌聲清圓，似珠連綴。唐白居易〈晚春尋沈四著作〉詩：「最憶陽關唱，真珠一串歌。」

❸天外行雲，欲去凝香袂：香袂，即香袖，指女子之衣袖。此兩句係借響遏行雲之故實，狀女子之歌聲。舊題周列禦寇撰《列子・湯問》：「薛譚學謳於秦青，未窮青之技，自謂盡之；遂辭歸。秦青弗止，餞於郊衢，撫節悲歌，聲振林木，響遏行雲。薛譚乃謝求反，終身不敢言歸。」後世遂以「響遏行雲」狀聲音之高昂激楚。如唐趙嘏〈聞笛〉詩：「誰家吹笛畫樓中，斷續聲隨斷續風；響遏行雲橫碧落，清和冷月到簾櫳。」晏殊則借以狀女子歌聲之清圓曼妙。

❹斂盡雙蛾翠：雙蛾翠，即雙眉翠，指女子黛綠之雙眉。唐張祜〈愛妾換馬〉詩：「休憐柳葉雙眉翠，卻愛桃花兩耳紅。」此句意謂女子深鎖雙眉也。

二、浣溪沙

閬苑瑤臺❶風露秋。整鬟凝思捧觥籌。欲歸臨別強遲留❷。　月好謾成孤枕夢❸，酒闌❹空得兩眉愁。此時情緒悔風流❺。

箋註：

❶閬苑瑤臺：閬苑，閬風之院，傳說中神仙之住處，在崑崙之巔。舊題漢東方朔撰《海內十洲記・崑崙》：「山三角，其一角正北，干辰之輝，名曰閬風巔；其一角正西，名曰玄圃堂；其一角正東，名曰崑崙宮。」瑤臺，亦爲傳說中神仙之住處。晉王嘉《拾遺記・崑崙山》：「傍有瑤臺十二，各廣千步，皆五色玉爲臺基。」世人恒以「閬苑瑤臺」，泛指華麗之苑囿樓臺，晏殊此詞亦然。

❷整鬟凝思捧觥籌，欲歸臨別強遲留：整鬟，整飾華髻，可泛指整飾儀容。凝思，沈思。觥籌，酒器與酒令籌。強遲留，故作久留。唐韓偓〈踏青詞〉：「踏青會散欲歸時，金車久立頻催上；收裙整髻故遲留，兩點深心各惆悵。」晏殊此兩句，蓋化自韓詩。

❸月好謾成孤枕夢：謾成，徒成，空成。張相《詩詞曲語辭匯釋》卷二：「漫，本爲漫不經心之漫，爲聊且意，或胡亂義；轉變而爲徒義或空義。字亦作謾，又作慢。」孤枕，獨枕；借指獨宿、獨眠。唐人多用之，如李商隱〈戲贈張書記〉詩：：「別館君孤枕，空庭我閉關。」此句意謂：面對明月良宵，別後也只是獨眠而已，所以寫離別之不捨也。

❹酒闌：酒筵將盡。漢司馬遷《史記》卷八〈高祖本紀〉：「酒闌，呂公因目固留高祖。」裴駰集解引文穎曰：「闌言希也。謂飲酒者半罷半在，謂之闌。」

❺風流：「風流」一詞，於中國文學作品中，涵義極夥。此處宜解作「花俏輕浮」，《敦煌曲子詞・南歌子》起首：「悔嫁風流婿，風流無準憑。」

三、浣溪沙❶

三月和風滿上林❷。牡丹妖豔直千金❸。惱人天氣又春陰❹。

為我轉回紅臉面，向誰分付紫臺心❺。有情須殢酒杯深❻。

箋註：

❶此詞當作於仁宗皇祐五年（一〇五三）春季。據宋王氏撰《道山清話》載：「晏元獻公（按：

晏殊字同叔，謚元獻。）爲京兆，辟張先爲通判，新納侍兒，公甚屬意。先字子野，能爲詩詞，公雅重之。每張來，即令侍兒侑觴，往往歌子野之詞。其後王夫人寖不容，公即出之。一日，子野至，公與之飲。子野作〈碧牡丹〉詞，令營妓歌之，有云：『望極藍橋，但暮雲千里，幾重山、幾重水』之句，公聞之，憮然曰：『人生行樂耳，何自苦如此。』亟命於宅庫支錢若干，復取前所出侍兒。既來，夫人亦不復誰何也。」按：此節亦見《綠窗新話》引，以爲係小晏（晏幾道）之事，然該書不注所本，今人趙萬里輯宋楊湜撰《古今詞話》，附按以爲係《綠窗新話》引《古今詞話》所載，而誤以爲晏幾道出姬作。夏承燾撰《張子野年譜》、《二晏年譜》俱從之，茲亦從之。復據夏氏所撰年譜，知晏殊遷戶部尙書，以觀文殿大學士知永興軍（京兆府屬永興軍，在今西安，故《道山清話》謂之爲「京兆」），在仁宗皇祐二年（一〇五〇）秋，至皇祐五年（一〇五三）秋，始自永興軍徙知河南，兼西京（即洛陽）留守，遷兵部尙書，封臨淄公。而此詞起句云：「三月和風滿上林」，上林即上林苑，凡三處有之（參本詞注❷）京兆長安即其中一地，而考晏殊知永興期間，可逢三春季，即皇祐三年、四年及五年也。又按：張先所詠〈碧牡丹〉詞原文如次：「步帳搖紅綺。曉月墮，沈煙砌。緩板香檀，唱徹伊家新製。怨入眉頭，斂黛峯橫翠。芭蕉寒，雨聲碎。　鏡華翳。閒照孤鸞戲。」所詠盡爲晏殊出姬事，與牡丹無涉（除非此姬名「牡丹」，則另論）。唐圭璋編《全宋詞》據明陳耀文《花草粹編》卷八錄此詞，即題作「晏同叔出姬」，蓋亦本乎此也。今讀晏殊此闋〈浣溪沙〉，上片似詠牡丹，而云「惱人天氣又春陰」，真別有懷抱也。下片轉寫去姬，與張先所作，正足相證。

至若此詞押韻、寄寓，與唐錢起〈贈闕下裴舍人〉詩相仿，尤爲論證關鍵。錢詩云：「二月黃鸝飛上林，春城紫禁曉陰陰；長樂鐘聲花外盡，龍池柳色雨中深。陽和不散窮途恨，霄漢常懸捧日心；獻賦十年猶未遇，羞將白髮對華簪。」首先，此詩所指之上林，即漢武帝時據秦舊苑擴充修建之上林苑，在今陝西西安市西（參本詞註❷），與晏殊〈浣溪沙〉所稱之上林，乃同一地；或亦可泛指長安宮苑。其次，此詩押韻爲「林」、「陰」、「深」、「心」、「簪」五字，晏殊〈浣溪沙〉押韻爲「林」、「金」、「陰」、「心」、「深」五字，僅一字之差。其三，此詩寫二月春陰之時，晏詞寫三月春陰之時，皆宜陽和而陽和不見，真別有懷抱也。其四，此詩云「捧日心」，日指朝廷，蓋對朝廷有所期待，而十年不遇，任年華老去，不無感慨。晏詞云：「紫臺心」，紫臺指帝王所居（參本詞註❺），而此心乃無所分付，證諸晏殊自仁宗慶曆四年（一〇四四）九月，爲孫甫、蔡襄所論罷相以還（參夏承燾《二晏年譜》），至仁宗皇祐五年（一〇五三），前後亦達十年，對朝廷自亦有所翹盼，而結果難卜，唯借酒澆愁而已；並藉去姬以寫孤臣之志也。筆者因謂晏殊此詞蓋因錢起詩而起興，且應作於仁宗皇祐五年春季也。

❷上林：即上林苑，凡三處：一爲秦舊苑，至漢武帝時重新擴建，見佚名撰《三輔黃圖・苑囿》。故址在今西安市西及周至、戶縣界。一爲東漢光武帝時建造，故址在今河南洛陽市東，漢魏洛陽故城西。三爲南朝宋大明三年建造，故址在今江蘇南京市玄武湖北，見梁沈約《宋書》卷六

〈孝武帝紀〉。依本詞註❶考訂，晏殊此詞所稱之「上林」，應爲漢武帝據秦舊苑而擴建者。

❸牡丹妖豔直千金：牡丹，古無牡丹之名，統稱芍藥，後以木芍藥稱牡丹。一般謂牡丹之稱在唐以後，但在唐以前，已見記載。至唐開元中盛於長安，宋則中州以洛陽爲冠，蜀以天彭爲冠。群花品中，牡丹第一，芍藥第二，故世謂牡丹爲花王，芍藥爲花相。參唐韋絢《劉賓客嘉話錄》、宋高承《事物紀原・草木花果・牡丹》、宋陸游《天彭牡丹譜・花品序》、明李時珍《本草綱目・草三・牡丹》。又據唐李肇《唐國史補》載：「京城貴游尚牡丹，每暮春，車馬若狂。種以求利，一本有直數萬者。」則「牡丹妖豔直千金」云云，實亦有所本。

❹春陰：指春季中之陰天。南朝梁簡文帝〈侍游新亭應令詩〉：「沙文浪中積，春陰江上來。」「春陰」最早之用法如此，亦爲此詞所本。唐代，「春陰」或指春日花木之蔭翳，如杜甫〈假山〉詩：「慈竹春陰覆，香爐曉勢分。」或指春日之時光，如鄭谷〈水軒〉詩：「楊花滿床席，搔首度春陰。」後兩解與本句無涉，不可誤解。

❺向誰分付紫臺心：分付，交付。張相《詩詞曲語辭匯釋》卷五：「分付，有交付義，有委託義。」紫臺，猶紫宮，指帝王所居。南朝梁江淹〈恨賦〉：「若夫明妃去時，仰天太息；紫臺稍遠，關山無極。」唐杜甫〈詠懷古跡〉五首之三：「一去紫臺連朔漠，獨留青冢向黃昏。」皆如此解。此句意謂：冀得帝王眷顧之心將交付與誰？晏殊此句係藉牡丹冀得帝王之眷顧，以道其心志也。（並參本詞註❶）語義雙關，妙甚！一本作「紫檀心」，非是。

❻有情須殢酒杯深：殢，沈湎，迷戀。如沈湎於酒或醉酒，則曰殢酒。此句意謂：人既有情而志不得，唯盡情飲酒，沈湎其中而已！

四、浣溪沙❶

一曲新詞❷酒一杯。去年天氣舊亭臺❸。夕陽西下幾時迴❹。　無可奈何花落去，似曾相識燕歸來。❺小園香徑❻獨徘徊。

箋註：

❶此詞當作於仁宗天聖五年或六年（一〇二七、一〇二八）春末，時晏殊年三十七、八，方罷樞密副使，以刑部侍郎知南京。（按：真宗景德三年，以宋州為太祖舊藩，升為應天府；大中祥符七年，建為南京，即今河南商丘縣。）按：晏殊〈假中示判官張寺丞、王校勘〉詩云：「元巳清明假未開，小園幽徑獨徘徊；春寒不定斑斑雨，宿醉難禁灩灩杯。無可奈何花落去，似曾相識燕歸來；游梁賦客多風味，莫惜青錢萬選才。」詩中有三句與〈浣溪沙〉相同（按：「小園香徑」作「小園幽徑」），而「元巳」即三月上巳日，與「花落去」之暮春時節相符，詩詞固有可能作於一時也。而詩題所稱「判官張寺丞」，即張亢；「判官王校勘」，即王琪。據宋葉夢得《石林詩話》卷上載：「晏元獻公留守南郡，王君玉（王琪字君玉）時已爲館閣校勘，公特請於朝，以爲府簽判，朝廷不得已，使帶館職從公；外官帶館職自君玉始。」是知此詩必作於晏殊守南京應天府時，王琪始有此職稱；而〈浣溪沙〉詞既同時之作，故據以推斷係作於天聖五年或六年春末也。

❷一曲新詞：唱一曲新作之歌詞。晏殊平居，時與嘉賓酬酢，佐以歌樂，因好爲新詞。宋葉夢得《避暑錄話》卷上載：「頃有蘇丞相子客嘗在公（指晏殊）幕府，見每有嘉客必留，但設一空案一杯。既命酒，果實蔬茹漸至，亦必以歌樂相佐，談笑雜出，數行之後，案上已燦然矣。稍闌，即罷遣歌樂，曰：『汝曹呈藝已，吾當呈藝。』乃具筆札，相與賦詩，率以爲常。」除此詞外，《珠玉詞》中可見晏殊塡作「新聲」、「新詞」之詞句如下：〈酒泉子〉（玉壺清漏起微涼）：「新曲調絲管，新聲更颭霓裳。」、〈清平樂〉（秋光向晚）：「蕭娘勸我金卮，殷勤更唱新詞。」、〈相思兒令〉（昨日探春消息）：「有酒且解瑤觥，更何妨、檀板新聲。」、〈少年遊〉（芙蓉花發去年枝）：「蘭堂風軟，金爐香暖，新曲動簾旌。」

❸去年天氣舊亭臺：唐鄭谷〈和知己秋日傷懷〉詩：「流水歌聲共不回，去年天氣舊亭臺；梁塵寂寞燕歸去，黃蜀葵花一朵開。」晏殊係取此詩第二句入詞，全詞押韻、情境亦仿之；唯改詩中秋景爲春景，故云：「無可奈何花落去，似曾相識燕歸來。」又：「舊亭臺」三字，一本作「舊池臺」，然此句既襲用鄭谷詩全句，而鄭詩句並無異詞，故仍以作「舊亭臺」爲宜。

❹幾時迴：迴，作「返回」解，通「回」字。

❺無可奈何花落去，似曾相識燕歸來：關於此兩句之創作，宋吳曾《能改齋漫錄》卷一〇曾載：「晏元獻公赴杭州，道過維揚，憩大明寺，瞑目徐行，使侍史誦壁間詩板，戒勿言爵里姓名，終篇者無幾。又使別誦一詩云云，徐問之，江都尉王琪詩也。召至同飯，又同步游池上。時春

晚，已有落花。晏云：『每得句書牆壁間，或彌年未嘗強對。且如「無可奈何花落去」，至今未能也。』王應聲曰：『似曾相識燕歸來』自此辟置，又薦館職，遂躋侍從矣！」按：宋魏慶之《詩人玉屑》卷一○引《遺珠》、宋胡仔《苕溪漁隱叢話後集》卷二○引《復齋漫錄》，皆有相同之記載。

近人夏承燾《二晏年譜》辨之云：「然據宋史三一二琪傳：『起進士，調江都主簿，上時務十二事，請見義倉，置營田，減度僧，罷鬻爵，禁錦綺珠貝，行鄉飲籍田，復制科，興學校。仁宗嘉之，除館閣校勘，集賢校理。』是琪仁宗時除館職，由於上書，非以同叔擢。又案〈本紀〉：「天聖四年七月，減兩川歲輸錦綺；五年三月，罷瓊州歲貢瑇瑁、龜皮、紫貝。」琪上書當在此年之前。同叔仁宗初至天聖五年，皆官京師，亦無杭、揚行迹。……《漫錄》載續對事，或臆誤也。」又云：「《漁隱叢話》二○引《復齋漫錄》記此事，末云：『山谷南遷至南華竹軒，亦令侍史誦史板，有一絕云云，稱歎不已，徐視姓名曰：果吾學子葛敏修也。苕溪漁隱曰：昭陵諸臣傳，元獻不曾知杭州；復齋乃云：「元獻赴杭州，道過維揚。」豫章先生傳：「山谷崇寧四年，卒於宜州路。」所紀皆誤也。』以山谷事連類推之，則《漫錄》所云非實，益顯然矣。同叔「無可奈何」一聯，詩題作《張寺丞、王校勘》（參本詞註❶引）；王校勘即琪，《漫錄》或由此附會也。」

此兩句意謂：一切必然消逝之美好事物終無法阻止其消逝，如花之落去即是，真叫人莫可奈何！

然於消逝之同時，仍有美好之事物必然再現，如燕之歸來即是，特已非原事物之重現，僅「似曾相識」耳！此兩句以對仗形式呈現，飽寓哲理，最令後世傳頌，因之而仿作者，所在多有。明俞弁《逸老堂詩話》卷上即載一則云：「張修撰亨父詩云：『東風潑地掃煙埃，桃李無情柳乏才；留不住春花落去，捲成團雪絮飛來。』此格本『無可奈何花落去，似曾相識燕歸來』之句。」

❻香徑：亦作「香逕」，花間小路，或指落花滿地之小徑。唐詩人恒用之，如戴叔倫〈游少林寺〉詩：「石龕苔蘚積，香徑白雲深。」

集評：

❶明卓人月《古今詞統》卷四評「無可」兩句云：「實處易工，虛處難工，對法之妙無兩。」

❷明沈際飛《草堂詩餘正集》卷一云：「……『無可奈何花落去』數句，律詩俊語也，然自是天成一段詞，著詩不得。」

❸清王士禛《花草蒙拾》云：「或問詩詞、詞曲分界，予曰：『無可奈何花落去，似曾相識燕歸來。』定非香奩詩；『良辰美景奈何天，賞心樂事誰家院。』定非草堂詞也。」

❹清張宗橚《詞林紀事》卷三按云：「元獻尚有〈示張寺丞・王校勘〉七律一首……，中三句與此詞同，只易一字。細玩「無可奈何」一聯，情致纏綿，音調諧婉，的是倚聲家語。若作七律，未免軟弱矣。」

❺清紀昀等編纂《四庫全書總目提要》卷一九八〈珠玉詞提要〉云：「集中《浣溪沙》春恨詞：『無

可奈何花落去，似曾相識燕歸來』二句，乃殊示張寺丞、王校勘七言律中腹聯，《復齋漫錄》嘗述之，今復塡入詞內，豈自愛其造語之工，故不嫌複用耶？考唐許渾集中：『一尊酒盡青山暮，千里書回碧樹秋』二句，亦前後兩見，知古人原有此例矣。」

❻清劉熙載《藝概》卷四云：「詞中句與字有似觸著者，所謂極錬如不錬也。晏元獻『無可奈何花落去』二句，觸著之句也；宋景文『紅杏枝頭春意鬧』，『鬧』字，觸著之字也。」

肆、結　語

本文第貳節，既將歷來箋注宋詞之缺失，歸納爲誤注、漏注、泛注、略注四項；復於第參節，舉晏殊四闋詞，予以箋注，以具體呈現筆者對箋注之淺見。茲更將此淺見，歸納爲十項要點：

一、有作年可考者，須考明其寫作時間。

二、字句有不同版本者，務必標出，並判斷其優劣。

三、生難字詞，務必注出；有原典者，亦須索原。

四、一般字句，若有所本，須予注出，以明借鑒。而後人若有仿作者，亦可舉出並說明之，庶免誤以爲泛引、泛注。

五、一般方言、俗語，不知明確出處者，至少須注出使用朝代，並依時間先後，舉一、二例以明之。

六、典故務必注出，且須釋明其義。

七、注中引書，須標明朝代、作者、卷數（朝代、作者若已耳熟能詳，如《史記》，亦可省此兩項），以便查核。

八、注中所引詩文等，務必標明朝代、作者、篇名（作者若已耳熟能詳，如杜甫，亦可省其朝代），並細核原文，切忌泛泛轉引。引詩以一聯爲原則，詞、文則以一段爲原則。

九、引文若屬節略或改寫，均須清楚交代。

十、後人對作品有所評論者，須予「集評」。

至於此十項要點是否可成爲宋詞箋注之共識，甚或準則，則有待詞學界方家有以教之。又：目前所見能符合此十項要點之注本，當推石聲淮與唐玲玲合撰《東坡樂府編年箋注》、鍾振振校注《東山詞》、羅忼烈撰《周邦彥清真集箋》、鄧廣銘撰《稼軒詞編年箋注》、錢仲聯撰《後村詞箋注》[43]，此中雖不免仍有缺失，然已極難能可貴。有志箋注宋詞者，苟能以之爲典範，並熟思筆者所提之十項要點，誠信高水準之宋詞箋注傑作，必將陸續出現；而《全宋詞》箋注之工作，

---

[43] 以上四部書之版本：《東坡樂府編年箋注》，見同注24；《東山詞》，見同注27；《周邦彥清真集箋》，見同注9；《稼軒詞編年箋注》，見同注29；《後村詞箋注》，由臺北：大立出版社印行，一九八二年初版。

亦必在各種工具書齊備，電腦檢索方便之二十一世紀，呈現極亮麗之成績！

※原載於《東吳中文學報》第七期，二〇〇一年五月，頁一〇五至一三九。

理論篇

試述「當行」、「本色」在詞壇上之應用

「當行」，原指唐宋兩朝應官府回買或差使（以徵役替代稅捐）之行業，從事此等行業者，稱爲「當行」、「行家」、「本行」。而「本色」原亦指本行、本業，或用指朝廷原定徵收之實物田賦；進而引伸爲各行業所著服飾之特色、行規，以及精通某才藝而顯示之「好本事」。[1]似此用於社會組織、行業規製之術語，如何爲文學批評所使用？兩術語又如何合而爲一？甚而詩壇、曲壇運用此術語所涵蓋之內容爲何？學術界早有專文論及，如曾永義〈當行本色〉、陳國球〈本色的探求與應用——胡應麟的詩體論〉、龔鵬程〈論本色〉、俞爲民〈明代曲論中的本色論〉、盧文周〈什麼是戲曲理論中的本色論〉、侯淑娟〈明代戲曲本色論〉等[2]，均値參考。然詞壇對此術語之應用

[1] 唐宋以前，「本色」一詞確已出現。如《晉書》卷十二〈志第二天文〉中載：「凡五星有色，大小不同，各依其行前順時應節，……不失本色而應其四時者，吉。」又《文心雕龍》卷六〈通變〉第二十九云：「今才穎之士，刻意學文，多略漢篇，師範宋集，雖古今備閱，然近附而遠疏。夫青生於藍，絳先於蒨，雖踰本色，不能復化。」上舉「本色」，均謂「本來顏色」，乃一普通組合性名詞，猶未用以專稱，不在本文取用範圍。

[2] 曾文原載一九八四年二月三日〈臺灣日報副刊〉，後收入《清風明月陽春》（一九八八，台灣光復書局出版）。陳文

爲何？內涵爲何？迄今猶未見專文論及，於焉本人乃請東吳大學碩士班學棣曾淑姿就《詞話叢編》[3]一書中，提及「本色」、「當行」或相似術語者[4]，摘出歸類，復益以其他資料，全面探討；並依其內容之所側重，歸納分析，發現此二語在詞壇上之應用，凡四端焉：一曰辨體製；二曰立規矩；三曰論風格與正變；四曰評詞家與作品。茲依序論述如後：（凡二語之字面意思，以「。」標示其下。）

壹、辨體製

自詩、詞、曲獨立成體，各擅一時之後，歷來區別三者之言論，可謂車載斗量。或辨其體製，或論其作法，或別其風格，均各有主張；要皆論其異同，知其特色，以見三者之關係與區別耳。

見於《胡應麟詩論研究》（一九八六，香港華風書局出版），後收入《香港地區中國文學批評研究》（一九九一，台灣學生書局出版）。龔文見於《詩史本色與妙悟》（一九八六，台灣學生書局出版）。俞文見載於《中華戲曲》一輯（一九八六第一期）。盧文見於《中國古典文學三百題》（一九八六，上海古籍出版社出版）。侯文爲其碩士論文（一九九二，東吳大學中國文學研究所）。

3 《詞話叢編》一書，唐圭璋所編，在台灣原由廣文書局印行。其後，唐氏復予增訂標點，由大陸中華書局出版。一九八八年，台灣新文豐出版公司予以在台發行。

4 所謂相似術語，指「行家」、「在行」、「作家」、「家數」、「作手」、「合作」等。由於此等術語在論詞風之際，每與「正」、「變」相關聯，故凡涉「正」、「變」字眼，亦適度取用。

應此風尙，「當行」、「本色」最早亦成詞壇辨體製之術語，歷代相因，每有論者，茲舉要簡介如次：

一、詩、詞之辨

宋陳師道《後山詩話》云：

> 退之以文為詩，子瞻以詩為詞，如教坊雷大使之舞，雖極天下之工，要非本色。今代詞手，惟秦七、黃九耳，唐諸人不迨也。

宋吳曾《能改齋漫錄》卷十六載晁補之（字无咎）之評云：

> 黃魯直間作小詞，固高妙，然不是當行家語，自是著腔子唱好詩。

以上所引，陳師道係借舞蹈情態之常與變爲喻，說明韓愈以文爲詩，蘇軾以詩爲詞，不合詩、詞正規體製，恰似自古雖有男子酒歡起舞之例，然就舞蹈言，女子之姿畢竟較之男子猶勝一籌，故徽宗時代教坊司名舞者雷中慶即使技藝超凡，究非行家規矩。若欲推舉當時詞家作手，惟秦觀、黃庭堅兩人而已，唐代眾詞人猶未能及之也。是知此處「本色」一詞，仍止於比喻，未與詩論、詞論全然結合。至若吳曾引晁補之之言，則謂黃庭堅所作小詞，固然高妙，然非行家之語，特詩人著腔唱詩而已。此處之「當行家語」，確乎與詞論合一矣！雖然，陳、晁二人之言論，皆著重在辨明詩、詞異體，則終無二致！

其次，陳、晁二人均屬北宋中晚期作家，前此士大夫恒視詞爲「德不足」、「下地獄」之事[5]，緣何至此時乃積極肯定「詞別是一家」[6]，並亟欲與詩劃清界限？蓋詞體入宋之後，「詩化」之現象，每下愈況，晏殊、歐陽脩所作，「皆句讀不葺之詩爾」（參註6），晏幾道之樂府，亦「寓以詩人句法」，柳永所作雅詞，「用六朝小品文賦作法，層層鋪敘，情景兼融」；[7]降而至蘇軾「以詩爲詞」，黃庭堅「著腔子唱好詩」，賀鑄《東山樂府》「多於溫庭筠、李長吉詩中來」，周邦彥《清真詞》「多用唐人詩語，檃括入律」，[8]風尙如此，無怪乎其時立論者亟欲釐清其體製！

然後人不知此情勢之必然，亦昧於陳、晁之言端在辨製，而極力爲蘇軾「以詩爲詞」辯白曰：

子瞻佳詞最多，其間傑出者，如「大江東去，浪淘盡千古風流人物」赤壁詞，……「霜降水痕收，淺碧鱗鱗露遠洲。」九日詞。凡此十餘詞，皆絕去筆墨畦逕間，直造古人不到處，

---

5 陸友仁《研北雜志》卷上載：「叔原（即晏幾道）監潁昌府許田鎮，手寫自作長短句上府帥韓持國，持國報書：『得新詞盈卷，蓋才有餘而德不足者，願捐有餘之才，補不足之德，不勝門下老吏之望云。』」又黃庭堅〈小山詞序〉云：「余間作樂府，以使酒玩世，道人法秀獨罪余，以筆墨勸淫，於我法中，當下犁舌之獄。」

6 語出李清照《詞論》：「至晏元獻、歐陽永叔、蘇子瞻，學際天人，作爲小歌詞，直如酌蠡水於大海，然皆句讀不葺之詩爾。……王介甫、曾子固，文章似西漢，若作一小歌詞，則人必絕倒，不可讀也。乃知詞別是一家，知之者少。」

7 晏幾道之評，見黃庭堅〈小山詞序〉；柳永之評，見夏敬觀《手評樂章集》。

8 蘇軾之評，見前舉陳師道《後山詩話》；黃庭堅之評，見前舉晁補之語；賀鑄之評，見張炎《詞源》卷下〈字面〉項；周邦彥之評，見陳振孫《直齋書錄解題》。

真可使人一唱而三嘆。若謂以詩為詞，是大不然。子瞻自言平生不善唱曲，故間有不入腔處，非盡如此。後山乃比之教坊雷大使舞，是何每況愈下，蓋其謬也。（宋魏慶之《詞話》）

東坡以詩為詞，如雷大使之舞，雖極天下之工，要非本色，此后山談叢語也。然考蔡絛《鐵圍山叢談》，稱上皇在位，時屬升平，手藝之人有稱者，棋則有劉仲甫、晉士明、琴則有僧梵如、僧全雅，教坊琵琶則有劉繼安，舞則雷中慶，世皆呼之為雷大使，笛則孟水清，此數人者，視前代之技皆過之。然則雷大使乃教坊絕技，謂非本色，將外方樂乃為本色乎。

（清沈曾植《菌閣瑣談》）

再則，關於秦、黃詞作之優劣，陳、晁二人之評價，實相逕庭，後人亦有辨之者，如宋魏慶之《詞話》云：

自今視之，魯直詞亦有佳者，第無多耳。少游詞雖婉美，然格力失之弱，二公之言殊過譽也。

今人張子良〈東坡是曲子中縛不住者辨析〉一文，曾於所附註解36中，對於後山所言，提出三點商榷：

第一，本書（指後山詩話）署名為蘇門六君子之一的陳師道所著。師道與東坡同死於徽宗即位次年（即建中靖國元年，一一〇一），而所稱雷大使，乃徽宗朝中後期教坊司名舞者雷中慶，技藝超越前代（見宋人蔡絛《鐵圍山叢談》卷六），後山不可能預知。第二，黃九（庭堅）後世但以詩及書藝稱，詞則頗學東坡，成就不甚高，不當與秦七（觀），並居當代詞手之列，而與東坡處於本色、非本色相對位置，所以《四庫提要》也認為秦黃相配，「殆非定論」。第三、私疑此言或係江西詩派後人所為，因循詩派推尊宗主之例為說，而託名後山以傳耶！（《中國學術年刊》第十一期）

雖然，即如張先生所疑《後山詩話》係江西詩派後人所爲，然出於北宋中晚期之後，作用在於辨詩、詞體製，蓋無可疑，故本文仍予列舉。

宋以後，以「本色」辨詩、詞者，亦所在多有。如明楊慎《詞品》卷一云：

宋人長短句雖盛，而其下者，有曲詩、曲論之弊，終非詞之本色。

此段言論，端在批評宋人「以詩爲詞」、「以議論入詞」之下者，落入曲詩之境地，終非詞之規矩。楊慎論詞主「情致」、「委曲」而不偏廢蘇、辛，故有是言也。[9]清代詞論家甚而舉證辨明詩、詞之異，如清王士禎《花草蒙拾》云：

「平蕪盡處是春山，行人更在春山外」，升庵以擬石曼卿「水盡天不盡，人在天盡頭」，未

9 楊慎《詞品》卷一評王筠〈楚妃吟〉後云：「大率六朝人詩，風華情致，若作長短句，即是詞也。」又卷四評稼軒詞云：「近日作詞者，惟說周美成、姜堯章，而以東坡爲詞詩，稼軒爲詞論，此說固當。蓋曲者，曲也，固當以委曲爲體。然徒狃於風情婉孌，則亦易生厭，回視稼軒所作，豈非萬古一清風哉！』（按：此段言論係摘自宋末陳模《懷古錄》卷中，而稍變其字句。）

免河漢；蓋意近而工拙懸殊，不啻霄壤。且此等入詞為本色，入詩失古雅，可與知者道耳。

又沈雄《古今詞話》〈詞話〉下卷載：

孫琮曰：「感郎不羞赧，回身向郎抱」，六朝樂府便有此等豔情，莫訶詞人輕薄。按牛嶠詞：「須作一生拚，盡君今日歡」；李後主詞：「奴為出來難，教君恣意憐」，正見詞家本色，但嫌意態之不文矣！

又謝章鋌《賭棋山莊詞話》卷二載：

甘泉謝佩禾遊幕四方，喜結納，著《春草堂集》數十種，集中惟詞差勝，詞亦短調較長。……他如〈生查子〉云：「隔歲落花時，執手蓬窗底。相勸酒如澠，相別淚如水。悵望浮雲端，遊子情難已。會面安可期，鄉縣萬餘里。」又「鬢聳楚山雲，裙繫湘江水。午倦發嬌嗔，故枕郎衣睡。」入詩較佳，入詞稍非本色。

以上三段清人之言，較之宋人僅止於釐清詩、詞之異者，無疑已較積極提出主張，以為詞之本色，在於委曲言情；詩之本色，則唯雅正而已。準此言之，歐陽脩「平蕪」詞句，即因委婉遣情，符合詞之規矩，入詩則覺失之古雅；牛嶠、李煜之作，言情而失之直露，雖見詞家規矩，終嫌意態不文；而清人謝堃（字佩禾）〈生查子〉，即因詞意過於雅正，故入詩較佳，入詞稍非規矩矣！

二、詩、詞、曲之辨

詞體發展至宋末，作者既繁，體製皆備，規矩遂成，就文學演變之過程觀之，已幾於「不得不變」之勢。況逢政權消長，對新興文學，實亦有推波助瀾之勢。元之滅宋，攜北曲入關；明之滅元，倡南曲之音。於焉「曲」亦擺脫「詞餘」之名，而卓然自立門戶，遂與「詩」、「詞」分庭抗禮。王世貞云：「詞不快北耳而后有北曲，北曲不諧南耳而后有南曲」（劉熙載《藝概》卷四〈詞曲概〉引）即兼「時」、「勢」言之也。至此，詩、詞、曲之辨，亦成文學批評之課題；「本色」、「當行」之應用，遂亦及之。如清謝元淮《塡詞淺說》云：

> 詞為詩餘，樂之支也。樂府之名，始於西漢，有鼓吹、橫吹、清商、雜調諸名。六朝沿其聲調，更增藻豔，與詞漸近。唐人清平調、鬱輪袍、涼州、水調之類，皆以絕句被笙簧。於是太白、飛卿輩創立〈憶秦娥〉、〈菩薩蠻〉等曲，而詞與詩遂分。至宋而其體益備，設大晟樂府，領專門名家，比切宮商，不爽銖黍於依永和聲之道，洵為盛矣。迨金變而為曲，元變而為北曲，而曲又與詞分。明分北曲為南曲，愈趨愈靡。是知詞之為體，上不可入詩，下不可入曲。要於詩與曲之間，自成一境。守定詞場疆界，方稱本色當行。至其宮調、格律、平仄、陰陽，尤當逐一講求，以期完美。

清杜文瀾《憩園詞話》卷一亦云：

> 近人每以詩詞、詞曲連類而言，實則各有蹊逕。《古今詞話》載周永年曰：「詞與詩曲界限甚分，惟上不摹香奩，下不落元曲，方稱作手。」又曹秋嶽司農云：「上不牽累唐詩，下

不濫侵元曲，此詞之正位也。」二說詩曲並論，皆以不可犯曲為重。余謂詩詞分際，在疾徐、收縱、輕重、肥瘦之間，媚於兩途，自能體認。至詞之與曲，則同源別派，清濁判然。自元以來，院本、傳奇原有佳句，可入詞林；但曲徑太寬，易涉粗鄙、油滑，何可混羼入詞！

以上所舉，謝氏之評論，係就音樂觀點，敘述詩、詞、曲演變之關係，末結並強調，詞於詩、曲間，自成一境，能守此境，方是規矩行家。至於此境之企及，須自宮調、格律、平仄、陰陽予以講究，方稱完美。而杜文瀾所引周、曹二氏之言，亦同謝氏觀點，唯進一步指出，上不可引香奩詩入詞，下不可濫侵元曲，方稱作手（行家）。杜氏復強調詞、曲同源別派，曲中佳句何妨入詞，唯忌粗鄙、油滑，正可為「下不可濫侵元曲」作一注腳。清劉體仁《七頌堂詞繹》曾舉例說明詩詞曲之異云：

柳七最尖穎，時有俳狎，故子瞻以是呵少游。若山谷亦不免，如「我不合太撋就」類，下此則蒜酪體也。惟易安居士「最難將息，怎一箇愁字了得」深妙穩雅，不落蒜酪，亦不落絕句，真此道本色當行第一人也。

此段評論，先舉蘇軾評秦觀〈滿庭芳〉「銷魂當此際」詞句，謂其「學柳七作詞」為例[10]，

10《歷代詩餘》卷一一五引《高齋詩話》云：「少游自會稽入都，見東坡。東坡曰：『不意別後，公卻學柳七作詞！』

說明詞忌俳狎，亦即忌似香奩詩也。又舉黃庭堅「我不合太撋就」詞句[11]，謂質樸俚俗，至此已足，過此則為蒜酪體，即「曲體」也[12]。至如李清照〈聲聲慢〉詞，不沾曲味，亦不入詩體，方是詞壇抒情深婉，擅長白描行家。再則，劉體仁亦曾舉杜甫〈羌村〉「夜闌更秉燭，相對如夢寐」詩句，與晏幾道〈鷓鴣天〉「今宵剩把銀釭照，猶恐相逢是夢中」詞句相比較，視為詩、詞之分疆，即緣一莊重雅正，一曲折委婉也。而王士禎《花草蒙拾》則舉晏殊〈浣溪沙〉「無可奈何花落去，似曾相識燕歸來」詞句，謂其「定非香奩詩」，以其語工而不豔，情深而不膩也；復舉湯顯祖《牡丹亭》第十齣〈驚夢皂羅袍〉「良辰美景奈何天，賞心樂事誰家院」二句，謂其「定非草堂詞」，以其詞情直露，少一分曲折也。

《七頌堂詞繹》復云：「稼軒『杯汝來前』，〈毛穎傳〉也；『誰共我，醉明月』，恨賦也，[13]皆

少游曰：『某雖無學，亦不如是。』東坡曰：『銷魂當此際，非柳七語乎！』」

11 遍查黃庭堅《山谷詞》，並未見此句，僅〈歸田樂引〉下片云：「是人驚怪，冤我忒撋就」，句似近之。此句疑係秦觀詞句，其〈滿園花〉云：「一向沈吟久，淚珠盈襟袖。我當初不合、苦撋就。」然字句亦未盡相合，詞話信手引文之缺失，此一端也。

12 明何良俊《四友齋曲說》評《琵琶記》「長空萬里」（按：即第二十八齣〈中秋賞月念奴嬌序〉）一篇云：「既謂之曲，須要有蒜酪，而此曲全無；正如王公大人之席，駝峰、熊掌、肥腯盈前，而無蔬筍蜆蛤，所欠者風味耳。」於焉後世批評家遂以「蒜酪」喻曲矣！

13 稼軒〈杯汝來前〉詞，調寄〈沁園春〉（將止酒，戒酒杯使勿近）；「誰共我，醉明月」則為〈賀新郎〉（別茂嘉十二弟）詞末句。

非詞家本色。」此又辨詞與文之不同，苟「以文爲詞」，即非詞家規矩。

貳、立規矩

當辨體論萌起之際，「立規矩」，即成詞論家重要之課題。蓋唯有辨體，方能亟思規矩之所在；亦唯明其規矩，方能使詞體獨立於詩，而別立門戶，其相輔相成之關係，皦然可見。因之，李清照《詞論》於論定「詞別是一家」之前，乃先立其規矩曰：「蓋詩文分平仄，而歌詞分五音，又分六律，又分清濁輕重。且如近世所謂〈聲聲慢〉、〈雨中花〉、〈喜遷鶯〉，既押平聲韻，又押入聲韻；〈玉樓春〉本押平聲韻，又押上去聲，又押入聲。本押仄聲韻，如押上聲則協；如押入聲，則不可歌矣！」李氏而下，各類筆記、詩話、詞話、題序中，道及音律、作法者，比比皆是，[14]而姜夔《白石道人詩說》[15]、楊纘《作詞五要》、張炎《詞源》等專書、專文，亦應時而生。元、

---

14 參拙作《南宋詞研究》(一九八七，文史哲出版社)第五章〈南宋詞論概述〉、〈兩宋詞論輯評〉(一九八九，東吳大學《文史學報》第七號)、〈宋人序跋中之詞論〉(收入《宋代文學與思想》，一九八九，學生書局出版)。

15 清謝章鋌《賭棋山莊詞話》卷一二云：「白石道人爲詞中大宗，論定久矣。讀其說詩諸則，有與長短句相通者。……一曰理高妙，二曰意高妙，三曰想高妙，四曰自然高妙。自然高妙，詞家最重，所謂本色、當行也。」自謝氏提出姜夔《白石道人詩說》可視爲其詞論後，後世詞論家，亦交口贊成。如劉熙載《藝概》、沈祥龍《論詞隨筆》、

明以還，詞話陸續出現，淸代尤臻極盛，讀其內容，亦時涉及「立規矩」；而萬樹《詞律》、康熙《御製詞譜》之刊行，尤可證詞家之用心焉。於此過程中，「當行」、「本色」，自亦成爲此中術語，廣泛應用於各規矩中。茲分述如次：

一、用字、遣詞

宋張炎《詞源》卷下〈字面〉條云：

句法中有字面，蓋詞中一個生硬字用不得。須是深加鍛煉，字字敲打得響，歌誦妥溜，方為本色語。如賀方回、吳夢窗，皆善於鍊字面，多於溫庭筠、李長吉來。字面亦詞中之起眼處，不可不留意也。

明陳霆《渚山堂詞話》卷二云：

楊孟載作禁體〈雪詞〉，後闋云：「正敕敕，還颺颺，復纖纖。」則於古無所出，雖移之別詠，未為不可。予謂雪詞既禁體，於法宜取古人成語，勻之句中，使人一覽見雪，乃為本色。嘗記山谷詠雪，有「臥聽湅湅還密密，曉看整整復斜斜」之句。因輒易之云：「正湅湅，還密密，復纖纖。」知者以為何如？

郭紹虞《中國文學批評史》（下卷二篇）、夏承燾《姜白石詞編年箋校》附論姜白石的詞風等，皆作如是觀。

上錄一則，張炎之論，強調須鍛鍊字面（猶言「辭彙」），務求「敲打得響」、「歌誦妥溜」，方爲詞體之規矩語言。並舉賀鑄、吳文英爲例，謂其詞語多出於溫庭筠、李賀之詩句[16]。而陳霆舉楊基（字孟載）〈詠雪詞〉爲例，以爲該題材既屬「禁體」[17]，則「宜取古人成語，勻之句中」，方是詠雪之規矩。要之，張、陳兩人主張用字、遣詞，均宜取法前人，深加鍛鍊也。

雖然，過於雕琢、鍛鍊，不免失之自然，易生晦澀、促碎之弊；因之，不少詞論家乃主張「直抒本色」，以白描質樸爲尚。如清沈謙《塡詞雜說》云：

> 秦少游「一向沈吟久」，大類山谷〈歸田樂引〉，鏟盡浮詞，直抒本色。而淺人常以雕繪傲之。此等詞極難作，然亦不可多作。

清賀裳《皺水軒詞筌》亦云：

> 詞雖以險麗為工，實不及本色語之妙。如李易安「眼波纔動被人猜」，蕭淑蘭「去也不教

---

16 南宋周密《浩然齋雅談》載：「賀方回嘗言：吾筆端驅使李商隱、溫庭筠常奔走不暇。」張炎《詞源》則以李長吉（李賀字，又因家於昌谷，有《昌谷集》，故亦稱李昌谷。）代李商隱，清江順詒《詞學集成》卷六於張炎此段後按云：「詞中鍊字，義山、飛卿稍爲近之，昌谷則微嫌凝重矣！」是亦不盡以李賀詩爲然。而晚清鄭文焯（叔問）與張孟劬論詞書乃云：「玉田謂取字當從溫、李詩中來，……因暇熟讀長吉詩，刺其文字之驚采絕豔，一一彙錄，擇之務精，或爲妃儷，頓獲巧對。」是又以李賀詩爲是。並錄於此。以資參考。

17 禁體，詩體之一種，謂預定不准犯某某等字之詩，蓋詩家以體物爲工，廢而不用，視同禁例，故曰禁體；此避熟就生，因難見巧之一法也。歐陽脩〈雪詩〉自注：「時在穎州作，玉、月、梨、梅、練、絮、白、舞、鵝、鶴、銀等字，皆請勿用。」後遂爲詩人所援例。

知，怕人留戀伊」，魏夫人「為報歸期須及早，休誤妾、一身閒」，孫光憲「留不得、留得也應無益」，嚴次山「一春不忍上高樓，為怕見、分攜處」，觀此種句，覺「紅杏枝頭春意鬧」尚書，安排一個字，費許大氣力。

上舉二人之主張相同，一舉李易安、蕭淑蘭、魏夫人、孫光憲、嚴仁（字次山）之詞句爲例，稱其爲白描妙語；反之，則覺宋祁〈木蘭花〉「紅杏枝頭春意鬧」詞句，著一「鬧」字，妙則妙矣，不免刻露、費力之感。至若沈謙舉秦觀〈滿園花〉及黃庭堅〈歸田樂引〉[18]，以本色至此已足，然亦不可多作，恐求之過甚，不免淺率打油之譏。

「鍛鍊」既不可過於雕琢，「白描」復恐流於打油，於是折衷之論生焉，爲數最夥。如明王世貞《藝苑卮言》云：

> 花開猶傷促碎，至南唐李主父子而妙矣。「風乍起。吹皺一池春水。關卿何事。」與「未若陸下小樓吹徹玉笙寒，此語不可聞鄰國」，然是詞林本色佳話。雲破月來花弄影郎中，紅杏枝頭春意鬧尚書，意似祖之，而句小不逮，然亦佳。

---

[18] 註11曾引該二詞之詞句，茲更錄其全篇，以資參考。秦觀〈滿園花〉：「一向沈吟久。淚珠盈襟袖。我當初不合、苦擱就。慣縱得軟頑，見底心先有。行待癡心守。甚捻著脈子，倒把人來僝僽。　近日來、非常羅皂醜。佛也須眉皺。怎掩得眾人口。待收了索羅，罷了從來斗。從今後。休道共我。夢見也、不能得句。」黃庭堅〈歸田樂引〉：「對景還銷瘦。被箇人把人調戲，我也心兒有。憶我又喚我，見我，嗔我，天甚教人怎生受。　看承幸廝勾。又是樽前眉峰皺。是人驚怪，冤我忒擱就。拚了又捨了，一定是這回休了，及至相逢，又依舊。」

清田同之《西圃詞說》云：

詞中本色語，如李易安「眼波才動被人猜」，蕭淑蘭「去也不教知，怕人留戀伊」，孫光憲「留不得，留得也應無益」，嚴次山「一春不忍上高樓，為怕見分攜處」，觀此種句，即可悟詞中之真色生香。且「怕人留戀伊」，「為怕見分攜處」，兩「怕」字用來妙不可言，若用一「恐」字，亦未嘗說不去，然毫釐差，則千里謬矣。蓋詞中雅俗字，原可互相勝負，非文理不（疑作「相」為是）背，即可通用，僅可為解人道也。

又周濟《宋四家詞選・目錄序》論：

若託體近俳，而擇言尤雅，是名本色俊語，又不可抹煞矣！

又清馮金伯《詞苑萃編》卷七載尤侗之言曰：

詞之佳者，正以本色漸近自然，不在鏤金錯采為工也。

又劉熙載《藝概》（詞概部分）云：

古樂府中，至語本只是常語，一經道出，便成獨得。詞得此意，則極鍊如不鍊，出色而本色，人籟悉歸天籟矣！

又蔣兆蘭《詞說》云：

古文貴潔，詞體尤甚。方望溪所舉古文中忌用諸語，除麗藻語外，詞中皆忌之。他如頭巾氣語、南北曲中語、世俗習用熟爛典故及經傳中典重字面皆宜屏除淨盡。務使清虛騷雅，不染一塵，方為筆妙。至如本色俊語，則水到渠成，純乎天籟，固不容以尋常軌轍求也。

上舉所謂「詞中雅俗字，原可相勝負」、「託體近俳，而擇言尤雅」、「本色漸近自然」（意謂白描而近於自然）、「極鍊如不鍊，出色而本色」（意謂：出色之語而白描自然）、「本色俊語，水到渠成，純乎天籟」（意謂：詞家規矩之出色語言）等，皆欲調和「白描」與「鍛鍊」，務期「白描不可近俗，修飾不得太文，生香真色，在離即之間」（清沈謙《填詞雜說》），斯爲尙矣！荆公〈題張司業詩〉云：「看似尋常最奇崛，成如容易卻艱辛」正可爲「鍛鍊而出以自然」作一註腳。而能幾於此境者，王世貞以爲南唐李後主父子爲最妙，花間則過於細碎急促，張先、宋祁之詞句，亦覺刻露。至於田同之所舉李清照等人之詞句，則爲白描自然之典範也。

二、使事、用典

清李漁《窺詞管見》云：

詞之最忌者有道學氣，有書本氣，有禪和子氣。吾觀近日之詞，禪和子氣絕無，道學氣亦少，所不能盡除者，惟書本氣耳。每見有一首長調中，用古事以百紀，填古人姓名以十紀者，即中調小令，亦未嘗肯放過古事，饒過古人。豈算博士、點鬼簿之二說，獨非古人古事乎？何記諸書最熟而獨忘此二事，忽此二人也？[19]若謂讀書人作詞，自然不離本色，然則唐宋明初諸才人，亦嘗無書不讀，而求其所讀之書于詞內，則又一字全無也。文貴高潔，詩尚清真，況於詞乎？作詞之料，不過情景二字，非對眼前寫景，即據心上說情，說得情出，寫得景明，即是好詞。情景都是現在事，舍現在不求，而求諸千里之外，百世之上，是舍易求難，路頭先左，安得復有好詞？

又田同之《西圃詞說》載宗元鼎（字梅岑）之言云：

詞以艷麗為工，但艷麗中須自近自然本色方佳。近日詞家極盛，其卓然命世者，如百寶流蘇，千絲鐵網。世人不解，謂其使事太多，相率交詆，此何足怪！蓋尋常菽粟者，不知石砝海月為何物耳。

上舉兩段文字，均含兩層意旨，其所用「本色」一詞，亦未涉使事、用典，然整篇主意，確乎與此有關。李漁之論，先對當時詞壇「不能盡除者，惟書本氣」，深表不滿；苟謂此乃書生本來習性，然唐宋及明初才人，緣何又不見此弊？蓋前人用事能「體認著題，融化不澀」、「用事不為事所使」（張炎《詞源》語，見卷下〈用事〉條），今則獺祭堆砌，矜炫學問，故令人憎惡。其次，李

[19] 唐佚名〈玉泉子〉載：「王、楊、盧、駱有文名，人議其疵曰：楊好用古人姓名，謂之點鬼簿，駱好用數目作對，謂之算博士。」

漁更指出，無論說情寫景，均須道得「現在事」爲佳，若一味使事、用典，求之「千里之外，百世之上」，終無好詞！至若《西圃詞話》載宗元鼎之言，首論詞以「艷麗」爲工，而以近自然白描爲佳。次則不反對詞家使事、用典，甚而謂常人所以交相詆毀者，以讀書不多，致不知「石砝」、「海月」之爲水貝也[20]。雖然，詩文、詞曲終不免使事、用典，如何取捨，方得要領？清彭孫遹《金粟詞話》有段精闢之言論：

> 作詞必先選料，大約用古人之事，則取其新穎而去其陳因；用古人之語，則取其清雋而去其平實，用古人之字，則取其鮮麗而去其淺俗，不可不知也。

又劉熙載《藝概》（詞概部分）亦云：

> 詞中用事，貴無事障，晦也膚也，多也板也，此類皆障也。姜白石詞用事入妙，其要訣所在，可於其詩說見之。曰：僻事實用，熟事虛用，學有餘而約以用之，善用事也；乍敘事而間以理言，得活法者也。

按：劉氏此言「膚」與「多」之病，即張炎《詞源》所謂未能「體認著題」；「晦」與「板」之病，即張炎《詞源》所謂未能「融化不澀」。蓋一墮事障，則鮮不爲事所使，最宜忌之也。

---

20 詩話常舉謝靈運〈游赤石詩〉句：「揚帆采石華，掛席拾海月」爲例，視爲「合掌對」之例，並以知「石華」爲海草；「海月」爲水貝者，目爲博學。《西圃詞說》則以「石砝」、「海月」並指水貝爲例，稍有不同。

三、取法、取材

明楊慎《詞品》卷一云：

大率六朝人詩，風華情致，若作長短句，即是詞也。宋人長短句雖盛，而其下者，有曲詩、曲論之弊，終非詞之本色。予論填詞必泝六朝，亦昔人窮探黃河源之意也。

清沈祥龍《論詞隨筆》云：

詞得屈子之纏綿悱惻，又須得莊子之超曠空靈，蓋莊子之文，純是寄言，詞能寄言，則如鏡中花，如水中月，有神無跡，色相俱空，此惟在妙悟而已。嚴滄浪云：惟悟乃為當行，乃為本色。

又況周頤《蕙風詞話》卷二云：

花間至不易學，其蔽也，襲其貌似，其中空空如也，所謂麒麟楦也。或取前人句中意境，而紆折變化之，而雕琢、句勒等弊出焉。以尖為新，以纖為豔，詞之風格日靡，真意盡漓，反不如國初名家本色語。或猶近於沉著、濃厚也。庸詎知花間高絕，即或詞學甚深，頗能窺兩宋堂奥，對於花間，猶為望塵卻步耶。

又卷一云：

填詞先求凝重，凝重中有神韻，去成就不遠矣！所謂神韻，即事外遠致也。即神韻未佳而過存之，其足為疵病者亦僅。蓋氣格較勝矣！若從輕倩入手，至於有神韻，亦自成就，特降於出自凝重者一格。若並無神韻而過存之，則不為疵病者亦僅矣！或中年以後，讀書多，學力日進，所作漸近凝重，猶不免時露輕倩本色，則凡輕倩處，即是傷格處。即為疵病矣！天分聰明人最宜學凝重一路，卻最易趨輕倩一路；苦於不自知，又無師友指導之耳。

上列四則言論，楊慎以為六朝詩，風華情致，與詞之體性、規矩相合，因之填詞者必溯源六朝，方為正途。沈祥龍則以為詞之為體，必得「屈子之纏綿悱惻」及「莊子之超曠空靈」，乃臻妙境；尤貴乎「能寄言」，亦即意在言外，方稱作手。其《論詞隨筆》復言：「詩有賦比興，詞則比興多於賦。或借景以引其情，興也；或借物以寓其意，比也。蓋心中幽約怨悱，不能直言，必低徊要眇以出之，而後可感動人。」正是此意。然個中道理，難以言筌，亦難以理求之，唯在妙悟而已；苟能悟得此道，方稱行家，方識正體規矩。至若況氏之言，先是極力反對學步花間，以易流於內容空洞，虛有其表，恰似「麒麟楦」[21]也。而又不宜取古人意，就字句雕琢、句勒，以易失其真意也。是故與其取法前人而失其真意，反不如師法近人（清初名家）之自出機杼、質樸自然之詞作，方為可貴也。其論填詞之道，在先求凝重、有神韻，亦即求沈著、厚重，方具「氣格」。

21 唐張鷟《朝野僉載》云：「今弄偽麒麟者，修飾其形，覆之驢上，宛然異物，及去其皮，還是驢耳。」後世遂以「麒麟楦」喻虛有其表也。

若從輕倩入手，而又無神韻，終傷「氣格」。個中三昧，唯賴師友指導，斯亦不貴古賤今之謂也。

其次，爲示人取法途徑，自宋迄清，詞之選集，爲數綦繁，然如何取捨，亦成話題。清沈雄《古今詞話‧詞品》下卷引梅墩《詞話》曰：「文人選詞，與詩人選詞，總難言當行者（按：意謂「行家」）。文人選詞，爲文人之詞；詩人選詞，爲詩人之詞，等而下之，莽鹵者勝，更恐村夫子面目也。」然梅墩終未指出準繩。而馮金伯《詞苑萃編》卷八〈品藻〉下引朱彝尊之言曰：「花間、尊前而後，言詞者多主曾端伯《樂府雅詞》，今江、淮以北稱倚聲者，輒日雅詞，甚矣詞之當合乎雅矣！自草堂選本行，不善學者，流而俗，不可醫。」爲去陳言，醫流俗，復雅正，此朱氏《詞綜》之所爲作乎！周濟《宋四家詞選‧目錄序》論則曰：「問塗碧山，歷夢窗、稼軒，以還清真之渾化。」斯其選詞之宗旨也。然則詞人選詞，固云「當行」，亦不免入主出奴，各有門徑，端賴識者取捨也。

四、謀篇、寫作

清王又華《古今詞論》引毛先舒（字稚黃）言曰：

填詞長調，不下于詩之歌行。長篇歌行，猶可使氣，長調使氣，便非本色，高手當以情致見佳。蓋歌行如駿馬驀坡，可以一往稱快；長調如嬌女步春，旁去扶持，獨行芳徑，徙倚而前，一步一態，一態一變，雖有強力健足，無所用之。

沈祥龍《論詞隨筆》云：

長調須前後貫串，神來氣來，而中有山重水複、柳暗花明之致。句不可過於雕琢，雕琢則失自然；采不可過於塗澤，塗澤則無本色。濃句中間以淡語，疏句後接以密語，不冗不碎，神韻天然，斯盡長調之能事。

又馮金伯《詞苑萃編》卷八〈品藻〉項引何嘉延之言曰：

詞家狃於本色當行之說。多以柔情曼語，標新競異。然宜於小令，而不宜於長調；宜於閨情春思，而不宜於登臨感遇詠物懷人諸作。故自香奩之外，求其合作者難矣。

上所列舉，皆論及長調之寫作方法。毛先舒以爲長調宜避免使氣，若使氣逞快，即非長調規矩。善作者當以情致見佳，且宜「一步一態，一態一變」，方稱作家。沈祥龍「山重水複、柳暗花明」之喻，意同毛氏，然更要求其造句、辭采，務必濃、淡相間，疏、密相承，方見自然真色，斯盡長調之能事。至若何嘉延之論，則反對詞家一味視「柔情曼語」爲行家規矩，長調尤忌之。此中唯「香奩」詩體以「柔情曼語」見長，餘更難尋得佳作矣！

至若綜論構篇、寫作者，盡以「合作」一詞稱之，如清錢裴仲《雨盦詞話》云：

迷離倘怳，若近若遠，若隱若見，此善言情者也。若忒煞頭頭尾尾說來，不為合作。

又李佳《左庵詞話》卷上云：

詞以寫情，須意致纏綿，方為合作。無清靈之筆，意致焉得纏綿？彼徒以典麗堆砌為工者，固自不解用筆。

又卷下云：

詞貴有意，首尾一線穿成，非枝枝節節為之。其間再參以虛實、正反、開合、抑揚，自成合作。

上所列舉，錢裴仲、李佳二人，皆論及抒情方法，以隱約纏綿爲尙，切不可流於詞碎意盡，典麗堆砌。錢氏甚而指出，詞意須一線穿成，並講究「虛實、正反、開合、抑揚」等技巧，方見佳作。姜夔《白石道人詩說》論章法云：「波瀾開合，如在江湖中，一波未平，一波已作。如兵家之陣，方以爲正，又復是奇；方以爲奇，忽復是正，出入變化，不可紀極，而法度不可亂。」正足爲錢氏之言作一註腳。

五、格律、音韻

元仇遠（號山村）云：

世謂詞為詩之餘，然詞尤難於詩。詞失腔，猶詩落韻，詩不過四五七言而止，詞乃有四聲五音韻拍輕重清濁之別。若言順律舛，律協言謬，俱非本色。或一字未合，一句皆廢，一句未妥，一闋皆不光彩。信戞戞乎難之。[22]

清謝章鋌《賭棋山莊詞話》卷六〈榕園詞韻〉條云：

> 作詩不妨押險韻，然終非上乘，不為識者所韙。至於填詞，尤貴平易，字面一乖，便非當行本色。

又張德瀛《詞徵》卷六評洪亮吉（字稚存）詞韻云：

> 稚存喜用險韻，〈西江月〉云：「相對燭花呵欠。」〈蝶戀花〉云：「閒日偶從妝閣偵。」〈蘇幕遮〉云：「乞篆題謙縑，總仗孤僧介。」〈如夢令〉云：「幾片斷霞如斬。」〈鳳棲梧〉云：「對人言語尤奇窘。」〈買陂塘〉云：「一一淚珠繳。」〈蝶戀花〉云：「五更吟斷梅花誄。」〈法駕導引〉云：「海雲為佩月為兜。」〈霜天曉角〉云：「天子更思康。」〈臨江仙〉云：「脂粉瀉成洼。」若斯之類，恐非詞家本色。

上列所舉，仇遠之論，強調詞律與詩律相異處，在於詞有四聲、五音、韻拍、輕重、清濁之別，若「言順律舛，律協言謬」，俱非詞家規矩。此觀念，李清照《詞論》已爲之先導，今人林玫儀〈李清照詞論評析〉一文（收入《詞學考詮》一書）曾就此做扼要解說，茲引錄供參考：「一般人論及詞之格律，大多只注意平仄四聲及協韻，亦即韻母之變化；易安則兼重聲母，尤注意五音

---

22 此段評論，見錄於田同之《西圃詞說》及江順詒輯《詞學集成》卷六。

六律及清濁輕重。五音指唇、舌、齒、牙（即今之舌根音）、喉等，按發音之部位而分。六律指黃鍾、太簇、姑洗、蕤賓、夷則、無射。撥諸易安之意，蓋認為聲母既有清濁輕重之分，發音部位又有唇舌齒牙喉之別，故若單論韻母，實未足以窺詞律之全，而必須兼審其聲。按：傳統聲韻之學，發展至清代，固已臻登峰造極之境，然極負盛名之著作，如萬樹《詞律》、戈載《詞林正韻》，仍是代表傳統觀念——論韻而不論聲，唯江順詒、鄭文焯、況周頤等不同流俗，其論詞之音律，皆強調聲、韻之異，而尤重於聲，認為聲分唇舌齒牙喉，韻分平上去入，由五音可以配合宮商，然四聲則否，故欲協音律必先審音（聲），以音（聲）定清濁、配宮商，工尺無訛，然後再定宜上宜去，方能抑揚頓挫，音律諧婉[23]。」復考李氏所未言，而為仇遠所涉及者，厥為「韻拍」之講究，此蓋宋末元初詞壇之風尚，不以付之歌喉為滿足，而必契合音樂，按之板拍為行家也。張炎《詞源》卷下即列有「拍眼」一項，其言云：「蓋一曲有一曲之譜，一韻有一韻之拍；若停聲待拍，方合樂曲之節。所以眾部樂中用拍板，名曰齊樂，又曰樂句，即此論也。……曲之大小，皆合韻聲，豈得無拍？歌者或斂袖，或掩扇，殊亦可哂。唱曲苟不按拍，取氣決是不勻，必無節奏，是

---

23 如況周頤《詞學講義》云：「填詞以實調，則用字必配聲。一法就喉、牙、舌、齒、唇分宮、商、角、徵、羽。……大抵合口為宮，開口為商，捲舌為角，齊齒為徵，撮口為羽。一法以平聲濁者為宮，清者為商，入聲為角，上聲為徵，去聲為羽，而皆未為盡善者，與宮、商、角、徵、羽相配之字，又各自有宮、商、角、徵、羽，各自有清、濁、高、下，泥一則不通，欠協則便拗，所以為難也。」（見《詞學季刊》第一卷創刊號，台灣學生書局印行。）

非習於音者不知也。」朱彝尊《詞綜・發凡》云：「詞至南宋始極其工，至宋季而始極其變。」自音律之講究觀之，亦可知矣！

至若謝章鋌、張德瀛之論用韻，皆以「詞忌險韻」爲戒，尤貴平易，方符行家規矩。然對於古今詞家之用韻，宜如何取捨？宜持何態度觀之？清馮煦《蒿庵論詞》「甄錄各家本色」條下有段客觀之評論，該評論首稱許戈載《詞林正韻》對韻之審定，誠然精密；然於其《宋七家詞選》之選詞，過於墨守其說，不少假借，深不以爲然。因謂：

然考韻錄詞，要為兩事，削足就屨，甯無或過。且綺筵舞席，按譜尋聲，初不暇取禮部韻略，逐句推敲，始付歌板。而土風各操，又詎能與後來撰著逐字吻合邪？今所甄錄，就各家本色擷精舍粗。其用韻之偶爾出入，有未忍概從屏棄者，如舉一二以見例。如竹山〈永遇樂〉詞，以水袂叶聚去；竹屋〈風入松〉詞，以陰及根叶晴情；龍洲〈賀新郎〉詞，以頓淚叶路雨之屬皆是。匪獨《老學庵筆記》引山谷〈念奴嬌〉詞愛聽臨風笛，謂笛乃蜀中方音，為不合中州音韻也。是在讀者折衷今古，去短從長，因無庸執後論辨，追貶曩賢。亦不援宋人一節之疏，自文其脫略，斯兩得之。

此段言論，強調依韻選詞，宜考慮時有古今，地有南北之異，音韻自有出入；實不必以今人之口吻，評前人之音韻。苟能就各家特色、規矩，擷精舍粗，不以韻之偶爾出入爲計較，斯可矣！

參、論風格與正變

詞肇始於唐，初由民間傳唱，抒寫一時之感。然自唐末、五代文人染指之後，由於時代、環境之異，襟袍、遭際之別，而呈現不同之風貌。溫庭筠之深美閎約，韋莊之寓濃於淡，馮延巳之沈鬱纏綿，李煜前期之清婉，後期之慨深，均各自擅場。雖然，由於詞體初興，創作之不暇，自無月旦之言論。洎乎北宋，初期詞風，仍襲五代；中期以還，詞製漸備，風格多樣，作家綦繁。而詩話、筆記極興，涉及詞論者，俯拾皆是；況題序作跋，蔚爲風尙，因及詞風者，亦所在多有。南宋以下，詞話專著，終應時而出。然其時評論，雖未二分門派，而辨體製者有之，別風格者有之，論正變者，亦隱然可見，要皆因辨體而起，終爲後代詞話開啓門徑。[24]如李之儀〈跋吳思道小詞〉云：

> 長短句於遺詞中最為難工，……唐人但以詩句而下用和聲抑揚以就之，若今之歌陽關是也。至唐末遂因其詩之長短句而以意填之，始一變以成音律，大抵以《花間集》中所載為宗，然多小闋。至柳耆卿始鋪設展衍，備足無餘，形容盛明，千載如逢當日，較之花間所集，韻終不勝，由是知其為難能也。張子野獨矯拂而振起之；雖刻意追逐，要是才不足而

---

[24] 同註14。

情有餘，良可信者。晏元獻、歐陽文忠、宋景文則以其餘力遊戲，而風流閒雅，超出意表，又非其類也。（《姑溪居士文集》卷四〇）

此段文字，兼論體製之流變與各家之詞風，未涉辨體，亦未標舉主張。至李清照《詞論》，則以音律觀點，謂詩與詞宜分家，且以雅正觀點評詞家，如謂柳永「雖協音律，而詞語塵下」；謂晏、歐、蘇所作小歌詞「皆句讀不葺之詩爾」；至如晏幾道、秦觀、黃庭堅之缺失，則在「晏苦無鋪敘，賀苦少典重，秦即專主情致，而少故實，……黃即尚故實而疵病。」清照雖未正式拈出「雅正」一詞；而其對音樂及文字造境之批評，則確乎雅正之內涵。而後曾慥選詞，「涉諧謔則去之，名曰《樂府雅詞》。」（自序）王灼《碧雞漫志》亦有「中正則雅，多哇則鄭」（卷二）之說。洎乎宋末元初之詞論家，則欲以人力奪天工，而有更絕對之主張。如張炎〈詞源序〉云：「古之樂章、樂府、樂歌、樂曲，皆出於雅正。」其〈雜論〉條復云：「詞欲雅而正，志之所之，一爲情所役，則失雅正之音。」而沈義父《樂府指迷》論詞四標準亦云：「蓋音律欲其協，不協則成長短之詩；下字欲其雅，不雅則近乎纏令之體；用字不可太露，露則直突而無深長之味；發意不可太高，高則狂怪而失柔婉之意。」至此，「雅正」主張終卓然屹立矣！此中，宋末柴望〈涼州鼓吹自序〉所言，頗值留意，以其既辨家數，復軒輊詞風優劣，隱然婉約立派之先聲，其言曰：

詞起於唐而盛於宋，宋作尤莫盛於宣靖間，美成、伯可各自堂奧，俱號稱作者。近世姜白石一洗而更之，暗香、疏影等作，當別家數也。大抵詞以雋永委婉為尚，組織塗澤次之，呼號叫嘯抑末也。

「雅正」之說，固爲宋人詞論之主流，然自蘇軾「以詩爲詞」，不受曲子束縛之創作觀開啓後，一股以命意爲主之勢力，實亦隱然推動，漸受肯定。及至南宋辛棄疾一出，「以文爲詞」，益扇而大之，束縛盡解，遂令詞幾於「無意不可入，無事不可言」之境地。胡寅〈酒邊詞序〉云：「及眉山蘇氏一洗綺羅香澤之態，擺脫綢繆宛轉之度，使人登高望遠，舉首浩歌，而逸懷浩氣，超乎塵垢之外，於是花間爲皂隸而柳氏爲輿臺矣！」誠然肯定蘇軾詞作之價值。而劉克莊〈辛稼軒集序〉亦云：「公所作大聲鞺鞳，小聲鏗鍧，橫絕六合，掃空萬古，自有蒼生以來所無。」劉辰翁〈稼軒詞序〉復云：「及稼軒橫豎爛熳，乃如禪宗棒喝，頭頭皆是；又如悲笳萬鼓，平生不平事並卮酒，但覺賓主酣暢，談不暇顧，詞至此亦足矣！」斯亦肯定辛棄疾詞風之甚可取也。而黃昇〈花庵詞選序〉既肯定「悲壯如三閭，豪俊如五陵」之詞風誠無愧乎佳作，於焉頗選豪邁直率之作品。如蘇軾之作凡錄三十一闋，而不棄檃括歸去來辭之哨遍；辛棄疾之作凡錄四十二闋，亦不棄「杯汝來前」之〈沁園春〉，其立場自可見也。此外，宋末汪莘〈方壺詩餘自序〉，復於此中辨其家數，隱然豪放立派之先聲，其言曰：

余於詞所喜愛者三人焉：蓋至東坡而一變，其豪妙之氣隱隱然流出言外，天然絕世，不假振作；二變而為朱希真，多塵外之想，雖雜以微塵，而其清氣自不可沒；三變而為辛稼軒，乃寫其胸中事，尤好稱淵明，此詞之三變也。

至若宋代正變論之批評，蓋有兩端焉：其明標「正」、「變」字眼者，率爲尊詞體、溯源流而不及之也。如胡寅〈酒邊詞序〉云：

> 詞曲者，古樂府之末造也。古樂府者，詩之旁行也。詩出於《離騷》、《楚詞》；而騷詞者，變風變雅之怨而迫、哀而傷者也。其發乎情則同，而止乎禮義則異，名曰曲，以其曲盡人情耳。

陸游〈自序長短句〉亦云：

> 雅正之樂微，乃有鄭衛之音；鄭衛雖變，然琴瑟笙磬猶在也。及變而為燕之筑、秦之缶、胡部之琵琶箜篌，則又鄭衛之變矣。風雅頌之後，為騷為賦為曲為引為行為謠為歌。千餘年後，乃有倚聲製辭，起於唐之季世，則其變愈薄，可勝嘆哉！

以上二人之論，皆謂詞乃《詩經》變風變雅餘裔，與一般詞論家以風格論正變者，取徑不同，實不可相提並論。再則，自陳師道《後山詩話》評蘇軾以詩爲詞，「如教坊雷大使之舞，雖極天下之工，要非本色。」以及李清照《詞論》立下規矩，謂「詞別是一家」以還，一般以風格論正變之批評與實踐，實已展開，特未標「正」、「變」之字眼耳。前舉王灼《碧雞漫志》、楊纘《論詞五要》、張炎《詞源》、沈義父《樂府指迷》等，顯然以符「雅正」標準之詞作爲「正」，餘者爲「變」。而曾慥《樂府雅詞》、周密《絕妙好詞》、無名氏《樂府補題》等詞選專書，盡錄典雅委婉之作，則其「正」、「變」之觀點，豈非昭然若揭！誠然無正變之名。而有正變之實也。

宋人論風格與正變之情形，大致如上所述。而後世以「當行」、「本色」論風格、正變者，率順此勢而發展也。然詞壇明舉「婉約」、「豪放」二派者，實始於明張綖，其言則見引於清王士禎《花草蒙拾》：「張南湖（張綖字世文，有《南湖集》，世稱張南湖。）論詞派有二：一曰婉約，一曰豪放。僕謂婉約以易安爲宗，豪放惟幼安稱首。」而以詞風論次第者，本人所見，以宋末柴望〈涼州鼓吹自序〉最早，所謂「詞以隽永委婉爲尙，組織塗澤次之，呼號叫嘯抑末也。」至若以「本色」一詞辨風格，蓋始於宋末陳模《懷古錄》卷中論稼軒詞，其言云：「近時作詞者只說周美成、姜堯章等，而以稼軒爲豪邁，非詞家本色。潘紫岩坊云：『東坡爲詞詩，稼軒爲詞論』，此說固當。蓋曲者，曲也，固當以委曲爲體，然徒狃於風情婉孌，則亦不足以啓人意。回視稼軒所作，豈非萬古一清風也哉！」此處以稼軒豪邁詞風，非詞壇行家規矩；並謂曲（即詞）「當以委曲爲體」，實兼論風格、辨體製、別正變而有之也。以下即摘錄、歸納相關資料，以見「當行」、「本色」二語在此方面之應用。

一、主婉約、論正變：

明徐師曾《文體明辨・詩餘》條云：[25]

> 至論其詞，則有婉約者，有豪放者。婉約者欲其詞情蘊藉，豪放者欲其氣象恢宏。蓋雖各因其質，而詞貴感人，要當以婉約為正。否則雖極精工，終非本色，非有識者之所取也。

又王世貞《藝苑卮言》云：

> 之詩而詞，非也；之詞而詩，非也。言其業，李氏、晏氏父子、耆卿、子野、美成、少游、易安至矣！詞之正宗也。溫、韋艷而促，黃九精而險，長公（即東坡）麗而壯，幼安辯而奇，又其次也，詞之變體也。

清王又華《古今詞論》引張綖（字世文）詞論云：

> 張世文曰：詞體大略有：一婉約，一豪放。蓋詞情蘊藉，氣象恢弘之謂耳。然亦在乎其人，如少游多婉約，東坡多豪放，東坡稱少游為今之詞手，大抵以婉約為正也。所以後山評東坡，如教坊雷大使舞，雖極天下之工，要非本色。[26]

---

25 詞壇分豪放、婉約兩派，始於明張綖（明武宗正德年間舉人）。然視婉約派爲「正」者，蓋始於徐師曾（明世宗嘉靖年間進士）《文體明辨》；而舉婉約詞家規爲「正宗」，舉豪放詞家規爲「變體」者，則始於王世貞（亦爲明世宗嘉靖年間進士）《藝苑卮言》。

26 清徐釚：《詞苑叢談》卷一〈體製篇〉亦引此段評論，唯前夾王世貞《藝苑卮言》「李氏、晏氏父子・」以下文字，後始接本段評論，而文字頗有增損，此叢談編書之體例也。

又王士禎《花草蒙拾》云：

弇州（王世貞號）謂蘇、黃、稼軒為詞之變體，是也。謂溫、韋為詞之變體，非也。夫溫、韋視晏、李、秦、周，譬賦有〈高唐〉、〈神女〉，而後有〈長門〉、〈洛神〉；詩有古詩、別錄，而後有建安、黃初、三唐也。謂之正始則可，謂之變體則不可。

又彭孫遹《金粟詞話》云：

詞以艷麗為本色，要是體製使然。如韓魏公、寇萊公、趙忠簡，非不冰心鐵骨，勳德才望照映千古。而所作小詞，有「人遠波空翠」，「柔情不斷如春水」，「夢回鴛帳餘香嫩」等語，皆極有情致，盡態窮姸。乃知廣平梅花，政自無礙，豎儒輒以為怪事耳。司馬溫公亦有寶髻鬆一闋，姜明叔力辨其非，此豈足以誣溫公，真贋要可不論也。

又《四庫全書提要》卷一九八《集部詞曲類．東坡提詞要》云：

詞自晚唐、五代以來，以清切婉麗為宗。至柳永而一變，如詩家之有白居易；至軾而又一變，如詩家之有韓愈，遂開南宋辛棄疾等一派。尋源溯流，不能不謂之別格，然謂之不工則不可。

又趙函《碎金詞敘》云：

宋詞以清真、白石、草窗、玉田四家為正宗。清真典掌大晟，白石自訂詞曲，草窗詞名笛譜，玉田《詞源》一書，所論律呂最精，凡此四家之詞，無不可歌。其餘則或可歌，或不可歌，不過按調填詞，於四聲不盡諧協，遑論九宮。

以上所列，要皆主張婉約，視爲詞體之「正」。然此中値吾人留意者四：其一，張綖、徐師曾、王世貞所謂「要非本色」（總不是詞體之規矩）、「正宗」爲上，「變體又其次也」等，誠然有高下之分；亦即視婉約之作爲上品，豪放之作爲次品，此無疑係深受正統文學觀之影響。梁榮基《詞學理論綜考》曾評此現象云：「詞從它的發展源流來講，可以有正、變之分，那是屬於文學史的問題；但從文學批評的觀點來說，以正變定優劣的理論，是不合文學評論的原則的，那只是一種先入爲主，傳統上主觀的偏見。」（第四章）而此種偏見，自宋人即啓其端矣！其二，同爲婉約舉家數，王世貞乃摒棄溫、韋，遂令王士禎爲之辯白，以爲溫、韋宜視爲正始，渾然一體，初不必別門派也。而晚清趙函以「協律可歌」爲正宗，是此中取捨最嚴者。其三，《四庫提要》之評，雖亦以「清切婉麗」爲宗，然能以「史」之觀點，論詞之演進。因於柳永之拓展形式，鋪敘情景；蘇軾之以詩爲詞，擴充內容；辛棄疾之以文爲詞，承流發揚等，雖謂之別格，亦承認其各極工巧，而無軒輊之意。其四，彭孫遹之論，亦視「艷麗」爲詞體之本性，因謂凡著手塡製者，無論將相名臣，如韓琦、寇準、趙鼎等，終亦見盡態窮妍之作。此以詞之本來體性，道出婉約作品所以極多於豪放之作之故，亦誠中肯之論。以此視晏殊、歐陽修、司馬光等雍容朝臣偶作小詞，溫婉可愛，又何須爲之諱辯，論其真贋[27]！即如蘇、辛以豪放著稱者，其婉約之作，俯拾即是，甚有過於豪放者，亦何足怪也。

二、溯原始、論正變：

自宋代蘇、辛以降，儘管承流揚波者不乏其人，肯定其詞風者亦代見其說，然能於「正」、「變」論說中，標舉豪放，視爲詞體之「正」者，幾無其人。洎乎晚清劉熙載《藝概》（詞概部分）乃云：

> 太白〈憶秦娥〉聲情悲壯，晚唐、五代惟趨婉麗，至東坡始能復古；後世論者或轉以東坡為變調，不知晚唐、五代乃變調也。

又云：

> 王敬美論詩云：「河下輿隸須驅遣，另換正身。」胡明仲稱「眉山蘇氏詞，一洗綺羅香澤之態，擺脫綢繆宛轉之度，使人登高望遠，舉首高歌，而逸懷浩氣，超乎塵埃之表。」此殆所謂正身者耶！

---

27 宋趙與時《賓退錄》卷一載：「詩眼云：晏叔原見蒲傳正曰：『先君平日小詞雖多，未嘗作婦人語也。』傳正曰：『「綠楊芳草長亭路，年少抛人容易去」，豈非婦人語乎？』」此子爲父諱言塡詞「作婦人語」之例。而陳振孫《直齋書錄解題》云：「歐陽公詞多有與《花間》、《陽春》相混，亦有鄙褻之語廁其中，當是仇人無名子所爲也。」又：楊慎《詞品》卷三〈溫公〉條引仁和姜明叔之言云：「此詞（即〈西江月〉）決非溫公作。宣和間，恥溫公獨爲君子，作此誣之，不待識者而後能辨也。」此爲賢者諱言塡小詞之例也。

劉氏此處，溯源李白〈憶秦娥〉「聲情悲壯」先於晚唐、五代之「婉麗」爲說，視蘇軾一派詞風方爲「正身」，誠前所未發。按：劉氏論詞體之形成曾云：「梁武帝〈江南弄〉、陶宏景〈寒夜怨〉、陸瓊〈飲酒樂〉、徐孝標〈長相思〉，皆具詞體而堂廡未大。至太白〈菩薩蠻〉之繁情促節、〈憶秦娥〉之長吟遠慕，遂使前此諸家悉歸寰內」（《詞概》）此說六朝之際，詞體已形成，蓋本諸朱弁、楊愼之說[28]。而視李白〈菩薩蠻〉、〈憶秦娥〉二詞爲詞體正式成立之始，則自《敦煌曲子詞》出世後，已證明今傳二詞雖未必出自太白之手，然太白時已確有其調。且自敦煌曲觀之，亦得見初期詞作確乎繁富多樣，並不限於婉麗一派；[29]而其包容面之廣，亦唯蘇、辛堪與比擬，故劉氏之說，洵非無稽之談也。今人夏承燾《四庫全書詞籍提要》校議「東坡詞」下云：

---

28 宋朱弁《曲洧舊聞》云：「詞起於唐人，而六代已濫觴矣！梁武帝有〈江南弄〉，陳後主有〈玉樹後庭花〉，隋煬帝有〈夜飲朝眠曲〉，豈獨五代之主，蜀之王衍、孟昶，南唐之李璟、李煜，吳越之錢俶，以工小詞爲能文哉！」楊愼〈草堂詞選序〉亦云：「詩詞同工而異曲，共源而分派，在六朝若陶弘景之〈寒夜怨〉，梁武帝之〈江南弄〉，陸瓊之〈飲酒樂〉，隋煬帝之〈望江南〉，塡詞之體已具。」是知，劉氏之言蓋亦其來有自也。

29 舉《敦煌曲子詞》爲例，探討詞之起原及李白詞作眞僞問題，可參考林玫儀〈由敦煌曲看詞的起原〉一文（收入《詞學考詮》，一九八七，聯經出版事業公司出版。）至若《敦煌曲子詞》之內容，任二北《敦煌曲初探》，曾歸納爲二十類：疾苦、怨思、別離、旅客、感慨、隱逸、愛情、伎情、閑情、志願、豪俠、勇武、頌揚、醫、道、佛、人生、勸學、勸孝、雜俎。姑不論此分類是否嚴謹，至少亦可證明，敦煌曲非止於風花雪月之描寫，而係反映盛、中唐人民之心聲及民間生活之形形色色。誠然繁富多樣，包羅萬象。

案：詞之初體，出於民間，本與詩無別。文士之作，若劉禹錫、白居易之〈浪淘沙〉、〈楊柳枝〉、〈竹枝〉，以及張志和、顏真卿之〈漁父詞〉，亦近唐絕，非必以婉麗為主。至晚唐溫庭筠能逐絃吹之音，為惻艷之詞，始一以梁陳宮體，桃葉、團扇之辭當之。若尋源溯流，詞之別格，實是溫而非蘇；提要之論，適得其反。惟後來《花間》、《尊前》之作，專為應歌而設，歌詞者多妓女，故詞體十九是風情調笑；因此反以蘇詞為別格、變調，比為教坊雷大使之舞，「雖工而非本色」，此宋代以來論詞之偏見也。（收入《唐宋詞論叢》）

夏氏此說，誠足光大劉熙載之論。然兩人僅爲蘇詞辯說溯源，未舉豪放字眼，亦不列家數，故本節但名之曰：「溯原始，論正變」。

三、兼取婉約、豪放，評議正變：

明孟稱舜〈古今詞統序〉云：

蓋詞與詩、曲，體格雖異，而皆本於作者之情。古來才人豪客，淑姝名媛，悲者喜者，怨者慕者，懷者想者，寄興不一。或言之而低徊焉，宛戀焉；或言之而纏綿焉，淒愴焉；又或言之而嘲笑焉，憤張焉，淋漓痛快焉。作者極情盡態，而聽者洞心聳耳。如是者皆為當行，皆為本色，寧必姝姝媛媛學兒女語而後為詞哉！故幽思曲想，張柳之詞工矣，然其失則俗而膩也，古者妖童冶婦之所遺也。傷時弔古，蘇、辛之詞工矣，然其失則莽而俚也，古者征夫放士之所託也。兩家各有其美，亦各有其病，然達其情而不以詞掩，則皆填詞之所宗，不可以優劣言也。

清田同之《西圃詞說》云：

填詞亦各見其性情，性情豪放者，強作婉約語，畢竟豪氣未除。性情婉約者，強作豪放語，不覺婉態自露。故婉約自是本色，豪放亦未嘗非本色也。

以上二人之論，皆強調作者之「情性」；苟能順性填詞，則無論婉約、豪放，均可稱行家，均有其特色。孟氏更指出，婉約而無節度，其失也「俗而膩」；豪放而無節度，其失也「莽而俚」，最爲持平之論。

其次，清周濟於所著《詞辨》後附記云：「向次《詞辨》十卷，一卷起飛卿名正（按：指所選溫庭筠、韋莊、歐陽炯、馮延巳、晏殊、歐陽脩、晏幾道、柳永、秦觀、周邦彥、陳克、史達祖、吳文英、周密、王沂孫、張炎、唐珏、李清照等人之詞作。）二卷起南唐後主爲變（按：指所選李後主、蜀主孟昶、鹿虔扆、范仲淹、蘇軾、王安國、辛棄疾、姜夔、陸游、劉過、蔣捷等人之詞作）。」似亦有「正」、「變」之觀點存在焉，且一卷大抵爲婉約詞家，二卷大抵爲豪放詞家，與一般分派似無異矣！然其《詞辨・自序》復云：「自溫庭筠、韋莊、歐陽脩、秦觀、周邦彥、周密、吳文英、王沂孫、張炎之流，莫不蘊藉深厚，而才艷思力，各騁一途，以極其致。……南唐後主以下，雖駿快馳騖，豪宕感激稍漓矣，然猶皆委曲以致其情，未有亢厲剽悍之習，抑亦正聲之次也。」似又以「正聲」分次第耳，並無一般「變」之意味。洎乎譚獻爲之作跋乃云：「及門徐仲可中翰，錄《詞辨》索予評泊，以示榘範。予固心知周氏之意，而持論小異。大抵周氏所謂「變」，亦予所謂「正」也，而折衷柔厚則同。」是亦等視周氏所舉詞家爲「正聲」也。然周氏之意爲何？何謂「折衷柔厚」？周濟《宋四家詞選・目錄序》論云：「夫詞，非寄託不入，專寄託不出。……問塗碧山，歷夢窗、稼軒，以還清真之渾化，余所望於世人之爲詞人者，蓋如此。」是知譚獻所謂「折衷柔厚」（即折衷於詩教「溫柔敦厚」之意），實乃周濟「非寄託不入，專寄託不出」之內涵，此即周濟選詞之準繩，詞選之心意。依此準繩，故兼取婉約、豪放詞家之作品；合此準繩，皆可視爲「正聲」；於焉乃謂：「問塗碧山，歷夢窗、稼軒，以還清真之渾化。」斯乃先標舉主張，兼採兩派，以論正、變之一例，實有別於傳統之見解；亦較南宋持「雅正」觀點選詞者，態度較包容。

四、評朝代詞風，論正變：

「當行」、「本色」除用以區分派別，論其正變外，或亦用以品評朝代詞風，論其正變，茲舉例如次：

清沈曾植《菌閣瑣談》云：

> 卮言（即明王世貞《藝苑卮言》）謂《花間》猶傷促碎，至南唐李主父子而妙，殊不知促碎正是唐餘本色，所謂詞之境界，有非詩之所能至者，此一端也。五代之詞促數，北宋盛時嘽緩，皆緣燕樂音節蛻變而然；即其詞可懸想其纏拍。《花間》之促碎，羯鼓之白雨點

也；樂章之嘽緩，玉笛之遲其聲以媚之也。慶曆以前詞情，可以追想唐時樂句，美成、不伐以後，則大晟功令，日趨平整矣。

沈氏此論，強調五代詞風細碎、急促，北宋詞風寬綽、舒緩，皆緣燕樂音節之蛻變使然，而此正爲兩時代之特色。大抵宋仁宗慶曆以前之詞情，可藉以了解唐、五代之樂曲，洎乎周邦彥、田爲（字不伐）主掌大晟府，整頓詞樂之後，始漸趨於「平整」，而見宋人特色。

至若論一代詞風而及於正變之說者，則見於清謝章鋌《賭棋山莊詞話》，其卷一二云：

北宋多工短調，南宋多工長調；北宋多工軟語，南宋多工硬語，然二者偏至，終非全才。歐陽、晏、秦，北宋之正宗也，柳耆卿失之濫，黃魯直失之傖。白石、高、史，南宋之正宗也，吳夢窗失之澀，蔣竹山失之流。若蘇、辛自立一宗，不當儕於諸家派別之中。

又其《賭棋山莊詞話續編》卷四引王鳴盛評王初桐《巏堥山人詞集》之言云：

詞之為道最深，以為小技者乃不知妄談，大約只一細字盡之，細者非必掃盡艷與豪兩派也。北宋詞人原只是艷冶、豪蕩兩派。自姜夔、張炎、周密、王沂孫方開清空一派，五百年來，以此為正宗。然《金荃》、《握蘭》本屬國風苗裔，即東坡、稼軒英雄本色語，何嘗不令人欲歌欲泣。文章能感人，便是可傳，何必淨洗艷粉香脂與銅琵鐵板乎？！[30]

[30] 宋俞文豹《吹劍錄》載：「東坡在玉堂日，有幕士善歌，因問：『我詞何如耆卿？』對曰：『郎中詞只好十七八女子，

以上兩段評論，謝氏首揭兩宋詞風之異，而後兼舉詞家，以爲南、北宋詞家各有正宗，而蘇、辛不與焉，宜自立一派。而所引王氏之論，則謂北宋僅有艷冶與豪蕩兩派，至南宋方有清空一派，且視此爲詞壇之正宗。謝氏引王氏之語後，評之曰：「王之說，持平之論也。」是兩人均具同一觀點，即分兩宋詞壇爲艷冶、豪蕩、清空三派，其間不宜有軒輊，故謝氏云：「崇奉姜、史，卑視蘇、辛者，非矣！」（《賭棋山莊詞話》卷五）而兩人所以有共同之觀點，又皆在於論詞取決於「性情」也。王氏固不棄蘇、辛流露英雄本性之詞作，謝氏亦云：「與其精工尺而少性情，不若得性情而未精工尺。故不獨姜、史輕蘇、辛，而蘇、辛亦不願爲姜、史也。」（同上）此又與前段所舉明孟稱舜、清田同之主張相似，亦即以「性情」論詞作，兼取婉約與豪放也。

此外，陳廷焯《白雨齋詞話》卷七云：「自溫、韋以迄玉田，詞之正也，亦詞之古也；元、明而後，詞之變也。」顯然係自詞體之盛衰而論，與朱彝尊《詞綜・發凡》所言：「詞至南宋始極其工，至宋季而始極其變。」同一機杼，因無涉風格與傳統之正變論，僅附文末供參考。

肆、評詞家與作品

執紅牙板，歌「楊柳岸、曉風殘月」；學士詞，須關西大漢，綽鐵板，唱「大江東去」』，爲之絕倒。」

試述「當行」、「本色」在詞壇上之應用

「當行」、「本色」既用以辨體製、立規矩、論詞風與正變，亦用以評詞家個別風貌與作品。今自《詞話叢編》摘出者，評個別詞家，凡二十餘則；詞家合論，凡十餘則；評特定作品者，亦十餘則。自五代迄清，均有所見，而以宋、清兩代爲最夥；蓋詞以兩宋爲宗，詞話以清代最盛，論古及今之故也。爲簡省篇幅，僅舉宋以前詞家與作品爲例，間附按語，以見「當行」、「本色」在此方面之應用。

一、評個別詞家

(一)馮延巳

蔡嵩雲《柯亭詞論》云：

> 正中詞難學，在其輕描淡寫不用力處；一著濃縟字面，即失卻陽春本色。近代王靜庵《人間詞》，接武歐、晏，其實歐、晏仍自陽春出。《人間詞》中，〈蝶戀花〉調最多，亦最佳，即〈鵲踏枝〉也。

按：此段評論含兩重點：其一，馮延巳《陽春詞》之特色在於「其輕描淡寫不用力處」；況周頤《蕙風詞話續編》云：「《陽春》一集，爲臨川、珠玉所宗，愈瑰麗愈醇樸。」亦此意也。其二，馮延巳《陽春集》影響歐、晏之詞風，此後世詞論家每有論之者，如清劉熙載《藝概》即云：

「馮正中詞，晏同叔得其俊，歐陽永叔得其深。」此真天下之公言也。

(二)李　煜

清陳廷焯《白雨齋詞話》卷一云：

> 後主詞思路悽惋，詞場本色，不及飛卿之厚，自勝牛松卿輩。

按：陳廷焯論詞主「沈鬱」，推崇溫庭筠，曾云：「飛卿詞全祖《離騷》，所以獨絕千古。」（《白雨齋詞話》卷一）又以飛卿詞爲例，釋沈鬱云：「意在筆先，神餘言外，寫怨夫思婦之懷，寓孽子孤臣之感。凡交情之冷漠，身世之飄零，皆可於一草一木發之。而發之又必若隱若見，欲露不欲露，反復纏綿，終不許一語道破，匪獨體格之高，亦見性情之厚。」（同上）此正可視爲「全祖《離騷》」一語之註腳。準此觀點，故云後主詞不及飛卿之厚。然「飛卿詞全祖《離騷》」之觀點，《栩莊漫記》曾駁之云：「飛卿爲人，具詳舊史，綜觀其詩詞，亦不過一失意文人而已，寧有悲天憫人之懷抱，何足以仰企屈子！」又云：「溫詞精麗處，自足千古，不賴託庇於風騷而始尊。」（並見鄭師因百《詞選·附錄》引）誠哉斯言！至稱後主詞，「思路悽惋」，爲詞場規矩，就文人假手後之詞壇及後主後期詞風言之，此說固然。明胡應麟《少室山房筆叢》云：「後主樂府爲宋人一代開山。蓋溫、韋雖藻麗而氣頗傷促，意不勝詞；此君方爲當行作家，輕便宛轉。」此稱後主爲詞壇行家，又稱溫、韋「氣頗傷促，意不勝詞」，末則道後主詞風「輕便宛轉」，兼指其前期作品而言之，最爲持平也。

㈢柳　永

清張德瀛《詞徵》卷五云：

耆卿詞多本色語，所謂有井水處，能歌柳詞，時人為之語曰「曉風殘月柳三變」，又曰「露花倒影柳屯田」，非虛譽也。特其詞婉而不文，語纖而氣雌下，蓋骫骳從俗者；以發乎情止乎禮義之旨繩之，則望景先逝矣。胡致堂謂為掩眾製而盡其妙，蓋耳食之言耳。

按：此云柳永詞多白描、不假雕飾之語，「婉而不文，語纖而氣雌下。」其格固不高。然《樂章集》中，本有雅、俗兩類作品，其詞之雅者，「音律諧婉，語意妥帖，承平氣象，形容曲盡。」（陳振孫《直齋書錄解題》語）實亦不可一概抹煞；亦無庸盡以「發生情止乎禮義之旨繩之」。至若胡寅（字致堂）之評，見〈酒邊詞序〉，其言云：「柳耆卿後出，掩眾製而盡其妙，好之者以爲不可復加。及眉山蘇氏，一洗綺羅香澤之態，擺脫綢繆宛轉之度，使人登高望遠，舉首高歌，而逸懷浩氣，超乎塵垢之外，於是《花間》爲皁隸，而柳氏爲輿臺矣！」是知，僅摘「掩眾製而盡其妙」一語論柳永詞，則誠然耳食之言。然以上下文度之，此特欲矯正當時「凡有井水處，即能歌柳詞」（葉夢得《石林避暑錄》話語）之風尚，藉以凸顯蘇軾能擺脫此風尚，「指出向上一路」（王灼《碧雞漫志》語）之功，乃行文之「襯映法」，洵非胡寅原意；否則將置蘇軾《東坡詞》於何地？又何言「《花間》爲皁隸，而柳氏爲輿臺矣！」

㈣蘇　軾

清王士禛《花草蒙拾》云：

名家當行，固有二派。蘇公自云：「吾醉後作草書，覺酒氣拂拂，從十指間出」。黃魯亦云：「東坡書挾海上風濤之氣」。讀坡詞當作如是觀，瑣瑣與柳七較錙銖，無乃為髯公所笑。

按：此云「名家」、「當行」，復以蘇軾與柳永對舉，顯而易見，其所謂「名家」，係指以寫意抒志，不受音律束縛之豪放名家而言。而所謂「當行」，則指以抒情應歌、用心音樂之婉約詞家而言。然蘇詞中，婉約之作仍佔多數，特個人特色，在其豪放之作耳。至若柳永之作，雖爲應歌抒情，然其所依據者，爲一般俗樂，與後世周、姜等格律派詞家仍有不同；後世詞論家盡以婉約詞派視之，亦統稱之例也。

㈤辛棄疾

清鄒祇謨《遠志齋詞衷》云：

稼軒雄深雅健，自是本色，俱從南華沖虛得來。然作詞之多，亦無如稼軒者。中調短令亦間作嫵媚語，觀其得意處，真有壓倒古人之意。

清馮金伯輯《詞苑萃編》卷二引顧宋梅之言云：

南渡以後，名家長詞極意雕鐫，外調不能不歛手，以其工出意外，無可著力也。稼軒本色自見，亦足賞心。

按：此兩段評論，鄒氏首言「雄深雅健」爲稼軒詞之特色，且由《莊子》一書得來。次則鄒、顧兩人均提及稼軒中調、短令，一云「間作嫵媚語」，乃針對「雄深雅健」之英雄語而言，側重其內容；一云「本色自見」，乃針對「極意雕鐫」而言，側重其技巧，蓋謂稼軒中調、短令能出以白描自然，不假雕飾也。此等評論，甚爲的當，如稼軒〈祝英臺近〉晚春詞，〈青玉案〉元夕詞，〈東坡引〉閨怨詞等，確乎嫵媚語而出以自然者。

㈥劉　過

況周頤《蕙風詞話》卷二云：

劉改之詞格本與辛幼安不同，其《龍洲詞》中，如〈賀新郎〉贈張彥功云……〈祝英臺近〉游東園云：「晚來約住青驄，踏花歸去，亂紅碎、一庭風月。〈唐多令〉八月五日安遠樓小集云：「柳下繫船猶未穩，能幾日、又中秋。」〈醉太平〉云：「翠綃香暖雲屏，更那堪酒醒。」此等句，是其當行本色，蔣竹山伯仲之間耳。其激昂慷慨諸作，乃刻意模擬幼安；至如〈沁園春〉「斗酒彘肩」云云，則尤模擬而失之太過者矣！

按：劉過素來被視爲辛派詞家，然其詞風實兼艷麗與激楚兩種。況周頤以爲工麗之作方是其本來面目，最所專擅；而激昂慷慨之作，則是刻意模擬辛棄疾，實難與之相提並論，庶幾蔣捷伯仲之間耳。況氏此論洵然，蓋劉氏無稼軒才力，無稼軒胸襟，又不處稼軒境地，欲於粗莽中見沈鬱，其可得乎？（詳參拙作《南宋詞研究》第四章第七節）

㈦戴復古

況周頤《蕙風詞話續編》卷一云：

石屏詞，往往作豪放語，綿麗是其本色。〈滿江紅〉赤壁懷古云：「赤壁磯頭，一番過一番懷古。想當時、周郎年少，氣呑區宇。萬騎臨江貔虎噪，千艘烈炬魚龍怒。捲長波、一鼓困曹瞞，今如許。 江上渡，江邊路。形勝地，興亡處。覽遺蹤勝讀、詩書言語。幾度東風吹世換，千年往事隨潮去。問道旁、楊柳為誰春，搖金縷。」歇拍云云，是本色流露處。

按：南宋戴復古《石屏詞》，著錄於《全宋詞》者，凡四十五闋（另有〈沁園春〉詞僅存七句，不計），幾盡屬豪放、白描之作，婉約作品不過一、二闋耳。《四庫提要》評其詞云：「復古爲陸游門人，以詩鳴江湖間，方回瀛奎律髓稱其豪健清快，自成一家。今觀其詞，亦音韻天成，不費斧鑿。其〈望江南〉自嘲第一首云：「賈島形模元自瘦，杜陵言語不妨村，誰解學西崑？」復古論詩之宗旨，於此具見，宜其以詩爲詞，時出新意，無一語蹈襲也。……至赤壁懷古〈滿江紅〉一闋，則豪情壯采，實不減於軾。」（卷一九九〈詞曲類〉二）就量而言，豪放、白描之作，確爲《石屏詞》之持色；然就質而言，實亦不如提要所云「音韻天成」，即所舉〈滿江紅〉赤壁懷古一闋，較之蘇軾〈念奴嬌〉詞，亦終覺略遜一籌，以蘇詞較清雄自在也。亦緣此故，況氏方稱「綿密」是其原來特色；觀所提〈滿江紅〉末結，及其〈木蘭花慢詞〉[31]，以綿麗之筆，寫哀遠之思，自然感人，即爲明證也。

(八)吳文英

清馮煦《蒿庵論詞》云：

夢窗之詞，麗而則，幽邃而綿密，脈絡井井，而卒焉不能得其端倪。尹惟曉比之清真，沈伯時亦謂深得清真之妙，而又病其晦。張叔夏則譬諸七寶樓臺，眩人眼目。蓋山中白雲，專主清空，與夢窗家數相反，故於諸作中，獨賞其唐多令之疏快。實則何處合成愁一闋，尚非君特本色。《提要》云：「天分不及周邦彥，而研鍊之功則過之，詞家之有文英，如詩家之有李商隱。予則謂商隱學老杜，亦如文英之學清真也。

按：此評論舉尹煥（字惟曉）〈夢窗詞序〉「求詞於吾宋，前有清真，後有夢窗。」及沈義父（字伯時）《樂府指迷》「夢窗深得清真之妙」諸評，肯定夢窗係學清真。至若《夢窗詞》之特色，則在「麗而則，幽邃而綿密。」絕非如張炎《詞源》「清空」條所舉〈唐多令〉疏快之作[32]，蓋「疏

---

[31] 茲移錄戴復古〈木蘭花慢〉詞如次：「鶯啼啼不盡，任燕語、語難通。這一點閒愁，十年不斷，惱亂春風。重來故人不見，但依然、楊柳小樓東。記得同題粉壁，而今壁破無蹤。　蘭皐新漲綠溶溶。流恨落花紅。念著破春衫，當時送別，燈下裁縫。相思謾然自苦，算雲煙、過眼總成空。落日楚天無際，憑欄目送飛鴻。」

[32] 茲移錄吳文英〈唐多令〉詞如次：「何處合成愁？離人心上秋。縱芭蕉不雨也颼颼。都道晚涼天氣好，有明月、怕登樓。　年事夢中休。花空煙水流。燕辭歸、客尚淹留。垂柳不縈裙帶住。謾長是、繫行舟。」

快」非夢窗詞原來特色，本來面目也。蔣兆蘭《詞說》云：「繼清真而起者，厥惟夢窗，英思壯采，綿麗沈警，適與玉田生清空之說相反。玉田生稱其〈何處合成愁〉篇，爲疏快不質實；其實夢窗佳處，正在麗密，疏快非其本色也。」亦此意也。

二、詞家合論

㈠李　煜、李清照

清沈謙《塡詞雜說》云：

男中李後主，女中李易安，極是當行本色。

按：沈氏論詞曾云：「白描不可近俗，修飾不得太文，生香真色，在離即之間。」以此度之，李後主、李易安自是個中行家，極合規矩。又沈氏此說，復見王又華《古今詞論》及張德瀛《詞徵》轉引，兩人同時益以李太白，稱「詞家三李」。然李太白之作，著錄於《全唐五代詞》者，凡十八闋，可能出於其手，不與詩重出者，僅〈菩薩蠻〉、〈憶秦娥〉、〈清平樂〉、〈連理枝〉等四調五闋，實難與後主、易安並論；況沈氏雜說原亦未舉李太白，豈可妄附會乎？

㈡柳　永、蘇　軾

清馮金伯輯《詞苑萃編》卷二一〈辨證二〉云：

蘇東坡「大江東去」，有銅將軍鐵綽板之譏；柳七「曉風殘月」，謂可令十七八女郎按紅牙檀板歌之。此袁絢語也，後人遂奉為美談。然僕謂《東坡詞》自有橫槊氣概，固是英雄本色；柳纖艷處，亦麗以淫耳。

按：蘇軾詞比之關西大漢銅琵琶鐵綽板唱大江東去，柳永詞比之十七、八女子按紅牙板歌曉風殘月，本人所見係南宋俞文豹《吹劍錄》所載（參註30），而詞論家每指袁綯之語，不知何據？至若「蘇軾詞自見英雄本性，柳永詞纖艷處麗以淫」之評，就所舉兩詞作觀之，自無不當。

㈢柳、秦、周、康

清沈曾植《手批詞話三種》（龍沐勛輯）載：

賀裳《皺水軒詞筌》：「長調推秦、柳、周、康為協律」先生批云：「以宋世風尚言之，秦、柳為當行，周、康為協律；四家並提，宋人無此語也。」

按：賀裳《皺水軒詞筌》曾以「秦、柳、周、康」並提，視爲宋詞長調協律之作家。沈曾植以爲不然，而謂秦、柳爲長調行家，蓋兩人均擅於委曲遺情，形容曲盡也。至論協律，則唯周、康能之；蓋周提舉大晟府，原負審音定律之責，而康乃應制塡詞之能手，自難從俗律、俗樂也。是故此四人實不宜相提並論，且以時代言之，亦宜作柳（永）、秦（觀）、周（邦彥）、康（與之）爲是。

㈣蘇軾、辛棄疾

清周濟《介存齋論詞雜著》云：

稼軒不平之鳴，隨處輒發，有英雄語，無學問語，故往往鋒穎太露。然其才情富艷，思力果銳，南北兩朝，實無其匹，無怪流傳之廣且久也。世以蘇辛並稱，蘇之自在處，辛偶能到；辛之當行處，蘇必不能到，二公之詞。不可同日語也。後人以粗豪學稼軒，非徒無其才，并無其情。稼軒固是才大，然情至處，後人萬不能及。

按：周濟論詞頗重視詞人之性情、學養與境遇，曾云：「感慨所寄，不過盛衰，或綢繆未雨，或太息厝薪，成己溺己飢，或獨清獨醒，隨其人之性情、學問、境地，莫不有由衷之言：見事多，識理透，可爲後人論世之資。詩有史，詞亦有史，庶乎自樹一幟矣！若乃離別懷思，感士不遇，陳陳相因，唾瀋互拾，便思高揖溫、韋，不亦恥乎？」（《介存齋論詞雜著》）所謂「可爲後人論世之資」，亦即主張詞不僅表現離別懷恩，感士不遇，且須表現時代精神，反映社會狀況，以符「史」之要求。而爲達此目標，唯以比、興技巧，寄意詞中，庶爲正道。曾云：「初學詞求有寄託，有寄託，則表裏相宜，斐然成章；既成格調，求無寄託，無寄託，則指事類情，仁者見仁，知者見知。」（同上）又云：「夫詞非寄託不入，專寄託不出。」（《宋四家詞選・目錄序論》）蓋有寄託，方有內容，方能「爲後人論世之資」；而無寄託，方能使「仁者見仁，知者見知」，隨各人性情、學養、境遇而有不同之聯想矣！周氏論詞要點，概如上述，因之能符合其主張者，方視爲詞中行家。以蘇、辛而言，蘇「每事俱不十分用力」（《介存齋論詞雜著》），辛則「不平之鳴，隨處輒發」，符合

「學詞以用心爲主」（同上）之要求，故蘇之飄然自在處，辛偶亦能及之。然於感士不遇之餘，猶能表現時代精神，反映社會狀況，而出以比興技巧之行家之作，則唯辛詞中能見之，非蘇詞所能到，蓋性情、學養、境遇使然也。

三、評特定作品

(一)歐陽修南歌子：[33]

清胡念貽輯《先著》、程洪撰《詞潔》卷二云：

公老成名德，而小詞當行乃爾。

按：〈南歌子〉原詞如次：「鳳髻金泥帶，龍紋玉掌梳。走來窗下笑相扶。愛道畫眉深淺、入時無。弄筆偎人久，描花試手初。等閒妨了繡工夫。笑問鴛鴦兩字、怎生書。」先著以爲歐公乃當世名德顯著之大臣，而小詞乃纏綿熱情，在行如此，誠難得也。

(二)黃庭堅〈驀山溪〉：

又《詞潔》卷三云：

山谷於詞，非其本色，且多作俚語，不止如柳七之猥褻。「春未透，花枝瘦。正是愁時候。」

33　此詞亦選入《樂府雅詞》，其調下注云：「草堂云：僧仲殊作。」然《四庫全書》所收明刊本《草堂詩餘》並未載此詞，不知《樂府雅詞》何所據而注此？

十一字精妙可思，使盡如此，吾無間然。

按：本處之「本色」實係總評黃庭堅，謂製詞非其專長也。且多作俚語，較之柳永詞之猥褻，尤有過之。唯所舉〈驀山溪〉（起句：鴛鴦翡翠）三句，白描有味，恨詞中少見耳。

㈢**周邦彥〈繞佛閣〉**：

又《詞潔》卷四云：

一刻吳文英。玩其筆意，亦頗似夢窗。然「望中迤邐」、「浪颭春燈」，則多屬美成本色語。

按：〈繞佛閣〉原詞如次：「暗塵四斂。樓觀迥出，高映孤館。清漏將短。厭聞夜久籤聲動書幔。桂華又滿。閒步露草，偏愛幽遠。花氣清婉。望中迤邐城陰度河岸。　倦客最蕭索，醉倚斜橋穿柳線。還似汴隄虹梁橫水面。看浪颭春燈，舟下如箭。此行重見。歎故友難逢，羈思空亂。兩眉愁、向誰舒展。」此詞或亦題吳文英作（如毛晉《宋六十名家詞》即是），先著則以詞家特色語言，肯定爲周邦彥作。如其〈蘭陵王〉詠柳詞所寫「閒尋舊縱跡。又酒趁哀絃，燈照離席。梨花榆火催寒食。愁一箭風快，半篙波暖，回頭迢遞便數驛。望人在天北。悽惻。恨堆積。漸別浦縈迴，津堠岑寂。斜陽冉冉春無極。……」與此詞「望中」、「浪颭」之所形容，無論取境、比喻，均頗相似；況「汴隄」與蘭陵王之「隋隄」，屬同一地點，亦唯北宋人能及之，南宋吳文英何能至耶！故先著之判斷頗正確，此亦以詞家本色語辨作品與作者之範例也。

㈣**周邦彥〈少年遊〉**

清周濟《宋四家詞選》眉批云：

此亦本色佳製也。本色至此便足，再過一分，便入山谷惡道矣！

按：〈少年遊〉原詞如次：「并刀如水，吳鹽勝雪，纖手破新橙。錦幄初溫，獸香不斷，相對坐調笙。低聲問、向誰行宿，城上已三更。馬滑霜濃，不如休去，直是少人行。」周濟以爲此乃白描之佳作，再踰一分，便落入山谷詞之粗俗矣！

㈤辛棄疾〈卜算子〉

清胡念貽輯《先著》、程洪撰《詞潔》卷一云：

南渡以後名家，長詞雖極意琱鐫，小調不能不斂手；以其工出意外，無可著力也。稼軒本色自見，亦足賞心。[34]

按：〈卜算子〉原詞如次：「千古李將軍，奪得胡兒馬。李蔡爲人在下中，卻是封侯者。芸草去陳根，筧竹添新瓦。萬一朝家舉力田，捨我其誰也。」此詞係辛棄疾借西漢抗匈奴名將李廣爲例，道其雖多所建樹，而時不我予，終未能封侯。至其堂弟李蔡，才能庸碌，乃位至三公，夫復何言！（詳參《史記李將軍列傳》）印證當時辛氏之處境，無乃「藉他人酒杯，澆胸中塊壘」乎？下片轉以詼諧之筆，寫其落職閒居瓢泉之生活，終則謂若朝廷欲荐舉力田者，捨我其誰！英雄而

34　此段評論，亦見載於清馮金伯輯《詞苑萃編》卷二，謂顧宋梅之評，蓋誤植也。

出此語，誠然痛心無奈之至。其〈鷓鴣天〉詞（起句：壯歲旌旗擁萬夫）云：「卻將萬字平戎策，換得東家種樹書」，亦此意也。而似此豐沛之內容，辛氏乃出以小詞，且不假雕琢，顯現白描自然之工夫，確乎工出意外，未嘗著力，足令人賞心也。

(六)程垓〈酷相思〉

清許昂霄《詞綜偶評》云：

> 人人之所欲言，卻是人人之所不能言，此之謂本色，無筆力者，未許妄作邯鄲。

按：〈酷相思〉原詞如次：「月掛霜林寒欲墜。正門外、催人起。奈離別、如今真個是。欲住也、留無計。欲去也、來無計。　馬上離魂衣上淚。各自箇、供憔悴。問江路梅花開也未。春到也、須頻寄。人到也、須頻寄。」許氏之評，蓋謂平常情意，人所難言，而能以平常言語自然寫出，方稱白描佳作；程垓〈酷相思〉詞，即是一例。而無筆力者萬不可學之，恐失之淺率無味也。

綜上四段論述，吾人可知：應用在詞壇上，「當行」係一綜合性評論之詞語，乃指對詞體創作之技巧、用字、遣詞等均頗擅長之「行家」、「作手」。而「本色」，原指本性、真我面目，如英雄本色即是。而此「本性」、「面目」如何產生？舉凡經比較、歸納，成爲某一主體之共同原則與規矩者，即成該主體之「本性」、「面目」。以詞體而論，經唐、五代、兩宋長期之發展，已然衍生「婉約」與「豪放」兩派，則凡符合兩派規矩者，均可使用「本色」一詞。然因婉約作家或作品終多於豪放，因之「本色」多指善用比興、遣情委婉、文詞修飾等規矩；而另一部分，亦指善用白描、直抒胸臆、不假雕飾等規矩。舉凡符合此等規矩之作品，則稱「合作」。引而伸之，某一時代或作家所塑造出之特色，亦可用「本色」稱之。而善遵守某規矩者，無非在行作家，故「本色」或亦視為「當行」之同義詞。另有「當行」、「本色」一併用之者，則用指符合委婉規矩之行家或白描規矩之行家，端視個人立場而定；一般言之，前者尤常見於後者，蓋詞之總體現象使然也。

至若「當行」、「本色」在詞學理論上之應用，實涵蓋四方面：其一，辨體製——含詩、詞之辨，詩、詞、曲之辨；其二，立規矩——含用字、遣詞、使事、用典、取法、取材、謀篇、寫作等所應遵循之規矩；其三，論風格與正變——含主婉約論正變、溯原始論正變、兼取婉約豪放評議正變、評朝代詞風論正變等，要皆與個人主張有關，而無絕對之「正」與「變」；其四，評詞家與作品——含評個別詞家、詞家合論、評特定作品等，乃「當行」、「本色」在應用內涵上最瑣碎之方向。

※原發表於「中國文學理論與批評研究學術研討會」（一九九四年五月於逢甲大學）

宋人序跋中之詞論

壹、引　言

關於宋人詞論，最重要者，自是詞論專著，如王灼碧雞漫志、張炎詞源、沈義父樂府指迷是也。次則為附於詩話、筆記中之評論，如吳曾能改齋漫錄卷一六、一七；胡仔苕溪叢話前集卷五九、後集卷三九；魏慶之詩人玉屑卷二一；周密浩然齋雅談卷下等，均特立名目，專卷專錄個人或前人論詞之意見，是此中尤著者。又次則為書志及詞選所附之評論，如陳振孫直齋書錄解題、黃昇花菴詞選（含唐宋諸賢絕妙詞選、中興以來絕妙詞選）、趙聞禮陽春白雪等，即載有零散之評語。[1]至若各類序跋，雖不甚具體，然如或一言可采，亦足蒐求；況所涉廣泛，每有所得耶？

然後世學者對於宋代詞論，較注重專著之研究，如周曉蓮碧雞漫志研究、徐信義碧雞漫志校

1 南宋周密絕妙詞選，亦多載評論之語，率為清查為仁及厲鶚所輯，非周密之評，故未列舉。

箋[2]、蔡楨詞源疏證、夏承燾詞源校注、劉紀華張炎詞源箋註、徐信義張炎詞源探究[3]、蔡嵩雲（即蔡楨）樂府指迷箋釋、蔡茂雄沈氏樂府指迷研究[4]、林玫儀李清照詞論評述[5]等，皆費心之作，其有助於學習，自不待言。至若詩話、筆記中之詞論，亦嘗見蒐輯分析。如張筱蓮兩宋詞論研究[6]，即頗留意及之。然於諸詞集序跋，則鮮見采錄；諸詞作序跋，尤乏人問津。因之本人乃爬羅剔抉，而有此作。首列采輯資料；次歸納其內容，間亦竊附評論；末則總結其影響，以見宋人序跋中之詞論，誠莫可輕忽也。

貳、資料彙輯

宋人詞論之見於序跋者，自以詞集序跋為最夥，次則詞作之序跋；至若詞話、詩文集等序跋，間亦可得一二。茲將涉及詞論之重要序跋，分三類臚列如次，並逐項註明其出處，以供參考：

2　周著係民國六十六年文化大學中文研究所碩士論文。徐著則為民國七十年師範大學國文研究所博士論文。

3　蔡著係民國二十年手寫本，七十七年由學海出版社印行。劉著係民國五十九年政治大學中文研究所碩士論文，後由嘉新水泥公司文化基金會獎助出版。徐著則為民國六十三年師範大學國文研究所碩士論文，後亦由嘉新水泥公司文化基金會獎助出版。

4　蔡嵩雲所著於民國七十一年由木鐸出版社印行。蔡茂雄所著則刊載於大同學報第一卷第二期。

5　林氏此文，收入所著詞學考詮一書，民國七十六年由聯經出版事業公司印行。

6　張氏此作，係民國六十四年師範大學國文研究所碩士論文。

一、詞集序跋（按：每項出處，僅列其一，不使重出。以免繁瑣。又本欄所云「百家詞」，即吳訥唐宋元明百家詞之簡稱；「名家詞」，則指毛晉宋六十名家詞也。）

1. 陳世脩陽春集序（百家詞第一冊）
2. 晏幾道小山詞自序（百家詞第二冊）
3. 黃庭堅小山詞序（百家詞第二冊）
4. 張耒東山詞序（彊村叢書第四冊）
5. 強煥片玉詞序（名家詞第三冊）
6. 劉肅片玉集箋疏序（彊村叢書第四冊）
7. 漫叟溪堂詞序（名家詞第三冊）
8. 孫競竹坡老人詞序（百家詞第六冊）
9. 胡寅酒邊集序（百家詞第三冊）
10. 趙師秀呂聖求詞序（百家詞第四冊）
11. 曾丰知稼翁詞集序（百家詞第四冊）
12. 陸游放翁詞自序（百家詞第四冊）
13. 湯衡張紫微雅詞序（四庫全書本于湖詞附）
14. 陳應行于湖先生雅詞序（同右）

15. 范開稼軒詞序（百家詞第五冊）
16. 劉辰翁稼軒詞序（須溪集卷六）
17. 王稱書舟詞序（百家詞第三冊）
18. 尹覺坦菴詞序（名家詞第五冊）
19. 黃昇白石詞序（名家詞第四冊）
20. 汪莘方壺詩餘自序（彊村叢書第十一冊）
21. 詹傅敬笑笑詞序（百家詞第六冊）
22. 張鎡梅溪詞序（名家詞第三冊）
23. 陳造高竹屋詞序（名家詞第五冊毛晉跋引）
24. 尹煥夢窗詞序（同右）
25. 柴望涼州鼓吹自序（彊村叢書第十三冊）
26. 鄭思肖玉田詞序（彊村叢書第十五冊）
27. 仇遠玉田詞序（同右）
28. 舒岳祥玉田詞序（同右）[7]

---

[7] 舒岳祥、鄭思肖、仇遠三人均爲自宋入元之士，跨越兩朝，甚難一致歸屬。然刊刻玉田詞，必見三人之序，故本

29.曾慥樂府雅詞序（四庫全書本樂府雅詞附）
30.黃大輿梅苑序（四庫全書本梅苑附）
31.胡德芳唐宋諸賢絕妙詞選序（四庫全書本唐宋諸賢絕妙詞選附）
32.黃昇花菴詞選序
或題：中興以來絕妙詞選序（四庫全書本花菴詞選附）
33.陸游花間集跋一、跋二（四庫全書本花間集附）
34.羅泌六一詞跋（百家詞第二冊）
35.黃庭堅東坡長短句跋（山谷題跋卷九）
36.曾慥東坡拾遺跋（百家詞第二冊）
37.黃庭堅馬忠玉詩曲字跋（山谷題跋卷九）
38.黃庭堅書王觀復樂府（山谷題跋卷七）
39.李之儀吳思道小詞跋（姑溪題跋卷九）
40.陸游後山居士長短句跋（放翁題跋卷三）
41.關注石林詞跋（百家詞第三冊）

文從寬視爲宋人序跋。

42. 黃汝嘉松坡詞跋（百年詞第四冊）
43. 藤仲因笑笑詞跋（百家詞第六冊）
44. 眞德秀石屏詞後跋（百家詞第七冊）
45. 張鎡梅溪詞跋（百家第六冊）

二、詞作序跋（按：詞作序跋率已收入全宋詞，故本欄但寫冊數，未更書其名。然全宋詞未收者，則一一註明，以便索驥。）

1. 蘇軾水調歌頭序（一冊，起句：昵昵兒女語）
2. 蘇軾如夢令序（一冊，起句：水垢何曾相受）
3. 蘇軾醉翁操序（一冊，起句：琅然）
4. 蘇軾陳慥無愁可解序（一冊，起句：光景百年）
5. 黃庭堅醉落魄序（一冊，起句：陶陶兀兀）
6. 李清照孤雁兒序（二冊，起句：藤床紙帳朝眠起）
7. 洪皓江梅引序（二冊，起句：天涯除館憶江梅）
8. 陳與義法駕導引序（二冊，起句：朝元路）
9. 曹勛飲馬歌序（二冊，起句：邊頭春未到）

10.曹冠哨遍序（三冊，起句：壬戌孟秋）
11.辛棄疾驀山溪序（三冊，起句：飯蔬飲水）
12.姜夔醉吟商小品序（三冊，起句：又正是春歸）
13.姜夔霓裳中序第一序（三冊，起句：亭皋正望極）
14.姜夔滿江紅序（三冊，起句：仙姥來時）
15.姜夔徵招序（三冊，起句：潮回卻過西陵浦）
16.姜夔淒涼犯序（三冊，起句：綠陽巷陌）
17.姜夔湘月序（三冊，起句：五湖舊約）
18.趙以夫角招序（四冊，起句：曉風薄）
19.吳文英瑣窗寒序（四冊，起句：紺縷堆雲）
20.吳文英瑞龍吟序（四冊，起句：墮虹際）
21.吳文英玉京謠序（四冊，起句：蝶夢迷清曉）
22.吳文英淒涼犯序（四冊，起句：空江浪闊）
23.吳文英古香慢序（四冊，起句：怨娥墜柳）
24.劉辰翁大聖樂序（五冊，起句：芳草如雲）
25.劉辰翁霓裳中序第一（五冊，起句：銀河下若木）

26.周密木蘭花慢序（五冊，起句：恰芳菲夢醒）
27.周密解語花序（五冊，起句：晴絲罥蝶）
28.周密明月引序（五冊，起句：舞紅愁碧晚蕭蕭）
29.蔣捷翠羽引序（五冊，起句：紺露濃）
30.張炎西子妝慢序（五冊，起句：白浪搖天）
31.張炎湘月序（五冊，起句：行行且止）
32.張炎意難忘序（五冊，起句：風月吳娃）
33.張炎滿江紅序（五冊，起句：傅粉何郎）
34.黃庭堅劉禹錫竹枝詞跋（山谷題跋卷九）
35.蘇軾書李主（破陣子）詞（東坡題跋卷三）
36.黃庭堅蘇軾卜算子跋（一冊，起句：缺月卦疏桐）
37.黃庭堅蘇軾醉翁操跋（山谷題跋卷二）
38.陸游蘇軾七夕詞跋（放翁題跋卷三）[8]
39.劉克莊蘇軾潁師聽琴水調跋（後村題跋卷四）

[8] 蘇軾七夕詞，調寄鵲橋仙，題云：「七夕送陳令舉」，起句：「緱山仙子」。

40.釋德洪蘇軾平山堂詞跋（石門題跋卷二）[9]

41.蘇軾黔安居士漁父詞跋（東坡題跋卷三）[10]

42.黃庭堅秦觀踏莎行跋（山谷題跋卷九）

43.周必大米元章書秦觀詞跋（益公題跋卷九）[11]

44.黃庭堅王君玉定風波詞跋（山谷題跋卷九）

45.李之儀賀鑄小重山詞跋（姑溪題跋卷一）

46.周必大張元幹送胡邦衡詞跋（益公題跋卷二）[12]

47.朱敦儒曹勛酒泉子、謁金門二詞跋（二冊，起句：霜護雲低）[13]

48.魏了翁張孝祥念奴嬌詞眞蹟跋（鶴山題跋卷二）

49.劉克莊劉叔安感秋八詞跋（後村題跋卷二）[14]

---

[9] 蘇軾平山堂詞，調寄西江月，起句：「三過平山堂下」。

[10] 黔安居士，實即黃庭堅；以其曾貶黔州安置，故蘇軾如是稱之。黃氏所作漁父詞，調寄浣溪沙，起句：「新婦磯邊眉黛愁」。

[11] 米元章所書秦觀詞，不詳何闋，然周必大跋語甚有可取，故錄以俟考。

[12] 張元幹送胡邦衡詞，調寄賀新郎，起句：「夢繞神州路」。

[13] 朱敦儒之跋，附於曹勛酒泉子詞後，蓋曹氏轉述朱氏之語也。

[14] 劉鎮，字叔安，學者稱隨如先生。有隨如百詠，今不傳。趙萬里校輯宋金元人詞，輯存隨如百詠，得詞二十六闋，已收入全宋詞第四冊。今讀其詞，與秋節有關者僅五闋，調寄蝶戀花（起句：誰送涼蟾消夜暑）、柳梢青（起句：

三、其他序跋

1. 張炎詞源自序
2. 陸文圭詞源序（詞話叢編本詞源附）
3. 沈義父樂府指迷自序
4. 陳造題東堂集（江湖長翁集卷三一）
5. 樓鑰清真先生文集序（攻媿集卷五一）
6. 張堯仁張于湖先生集序（于湖居士文集附）
7. 劉克莊辛稼軒集序（後村先生大全集卷九八）
8. 陳造張使君詩詞集序（江湖長翁集卷二三）
9. 樓鑰燕樂本原辨證序（攻媿集卷五三）
10. 葉適書龍川集後（水心題跋卷一）

參、內容分類述評

乾鵲收聲）、阮郎歸二闋（起句：寒陰漠漠夜來霜。又：金莖浥露未成霜。）、木蘭花慢（起句：看纖雲護月），此豈感秋八詞之五詞耶？錄以俟考。

宋人涉及詞論之重要序跋既臚列如上，本節爰據所得資料，分析其主要內容凡十三：一曰定詞體，二曰溯起源，三曰述流變，四曰敘承傳，五曰倡雅正，六曰崇豪放，七曰主寄託，八曰析音律，九曰明詞調，十曰辨真僞，十一曰示作法，十二曰評詞風，十三曰品詞作。此中末兩項，由於意見零碎，且爲詞論之末節，故本節僅做歸納，未予個別評論，餘則間附己意。綜述所以，以顯主旨。茲介評如次：

一、定詞體

詞之爲體，率爲妓女伶官旗亭畫壁之所唱，花間酒邊之所詠，性非高雅，地實寒微，故素不爲士大夫所崇尚。即以詞著稱之宋代，其士大夫實亦不如詩般尊之重之，是以不時流露輕視詞體之觀念，見之於序跋，如黃庭堅小山詞序云：

余少時間作樂府，以使酒玩世，道人法秀獨罪余以筆墨勸淫，於我法中當犁舌之獄，持未見叔原之作耶？……若乃妙年美士，近知酒色之虞；苦節臞儒，晚悟裙裾之樂，鼓之舞之，使宴安酖毒而不悔，是則叔厚之罪也哉？

王稱書舟詞序云：

雖然，昔晏叔厚以大臣子，處富貴之極，為靡麗之詞。其政事堂中舊客，尚欲其捐有餘之才，益未至之德者，蓋叔原獨以詞名爾，他文則未傳也。至少游、魯直則兼之，故陳無己之作，自云不減秦七黃九，是亦推尊其詞爾。余謂正伯（即程垓）為秦黃則可，為叔厚則不可。

胡寅酒邊詞序云：

詞曲者，古樂府之末造也。……名曰曲，以其曲盡人情耳。方之曲藝，猶不逮焉；其去曲禮，則益遠矣。然文章豪放之士，鮮不寄意於此者，隨亦自掃其跡，曰謔浪掩遊戲而已也。

是知當時不少士大夫實不敢視塡詞爲正道，亦不以專事塡詞爲然，故頗譏斥晏幾道。曾慥樂府雅詞選詞，甚而不錄歐陽脩側艷之作，以爲此乃當時小人所作而謬爲歐公者，誠然可怪（參本節第十項）。苟有塡製者，則以謔浪遊戲爲藉口，何其不公也！甚而「胸中今古，止用資爲詞」（劉辰翁稼軒詞序）之辛棄疾，其門弟子范開爲之作序乃云：「公之於詞亦然，苟不得之於嬉笑，則得之於行樂；不得之於行樂，則得之於醉墨淋漓之際。揮毫未竟，而客爭存去。或閒中書石，興來寫地；亦或微吟而不錄，漫錄而焚稿，以故多散逸，是亦未嘗有作之之意。」此段言論，固爲推尊辛氏，然何嘗尊重詞體？況辛氏製詞亦頗刻意，未盡率爾操觚也。[15]

[15] 岳珂程史卷三載：「稼軒以詞名，每燕必命侍伎歌其所作，特好歌賀新郎一詞。……既而又作一永遇樂，序北府事，首章曰：千古江山，……特置酒召數客，使妓迭歌，益自擊節，徧問客，必使摘其疵。……余曰：『前篇豪視一世，獨首尾二腔，警語差相似，新作微覺用事多耳。』於是大喜，酌酒而謂坐中曰：『夫君實中予痼』，乃詠改其語，日數十易，累月猶未竟，其刻意如此。」然則稼軒詞作何嘗盡得之於嬉笑行樂耶？

雖然，自北宋以還，實亦不乏士大夫於作序爲跋之際，對詞體持肯定之觀點。如晏幾道自序其詞即云：「叔原往者浮沈酒中，病世之歌詞不足以析酲解慍，試續南部諸賢緒餘，作五七字語，期以自娛；不獨敍其所懷，兼寫一時杯酒間聞見，所同游者意中事。」是誠有心爲之也。洎乎南宋中期，序跋中尤多肯定詞體之價值，如張鎡梅溪詞序云：

世之文人才士遊戲筆墨於長短句，間有能瓌奇警邁，清新閒婉，不流於訑蕩汙淫者，未易以小伎言也。

黃昇花菴詞選序云：

佳詞豈能盡錄？亦嘗鼎一臠而已。然其盛麗如游金張之堂，妖冶如攬嬙施之袪，悲壯如三閭，豪俊如五陵，花前月底，舉杯清唱，合以紫簫，節以紅牙，飄飄然作騎鶴揚州之想，信可樂也。

此兩段文字，一則肯定詞之佳者斷不可以小伎視之；一則肯定詞之內容包羅萬端，多有可取，誠然重視詞體也。葉適書龍川集後甚謂龍川「又有長短句四卷，每一章就，輒自歎曰：平生經濟之懷略已陳矣。」是又以詞體書寫抱負，足媲美詩文矣！茲更以陸游爲例，孝宗淳熙十六年，其自題長短句曾云：

雅正之樂微，乃有鄭衛之音。……千餘年後，乃有倚聲製辭起於唐之季世，則其變愈薄，可勝嘆哉！予少時汨於世俗，頗有所為；晚而悔之。然漁歌菱唱，猶不能止。今絕筆已數年，念舊作終不可揜，因書其首，以識吾過。

又跋花間集亦云：

花間集皆唐末五代時人作，方斯時天下岌岌，生民救死不暇，士大夫乃流宕如此，可嘆也哉！或者亦出於無聊故耶？

讀此兩段文字，知陸游一則視詞爲「其變愈薄」之物，且云「晚而悔之」、「猶不能止」，道出矛盾之心理；一則謂花間集乃當日士大夫流宕、無聊之作，菲薄詞體亦云極矣！然光宗紹熙二年，陸游跋後山居士長短句，已然如是云：

唐末詩益卑，而樂府詞高古工妙，庶幾漢魏

寧宗開禧元年，再跋花間集亦云：

故歷唐季五代，詩愈卑而倚聲者輒簡古可愛。蓋天寶以後詩人，常恨文不逮；大中以後，詩衰而倚聲作。使諸人以其所長格力施於所短，則後世孰得而議？筆墨馳騁則一，能此不能彼，未易以理推也。

是知陸游既取唐末樂府比漢魏，復嘆服其「簡古可愛」，豈非肯定詞體之存在乎？至若倚聲度曲之專業詞人，自是盡心焉爾，終身不渝。如張炎詞源自序即云：

昔在先人侍側，聞楊守齋、毛敏仲、徐南溪諸公商榷音律，嘗知緒餘，故生平好為詞章，用功踰四十年，未見其進。……

對於詞體，乃用功踰四十年，且謙云「未見其進」，可謂尊寵已極，專力之致；詞體至此，隱然有不得不變之勢矣。

二、溯起源

詞之起源，素爲詞論家所爭議；宋人序跋亦時論及之。如李之儀跋吳思道小詞云：

長短句於遺詞最難工，……唐人但以詩句而下用和聲抑揚以就之，若今之歌陽關是也。至唐末遂因其詩之長短句而以意填之，始一變成音律。

胡寅酒邊詞序云：

詞由者，古樂府之末造也；古樂府者，詩之旁行也。詩出於離騷楚詞；而騷詞者，變風變雅之怨而迫、哀而傷者也。

陸游自序長短句云：

雅樂既微，斯有鄭衛之音；音雖變，然琴瑟笙磬猶在也。變而為燕之筑、秦之缶、胡部之琵琶、箜篌，則又出鄭衛之下矣。風雅頌之後，為騷為賦為曲為引為行為謠為歌，千餘年後，乃有倚聲製辭，起於唐之季世，則其變愈下，可勝嘆哉！

胡德方唐宋諸賢絕妙詞選序云：

古樂府不作，而後長短句出焉。

陸文圭詞源序云：

詞與辭字通用。釋文云：『意內而言外也』意生言，言生聲，聲生律，律生調，故曲生焉。花間以前無雜譜，秦周以後無雅聲，源遠而派別也。

綜上引述，可知宋人序跋論及詞之起源，不外三種觀點：一曰源於變風變雅；二曰源於古樂府；三曰聲律自然之演進。執前說者，蓋欲崇尚詞體，以便士大夫塡製有名。然欲直指詩經，復恐歌詞未盡雅正，乃巧謂曰源於變風變雅，此可視爲淸代尊體說之先河也。執次說者，蓋著重音樂立論。溯夫古樂府之歌詞，率以五、七言爲主，然句法整齊，缺乏變化；而歌唱宜求長短疾徐，如非增字，即無法造成和諧之節奏，於焉唱者乃於詩句間益以襯字、襯音，作爲調節。其法有二：一爲有聲有字，而此等字率爲形容聲音而設，如賀賀賀、何何何之類，即李之儀跋吳思道小詞所謂之「和聲」也。[16]二爲有聲無字，即朱熹語類所謂之「泛聲」也。[17]而後詩人即據加襯後之格式塡詞造句，以便歌唱，因之產生長短錯落、聲調抑揚頓挫之詞體也。執後說者，既欲提尊詞體，復欲統合詩與歌曲，乃曰盡出於人之意、言、聲、律之自然演進。所謂「花間以前無雜譜，秦周

16「和聲」之說，最常見引者，厥爲沈括夢溪筆談卷五樂律一所載，茲移錄如下：「詩之外，又有和聲，則所謂曲也。古樂府皆有聲有詞，連屬書之，如曰賀賀賀、何何何之類，皆和聲也。……唐人乃以詞塡入曲中，不復用和聲。」

17朱熹之說，見朱子語類卷一四〇論文項，茲移錄如下：「古樂府只是詩中卻添許多泛聲，後來人怕失了泛聲，逐一聲添個實字，遂成長短句，今曲子便是。」

以後無雅聲」，蓋謂秦周以前，詩、歌本無分野；花間以降，始別立名目，謂之歌曲，遂成分歧，而流於靡靡之音矣。王灼碧雞漫志卷一頗有類似之意見，其言曰：「或問歌曲所起？曰：天地始分而人生焉。人莫不有心，此歌曲所以起也。……故有心則有詩，有詩則有歌，有歌則有聲律，有聲律則有樂歌，永言即詩也，非於詩外求歌也。今先定音節，乃製詞從之，倒置甚矣！而士大夫又分詩與樂府作兩種，古詩或名曰樂府，謂詩之可歌也。故樂府中有歌，有謠、有吟、有引、有行、有曲，今人於古樂府特指爲詩之流，而以詞就音始名樂府，非古也。」此段言論，誠足爲陸文圭詞源序作一註腳也。雖然，以既定之形式以及後代詞作未盡可歌之立場論之，此說亦未盡善也。

再者，今人論及詞之起源，除卻長短句之淵源、增字襯詩之歌法兩大因素，復強調外族音樂之影響。其在宋人序跋，則陸游自序長短句亦曾及之。今觀其所言，以爲外族音樂均由雅樂演變而來，「詞」即其中之支流。此種統一音樂源流之觀點，實嫌空泛，然於提尊詞體固有裨益也。至云「粵自隋、唐以來，聲詩間爲長短句」（張炎詞源序），自今日觀之，確乎可信；以隋唐燕樂對詞體之形成，固有其影響也。[18]而「長短句始於唐，盛於宋」（胡德芳唐宋諸賢絕妙詞選序）、「長短句昉於唐，盛於本朝」（劉克莊劉叔安感秋八詞跋）等論點，就唐崔令欽教坊記所載無數令詞之形式已

[18] 關於隋唐燕樂對詞體形成之影響，詳參張夢機詞律探原第二章第三節，民國七十七年，文史哲出版社印行。

然確立於當時，則此說固無不是。然若謂「倚聲製辭，始於唐之季世」（陸游長短句自序），則顯然忽略盛、中唐文士及民間作者之創作，其說自不足取也。[19]

三、述流變

自文士染指詞體，由於時代、襟抱、才情、環境之異同，而呈多樣變化；其間遞嬗之跡，固可因人而得其脈絡者，宋人序跋亦恆及之。如李之儀跋吳思道小詞云：

長短句於遺詞中最為難工……唐人但以詩句而下用和聲抑揚以就之，若今之歌陽關是也。至唐末遂因其詩之長短句而以意填之，始一變以成音律，大抵以花間集中所載為宗，然多小闋。至柳耆卿始鋪敘展衍，備足無餘，形容盛明，千載如逢當日，較之花間所集，韻終不勝，由是知其為難能也。張子野獨矯拂而振起之；雖刻意追逐，要是才不足而情有餘，良可佳者。晏元憲、歐陽文忠、宋景文則以其餘力遊戲而風流閒雅，超出意表，又非其類

[19] 自唐詞選集——雲謠集出世後，詞壇之諸多疑問，因之得以解決。唐圭璋雲謠集雜曲子校釋即如是云：「自唐詞發現後，足以解決詞學上之疑問甚多。……昔胡適之先生曾據蘇鶚杜陽雜編、段安節樂府雜錄，論崔書（指崔令欽教坊記）所列天仙子、傾盃樂、菩薩蠻、望江南、楊柳枝五調，皆起於中唐以後，因疑崔書不可信。今此集及其他唐詞中，適赫然有此五調，則崔書之可信。與蘇書、段書之不可信，俱可論定，而胡先生之疑當亦可以消釋矣。……今唐詞五十一首俱出，則以詞人方面言之，盛唐已有詞人及作品之流傳，亦可昭然大白矣。」（參唐著詞學論叢一書，一九八六年六月上海古籍出版社印行）是知詞之出現，至少可推盛唐，遑論「唐之季世」！

也。

按：此段文字兼論流變與詞風，蓋謂唐以前詞作，重音律而以花間爲宗，然形式短小。至宋柳永始拓展其形式，以增鋪展之功，然韻格不高。洎乎張先，獨矯柳永之淺俗，以振起詞韵，而才仍嫌不足。至若晏殊、宋祁等人，雖非刻意製詞，而風格別具，亦有可取也。又如胡寅酒邊詞序云：

詞曲者，古樂府之末造也。……唐人為之最工，柳者卿後出，掩眾製而盡其妙，好之者以謂不可復加。及眉山蘇氏一洗綺羅香澤之態，擺脫綢繆宛轉之度，使人登高望遠，舉首高歌，而逸懷浩氣，超然乎塵垢之外，於是花間為皂隸而柳氏為輿臺矣！

按：此段文字亦謂唐人製詞最工，至宋柳永始拓其體製。至蘇軾則擴充其內容，使詞有超然塵垢之氣象。蘇軾此功，湯衡張紫微雅詞序亦留意及之，其言曰：「夫鏤玉雕瓊，裁花剪葉，唐末詞人非不美也。然粉澤之工，反累正氣，東坡慮其不幸而溺乎彼，故援而止之，惟恐不及。其後元祐諸公嬉弄樂府，寓以詩人句法，無一毫浮靡之氣，實自東坡發之也。」

至汪莘方壺詩餘自序，復推其流變而云：

余於詞所愛者三人焉：蓋自東坡而一變，其豪妙之氣隱隱然流出言外，天然絕世，不假振作；二變為朱希真，多塵外之想，雖雜以微塵，而其清氣自不可沒；三變而為辛稼軒，乃寫其胸中事，尤好稱淵明，此詞之三變也。

劉辰翁辛稼軒詞序亦云：

詞至東坡，傾蕩磊落，如詩如文，如天地奇觀，豈與羣兒雌聲學語較工拙！然猶未至用經用史，牽雅頌入鄭衛也。自辛稼軒前，用一語如此者必且掩口。及稼軒橫豎爛熳，乃如禪宗棒喝，頭頭皆是；又如悲笳萬鼓，平生不平事並卮酒，但覺賓主酣暢，談不暇顧，詞至此亦足矣。

此兩段文字，亦本乎豪放立場，側重內容，以論詞之流變。至若婉約詞家，則別有見地，柴望涼州鼓吹自序即如是云：

詞起於唐而盛於宋，宋作尤莫盛於宣靖間，美成、伯可各自堂奧，俱號稱作者。近世姜白石一洗而更之，暗香疏影等作，當別家數也。大抵詞以雋永委婉為尚，組織塗澤次之，呼號叫嘯抑末也。

是知柴望以婉約觀點，道其流變，而以周邦彥、康與之、姜夔爲正宗，且謂其同中有異，特末若豪放論者之具體耳？而張炎詞源序則就音樂論其流變，以爲古代配樂之詩皆出於雅正，至隋唐一變而爲長短句，至周邦彥提舉大晟府，古音古調始稍流傳。茲錄其言如次，以供參考：

古之樂章、樂府、樂歌、樂曲，皆出於雅正。粵自隋唐以來，聲詩間為長短句，至唐人則有尊前、花間集。迄於崇寧立大晟府，命周美成諸人討論古音，審定古調，淪落之後，少得存者。由此八十四調之聲稍傳；而美成諸人又復增演慢曲、引、近，或移宮換羽為三犯、四犯之曲，按月律為之，其曲遂繁。

四、敘承傳

除卻詞壇整體之流變，宋人序跋中，尚道及詞人承傳所自有，足令人知其習染。如胡寅酒邊詞序云：

薌林居士（即向子諲）步趨蘇堂而嚌其胾者也。

謝堯仁張于湖先生集序云：

先生氣吞百代，而中猶未慊，蓋尚有凌轢坡仙之意。……是時先生詩文與東坡相先後者，已十之六七；而樂府之作，雖得於一時燕笑咳唾之頃，而先生之胸次、筆力皆在焉，今人皆以為勝東坡。

范開稼軒詞序云：

世言稼軒居士辛公之詞似東坡，非有意於學坡也。自其發於所蓄者言之，則不能不坡若也。

劉辰翁辛稼軒詞序云：

嗟乎！以稼軒為坡公少子，豈不痛快靈傑可愛哉！

詹傅敬笑笑詞序云：

遯齋先生（即郭應祥）……以其緒餘，寓于長短句，豈惟足以接張于湖、吳敬齋之源流而已。……

雖參諸歐、蘇、柳、晏，曾無間然。

滕仲因笑笑詞跋云：

昔聞張于湖一傳而得吳敬齋，再傳而得郭遯齋。

鄭思肖玉田詞序云：

（玉田）自仰扳姜堯章、史邦卿、盧蒲江、吳夢窗諸名勝，互相鼓吹春聲於繁華世界。

上列五例，均由他人道其承傳，然亦有自道其祖述者，如柴望涼州鼓吹自序云：

故余不敢望靖康家數，白石衣缽或彷彿焉。

張炎詞源序云：

余疎陋譾才，昔在先人侍側，聞楊守齋、毛敏仲、徐南溪諸公商榷音律，嘗知緒餘，故生平好為詞章。

沈義父樂府指迷序云：

余自幼好吟詩。壬寅秋，始識靜翁於澤濱。癸卯，識夢窗，暇日相與唱酬，率多填詞。

按：此等自述承傳之語，自較他人之評論爲真實可取，特不多見耳。

五、倡雅正

詞體演進至宋代，作者日繁，風格多樣，因之其體貌宜若何？恆爲詞家所論及。蓋自蘇軾以橫放傑出之才引詩入詞以還，所謂豪放派詞家，似已大得解脫，競相仿效。經南宋辛棄疾用經用史，牽雅頌入鄭衛，此勢尤盛。於焉論者每超乎音律觀點，予以認同（參述流變、崇豪放兩項）。然知音識曲之士則不以爲然，而有「正雅」之主張。如李清照詞論，即以音律觀點，謂詩、詞宜分家；且舉李八郎爲例，謂其「辭喉發聲，歌一曲，衆皆泣下」，奈此後「鄭衛之聲日熾，流靡之變日煩」，故清照乃著論澄清其非。至其論詞家，亦秉雅正觀點以評之。如謂柳永「雖協音律，而詞語塵下」；謂晏、歐、蘇所作小歌詞「皆句讀不葺之詩爾」；至如晏叔原、賀方回、秦少游、黃魯直之缺失，則在「晏苦無鋪敘，賀苦少典重，秦即專主情致而少故實，……黃即尚故實而多疵病。」雖然，清照並未正式拈出「雅正」一詞，而其對音樂及文字造境之批評，則確乎雅正之內涵也。見於宋人序跋，亦恆就音樂與文字論雅正，如曾慥樂府雅詞序云：

> 余所藏名公長短句，裒合成篇，或後或先，非有詮次；多是一家，難分優劣，涉諧謔則去之，名曰樂府雅詞。

詹傅敬笑笑詞序云：

> 近世詞人，如康伯可非不足取，然其失也詼諧；如辛稼軒非不可喜，然其失也粗豪。惟先生之詞，典雅純正，清新俊逸，集前輩之大全，而自成一家之機軸。

張鎡梅溪詞序云：

> 生滿襟風月，鸞吟鳳嘯，鏘洋乎口吻之際者，皆自漱滌書傳中來。況欲大肆其力於五七言，

迴鞭溫韋之塗，掉鞅李杜之域，躋攀風雅，一歸於正，不於是而止。

樓鑰燕樂本原辨證序云：

建安蔡季通，久從晦菴朱先生游，學問該洽，持論皆有信據。……出所著一編曰燕樂本原辨證。謂雅鄭固已遼絕，而燕樂尤為淫靡，然推其所自，實出于雅。……則又嘆曰：為此俗樂者，不知其何人，使後世耽玩而人心日漓，風俗日薄，不能自還于雅正，其亦不仁也矣。

柴望涼州鼓吹自序云：

大抵詞以雋永委婉為尚，組織塗澤次之，呼號叫嘯抑末也。

是知「雅正」一詞，已成宋人評詞之依據。雖然，積極拈出「雅正」以立論，而成宋代詞壇主流者，無乃詞論專書乎！其在南渡之際，王灼碧雞漫志卷一已有「中正則雅，多哇則鄭」之說，然猶秉「聲律出於自然」爲依歸。洎乎宋末元初之詞論家，則欲以人力奪天工，而有益絕對之主張。如張炎詞源序即云：「古之樂章、樂府樂歌、樂曲，皆出於雅正。」其雜論條復云：「詞欲雅而正，志之所之，一爲情所役，則失雅正之音。」而沈義文樂府指迷論詞四標準亦云：「蓋音律欲其協，不協則成長短句之詩；下字欲其雅，不雅則近乎纏令之體；用字不可太露，露則直突而無深長之味；發意不可太高，高則狂怪而失柔婉之意。」至此，「雅正」說終卓然屹立矣！

六、崇豪放

雅正之說，固為宋人詞論之主流，然自詞體脫離音樂，一股以命意為主不受曲子束縛之勢力，實亦形成，且漸受肯定。如胡寅酒邊詞序云：「及眉山蘇氏一洗綺羅香澤之態，擺脫綢繆宛轉之度，使人登高望遠，舉首浩歌，而逸懷浩氣，超然乎塵垢之外，於是花間為皂隸而柳氏為輿臺矣！」誠然肯定蘇軾豪放作品之價值。而劉克莊辛稼軒集序亦云：「世之知公者，誦其詩詞，而以前輩謂有井水處皆倡柳詞。余謂耆卿直留連光景歌詠太平爾；公所作大聲鞺鞳，小聲鏗鍧，橫絕六合，掃空萬古，自有蒼生以來所無。」劉辰翁稼軒詞序復云：「及稼軒橫豎爛熳，乃如禪宗棒喝，頭頭皆是；又如悲笳萬鼓，平生不平事並巵酒，但覺賓主酣暢，談不暇顧，詞至此亦足矣！」斯亦肯定辛棄疾詞風之甚可取也。此外，汪莘方壺詩餘自序，尚秉豪放立場，道其所好詞家凡三人：蘇軾、朱敦儒、辛棄疾是也（參述流變項所引）。而黃昇花菴詞選序亦肯定「悲壯如三閭，豪俊如五陵」之詞風誠無愧乎佳作，於焉頗選豪放詞家之作品。如蘇軾之作凡錄三十一闋，而不棄檃括歸去來辭之哨遍；辛棄疾之作凡錄四十二闋，亦不棄「杯汝來前」之沁園春，其立場自可見也。至宋末陳模論稼軒詞乃云：

近時作詞者只說周美成、姜堯章等，而以稼軒為豪邁，非詞家本色。潘紫岩牥云：『東坡為詞詩，稼軒為詞論』，此說固當。蓋曲者曲也，固當以委曲為體，然徒狃於風情婉孌，

則亦不足以啟人意。回視稼軒所作，豈非萬古一清風也哉！（懷古錄卷中）

此段言論，雖非序跋範疇，然藉以了解當時一派文士推崇豪放之心，亦昭然若揭。惜乎，此等詞論均甚零散，尤乏專著予以鼓吹定位，固不如「雅正」說之卓然也。

七、主寄託

詞初期之發展，率爲妓女伶官於花間酒邊吟詠以娛賓遣興者。然自文士染指後，爲塡製有名，乃多方設想提尊之道；溯源於詩經變風變雅，即其一也。而詩經之用，兼比興而有之；取法乎「溫柔敦厚」之原則，以抒發情性。故先王恆藉以「經夫婦，成孝敬，厚人倫，義教化，移風俗」（詩大序）今士子既視詞如詩，相對之要求亦於焉產生。黃大輿梅苑序云：「於是錄唐以來，詞人才士之作，以爲齋居之翫。目之曰梅苑者，詩人之義，託物取興；屈原製騷，盛列芳草，今之所錄，蓋同一揆。」隱然道出此中消息。而陳造序張使君詩詞集，乃明白秉此觀點曰：「然其措辭命意，非歸君相之美，則奉親庭之歡；非魯僖之憫農；則淵明、樂天之自適，無益名理之言，一不形焉，是尤可貴。」其甚者，乃確舉作品，彰顯其寄託。如曾豐知稼翁詞集序首云詞曲宜「發乎情性，歸乎禮義」，而後評曰：

文忠蘇公文章妙天下，長短句特緒餘耳，猶有與道德合者。缺月疏桐一章，觸興於驚鴻，發乎情性也；收思於冷洲，歸乎禮義也。……考功（指黃公度）所立，不在文字，余於樂章窺之，文字之中所立寓焉。泉幕之解，非所欲厭，而寓意於『鄰雞不管離情』之句；秘館之除，非所欲就，而寓意於『殘春已負歸約』之句。凡感發而輸寫，大抵清而不激，和而不流，要其情性，則適揆之禮義而安，非能為詞也；道德之美，腴於根而盎於華，不能不為詞也。

按：似此以「寄意」解說詞作之方式，實乃清代詞壇「寄託說」之先導。而「作者之用心未必然，而讀者之用心何必不然」（譚獻復堂詞錄序）之態度，苟持理有故，命意甚清晰，則主張「詞」寓教化，亦無可厚非也。如詹傅敬笑笑詞序云：「竊嘗盥浴，誦瑞慶節之詞，如『福若高宗，太平賽過仁祖』之句，則知愛君之意爲甚厚，送太夫人之詞，如『別駕奉安輿，前呵方塞途』之句，則知尊親之心爲甚篤。如『婦姑夫婦孫和子，同住人間五百年。花孫飛舄，芝庭捧鶴書』之句，則知慶源流長，椿桂爭芳，卓爲當世之偉觀。如『一笑對西風』，如『一聲啼缺五更鐘』之句，則知有言外不盡之意，殆不食烟火人所作。」似此解說，不中不遠，庶得作者之用心焉！

八、析音律

宋代文士於詞樂、詞律之努力，統而言之，蓋有四端：其一，爲雅正之倡導，務期合乎詩之境界，以加重其地位。其於序跋中提及者，本文已採錄列入「倡雅正」一項，可資參閱。其二，爲區別詩詞音律之不同，以見其同中有異。如李清照詞論即謂：「蓋詩文分平側，而歌詞分五音，又分五聲，又分六律，又分清濁輕重。」其在序跋，則仇遠玉田詞序亦曾及之，其言曰：「世謂詞者詩之餘，然詞尤難於詩。詞失腔猶詩落韻；詩不過三五七言而止，詞乃有四聲、五音、均拍、輕重、清濁之別。若言順律舛，律協言謬，俱非本色。」其三，爲積極整理調律，著書立說，以究其理。北宋周邦彥提舉大晟府之事固不必論；宋末楊纘之作詞五要，張炎詞源上卷之詳究律呂，尤見稱詞壇。其四，則選錄作品，以供參酌，如周密絕妙好詞，即嚴謹去取也。見諸宋人序跋，其探討音律之言，率見於詞作題序之中，歸而類之，蓋有數端：

㈠**譜存古曲**——如姜夔醉吟商小品序云：「石湖老人謂予云：琵琶有四曲，今不傳矣。曰濩索梁州、轉關綠腰、醉吟商湖渭州、歷弦薄媚也。予每念之。辛亥之夏，予謁楊廷秀丈於金陵邸中，遇琵琶工，解作醉吟商湖渭州，因求得品弦法，譯成此譜，實雙聲耳。」又霓裳中序第一序云：「……按沈氏樂律，霓裳道調，此乃商調。樂天詩云：『散序六闋』，此特兩闋，未知孰是？然音節閑雅，不類今曲。予不暇盡作，作中序一闋傳於世。」又如趙以夫角招序云：「姜白石製角招、徵招二曲，僕賦梅花，以角招歌之。蓋古樂府有大小梅花，皆角聲也。」

㈡**訂正曲律**——如姜夔滿江紅序云：「滿江紅舊調用仄韵，多不協律。如末句云『無心撲』三字，歌者將心字融入去聲，方諧音律。予欲以平韻爲之，久不能成。因泛巢湖，聞遠岸簫鼓聲。問之舟師，云：『居人爲此湖神姥壽也。』予因祝曰：『得一席風徑至居巢，當以平韻滿紅江爲迎送神曲。』言訖，風與筆俱駛，頃刻而成。末句云『聞佩環』則協律矣。」

㈢解釋音律——宋人於詞序中解釋音律，唯見於南宋姜夔之作，茲臚列如次：

⑴**徵調曲**——姜夔徵招序云：「予嘗考唐田畸聲律要訣云：徵與二變之調，咸非流美，故自古少徵調曲也。徵爲去母調，如黃鍾之徵，以黃鍾爲母，不用黃徵乃諧。故隋唐舊譜，不用母聲，琴家無媒調、商調之類，皆徵也，亦皆具母弦而不用。……然黃鍾以林鍾爲徵，住聲於林鍾。若不用黃鍾聲，便自成林鍾宮矣！故大晟府徵調兼母聲，一句似黃鍾均，一句似林鍾均，所以當時有落韻之語。……黃鍾徵雖不用母聲，亦不可多用變徵蕤賓、變宮應鍾聲。若不用黃鍾而用蕤賓、應鍾，即是林鍾宮矣。餘十一均徵調倣此。其法可謂善矣。然無淸聲，只可施之琴瑟，難入燕樂。故燕樂闕徵調，不必補可也。」

⑵**犯調**——姜夔淒涼犯序云：「凡曲言犯者，謂以宮犯商、商犯宮之類。如道調宮上字住。雙調亦上字住。所住字同，故道調曲中犯雙調，或于雙調曲中犯道調，其他準此。唐人樂書云：『犯有正、旁、偏、側。宮犯宮爲正，宮犯商爲旁，宮犯角爲偏，官犯羽爲側。』此說非也。十二宮所住字各不同，不容相犯，十二宮特可犯商、角、羽耳。」茲更列吳文英詞調下所注，觀其犯調之情形，以爲印證：

瑣窗寒注：「無射商，俗名越調，犯中呂宮，又犯正宮。」

瑞龍吟注：「黃鍾商，俗名大石調，犯正平調。」

玉京謠注：「夷則商犯無射宮。」

淒涼犯注：「夷則羽，俗名仙呂調，犯雙調。」古香慢注：「自度腔，夷則商犯無射宮。」是知吳文英所犯調，屬商、羽二宮，正符姜夔之理論：名家之塡製詞調，誠細心也。

⑶鬲指聲——姜夔湘月序云：「予度此曲，即念奴嬌之鬲指聲也，于雙調中吹之。鬲指亦謂之過腔，見晁無咎集。凡能吹竹者，便能過腔也。」

㈣聆賞要訣——音律之講究，固對作者、歌者而發，然詞家於聆賞，亦得識其要訣，方能相得益彰。於焉張炎意難忘詞序乃云：「余謂有善歌而無善聽，雖抑揚高下，聲字相宣，傾耳者指不多屈。曾不若春蚓秋蛩爭響於月籬煙砌間，絕無僅有。」至其要訣，張炎於滿江紅序曾云：「韞玉傳奇惟吳中子弟爲第一流，所謂識拍、道字、正聲、淸韻不狂，俱得之矣。」然則識拍、道字、正聲、淸韻，寧非聆賞者所宜深究耶？

九、明詞調

關於詞調，北宋徽宗時期，曾置大晟府予以編輯。然靖康國變，一切繁華掃地，詞樂不傳，詞調散佚，於焉知音識曲之士乃詳考律呂，探究本源，期有助於發隱揭微，而有詞話之專著出現，即王灼碧雞漫志是也。此書凡五卷，首卷凡十二則，論述歌曲之起源及其遞變之由。卷二凡二十二則，於北宋詞家、作品多所評騭，兼亦記載詞壇瑣事。卷三至卷五，則列霓裳羽衣曲、涼州、伊州等二十九調，一一溯其得名所自，及其漸變宋詞之沿革，實有功於詞調之輯存也。[20]見於宋人序跋，則詞人於詞調下，亦每註明其由來，茲臚列如次，以供參考：

㈠**如夢令**——蘇軾如夢令序云：「此曲本唐莊宗製，名憶仙姿，嫌其名不雅，故改爲如夢令。蓋莊宗作此詞，卒章云：『如夢如夢，和淚出門相送』，因取以爲名云。

㈡**醉翁操**——蘇軾醉翁操序云：「琅琊幽谷，山水奇麗，泉鳴空澗，若中音會。醉翁喜之，把酒臨聽，輒欣然忘歸。既去十餘年，而好奇之士沈遵聞之往遊，以琴寫其聲，曰醉翁操，節奏疏宕，而音指華暢，知琴者以爲絕倫。然有其聲而無其辭。翁雖爲作歌，而與琴聲不合。又依楚詞而作醉翁引，好事者亦倚其辭以製曲。雖粗合韻度，而琴聲爲詞所繩約，非天成也。後三十餘年，翁既捐館舍，遵亦沒久矣。有廬山玉澗道人崔閑，特妙於琴，恨此曲之無詞，乃譜其聲，而請於東坡居士以補之云。」

㈢**無愁可解**——蘇軾序陳慥無愁可解云：「國工范日新作越調解愁，洛陽劉幾伯壽聞而悅之，戲作俚語之詞，天下傳詠，以謂幾於達者。龍丘子猶笑之。此雖免乎愁，猶有所解也。若夫遊於自然而託於不得已，人樂亦樂，人愁亦愁，彼且惡乎解哉？乃反其詞，作無愁可解云。」[21]

---

20 關於王書所論詞調沿革部分，據四庫全書提要評論，亦未盡可信，詳考該書卷一百九十九集部詞曲類二。

21 此調向載各本東坡詞中，然據東坡序所言，乃知係陳慥所作，東坡序之。此訛誤，宋人每辨之，見於山谷題跋卷九、魏衍後山詩話注卷九「答田生詩」及陳應行于湖先生長短句序。

(四)**小重山**——李之儀跋賀鑄小重山詞云：「是譜不傳矣，張先子野始從梨園樂工花日新度之，然卒無其詞。……崇寧四年冬予遇故人賀鑄方回，遂傳兩闋。」

(五)法駕導引——陳與義法駕導引序云：「世傳頃年都下市肆中，有道人攜烏衣椎髻女子，買斗酒獨飲。女子歌詞以侑，凡九闋，皆非人世語。或記之以問一道士，道士驚曰：『此赤城韓夫人所製水府蔡眞君法駕導引也，烏衣女子疑龍』云。」

(六)**飲馬歌**——曹勛飲馬歌序云：「此腔自虜中傳至邊，飲牛馬即橫笛吹之，不鼓不拍，聲甚淒斷。聞兀朮每遇對陣之際，吹此則鏖戰無還期也。」

(七)**梁州**——葉夢得臨江仙（起句：一醉年年今夜月）詞後附云：「世傳梁州，西涼府初進此曲，會明皇遊月宮還，記霓裳之聲適相近，因作霓裳羽衣曲，以梁州名之。」

(八)**醉吟商小品**——參本節「譜存古曲」條。

(九)**玉梅令**——姜夔玉梅令序云：「石湖家自製此聲，未有語實之，命予作。」

(十)**霓裳中序第一**——參本節「譜存古曲」條。

(土)**揚州慢**——姜夔自度曲，其序云：「淳熙丙申至日，予過維揚。夜雪初霽，薺麥彌望。入其城，則四顧蕭條，寒水自碧，暮色漸起，戍角悲吟。予懷愴然，感慨今昔，因自度此曲。」

(土)**長亭怨慢**——姜夔自度曲，其序云：「予頗喜自製曲，初率意爲長短句，然後協以律，故前後闋多不同。桓大司馬云：『昔年種柳，依依漢南；今看搖落，悽愴江潭。樹猶如此，人何以堪。』此語余深愛之。」

(十三)**淡黃柳**——姜夔自度曲，其序云：「客居合肥南城赤闌橋之西，巷陌淒涼，與江左異。唯柳色夾道，依依可憐，因度此闋，以紓客懷。」

(十四)**暗香**——姜夔自度曲，其序云：「辛亥之冬，予載雪詣石湖。止既月，授簡索句，且徵新聲。作此兩曲，石湖把玩不已，使工妓隸習之，音節諧婉，乃名之曰暗香、疏影。」

(十五)**疏影**——參前條。

(十六)**惜紅衣**——姜夔自度曲，其序云：吳興號水晶宮，荷在盛麗。……丁未之夏，予遊千巖，數往來紅香中。自度此曲，以無射宮歌之。」

(十七)**徵招**——姜夔自度曲，其序云：「……徵招、角招者，政和間大晟府嘗製數十曲，音節駁矣。……此一曲乃予昔所製，因舊曲正宮齊天樂慢前兩拍是徵調，故足成之。雖兼用母聲，較大晟曲爲無病矣。此曲依晉史名曰黃鍾下徵調、角招曰黃鍾清角調。」

(十八)**淒涼犯**——姜夔自度曲，其序云：「合肥巷陌皆種柳，秋風夕起騷騷然。予客居闔戶，時聞馬嘶。出城四顧，則荒煙野草，不勝淒黯，乃著此解。琴有淒涼調，假以爲名。」

(十九)**翠樓吟**——姜夔自度曲，其序云：「淳熙丙午冬，武昌安遠樓成，與劉去非諸友落之，度曲見志。予去武昌十年，故人有泊舟鸚鵡洲者，聞小姬歌此詞，問之頗能道其事，還吳爲予言之。興懷昔遊，且傷今之離索也。」

㈩**解語花**——周密解語花序云：「羽調解語花，音韻婉麗，有譜而亡其辭。連日春晴，風景韶媚，芳思撩人，醉撚花枝，倚聲成句。」

㈡**翠羽吟**——蔣捷翠羽吟序云：「響林玉君本示予越調小梅花引，俾以飛仙步虛之意爲其辭。予謂泛泛言仙，似乎寡味，越調之曲與梅花宜，羅浮梅花，真仙事也。演而成章，名翠羽吟。」

㈢**西子妝慢**——張炎西子妝慢序云：「吳夢窗自製此曲，余喜其聲調妍雅，久欲述之而未能。甲午春，寓羅江，與羅景良野游江上。綠陰芳草，景況離離。因塡此解。惜舊譜零落，不能倚聲而歌也。」

按：上述所列，均爲宋人於序跋中，或注明詞調之由來，或說明自度詞曲之原因，誠有助於了解該詞調。然若詞人自度之詞調而未加說明，則不採錄，以未具序跋條件也。

十、辨真僞

宋初詞作，大抵承襲五代詞風，猶未自闢蹊徑，故名家作品，時相混雜。況詞於當時，仍未受重視，縱有塡作，亦未盡心保存。而酒邊花間，旋作旋傳，尤不免張冠李戴，以訛傳訛，於焉辨別真僞，亦詞論之一端也。如曾慥樂府雅詞序云：

歐公一代儒宗，風流自命，詞章幼眇，世所矜式。當時小人，或作艷曲，謬為公詞，今悉刪除。

羅泌六一詞跋復詳加辨述云：

公性至剛，而與物有情，蓋嘗致意於詩，為之本義，溫柔寬厚，所得深矣。吟詠之餘，溢為歌詞，有平山集傳於世，曾慥雅詞不盡收也。今定為四卷，且載樂語於首，其甚淺近者，前輩多謂劉煇偽作，故削之。元豐中，崔公度跋馮廷巳陽春錄，謂皆延巳親筆，其間有誤入六一詞者，近世桐汭志、新安志亦記其事。今觀延巳之詞，往往自與唐花間集、尊前集相混；而柳三變亦雜平山集中。則此三卷，或其浮艷者，殆非公之少作，疑以傳疑可也。

按：關於歐陽脩詞作與他人作品相混或其眞僞問題，可參考唐圭璋宋詞互見考及李栖醉翁情趣外篇眞僞考兩文[22]，然曾慥、羅泌兩人之序跋，實已爲歐詞之辨僞發端，固有助於後人之澄清也。

此外，復有辨明作者與詞調者，亦臚列如次，以供參考：

龍丘子，陳慥季常之別號也，作無愁可解，東坡為作序引，而世人因號東坡為龍丘，所謂蓋有不知而作之者（山谷題跋卷九、陳應行于湖先生長短句序）

舊有醉醒醒醉一曲云：「醉醒醒醉，憑君會取皆滋味。濃斟琥珀香浮蟻。一入愁腸，便有陽春意。須將席幕為天地。歌前起舞花前睡。從他兀兀陶陶裏。猶勝醒醒、惹得閒憔悴。」

[22] 唐文收入宋詞四考一書，明倫出版社印行。李文見於所著歐陽脩詞研究及其校注一書，民國七十一年，文史哲出版社印行。

此曲亦有佳句，而多斧鑿痕，又語高下不甚入律。或傳是東坡語，非也。與「蝸角虛名」、「解下癡絛」之曲相似，疑是王仲父作。」（黃庭堅醉落魄詞序）

「趙白雲初賦此詞，以為自度腔，其實即梅花引也。」（周密明月引詞序）

十二、示作法

談論作法，自以詞論專書較具體，然宋人序跋亦時及之。如前舉倡雅正、崇豪放、主寄託、析音律等項目，實亦關乎作法，特未盡精萃耳。沈義父樂府指迷序云：「蓋音律欲其協，不協則成長短之詩；下字欲其雅，不雅則近乎纏令之體；用字不可太露，露則直突而無深長之味；發意不可太高，高則狂怪而失柔婉之意。」誠足視爲作法之綜合指示。茲更列舉其他要訣如次：

㈠**轉益多師**——凡創作必自學習始，塡詞亦不例外。故凡爲後學作序書跋，亦時爲之指示途徑。如黃庭堅書王觀復樂府云：「觀復樂府長短句，清麗不凡，今時士大夫及之者鮮矣。然須熟讀元獻、景文筆墨，使語意渾厚，乃盡之。」又李之儀跋吳思道小詞云：「師道殫思精詣，專爲以花間所集爲準，其自得處，未易咫尺可論。苟輔之以晏歐陽宋，而取舍於張柳，其進也，將不可得而禦矣！」是知黃、李兩人均示人轉益多師之道，且頗取法乎宋初諸公，所謂「不薄今人愛古人」是也。南宋劉克莊跋劉叔安感秋八詞復云：「然詞家有長腔，有短闋。坡公戚氏等作，以長而工也。唐人憶秦娥之詞曰：『西風殘照，漢家陵闕。』清平樂之詞曰：『夜夜常留半被，待君魂夢歸來。』以短而工也。余見叔安之似坡公者矣，未見其似唐人者，叔安當爲余盡發秘藏，毋若李衛公兵法，妙處不以教人也。」是又欲人習法宋之長調，而學習唐之短腔，以盡體製也。

此外，南宋詞家張炎鑒於宋末詞人盡取法北宋周邦彥[23]，亦提示轉益多師之道，其詞源序曰：「所可倣傚之詞，豈一美成而已！舊有刊本六十家詞，可歌可誦者，指不多屈。中間如秦少游、高竹屋、姜白石、史邦卿、吳夢窗，此數家格調不侔，句法挺異，俱能特立清新之意，刪削靡曼之詞，自成一家，各名於世。作詞者能取諸人之所長，去諸人之所短，象而爲之，豈不能與美成輩爭雄哉！」是知張炎係秉婉約觀點，欲人博取南北宋詞家，以成一家之言也。[24]

(二)蓄志博覽——自詞體提尊後，士子恆視詞如詩。而「詩者，志之所之也。在心爲志，發言爲詩。情動於中而形於言，言之不足，故嗟嘆之；嗟嘆之不足，故永歌之；永歌之不足，不知手之舞之，足之蹈之也」(詩大序)。因之詞家示人塡詞，亦當以蓄意養志爲先務；一旦心滿意足，出

---

23 南宋詞家之取法周邦彥，其可證者，如方千里、楊澤民均有步和全部片玉集之作品，當時曾取與周邦彥詞合刻，稱三英集。此外，陳允平亦有西麓繼周集一卷，亦專爲和清眞詞而作。其餘單篇步和之作，尤不可勝數。陳郁藏一話腴云：「美成號清眞，二百年來，以樂府獨步，貴人、學士、市儈、妓女，皆知其詞爲可愛。」正可見周邦彥詞作之影響力也。

24 張炎本人亦用此「轉益多師」之法，樹立個人風貌。其弟子陸韶於所著詞旨書中即如是云：「古人詩有翻案法，詞亦然。詞不用雕刻，刻則傷氣，務在自然。周清眞之典麗，姜白石之騷雅，史梅溪之句法，吳夢窗之字面，取四家之所長，去四家之所短，此翁(即張炎)之要訣。」

手自然天成。張耒東山詞序云：「文章之於人，有滿心而發，肆口而成，不待思慮而工，不待雕琢而麗者，皆天理之自然而性情之至道也。」范開稼軒詞序云：「器大者聲必閎，志高者意必遠。知夫聲與意之本原，則知歌詞之所自出，是蓋不容有意於作爲，而其發越於聲音言意之表者，則亦隨其所蓄之淺深有不能不爾者存焉耳。」是知詩詞一理，「情發之聲，聲成文謂之音」，而情之動，必養志以足之也。此外，亦得博覽典籍，以深功力。如樓鑰清眞先生文集序即謂清眞「樂府播傳，風流自命。又性好音律，如古之妙解；顧曲名堂，不能自已。人必以爲豪放飄逸，高視古人，非攻苦力學以寸進者。及詳味其辭，經史百家之言盤曲於筆下，若自己出，一何用力之深而致力之精耶！」是知塡詞之道，工夫端在詞外，非斤斤於字模句擬也。

㈢**推陳出新**——宋代詞人，不論豪放、婉約，皆慣使事用典，因襲陳言浮詞，因之當時文士已頗不以爲然（詳參本人南宋詞研究一書，頁一八四至二〇二）。見於序跋，如李淸照孤雁兒序即云：「世人作梅詞，下筆便俗。……」所以曰「俗」，即緣千篇一律也。故洪皓江梅引序乃云：「……如暗香、疏影、相思等語，雖甚奇，經前人用者衆，嫌其一律，故輒略之。」斯即推陳出新之說也。

㈣勤於修改——詞既塡作完成，宜更思其命意是否連貫？句意是否重疊？字面是否粗疏？而後改之又改，方成無瑕之玉，此張炎詞源製曲項所示塡詞之道也。而周密木蘭花慢序亦自述其創作經驗云：「西湖十景尙矣。張成子嘗賦應天長十闋誇余曰：『是古今詞家未能道者。』余時年少氣銳，謂此人間景，余與子皆人間人，子能道，余顧不能道耶？冥搜六日而詞成。成子驚賞敏妙，許放出一頭地。異日霞翁見之曰：『語麗矣，如律未協何！』遂相與訂正，閱數月而後定。是知詞不難作，而難於改；語不難工，而難於協。』

此外，創作、鑑賞本相輔相成，輕率不得。蓋輕創作，則辭難工；輕鑑賞，則難發明個中三昧。此道理，於宋人序跋中，僅劉肅片玉集箋疏序嘗及之，其言曰：「辭不輕措，辭之工也。閱辭必詳其所措，工於閱者也。措之非輕而閱之非詳，工於閱而不工於措，胥失矣，亦奚有望焉。」斯亦足資取戒也。

十二、評詞風

爲人寫序作跋，自不免涉及詞風；而評詞風，實亦詞論之一端，本節爰加歸納。然涉及流變、承傳者，已見前引，茲不贅述；而見於同一序跋之相關詞家，亦僅條列一人之下，不使重出，以求精簡。

(一)馮延巳(字正中)

陳世脩陽春集序：「觀其思深辭麗，韻律調新，真淸奇飄逸之才也。」

(二)柳　永(字耆卿)

李之儀吳思道小詞跋：「至柳耆卿始鋪敘展衍，備足無餘；形容盛明，千載如逢當日，較之花間所集，韻終不勝。」

劉克莊劉叔安感秋八詞跋：「耆卿有教坊丁大使意態，美成頗偷古句，溫李諸人困於撏撦。」

(三)**張　先**（字子野）

李之儀跋吳思道小詞：「張子野獨矯拂而振起之（按：指振起柳永詞風），雖刻意追逐，要是才不足而情有餘。」

(四)**晏　殊**（字同叔，諡元憲）

李之儀吳思道小詞跋：「晏元憲、歐陽文忠、宋景文，則以其餘力遊戲而風流閒雅，超出意表。……而其妙見於卒章，語盡而意不盡，意盡而情不盡，豈平平可得彷彿哉！」

(五)**王安石**（字介甫，封舒國公，旋改封荊國公）

趙師秀呂聖求詞序：「荊公桂枝香詞，子瞻稱之此老真野狐精也。詩詞各一家，惟荊公備眾作艷體，雖樂府柔麗之語，亦必工緻，眞一代奇材。」

(六)**晏幾道**（字叔原）

黃庭堅小山詞序：「（叔原）獨喜弄於樂府之餘，而寓以詩人之句法，清壯頓挫，能動搖人心。士大夫傳之，以爲有臨淄之風耳，罕能味其言也。……至其樂府，可謂狎邪之大雅，豪士之鼓吹；其合者高唐洛神之流，其下者豈減桃葉團扇哉！」

(七)**蘇　軾**（字子瞻，號東坡）

曾慥東坡詞拾遺跋：「東坡先生長短句既鏤板，……江山秀麗之句，樽俎戲劇之詞，搜羅幾盡矣。傳之無窮，想像豪放風流之不可及也。」

孫兢竹坡老人詞序：「昔□□先生蔡伯評近世之詞，謂蘇東坡辭勝乎情，柳耆卿情勝乎辭，辭情兼稱者，唯秦少游而已。」

胡寅酒邊跋序

汪莘方壺詩餘自序

劉辰翁辛稼軒詞序（以上三則，並參流變項）

(八)**王觀復**

黃庭堅書王觀復樂府：「觀復樂府長短句，淸麗不凡，今時士大夫及之者，鮮矣！」

(九)**吳　可**（字思道）

李之儀吳思道小詞跋：「思道殫思精詣，專以花間所集爲準，其自得處未易咫尺可論，苟輔之以晏歐陽宋，而取捨於張柳，其進也，將不可得而禦矣。」

(十)**馬　成**（字忠玉）

黃庭堅跋馬忠玉詩曲字：「馬忠玉翰墨頗有勁氣，……至其作樂府長短句，能道人意中事，宛轉愁切，自是佳作。」

(土)**秦　觀**（字少游）

趙師秀呂聖求詞序：「世謂少游詩似曲，子瞻曲似詩，其然乎！」

(十二)**賀　鑄**（字方回）

張耒東山詞序：「余友賀方回，博學業文，而樂府之詞，高絕一世。攜一編示余，大抵倚聲而爲之，詞皆可歌也。……若其粉澤之工，則其才之所至，亦不自知也。夫其盛麗如游金張之堂，而妖冶如攬嬙施之袪，幽潔如屈宋，悲壯如蘇李，覽者自知之，蓋有不可勝言者矣！」

(十三)**周邦彥**（字美成）

強煥片玉詞序：「公之詞，其模寫物態，曲盡其妙。」

劉肅片玉詞箋疏序：「周美成以旁搜遠紹之才，寄情長短句，縝密典麗，流風可仰。其徵辭引類，推古誇今，或借字用意，言言皆有來歷，真足冠冕詞林。」

張炎詞源序：「美成負一代詞名，所作之詞，渾厚和雅，善於融化詩句，而音譜且間有未諧，可見其難矣。作詞者多效其體製，失之軟媚而無所取。」

(十四)**謝　逸**（字無逸，號溪堂）

漫叟溪堂詞序：「(無逸)學古高傑，文辭煅煉，篇篇有古意。而尤工於詩詞，黃山谷嘗讀其詩，云：晁張流也。……其詞曰：黛淺眉痕沁，紅添酒面潮；又曰：魚躍水池飛玉尺，雲橫石嶺拂鮫綃，皆百鍊乃出，治者晁張又將避三舍矣！」

(十五)**毛　滂**（字澤民，有東堂詞。）

陳造題東堂集：「予讀東堂集：玩繹諷味，其文之瓌艷充托，其韻語之精深婉雅，視秦黃晁張，蓋不多愧。」

㈤**葉夢得**（字少蘊，號石林）

關注石林詞跋：「味其（指葉夢得）詞，婉麗綽有溫李之風。晚歲落其華而實之，能於簡淡時出雄傑，合處不減靖節、東坡之妙，豈近世樂府之流哉！」

㈦**朱敦儒**（字希眞）

汪莘方壺詩餘自序：「（朱希眞詞）多塵外之想，雖雜以微塵，而其淸氣自不可沒。」

㈧周紫芝（字少隱，號竹坡）

孫兢竹坡老人詞序：「至其（指周紫芝）嬉笑之餘，溢爲樂章，則淸麗宛曲。」

㈨**向子諲**（字伯恭，號薌林）

胡寅酒邊詞序：「薌林居士步趨蘇堂而嚌其胾者也。觀其退江北所作於後，而進江南所作於前，以枯木之心，幻出葩華；酌元酒之尊而棄醇味，非染而不色，安能及此！」

㈩**呂濱老**（一作渭老，字聖求）

趙師秀呂聖求詞序：「一日復得聖求詞集一編，婉媚深窈，視美成、耆卿伯仲耳。」

㈡**張孝祥**（字安國，號于湖）

陳應行于湖先生雅詞序：「北遊荊湖間，得公于湖所作長短句凡數百篇，讀之泛然灑然，眞非煙火食人辭語。予雖不及識荊，然其瀟散出塵之姿，自在如神之筆，邁往凌雲之氣，猶可以想見也。」

湯衡張紫微雅詞序：「衡嘗獲從公游，見公平昔為詞，未嘗著稿，筆酣興健，頃刻即成；初若不經意，反復究觀，未有一字無來處。如歌頭凱歌、登無盡藏、岳陽樓諸曲，所謂駿發踔厲，寓以詩人句法者也。」

㈢**京　鏜**（字仲遠，有松坡君士樂府。）

黃汝嘉松坡居士詞跋：「公以鎮撫之暇，酬唱盈編，抑揚頓挫，脗合音律，岷峨草木，有榮耀焉。」

㈣**辛棄疾**（字幼安，號稼軒）

范開稼軒詞序：「故其（指辛棄疾）詞之為體，如張樂洞庭之野，無首無尾，不主故常；又如春雲浮空，卷舒起滅，隨所變態，無非可觀。……其間固有清而麗、婉而嫵媚，此又坡詞之所無，而公詞之所獨也。」

汪莘力壺詩餘自序（參流變項）

劉克莊辛稼軒集序云：「世之知公者，誦其詩詞，而以前輩謂有井水處皆倡柳詞，余謂耆卿直留連光景歌詠太平爾；公所作大聲鞺鞳，小聲鏗鍧，橫絕六合，掃空萬古，自有蒼生以來所無。其穠纖綿密者亦不在小晏、秦郎之下。」

劉克莊劉叔安感秋八詞跋：「近歲放翁、稼軒一掃纖艷，不事斧鑿，高則高矣，但時時掉書袋，要是一癖。」

劉辰翁辛稼軒詞序（參流變項）

㈣**趙師俠**（一名師使，字介之，有坦菴詞。）

尹覺坦菴詞序：「詞章乃其（指趙師俠）餘事，人見其模寫風景，體狀物態，俱極精巧，初不知得之之易，以至得趣忘憂，樂天知命，茲又情性之自然也。」

㈤**姜　夔**（字堯章，號白石）

黃昇白石詞序：「（白石）詞極精妙，不減清眞樂府；其間高處，有美成所不能及。善吹簫自製曲，初則率意爲長短句，然後協以因律云。」

㈥**郭應祥**（字承禧，號遯齋，有笑笑詞。）

詹傅敬笑笑詞序：「近世詞人如康伯可非不足取，然其失也詼諧；如辛稼軒非不可喜，然其失也粗豪。惟先生之詞，典雅純正，清新俊逸，集前輩之大全，而自成一家之機軸。」

滕仲因笑笑跋：「昔聞張于湖一傳而得吳敬齋，再傳而得郭遯齋，源深流長。故其詞或如驚濤出壑，或如縐縠紋江，或如淨練赴海，可謂冰生於水而寒於水矣！」

㈦**戴復古**（字式之，號石屏）

眞德秀石屏詞跋：「戴復古詩詞，高處不減孟浩然。」

㈧**史達祖**（字邦卿，號梅溪）

張鎡梅溪詞序：「蓋生（指史達祖）之作，辭情俱到，織綃泉底，去塵眼中，妥帖輕圓，特其餘事。至於奪苕豔于春景，起悲音於商素，有瓌奇、警邁、清新、閒婉之長，而無詑蕩汙淫之失，端可以分鑣清眞，平睨方回，而紛紛三變行輩，幾不足比數。」

張鎡梅溪詞跋：「梅溪詞奇秀清逸，有李長吉之韻。蓋能融情景於一家，會句意於兩得者也。」

㈩**高觀國**（字賓王，有竹屋癡語一卷）

陳造竹屋癡語序：「高竹屋與史梅溪皆周秦之詞，所作要是不經人道語；其妙處少游、美成亦未及也。」

㈪**劉　鎭**（字叔安）

劉克莊劉叔安感秋八詞跋：「叔安劉君落筆妙天下，間爲樂府，麗不至褻，新不犯陳，借花卉以發騷人墨客之豪，訓閨怨以寓放臣逐子之感，周柳辛陸之能事，庶乎其兼之矣。」

㈫**吳文英**（字君特，號夢窗，又號覺翁）

尹煥夢窗詞序：「求詞於吾宋者，前有清眞，後有夢窗，此非煥之言，四海之公言也。」

㈬**張　炎**（字叔夏，號玉田生，又號樂笑翁）

鄭思肖玉田詞序：「（玉田）飄飄徵情，節節弄拍，嘲明月以謔樂，賣落花而陪笑，能令後三十年西湖錦繡山水，猶生清響，不容半點新愁飛到遊人眉睫之上，自生一種歎喜痛快，豈無柔劣少年於萬花叢中，喚取新鶯稺蝶，翬然飛舞下來，爲之賞聽！」

舒岳祥山中白雲詞序：「（玉田）詩有姜堯章深婉之風，詞有周清眞雅麗之思，畫有趙子固瀟灑之意，未脫承平公子故態。笑語歌哭，騷姿雅骨，不以夷險變遷也。」

仇遠山中白雲詞序：「讀山中白雲詞，意度超玄，律呂協洽，不特可寫音檀口，亦可被歌管、荐清廟，方之古人，當與白石老仙相鼓吹。」

㈢張使君[25]

陳造張使君詩詞集序：「（張使君）所作詩凡七十七，皆雋發而嚴密；詞二十六，皆淸麗而圓淑。……然其措詞命意，非歸君相之美，則奉親庭之歎；非魯僖之閔農，則淵明樂天之自適。無益名理之言，一不形焉，是尤可貴。」

要之，書序之作，原在引介成書之編次體例，及著作之目的；書跋之作，則率爲記載讀後之感想。然後世文人酬酢往來，爲推崇其人其書，乃不免佞譽詆諆。今觀宋人序跋所載評論詞風之言，雖大抵中肯，然溢美過甚，如詹傅敬笑笑詞序之論郭應祥詞風；泛泛稱賞，如黃汝嘉松坡居士辭跋之論京鏜詞風，亦不能或免。因之讀者取捨之際，自宜謹愼，庶免失之千里！

十三、品詞作

25 此張使君，疑即張繼先，其詞作見於全宋詞第二冊，頁七五五；其數恰爲二十六，亦契合陳造序所言，茲錄存俟考。

除卻整體詞風之評論，宋人序跋於詞家某一詞作，亦時抒其閱讀心得，且率以題跋形式出現，本節爰加錄存，以供參酌：

㈠**劉禹錫竹枝詞**（禹錫，字夢得，曾官太子賓客）

黃庭堅跋柳枝詞書紙扇：「劉賓客柳枝詞，雖乏曹、劉、陸機、左思之豪壯，自爲齊梁樂府之將帥也。」

又跋竹枝歌：「劉夢得所作竹枝歌九章，余從容夔州歌之，風聲氣俗，皆可想見。」

又書自草竹枝歌後：「劉夢得竹枝九篇，蓋詩人中工道人意中事者也，使白居易、張籍爲之，未必能也。」

㈡**李煜破陣子**（起句：四十年來家國）

蘇軾書李主詞：「……後主既爲樊若水所賣，舉國與人，故當慟哭於九廟之外，謝其民而後行，顧乃揮淚宮娥，聽教坊離曲哉！」

㈢**蘇軾鵲橋仙**（參注8）

陸游跋東坡七夕詞後：「昔人作七夕詩，率不免有珠櫳綺疏惜別之意。唯東坡此篇，居然是星漢上語；歌之曲終，覺天風海雨逼人，學詩者當以是求之。」

㈣**蘇軾西江月**（參注9）

釋德洪跋東坡平山堂詞：「東坡登平山堂懷醉翁作此詞，張嘉甫謂予曰：『時紅粧成輪，名士堵立，看其落筆置筆，目送萬里，殆欲仙去爾。』余衰退，得觀此於祐上座處，便覺煙雨孤鴻，在目中矣！」

㈤蘇軾哨遍（起句：為米折腰）

曹冠哨遍詞序：「東坡採歸去來詞作哨遍，音調高古。」

㈥蘇軾醉翁操（起句：琅然，清圜）

黃庭堅跋子瞻醉翁操：「人謂東坡作此文，因難以見巧，故極功。余則以爲不然，彼其老於文章，故落筆皆超軼絕塵耳。」

㈦蘇軾卜算子（起句：缺月掛疏桐）

黃庭堅跋東坡樂府：「東坡道人在黃州時作，語意高妙，似非喫煙火食人語。非胸中有萬卷書，筆下無一點塵俗氣，孰能至此！」

曾豐知稼翁詞集序：「文忠蘇公文章妙天下，……缺月疏桐一章，觸興於驚鴻，發乎情性也；收思於冷洲，歸乎禮義也。」

㈧蘇軾水調歌頭（起句：昵昵兒女語）

劉克莊跋東坡穎師聽琴水調：「檃括他人之作，當如漢王晨入信耳軍，奪其旗鼓；蓋其作略氣魄固已陵暴之矣。坡公此詞是也。他人勉強爲之，氣盡力竭，在此則指麾呼喚不來，在彼則頡頏偃蹇不受，令勿作可矣。但韓詩云：『濕衣淚滂滂』，坡詞云：『彈指淚縱橫』，後云：『無淚與君傾』，或以爲複。予曰：前句雍門之哭也，後句昭文之不鼓也，結也，非複也。」

(九)王琪定風波（琪字君玉。起句：把酒花前欲問天）

黃庭堅跋王君玉定風波：「王君玉流落在外，轉守七郡，意不能無缺望。然終篇所寄，似爲執政者不悅而獨憐之耶！」

(十)黃庭堅浣溪沙（參注10）

蘇軾跋黔安居士漁父詞：「魯直作此詞，清新婉麗，問其得意處，自言以水光山色替其玉肌花貌，此乃真得漁父家風也。然才出新婦磯，又入女兒浦，此漁父無乃大瀾浪乎？」

(十一)秦觀踏莎行（起句：霧失樓臺）

黃庭堅跋秦少游踏莎行：「右少游發郴州回橫州，多顧有所屬而作，語意極似劉夢得楚蜀間詩也。」

(十二)秦觀某詞（參注11）

周必大跋朱元章書秦少游詞：「借眼前之景，而含萬里不盡之情；因古人之法，而得三昧自在之力，此詞此字，所以傳世。」

(十三)賀鑄小重山（起句：夢草池南壁月堂。又一闋起句：群玉軒中跡已陳）

李之儀跋小重山詞：「右六詩，託長短句，寄小重山。……崇寧四年冬，予遇故人賀鑄方回，遂傳兩闋，宛轉紬繹，能到人所不到處，從而和者，凡五六篇。」

㈣**張元幹賀新郎**（參注12）

周必大跋張元幹送胡邦衡詞：「（此詞）送客貶新州，而以賀新郎爲題，意其若曰：失位不足弔，得名爲可賀也。」

㈤**曹勛酒泉子、謁金門**（參注13）

朱敦儒跋曹勛此二詞云：「讀二詞，洒然變俚耳之啖煙，還古風之麗則，宛轉有餘味也。蓋治世安樂之音歟！恨無韓娥曼聲長歌，以釋予幽憂窮厄之疾。但誦數過，增老夫暮年之嘆！」

㈥**張孝祥念奴嬌**（起句：洞庭青草）

魏了翁跋張于湖念奴嬌詞眞蹟：「張于湖有英姿奇氣，著之湖湘間，未爲不遇。洞庭所賦，在集中最爲傑特。方其吸江酌斗，賓客萬衆時，詎知世間有紫微青瑣哉！」

㈦**趙蕃某詞**（蕃字昌父）

辛棄疾驀山溪詞序：「趙昌父賦一丘一壑，格律高古。」[26]

㈧**古詞**

劉辰翁大聖樂序：「余嘗愛古詞云：『休眉鎖，問朱顏去也，還更來麼！』音韻低黯，辭倩跌

---

26 趙蕃詞見於全宋詞者，僅小重山、菩薩蠻兩闋，稼軒所指，豈其小重山詞乎？茲移錄如下：「何地無溪祇欠人。有翁年八十，住其濱。直鉤不事絲緡。優游爾，聊以遂吾身。　陶令賦歸辰，未嘗輕出入，犯風塵。江洲太守獨情親。廬山醉，誰主復誰賓。」

宕，庶幾哀而不怨，有益于幽憂憔悴者。然二語外率鄙俚，因依聲彷彿，反之和之。」

肆、結 語

綜上分析，吾人可得下列結論：

其一，宋人序跋中之詞論雖乏組織，然所涉問題，繁富多方，殊堪與詞論專著相印證；不少主張甚而產生於專著之前，頗有引導之功。如詞體之肯定，起源之追溯，雅正之提倡等，皆皦然可證也。

其二，宋人序跋中之詞論，尚含述流變，敘承傳，評詞風，品詞作等內容，於後人閱讀詞作，了解詞體演變，與夫詞家風格異同等，固有裨益。特爲序作跋，難免溢美推捧，仁智成見，如何取捨，端賴慎擇耳。

其三，宋人序跋中之詞論，間亦爲人辨眞僞，示作法，誠足供後學端正態度，識得學詞途徑。

其四，經歸納分析，復可知宋人序跋所涉及之詞論，如肯定詞體，追溯起源，提倡雅正，主張寄託等，至清代均成詞壇「顯學」，則其開風氣之功，固不可輕忽也。

※原載於《宋代文學與思想》（臺北：臺灣學生書局，一九八九年八月初版），頁四二一至四七二。

以唐、五代小令爲例試述詞律之形成

壹、前　言

詞之起源，向來眾說紛紜，約而言之，蓋有下列諸說：㈠源於詩經；㈡源於樂府；㈢源於古詩；㈣源於六朝雜歌；㈤源於絕句；㈥源於詩中加襯字；㈦源於讌樂之輸入；㈧李白憶秦娥、菩薩蠻爲百代詞曲之祖。以上諸說，或爲尊體，或就音樂，或就形式，或就源流，倡言立論，各有立場，亦早有是非定論，無庸贅言。然就詞律論之，其深受詩律之影響，則確乎不移。蓋一切文學之演進，由自然而規律，乃不變之原則。以詩體爲例，自三百篇之自然詠嘆，經兩漢之發展演變，繼以南朝聲律說之提倡，終促成唐詩之「律化」。而詞體在詩律講究之環境中萌芽滋長，其規矩所以提早產生，誠然與詩有關；其「律化」之軌跡，尤皦然可察。歷來學者論及此者，固不乏人，然能具體比較，探其異同者，殊覺罕見，此本文之所爲作也。

而詞體之成立，必俟上下片及長短句之形式出現，始迥異於詩，始自立其規矩。其中固有沿襲於詩者，然綜論其全體，則終與詩有異。其甚者，乃有意「以拗爲順」，以求其「不諧之諧」；

亦即以詩之拗律爲其規矩也。爲具體凸顯詞律此等特色，了解其形成，本文特取唐、五代小令爲例，無論齊言、長短句，分體製、句法（含音樂技巧）、平仄、用韻四部分，與詩律相較，以見其承傳與創新。而詩體之固定體製，以七言律詩八句五十六字最長，詞體則素有「五十八字以內爲小令」之說[1]，正可自成單元，斷爲界限，亦省篇幅也。至若所引詞調，悉以清康熙皇帝勅撰之御製詞譜爲主；御製詞譜未及收錄之民間作品——敦煌曲子詞[2]，本文亦暫不計數，以其尙屬詞壇自然詠嘆之作品，形式、規律猶未定型，難據以比對也。

貳、主　文

一、體　製

所謂「體製」，係指篇章之組成形式。以詩體言之，其固定之體製有二：一為以四句組成之

---

1 詞中所謂「小令」，原無字數限制，自清毛先舒塡詞名解謂：「凡塡詞五十八字以內爲小令，自五十九字始，至九十字止爲中調，九十一字以外者俱長調也，此古人定例也。」（卷一紅窗迴下）遂爲詞壇所習用。按：此說原不合理，然爲便於與律詩體制對照，本文特以引用，所以界定範圍也。

2 御製詞譜係清康熙五十四年（一七一五）敕撰完成者，下距光緒二十六年（一九〇〇）敦煌曲子詞之發現，長達一八五年，自無從採錄。

五、六、七言絕句；一為以八句組成之五、七言律詩。至於排律及古詩，則無固定之句數。而詞體之體製，較詩尤繁富多樣。以唐、五代小令為例，既有承襲詩體四句、八句而成定式之詞調，亦有以長短句交織而成之詞調，真可謂變化多端；而後者尤多於前者，正可見詞體突破創新之趨勢。為具體觀察此趨勢，僅先將唐、五代小令之體製，歸納為單調齊言體、雙調齊言體、單調長短句、雙調長短句等四大類，再依下列四原則臚列相關詞調：㈠每一詞調之正體，務必列入；㈡每一詞調之「又一體」，若與正體有單、雙調之異，亦分別列入，特加「又一體」三字以區別之；㈢同一詞調若無單、雙調之異，而句數不同，亦分別列入；除正體外，亦加「又一體」三字以區別之；㈣同一詞調，若無單、雙之異，句數亦相同，而句組有異（如一為三、五、七言組成，一為二、四、六言組成），亦分別列入；除正體外，亦加「又一體」三字以區別之。然若句組無異，特順序不同（如同為三、五、七言組成，一調之順序為五、三、七言，一調之順序為七、三、五言），則不列入，以長短句之形式相似也。

㈠單調齊言體

1. 七言二句：竹枝。
2. 六言三句：漁父引。
3. 五言四句：紇那曲、拜新月、囉嗊曲。
4. 六言四句：回波樂、舞馬詞、三臺、塞姑。

5.七言四句：竹枝又一體、囉嗊曲又一體、陽關曲、欸乃曲、采蓮子、浪淘沙、楊柳枝、八拍蠻、字字雙。

6.五言六句：踏歌詞、拋毬樂。

7.六言六句：河滿子。

㈡雙調齊言體

1.七言六句：浣溪沙。

2.五言八句：怨回紇、生查子、醉公子。

3.七言八句：瑞鷓鴣、玉樓春。

4.三言十六句：三字令。

㈢單調長短句

1.二、六言八句：古調笑。

2.三、五言四句：閒中好。

3.三、五言五句：南歌子。

4.三、五言六句：醉妝詞。

5.三、五言七句：拋毬樂又一體。

6.三、六言八句：西溪子、思帝鄉又一體。

7. 三、七言五句：漁歌子、瀟湘神、章臺柳、解紅、赤棗、搗練子。
8. 三、七言六句：花非花、南鄉子又一體、天仙子。
9. 五、七言四句：柘枝引。
10. 五、七言六句：抛毬樂又一體、望梅花又一體、怨回紇又一體。
11. 六、七言六句：河滿子又一體、望梅花。
12. 二、三、五言十一句：訴衷情。
13. 二、三、六言八句：風流子。
14. 二、四、七言五句：南鄉子。
15. 二、五、六言七句：如夢令。
16. 二、五、七言五句：南鄉子又一體。
17. 三、四、七言五句：南鄉子又一體。
18. 三、四、七言七句：蕃女怨。
19. 三、五、六言八句：西溪子又一體。
20. 三、五、七言五句：憶江南。
21. 三、五、七言六句：摘得新、秋風淸。
22. 三、五、七言七句：一葉落、望江怨。

23. 三、七、九言七句：江城子。
24. 二、三、五、七言九句：訴衷情又一體。
25. 二、三、六、七言六句：荷葉杯、上行杯又一體。
26. 三、四、五、七言七句：遐方怨。
27. 三、四、七、九言七句：江城子又一體。
28. 三、五、六、七言五句：南歌子又一體。
29. 三、五、六、八言七句：思帝鄉又一體。
30. 三、五、七、八言六句：甘州曲。
31. 三、五、七、九言七句：江城子又一體。
32. 三、五、七、九言八句：江城子又一體。
33. 二、三、四、六、七言九句：上行杯。
34. 二、三、五、六、七言九句：訴衷情又一體。
35. 二、三、五、六、九言七句：思帝鄉。
36. 一、二、三、四、五、六、七言十三句：一七令。

㈣雙調長短句

1. 三、五言八句：誤桃源。

2. 三、五言九句：生查子又一體、醉花間。
3. 三、五言十句：玉蝴蝶又一體、生查子又一體。
4. 三、七言八句：添聲楊柳枝、浣溪沙又一體、山花子。
5. 三、七言九句：望遠行、木蘭花令。
6. 三、七言十句：浣溪沙又一體、金錯刀、南鄉子又一體、木蘭花令又一體。
7. 三、七言十二句：木蘭花令又一體。
8. 四、七言八句：采桑子、後庭花、偷聲木蘭花。
9. 四、七言十一句：賀聖朝。
10. 五、六言八句：玉蝴蝶、贊浦子。
11. 五、七言六句：望梅花又一體。
12. 五、七言八句：生查子又一體、菩薩蠻。
13. 六、七言八句：西江月、臨江仙。
14. 七、八言八句：後庭花又一體。
15. 七、九言八句：後庭花又一體。
16. 二、五、七言十句：南鄉子又一體。
17. 三、四、七言八句：酒泉子又一體、紗窗恨。

18.三、四、七言十句：酒泉子又一體、憶秦娥。
19.三、五、六言八句：定西蕃。
20.三、五、六言十二句：更漏子。
21.三、五、七言八句：長相思、蝴蝶兒、紗窗恨又一體。
22.三、五、七言九句：訴衷情又一體、阮郎歸。
23.三、五、七言十句：醉花間又一體、虞美人又一體。
24.三、五、七言十一句：望遠行又一體。
25.三、五、七言十二句：遐方怨又一體。
26.三、六、七言八句：杏花園。
27.三、六、七言九句：春光好、柳含煙、望遠行又一體。
28.三、六、七言十句：滿宮花、思越人。
29.三、六、七言十二句：漁歌子又一體。
30.三、六、九言七句：相見歡。
31.四、五、七言十句：憶江南又一體、浪淘沙令、一斛珠。
32.五、六、七言八句：好時光、烏夜啼、陽臺夢、月宮春、河瀆神、應天長又一體。
33.五、七、八言八句：小重山。

34. 五、七、九言八句：南歌子又一體、虞美人。
35. 三、三、五、六言十二句：更漏子又一體。
36. 三、三、五、七言八句：憶秦娥又一體。
37. 二、五、六、七言八句：歸國遙。
38. 三、五、六、七言十句：荷葉杯又一體。
39. 三、四、五、六言九句：感恩多、女冠子。
40. 三、四、五、七言八句：酒泉子又一體。
41. 三、四、五、七言九句：感恩多一體、酒泉子又一體、點絳唇。
42. 三、四、六、七言八句：酒泉子又一體。
43. 三、四、六、七言九句：酒泉子又一體、中興樂又一體。
44. 三、四、六、七言十句：酒泉子又一體。
45. 三、四、六、七言十二句：臨江仙又一體。
46. 三、五、六、七言七句：長命女。
47. 三、五、六、七言八句：歸國遙又一體、謁金門。
48. 三、五、六、七言九句：謁金門又一體、更漏子又一體、應天長又一體。
49. 三、五、六、七言十句：喜遷鶯、應天長。

50.四、五、六、七言八句：清平樂、巫山一段雲。
51.四、五、六、七言十句：臨江仙又一體。
52.二、三、四、五、七言十三句：河傳又一體。
53.二、三、四、五、七言十四句：河傳又一體。
54.二、三、四、五、七言十五句：河傳又一體。
55.二、三、四、六、七言十句：中興樂。
56.二、三、五、六、七言十四句：河傳。
57.三、四、五、六、七言八句：戀情深。
58.三、四、五、六、七言十句：酒泉子。
59.二、三、四、五、六、七言十二句：河傳又一體。
60.二、三、四、五、六、七言十三句：河傳又一體。
61.二、三、四、五、六、七言十四句：河傳又一體。

綜上歸納，可見御製詞譜所錄唐、五代小令凡110調178體；屬齊言者僅26調28體，屬長短句者高達74調150體。而齊言28體中，單調凡21體，雙調凡7體；體製符合詩體四句、八句之結構者凡21體。21體中，平仄合於對、黏規矩者，計有紇那曲、囉嗊曲（五言）、竹枝（七言四句體）、囉嗊曲（七言）、欸乃曲、采蓮子、浪淘沙、楊柳枝、怨回紇、瑞鷓鴣等9調10體；而怨回紇、瑞鷓鴣均屬律詩形式，特分上下片為其異耳。另有拜新月一調，屬古體五絕；回波樂、舞馬詞、三臺、塞姑四調，屬拗體六絕；陽關曲、八拍蠻、字字雙三調，屬拗體七絕[3]；生查子、醉公子二調，屬拗體五律；玉樓春一調，屬拗體七律。凡此種種體製，乃詞調承自於詩者。

至若長短句150體中，則有50體屬單調，100體屬雙調。而長短句之形式，實亦承自古體詩，特詩無定律，詞則加以定律耳。然以雙調之形式出現，則屬詞體創新之體製；即以唐、五代小令之數據論之，雙調之長短句，在110調178體中，即佔52調100體，顯然為詞體發展之主要體製也。

其次，近體詩之篇章組織，均以偶數句形式，兩兩相稱為原則。至於古體詩，率亦同於近體；唯其中實亦有奇數句組成之篇章。如杜甫即有「曲江三章章五句」之詩題，明顯指出其篇章非偶數句形式也。茲更錄其「茅屋為秋風所破歌」，加以說明：

> 八月秋高風怒號，卷我屋上三重茅。茅飛度江灑江郊。高者掛罥長林梢，下者飄轉沈塘坳。南邨羣童欺我老無力，忍能對面為盜賊。公然抱茅入竹去，脣焦口燥呼不得。歸來倚杖咐自歎息，俄頃風定雲墨色，秋天漠漠向昏黑。布衾多年冷似鐵，驕兒惡臥蹋裏裂。牀頭屋漏無乾處，雨腳如麻未斷絕。自經喪亂少睡眠，長夜霑濕何由徹！安得廣厦千萬間，大庇天下寒士俱歡顏，風雨不動安如山！嗚呼！何時眼前突兀見此屋？吾廬獨破受凍死亦足！

---

[3] 依董文煥聲調圖譜之區分，絕句包含律絕、古絕、拗絕三種。凡合乎對、黏關係，且「二、四、六」字平仄分明者，屬律絕；凡合乎對、黏關係，而「二、四、六」字平仄間有出律者，屬古絕；至若失對、失黏之絕句，不論「二、四、六」字平仄是否分明，均屬拗絕。

按：此詩凡二十三句（「嗚呼！何時眼前突兀見此屋！」宜視為一句），以押韻分析，凡七段：首段五句，押平聲肴韻；次段「南郁」以下四句，押入聲職韻；三段「歸來」以下三句，亦押入聲職韻；四段「布衾」以下六句，押入聲屑韻；五段「安得」以下三句，押平聲刪韻；六段「嗚呼」句，押入聲屋韻；末段「吾廬」句，押入聲沃韻。是又可知此詩七段中，僅兩段爲偶數句，餘五段均爲奇數句，顯係以奇、偶數句段落相間組成之篇章，並未盡符兩兩相稱之原則，乃詩體未成定律之形式也。

至若本文所統計之唐、五代小令，固亦有承襲詩體以偶數句形式，兩兩相稱之原則組成之詞調；然其中不少詞調已有以奇數句段落或奇、偶數句段落相間組成偶數句篇章之形式，正可見詞體同中求異之企圖。而古體詩中以奇數句組成篇章之形式，詞體尤加重發展，演爲定律，終成詞體固定體製之一種。以下即就唐、五代小令中（含又一體），以奇數句段落或奇、偶數句段相間組成偶數句篇章，以及奇數句形式組成篇章之詞調，加以統計分析，以見一斑。至若與詩體固定形式相同，以偶數句形式，兩兩相稱組成之詞調，以未見特色，故闕而不計焉：

㈠以奇數句段落或奇、偶數句段落相間組成偶數句篇章之詞調凡29調31體。

1. 單調六句，以三、三句組合成者凡五調：醉妝詞、荷葉杯、南鄉子又一體、甘州曲、天仙子。
2. 單調八句，以三、二、三句組合成者有古調笑一調；以二、四、二句組合成者有西溪子一調；以二、三、三組合而成者有風流子一調。
3. 雙調六句，以上片三句下片三句組合而成者凡二調：望梅花又一體、浣溪沙。

4.雙調八句，上片四句，以一句、三句分段，下片四句，以兩句對稱分段者，有定西蕃一調。

5.雙調十句，上片五句，下片五句，各以三句、二句分分段者凡五調：生查子又一體、玉蝴蝶又一體、喜遷鶯、滿宮花、金錯刀。

上片五句、下片五句，各以二句、三句分段者凡七調：酒泉子又一體、中興樂、憶秦娥、臨江仙又一體、浪淘沙令、虞美人又一體、一斛珠。

上片五句，以二句、三句分段；下片五句，以三句、二句分段者，有應天長一調。

6.雙調十二句，上片六句，下片六句，各以三句兩組分段者，有更漏子及其又一體、木蘭花令又一體等兩調三體；各以二句、一句、三句分段者，有臨江仙又一體一調。

7.雙調十四句，上片七句，下片七句，各以三句、二句、二句分段者，有河傳一調；其又一體，上片以二句、二句、三句分段，下片以三句、二句、二句分段，亦自求變化也。

8.雙調十六句，上片八句，下片八句，各以三句、二句、三句分段者，有三字令一調。

㈡以奇數句組成篇章之詞調凡41調49體

1.單調三句組成之詞調有漁父引一調

2.單調五句組成之詞調凡九：南歌子、漁歌子、憶江南、瀟湘神、章臺柳、解紅、赤棗子、南鄉子又一體、搗練子。

3.單調七句組成之詞調凡八：拋毬樂又一體、蕃女怨、一葉落、遐方怨、如夢令、江城子及其又一體、望江怨、思帝鄉及其又一體。
4.單調九句組成之詞調凡二：上行杯、訴衷情又一體。
5.單調十一句組成之詞調有訴衷情一調。
6.單調十三句組成之詞調有一七令一調。
7.雙調七句，上片三句，下片四句組成之詞調凡二：相見歡、長命女。
8.雙調九句，上片四句，下片五句組成之詞調凡八：感恩多及其又一體、生查子又一體、中興樂又一體、點絳唇、謁金門又一體、更漏子又一體、阮郎歸、望遠行及其又一體。
雙調九句，上片五句、下片四句組成之詞調凡九：訴衷情又一體、春光好、酒泉子又一體、女冠子、醉花間、柳含煙、應天長又一體、思越人、木蘭花令。
9.雙調十一句，上片五句、下片六句組成之詞調有賀聖朝一調；上片四句、下片七句組成之詞調有望遠行又一體一調。
10.雙調十三句，上片七句、下片六句組成之詞調有河傳又一體一調。
11.雙調十五句，上片八句、下片七句組成之詞調有河傳又一體一調。

綜上歸納統計，可見詞體以奇數句段落及奇、偶數句相間與奇數句形式組成之詞調，在110.調中佔70.調；顯然於詩體偶數句形式，兩兩相稱之原則外，另闢蹊徑，頗有意以「不諧之諧」爲其體製發展之另一特色。

二、句　法（含音樂技巧）

所謂「句法」，係指修辭鍊句之技巧。詩詞曲文之句法，本多相似，唯是否成為規矩定式有別耳。舉其常見者，如頂真、疊句、回文等，詩人慣用，詞家亦時用之。以唐、五代小令為例，張泌生查子云：「相見稀，喜相見，相見還相遠。」毛文錫醉花間云：「深相憶，莫相憶，相憶情難極。」此即頂真之例，特未成該詞調之定式耳。至若李白憶秦娥詞：「簫聲咽。秦娥夢斷秦樓月。秦樓月。年年柳色。灞陵傷別。　樂遊原上清秋節。咸陽古道音塵絕。音塵絕。西風殘照，漢家陵闕。」[4]其上、下片二三兩句採疊句頂真之形式，後世詞家率從之，或可視為定律之一例

[4] 世傳菩薩蠻（起句：平林漠漠煙如織）、憶秦娥（起句：簫聲咽）二詞，是否為唐李白所作？向來議論紛紜。今人林玫儀「由敦煌曲看詞的起原」一文（收入詞學考詮一書），附論菩薩蠻之起原時代，曾舉五證據推論李白有塡作菩薩蠻之可能：其一，尊前集、草堂詩餘、花庵詞選等均收有李白菩薩蠻詞；其二，教坊記曲名表中已有菩薩蠻調；其三，奇男子傳及太平廣記卷一六六引郭仲翔陷蠻事，並云盛唐已有菩薩蠻洞；其四，敦煌曲有菩薩蠻二首，皆作於德宗貞元以前；其五，花間集敘及耆舊續聞均謂太白有詞。雖然，林氏結論仍云：「菩薩蠻調在盛唐時就已經很盛行了，李白生當其時，自然能寫作此調。不過這和今傳李白菩薩蠻調是眞出於李白之手當然是兩回事了。」本文鑒於世人恆將憶秦娥與菩薩蠻相提並論，復苦於無確鑿證據予以否定，姑從俗視為李白之作。

也。[5]

次如疊句，王衍醉妝詞云：「者邊走。那邊走。只是尋花柳。那邊走。者邊走。莫厭金杯酒。」顧敻荷葉杯末兩句云：「知麼知，知麼知」韓翃章臺柳首兩句云：「章臺柳，章臺柳」張泌、閻選所作河傳前兩句，一作「紅杏，紅杏」，一作「秋雨，秋雨」等，均屬個人對疊句之運用，未可視為通則。其成通則而為定律者，厥有四調：其一，瀟湘神首兩句，如劉禹錫之作：「斑竹枝。斑竹枝。淚痕點點寄相思。……」其二，如夢令五、六兩句，如後唐莊宗之作：「……如夢。如夢。殘月落花烟重。」其三，感恩多下片二、三兩句，如牛嶠之作：「……陌上鶯啼蝶舞，柳花飛。柳花飛。……」其四，古調笑首兩句及六、七句；其六、七兩句且應與第五句做回文重疊，如王建之作：「蝴蝶。蝴蝶。飛上金枝玉葉。君前對舞春風。百葉桃花樹紅。紅樹。紅樹。燕語鶯啼日暮。」

雖然，論及詞體獨特、創新，形成通則之句法及音樂技巧，見之於唐、五代小令者，厥為折腰、添字（襯字）、減字、攤破、和聲、添聲、偷聲等。此等句法及音樂技巧，初均與音樂、歌唱有關，而後演化為詞調句法之一種。沈義父樂府指迷云：「古曲譜多有異同，至一腔有兩三字多少者，或句法長短不等者，蓋被教師改換。亦有嘌唱一家，多添了字。吾輩只當以古雅為主。」又灌圃耐得翁都城紀勝云：「嘌唱，上鼓面唱令曲小詞，驅駕虛聲，縱弄宮調與叫果子，唱耍曲

[5] 御製詞譜載有馮延巳憶秦娥又一體，其二、三兩句並未作疊句頂真。然憶秦娥詞調終以李白之作為正體，宋以後詞家多從之。

兒爲一體。昔只街市，今宅院亦有之。」由此兩段記載，可知上舉各項句法及音樂技巧，其始均係教師或嘌唱家爲耍曲兒，於歌唱詞調時，增減其音律，長短其字句而形成者。然後世唱法失傳，詞體不復受制於音樂，文人又率意染指，詞調樂譜乃盡成文字譜，各歌唱技巧亦遂成爲塡詞規矩之一種，故本文一併歸入句法一項。茲舉證分述之：

㈠折腰句法

詩之句子，以五、七言爲主；五言以上二下三爲定式，七言以上四下三爲定式。詞句之始，承襲自詩，其五、七言句式，率亦同於詩；唯尙有一言、二言、三言、四言、六言、八言、九言等差參排比之詞調（參前節所列），其每言亦均有定式，較詩更具彈性；而六言以上之句子，復有「折腰」句法，尤爲詞句之絕大特色。所謂「折腰句」，係指一命意完整之句子，採先「讀」後「句」之方式造句，但上下須一氣呵成，蟬聯不斷（此與詩中指「失黏而意不斷」之意有別）。如李煜相見歡詞上下片兩結均爲九字句，其結構乃成上六下三之形式；所謂：「無奈朝來寒雨、晚來風」、「自是人生長恨、水長東」，此即「折腰句」也。茲更歸納唐、五代小令中限定採折腰句式之詞調如下：

1.六字句（三、三折腰）：訴衷情又一體第八句、戀情深又一體下片第三句、好時光上下片第二句。

2.七字句（三、四折腰）：望梅花又一體第二句、上行杯第二句、紗窗恨下片首兩句。

3.八字句（三、五折腰）：甘州曲末句、小重山上下片末句。

又（五、三折腰）：思帝鄉又一體末句、後庭花又一體下片首句、小重山上下片第二句。

4.九字句（六、三折腰）：南歌子又一體上下片末句、思帝鄉末句、相見歡上下片末句、虞美人上下片末句。

又（四、五折腰）：江城子第四句。

(二)添字

所謂「添字」，係指詞中本格之外所增添之字，可作爲轉折、形容、強調語氣、補充詞意之用，元曲謂之「襯字」。然曲中用襯，素爲學者所公認，而詞中是否用襯，則引起許多論辯：任二北「詞學研究法」、「敦煌曲初探」，冒廣生「新斠云謠集雜曲子」，夏承燾「作詞法」、「詞學」（與吳熊和合著，又名「讀詞常識」），龍沐勛「唐宋詞格律」，俞平伯「唐宋詞選釋」，宛敏灝「詞學講話」，涂宗濤「詩詞曲格律綱要」，羅忼烈「塡詞襯字釋例」，王季思「詞曲異同的分析」，洪惟助「詞曲四論」等，均主張詞中有襯字；而萬樹「詞律」，王力「漢語詩律學」，席金友「詩詞基本知識」，周篤文「宋詞」，吳迦陵「詞有無襯字」一文（參詞學第二輯，頁二〇二至二〇六），則持反對意見。今人林玫儀以敦煌曲子詞爲例，綜合前人之說，寫成「論詞之襯字」一文（收入詞學考詮一書），詞之有襯，益成定案。唯敦煌曲子詞係民間作品，其用襯但隨意爲之，未立規矩，難成定式。

至若本文所採用之「御製詞譜」，所蒐詞調，率爲文人之作，已成定式；於襯字之考訂，亦留心及之，稱呼則頗不定。如於歐陽炯江城子後按云：「此詞第六句，較各家多一字，即開宋詞襯字之法。」於牛嶠江城子後復按云：「此詞第二句五字，較韋詞多二字，即開宋詞添字之法。」（並見頁四五）似將「襯字」與「添字」分別視之，然於毛文錫紗窗恨後則按云：「此詞後段第三句較前詞多一字，宋詞謂之添字，元曲謂之襯字。」（頁七二）似又將二者合而爲一。本人檢視其例，兩名用義相同，且爲有別於曲，特以「添字」統稱之。茲就詞譜所錄唐、五代小中，註有添字句法之詞調，臚列說明如下：

1.歐陽烱江城子：

晚日金陵岸草平。落霞明。水無情。六代繁華、暗逐逝波聲。空有姑蘇臺上月，如西子鏡，照江城。

按：此詞第六句，各家均作三字句，此則增一「如」字，作四字句，即添字之例。

2.牛嶠江城子：

極浦烟消水鳥飛。離筵分手時。送金巵。渡口楊花、如雪任風吹。日暮空江波浪急，芳草岸，雨如絲。

按：此詞第二句原作三字句，此則增添「離筵」二字，作五字句。尹鶚之作同此，則本句別成定格也。

3.孫光憲生查子下片：

誰家繡轂動香塵，隱映神仙客。狂煞玉鞭郎，咫尺音容隔。

按：生查子下片首句，唐人均作五字句，此則添「誰家」二字，作七字句。魏承班、陳亞所作同此，斯亦因添字而成定格也。

4.毛文錫紗窗恨下片：

二三月，愛隨風絮，伴落花，來拂衣襟。更剪輕羅片，傳金粉。

按：紗窗恨下片第三句，毛文錫別首作「月照紗窗」四字句；此首作五字句，御製詞譜謂多一字，爲添字法。以平仄論，此句宜作「仄仄平平」，則此句「片」字蓋爲所添之字也。

5.韋莊歸國遙上片：

春欲暮。滿地落花紅帶雨。惆悵玉籠鸚鵡。單棲無伴侶。

按：歸國遙上片，溫庭筠作二字句，此詞添一「欲」字，而成三字句，餘句式均同。

㈢減　字

所謂「減字」，係謂就詞調本格字減去若干字，以調整原有之音節韻度，乃相對於「添字」之修辭技巧，特較少見耳。其例如：

1.孫光憲遐方怨

紅綬帶，錦香囊。為表花前意，般勤贈玉郎。此時更自役心腸。轉添秋夜夢魂長。　思豔質，想嬌妝。願早傳金盞，同歡臥醉鄉。任人猜妒儘提妨。到頭須使是鴛鴦。

按：遐方怨詞調，唐溫庭筠所作，爲單調七句，句組爲「３３４７７５３」。至五代顧夐、孫光憲乃增爲雙調，且將上下片第三句增一字，第四句減二字，作五字兩句；第六、七句減一字，作七字一句，是減字之例也。

2.馮延巳憶秦娥：

風淅淅。夜雨連雲黑。滴滴。窗外芭蕉燈下客。除非魂夢到鄉國。免被關山隔。憶憶。一句枕前爭忘得。

按：憶秦娥詞調，唐·李白之作爲雙調十句，其句組爲「37344，77344」。至馮延巳此作，則於上下片第二句，各減二字；第三句各減一字；第四、五句各減一句，只作七字一句，亦減字之例也。

3.顧夐應天長下片：

背人勻檀注。慢轉橫波偷覷。斂黛春情暗許。倚屏慵不語。

按：應天長詞調，韋莊所作下片首兩句爲「33」句組，而顧夐此作，乃減去一字，作五字一句；馮延巳、毛文錫所作同此，斯亦減字而成定格也。

(四)攤破

所謂「攤破」，一般係指將某一曲調，增字衍聲，破一句爲兩句，另成一曲調，而仍用原調名者，則於其上加「攤破」二字，以區別之，如攤破浣溪沙，攤破江城子，攤破醜奴兒等。然若單就字面論之，「攤」係指增加某句之字數，「破」則化一句爲兩句；此亦句法之一種，乃詞調常見之現象，實不必逐調加「攤破」二字。復據御製詞譜釋調慣例統計，所謂「攤破」蓋含下列四種現象：其一，字數不變，破一句爲兩句者；其二，增添字數，破一句爲兩句者；其三，減去字數，破一句爲兩句者；其四，增添字數，變兩句爲一句者。至若減去字數，變兩句爲一句者，則屬減字之例，如前舉顧敻應天長下片首句即是。茲更舉例解說如次：

1.孫光憲謁金門下片：

輕別離，甘抛擲。江上滿帆風疾。卻羨綵鴛三十六。孤鸞還一隻。

按：謁金門下片首句，韋莊作六字一句，孫詞不變字數，破爲三字兩句，亦攤破之一種。

2.牛希濟生查子下片

語已多，情未了。回首猶重道。記得綠羅裙，處處憐芳草。

按：生查子下片首句，唐・韓偓所作，爲一五字句；此則增添一字，並破一句爲兩句，乃攤破最常見者。

3.孫光憲浣溪沙下片：

春夢未成愁寂寂，佳期難會信茫茫。萬般心，千點淚，注蘭堂。

又：顧敻浣溪沙：

紅藕香寒翠渚平。月籠虛閣夜蛩清。天際鴻，枕上夢，兩牽情。　寶帳玉鑪殘麝冷，羅衣金縷暗塵生。小窗涼。孤燭背，淚縱橫。

按：浣溪沙詞調，唐・韓偓所作，爲雙調42字，上、下片各由三句七言句所組成。至五代孫氏之作，則於下片第三句添兩字，並破爲三句；顧氏之作，則於上、下片第三句各添兩字，同時破爲三句，是攤破之最繁者。

4.孫光憲後庭花下片：

晚來高閣上、珠簾卷。見墜香千片。修蛾曼臉陪雕輦。後庭新宴。

按：後庭花下片首句，毛熙震作七字一句；此則添一字作八字句，並採折腰句法，作上五下三組合，形同兩句，故御製詞譜亦視爲攤破句法。孫氏另一首後庭花下片首句，作九字句，以上五下四折腰，並同此例。至若第二句，原爲四字句，此則增一「見」字，作五字句，是添字之例也

5.張泌臨江仙：

煙消湘渚秋江靜，蕉花露泣愁紅。五雲雙鶴去無蹤。幾回魂斷，凝望向長空。　翠竹暗流珠淚怨，閒調寶瑟波中。花鬟月鬢綠雲重。古祠深處，香冷雨和風。

又：顧敻臨江仙：

碧染長空池似鏡，倚樓閒望凝情。滿衣紅藕細香清。象牀珍簟，山障掩，王琴橫。　暗想昔時歡笑事，如今贏得愁生。博山鐘煖淡煙輕。蟬吟人靜，殘日傍，小窗明。

按：臨江仙詞調，和凝之作，爲雙調54字，上下片各以「7677」句組成。張泌則於上、下片末句添兩字，並破爲四言一句，五言一句，使句組變爲「76745」。而顧詞復於張詞上、下片末句，各添一字，並破爲三言兩句，使句組變爲「767433」，此皆攤破之現象也。

6.尹鶚江城子：

裙托碧，步飄香。纖腰束素長。鬢雲光。拂面瓏璁、膩玉碎凝妝。寶柱秦箏彈向晚，絃促

雁，更思量。

按：江城子首句，各家均作七字一句；此則減去一字，並破為三字兩句，是屬減字攤破之例。

7.魏承班木蘭花令[6]：

小芙蓉，香旖旎。碧玉堂深清似水。閉寶匣，掩金鋪，倚屏拖袖愁如醉。遲遲好景煙花媚。曲渚鴛鴦眠錦翅。凝然愁望靜相思，一雙笑靨嚬香蕊。

按：木蘭花令首句，韋莊之作為七字一句，此則減去一字，並破為三字兩句。至毛熙震之作，則於上片首句及下片第一、第三句，各減一字，且均作三字兩句，斯又減字攤破之繁者。

8.毛文錫應天長上片：

平江波暖鴛鴦語。兩兩釣船歸極浦。蘆洲一夜風和雨。飛起淺沙翹雪鷺。

按：應天長上片，韋莊之作為「7 7 3 3 7」句組；毛氏之作則將兩三字句增一字，變為七字一句，亦攤破之一種。

9.張泌滿宮花下片：

嬌豔輕盈香雪膩。細雨黃鶯雙起。東風惆悵欲清明，公子橋邊沈醉。

---

6 花間集載魏承班詞，有木蘭花一調，玉樓春兩調。此三言四句、七言六句組成者，名木蘭花；其七言八句者，則名玉樓春。宋人恆視兩調為一，誤矣。（並參注10）

按：滿宮花下片起首，尹鶚之作爲三字兩句，此則添一字，作七字一句，變化同前例。

㈥和聲、添聲、偷聲

詞調之產生，音樂之催化，固爲主要因素。此中有所謂「和聲」者，原指歌唱時群相隨和之聲。然文人染指後，恐失其聲，遂於詞調下，以文字載其聲，因成特殊之形式。如「竹枝」一調，原爲劉禹錫在沅、湘所採民歌，寫成新詞，以教里中兒歌之[7]；彼時蓋習其歌舞，故其所作，並無和聲。至皇甫松、孫光憲之作，則明著其聲：

芙蓉並蔕（竹枝）一心連（女兒），花侵槅子（竹枝）眼應穿（女兒）。

門前春水（竹枝）白蘋花（女兒），岸上無人（竹枝）小艇斜（女兒）；商女經過（竹枝）江欲暮（女兒），散拋殘食（竹枝）飼神鴉（女兒）。

或兩句，或四句，均以「竹枝」、「女兒」載其聲；而「枝」、「兒」以協韻方式出之，益得反復詠嘆之妙。按古樂府江南弄等曲，皆有和聲。如江南曲和云：「陽春路，時使佳人度。」龍笛曲和云：「江南弄，真能下翔鳳。」採蓮曲和云：「採蓮居，綠水好沾衣。」亦各協韻。故此調之形式，乃詩之遺意；特詞調沿爲規矩，以爲塡作者之依據，遂成定格。又如采蓮子，皇甫松之作云：

---

[7] 劉禹錫竹枝題序，明確道其由來，茲抄錄供參考：「四方之歌，異音而同樂。歲正月，余來建平，里中兒聯歌竹枝，吹短笛，擊鼓以赴節；歌者揚袂睢舞，以曲多爲賢。聆其音，中黃鐘之羽，其卒章激訐如吳聲，雖傖儜不可分，而含思宛轉，有淇濮之艷。昔屈原居沅湘間，其民迎神，詞多鄙陋，乃爲作九歌。到于今，荊楚鼓舞之。故余亦作竹枝詞九篇，俾善歌者颺之附于末，後之聆巴歈，知變風之自焉。」

菡萏香連十里陂（舉棹），小姑貪戲采蓮蓮（年少）；晚來弄水船頭濕（舉棹），更脫紅裙裹鴨兒（年少）。

此詞「舉棹」、「年少」，亦歌時相和之聲，與竹枝體同；但竹枝以「竹枝」二字和於句中，「女兒」二字和於句尾，此則一句一和聲，稍有不同。

另有「欸乃曲」一調，乃元結爲道州刺史時，「以軍事詣都，使還州，逢春水，舟行不進。」（元結欸乃曲序）所作之詞調。宋程大昌演繁露云：「元次山欸乃曲五章，全是絕句，如竹枝之類。其謂欸乃者，殆舟人於歌聲之外，別出一聲，以互相其歌也。」[8]然今觀元結之作，並未於句末或句中加注其聲，不知其原始形式終爲何耶？

其次，因和聲而成正格之字者，則有抛毬樂、一葉落、楊柳枝三調；而楊柳枝由於逐句增添，因別加「添聲」二字於調名之上。如：

金鑪花毬小，真珠繡帶垂。繡帶垂。幾回衝蠟燭，千度入香懷。上客終須醉，觥盂且亂排。

（皇甫松抛毬樂）

---

8 關於「欸乃」之義，御製詞譜於該調下復引宋黃公紹韻會云：「欸，歎聲也，讀若哀，烏來切。又應聲也，讀若靄，上聲，倚亥切。又去聲，於代切，無襖音。乃，難辭，又繼事之辭，無靄音。今二字連讀之，爲棹船相應聲。」又按廣韻十五海：「欸，于改切，相然應也。乃，奴亥切，語辭也。欸乃之聲，或如唐人唱歌和聲，所謂號頭者；蓋逆流而上，棹船勸力之聲也。」

一葉落。褰珠箔。此時景物正蕭索。畫樓月影寒，西風吹羅幕。吹羅幕。往事思量著。（後唐莊宗一葉落）

秋夜香閨思寂寥。漏迢迢。鴛幃羅幌麝香銷。燭光搖。　正憶玉郎遊蕩去。無尋處。更聞簾外雨瀟瀟。滴芭蕉。（顧敻添聲楊柳枝）

按：皇甫松拋毬樂第三句「繡帶垂」三字，以及後唐莊宗一葉落第六句「吹羅幕」三字，均爲和聲而成詞調正字者。古樂府云：「賤妾與君共餔糜，共餔糜」即疊句和聲，此蓋其遺意也。至若顧敻添聲楊柳枝之「漏迢迢」、「燭光搖」、「無尋處」、「滴芭蕉」四句，尤爲和聲而成詞調正字之最者。

此外，於唐、五代小令中，尙發現「偷聲木蘭花」詞調，蓋由馮延巳首創。[9]所謂「偷聲」，係指通過簡化音樂節奏，或改變聲韻，減少字句之辦法，另製成新詞調。茲更舉例說明如次：

獨上小樓春欲暮。愁望玉關芳草路。消息斷，不逢人，卻斂細眉歸繡戶。　坐看落花空歎息。羅袂濕斑紅淚滴。千山萬水不曾行。魂夢欲教何處覓。（韋莊木蘭花令）

---

9 詞調之減字、偷聲，均係依調塡詞時所使用之變通辦法，其目的端在美聽。此種造辭方式，唐代實已見之。如敦煌曲子詞中，對原曲調進行破句或合句之處理，以及採用密調疏唱之方法等，即屢見不鮮。以雲謠集所載詞調爲例：洞仙歌兩首之第四句，分別爲「酒醒後多風醋」及「淚珠串滴」；又傾杯樂兩首，其下片結句分別爲「縱然選得，一時朝要，……」及「堪聘與公子王孫，……」。似此爲歌唱聲情之需而減少字辭之方法，實予五代、兩宋所謂之「減字」、「偷聲」開啓先河，特猶未於調上冠其字以區別耳。

落梅著雨消殘粉。雲重煙深寒食近。羅幕遮香。柳外秋千出畫牆。　春山顛倒釵橫鳳。飛絮入簾春睡重。夢裏佳期。只許庭花與月知。(馮延巳偷聲木蘭花)

按：韋莊原作木蘭花令，爲「雙調55字，上片五句三仄韻，下片四句三仄韻」之形式，至馮延巳所作，則於上片第三、四句，減去兩字，作四字一句；復於下片第三句，減去三字，作四字一句，同時間入平聲韻，是爲偷聲之例。[10]

此外，詞體尚有促拍、犯調、領字等三種常見之音樂技巧及句法，猶未見於唐、五代小令。而前兩者，唐代實已有之。如樂府詩集載「簇拍六州」，乃七言絕句；又載「簇拍相府蓮」，乃五言八句詩(按：「簇拍」即「促拍」，唐人或已用「促」字，宋人則全不用「簇」字)。然唐代詩人爲歌曲作詞，未按樂曲之音節長短造句，故歌詞仍屬齊言，其歌曲節拍實無從知之，故所謂「簇拍六州」與「六州」亦難自字句區別之。而犯調，據宋姜夔淒涼犯詞序引唐人樂書云：「犯有正、旁、偏、側，

---

[10] 木蘭花　調之有偷聲、減字，其始末簡述如次：木蘭花令，始於韋莊，共五十五字，係由三言兩句、七言七句組成，全用仄韻。花間集載魏承班一調，爲五十四字體，由三言四句、七言六句組成；又載毛熙震一調，爲五十二字體，由三言八句、七言四句組成，均用仄韻，亦未於調上冠「減字」。自馮延巳製偷聲木蘭花，爲五十字體，其前後起兩句，仍作仄韻七言；結處乃偷平聲，作四字一句，七字一句，始有兩仄兩平、四換韻體，並始於調上冠「偷聲」兩字。至若減字體，則又就偷聲　兩起句，各減三字，自成一體；其於調上冠「減字」者，蓋始於歐陽修也。

宮犯宮爲正，宮犯商爲旁，宮犯角爲偏，宮犯羽爲側。」[11]可見此法唐亦有之，然其時小令均難見襲用之跡。至若領調句法，係以一單字領起下文之方法，少則領一句，多則領四句，詩體未見用，唐、五代小令亦未凸顯運用。[12]必俟乎宋代詞家，方將此三種句法充分運用，且以慢詞爲常見也。

---

11 姜夔淒涼犯詞序於唐人此說，曾明白駁斥，茲更錄其全文如次：「凡曲言犯者，謂以宮犯商、商犯宮之類。如道調宮『上』字住，雙調亦『上』字住。所住字同，故道調曲中犯雙調，或於雙調曲中犯道調，其他準此。唐人樂書云：『犯有正、旁、偏、側，宮犯宮爲正，宮犯商爲旁，宮犯角爲偏，宮犯羽爲側。』此說非也。十二宮所住字各不同，不容相犯；十二宮特可犯商、角、羽耳。」

12 詩中有以「君不見」三字領句者，或可視爲詞體領調法之先驅，如李白將進酒：「君不見黃河之水天上來」是也。至若領調之字，宋人恆稱爲「虛字」，如張炎詞源卷下即有「虛字」一項，其言曰：「詞與詩不同。詞之句語，有二字、三字、四字，至六字、七八字者，若堆疊實字，讀且不通，說付之雪兒乎？合用虛字呼喚。單字如『正』、『但』、『甚』、『任』之類；兩字如『莫是』、『還又』、『那堪』之類；三字如『更能消』、『最無端』、『又卻是』之類；此等虛字卻要用之得其所。若能善用虛字，句語自活，必不質實，觀者無掩卷之誚。」至明人沈雄古今詞話，乃將此類虛字稱爲「襯字」，遂引發詞中是否有襯字之論辯，紛紜不已。（按：沈雄以詞中虛字爲襯字，實有未妥。蓋南北曲中，襯字不一定爲虛字，有時實字亦謂之襯字。故詞中虛字，不宜稱襯字。）洎乎清代詞論家，則將此類虛字統稱爲「領字」，所以凸顯其領起下文之作用也。

三、平仄

近體詩之平仄規矩，最明顯者有二：㈠句與句間之對黏關係：亦即遵循一、二句「對」，二、三句「黏」，三、四句「對」，四、五句「黏」，五、六句「對」，六、七句「黏」，七、八句「對」之原則。㈡每句之平仄組合，以「二、四、六」字平仄分明為原則，「一、三、五」字則視情況做變化。至若拗救現象，屬於權變措施，可分本句拗救，對句拗救及本句、對句同時拗救三形式，而每句後三字，皆以「二夾一」（仄平仄、平仄平）、「下三連」（平平平、仄仄仄）為忌諱。

詞之平仄原以樂調為準，然文人染指後，乃競以詩之規矩（含平仄、用韻）運用於詞體中；其中平仄規矩是否與詩相同？乃本節所欲探討之問題。而本文於「體製」項中，曾對唐、五代小令中之齊言26調28體做分析，發現符合詩體四、八句組織及平仄、對黏規矩者，僅9調10體。本節為便於與詩律對照，凸顯詞律之特色，乃更舉齊言及長短句中，以五、七言組成之詞調，含五言五調：拜新月、踏歌詞、拋毬樂、生查子、醉公子；七言六調：竹枝、陽關曲、八拍蠻、字字雙、浣溪沙、玉樓春；五、七言五調：柘枝引、拋毬樂又一體、望梅花又一體、生查子又一體、菩薩蠻。分析其平仄，以證詞律自樹風格之一斑。（文中「—」表平聲，「|」表仄聲，「⊤」表平可作仄，「⊥」表仄可作平。）

㈠拜新月（五言四句）格律：

「——|—|，|||—|；||—|—，|———|。」

按：拜新月為唐教坊曲名，觀其平仄，與仄韻五言絕句無異；唯前三句之末三字，均採「二夾一」之方式，是「以拗為順」之例。至若末句平仄，尤為突兀，與詩之規矩，全然無涉。

㈡**踏歌詞**（五言六句）**格律**：

「⊥｜——｜，⊤—｜｜—；⊤——｜｜，⊥｜｜——；⊥｜｜——，⊥｜｜——」

按：此平仄係以崔液所作兩首踏歌詞比對而定者，其每句首字平仄不拘，第三字平仄分明，自是五言詩應守之規矩。然四、五、六三句，平仄全然相同，顯然違反詩中「黏」、「對」之規矩。

㈢**拋毬樂**（五言六句）**格律**：

「⊥｜｜——，——｜｜—；｜——｜｜，｜｜｜——；｜——｜｜，⊤—⊥｜—」

按：此平仄係依劉禹錫、皇甫松所作加以審定，其「對」、「黏」關係，悉符詩律。至若句中平仄，則唯末句第三字，皇甫松作「一杯君莫辭」，「君」字宜仄作平，犯「二夾一」之忌諱，遂成拗句矣。

㈣**生查子**（雙調，五言八句）**格律**：

「⊥｜｜——，⊥｜——｜；⊥｜｜——，⊥｜——｜。⊥｜｜——，⊥｜——｜；⊥｜｜——，⊥｜——｜。」

按：此平仄係依魏承班之作加以審定，其篇章雖為五言八句，然逐句採「黏」之方式，以五言仄起之兩句型，兩兩相承，誠然與詩律迥異。晚唐韓偓之作，第三句作「｜—｜

｜—」，末句作「——｜—｜」，尤覺突兀。

㈤**醉公子**（雙調，五言八句）**格律**：

「⊥｜——｜，⊥｜——｜；⊥｜｜——，⊤—｜｜—。⊥｜——｜，⊥｜——｜；⊥｜｜——，⊤—｜｜—。」

按：此平仄係依顧敻之作加以審定，其上下片前三句，顯然失去「對」、「黏」關係；且首兩句平仄均相同，亦與詩律迥異。又：此詞上下片兩結，薛昭蘊之作均採「⊥——｜—」之形式，遂成「二夾二」之拗律矣。再則，尹鶚所作之生查子，其平仄另有規矩，茲標示供參考：「⊤——｜｜，⊤——｜｜；⊥｜｜——，⊤—⊥｜—。⊤——｜｜，⊤——｜｜；⊥｜｜——，⊤—⊥｜—。」而顧敻另一首生查子，即同此律；唯首句作「⊥｜——｜」，又稍不同。

㈥**竹枝**（七言兩句）**格律**：

「⊤—⊥｜（竹枝）⊥——（女兒），⊤—⊥｜（竹枝）⊥——」

按：詩中兩句稱一聯，其平仄固宜對稱；今竹枝詞調乃作上下句平仄相同，顯然不符詩之規矩。皇甫松另有一首仄韵竹枝，其平仄作「平平平平仄仄仄，仄平仄仄平平仄」，尤拗律之至。

㈦**陽關曲**（七言四句）**格律**：

「｜——｜｜——，⊥｜——｜｜；｜—｜｜｜，—｜———｜—。」

按：陽關曲之平仄，除第二句首字，平仄可不論外，其餘平仄均宜分明，唐王維、宋蘇軾之作皆然。而此詞平仄結構，非但二、三句失黏；其三、四結尾，一作「仄平仄」，一作「平仄平」，遂沿為定律，真成以拗為順矣。

(八)**八拍蠻**（七言四句）**格律**：

「⊥｜｜——｜—，⊤——｜｜——；⊥｜⊤——｜｜，——⊥｜｜——。」

按：此平仄係以孫光憲、閻選所作加以審定，其二、三句平仄，顯然失黏。而首兩句之第三字，平仄不可更易，遂成拗律。又：閻作首句不押韵，其平仄為「——｜｜——｜」，第三字仍採拗律。

(九)**字字雙**（七言四句）**格律**：

「——｜——｜—，｜｜———｜—，———｜—｜—，｜—｜｜—｜—。」

按：此詞唯見唐王麗貞之作，平仄悉從之。其句與句間之對、黏，全然失之；且每句末三字均採「二夾一」之形式，斯亦以拗為順也。

(十)**浣溪沙**（雙調，七言六句）**格律**：

「⊥｜⊤——｜｜，⊤—⊥｜｜——。⊤—⊥｜｜——。

⊥｜⊤——｜｜，⊤—⊥｜｜——，⊤—⊥｜｜——。」

按：此平仄係依韓偓、薛昭蘊所作加以審定，其每句一、三字不論，第五字分明，甚符七言詩律之要求。唯上下片二、三句均押韻，平仄全同，斯又有別於詩；蓋詩中第三句，依律不用韵也。至若上片首句，亦可不押韵，其平仄為「⊥｜⊤——｜｜。」

(十一)玉樓春（雙調，七言八句）**格律**：

「⊥｜⊤——｜｜，⊥｜⊤——｜｜；⊤—⊥｜｜——，⊥｜⊤——｜｜。　⊥｜⊤——｜｜，⊥｜⊤——｜｜；⊤—⊥｜｜——，⊥｜⊤——｜｜。」

按：此平仄係依顧敻之作加以審定，其篇章結構，唯上、下片三、四兩句採「對」之關係，其餘各句，對、黏全失。又此詞押仄韻，其平仄均採一律，即「⊥｜⊤——｜｜」，亦甚突兀，而牛嶠之作，末句作「⊤—｜｜——｜」，稍有變化。至若李煜之作，其上、下片首句，亦均採「⊤—｜｜——｜」，遂成宋人規矩。

(十二)柘枝引（五、七言各兩句）**格律**：

「——｜｜｜——，｜｜｜——；—｜——｜，——｜｜｜——。」

按：此平仄係依樂府詩集載無名氏之作加以寫定，其每句平仄及對、黏關係，均符詩律；特五、七言組合有別耳。

(十三)拋毬樂（五言一句，七言五句）**又一體格律**：

「⊥｜——⊥｜—，⊤——｜｜——；⊤—⊥｜⊤—｜，⊥｜⊤—⊥｜—；⊥｜——，｜——⊥｜—。」

按：此拋毬樂又一體，其平仄依馮延巳所作八首加以審定。其平仄均符詩律之規矩，唯一、二、五、六句之第三字必用平聲，較詩尤嚴。至其前四句之對、黏關係，亦符詩之規矩；唯末兩句均以仄仄起首，遂亂對、黏關係矣。

㈣**望梅花**（雙調，五言兩句，七言四句）**又一體格律**：

「｜一一｜｜一一，｜｜｜一一一｜，｜｜一一一｜一。一｜｜一一，一｜一一｜｜一，一｜｜一一。」

按：此望梅花又一體，其平仄依孫光憲之作加以審定，無他首可校。審其對、黏關係，均未符詩之規矩。至其平仄，依七言詩一、三字平仄可不論之規矩度之，則此詞起句及下片三句，尚符詩律；上片二、三兩句則顯然拗律矣。

㈤**生查子**（雙調，五言七句，七言一句）**又一體格律**：

「⊥｜｜一一，⊥｜一一｜；⊥｜｜一一，⊥｜一一｜。　一一｜｜一一，⊥｜一一｜；⊥｜｜一一，⊥｜一一｜。」

按：此詞平仄悉同五言八句之生查子，唯下片首句作七字句稍異，其平仄爲「平平仄仄仄平平」，符合詩律。至其全篇，則未符詩之規矩。（參本節（四））

㈥**菩薩蠻**（雙調，五言六句，七言兩句）**格律**：

「⊤一⊥｜一一｜，⊥一⊥｜一一｜，⊥｜⊥一一，⊤一一｜一。　⊤一一｜｜，⊥｜⊤一｜；⊥｜｜一一，⊤一⊥｜一。」

按：此平仄係依李白、溫庭筠之作加以審定。首兩句平仄悉同，顯然失對；三、四句以平韵兩句型相承，理無不可，然四句末結之平仄限用「一一｜一」，顯爲拗體。下片對、黏關係，大醇小疵，以牽就押韵故也。而前兩句採五言仄收兩形式相承，後兩句採五言平收兩形式相承，亦詩律常見；唯逐句押韵，每兩句換韵，則非詩之規矩也。

綜上分析，可見於唐、五代小令中，除本文「體製」節中所列之9調10體全符詩之結構、規矩外，尚有14調16體係由五、七言組合而成者。[13]然除拋毬樂之平仄、對黏符合詩之規矩外，餘均不符；且該調僅六句，亦未符詩之篇章結構，如此，14調16體全不符規矩矣。然則詞律之「以拗爲順」，「以不諧爲諧」之特色，豈非顯而易見！吾人若能就其他雜言詞調及中調、長調，進一步探討，此現象當更顯著。

此外，夏承燾於唐宋詞字聲之演變一文中[14]曾謂：「詞之初起，若劉、白之竹枝、望江南，王建之三臺、調笑，本蛻自唐絕，與詩同科。至飛卿以側艷之體，逐管絃之音，始多爲拗句，嚴於依聲。往往有同調數首，字字從同；凡在詩中可不拘平仄者，溫詞皆一律謹守不渝。」並舉南歌子爲例，謂溫作凡七首，每首五句二十三字，共一百六十一字，無一字平仄不合。又舉定西蕃爲例，謂此調每首八句，拗句佔其四，而溫作凡三首一百五十字，其拗處皆一一相對，亦無一字平仄不合。因謂：「蓋六朝詩人好用雙聲疊韻，盛唐猶沿其風；洎後平仄行而雙疊廢，乃復於平

---

[13] 唐、五代詞調，以五、七言組成者，尚有清平調、水調、涼州、伊州諸調。由於此等曲調，均爲唐之大曲，多至十餘徧，不可割裂，故御製詞譜特置於卷四十附編。本文於此數調，並未計數，以免與個體之小令混淆。

[14] 夏氏此文，原收入其自著唐宋詞論叢一書中。一九八五年北大趙爲民、程鬱綴兩人選編詞學論薈時，復加以收入。該書台灣版，由五南圖書出版公司印行。

仄之中，出變化爲拗體，其肆奇於詞句，則始於飛卿。凡拗處堅守不苟者，當皆有關於管絃音度。飛卿託跡狹邪，雅精此事，或非漫爲詰屈。」

茲更舉溫詞數例，以證夏氏此言之不虛：

其一，遐方怨凡兩首，其第四句末三字均作「平仄平」。

其二，荷葉杯凡三首，其第四句末三字均作「仄平仄」

其三，菩薩蠻凡十五首，上下片末句合計三十句，其中二十八句之末三字均作「平仄平」；另兩句爲「獨倚門」、「浸晚霞」，平仄爲「仄仄平」。而「獨」字爲入聲字，以詞律論，當時已有入聲代平聲之規矩[15]，則此句亦可視爲「三夾二」；餘僅「浸」字未合耳。

其四，更漏子凡六首，其上下片末句合計十二句，其中十一句之末三字均作「平仄平」；另一句爲「滴到明」，「滴」字入可作平，亦符詞律。

---

[15] 詞律於入聲未獨用時，恆派入平、上、去三聲；恰似中原音韻所謂入聲派入三聲之說。而此現象，唐、五代詞作，實已見之。夏承燾作詞法第二說聲項即列有「入聲派入三聲」一條，並舉例云：「溫飛卿的菩薩蠻云：『翠鈒金作股，鈒上雙蝶舞。』依調，『蝶』字應作平聲。又和凝的山花子云：『鶯錦蟬縠馥麝臍。』依調，『縠』字也應作平。可見唐、五代詞已有入作平的例。」

其五，河傳三首，其上下片結句之末三字，均作「平仄平」。以此證之，詞調之某些詞句，其平仄已以詩之拗律為定式；而此特色經知音識曲之文人，如溫庭筠者流，予以發微鉤隱，遂益突出，終亦奠定詞體之規矩。

四、用韻

唐代詩人之用韻，係依切韻或唐韻，凡韻書註明「同用」者，即可視為同韻；洎乎元末，乃將同用之韻部歸併，稍加變通，而成一百零六韻，即後人所謂之平水韻，亦即明清所謂之「詩韻」。至若詞韻，唐代素無其書，故唐詞全依詩韻。[16]然五代以還，詞韻即漸與詩韻離異。至明沈謙始歸納宋詞，以成詞韻；淸仲恆、戈載復為之損益，遂立規模。觀夫詞韵之組織，係將詩韻一百零六部，歸併整合，得十九部；含平、上、去聲十四部，入聲五部。而十九部中，平聲、入聲獨用，上去則通押；且入聲未獨用時，又派入平、上、去三聲。凡此種種，顯然較詩韻簡要通融，蓋時代不同，聲韻有異，自有其不得不變之勢也。而本節所欲探討者，尤在比較詩詞用韻之方式，以

---

[16] 四庫提要卷一九九中原音韻提要云：「唐無詞韻，凡詞韻與詩皆同。唐初回波諸篇，唐末花間一集，可覆按也。其法密於宋，漸有以入代平，以上代平諸例。而三百年作者如雲，亦無詞韻。間或參以方言，但取歌者順吻，隱者悅耳而已矣。一則去古未遠，方言猶與韻合，故無所出入；一則去古漸遠，知其不合古音，而又諸方各隨其口語，不可定以一格，故無書也。」

凸顯詞體之特色。

衆所周知，詩之用韻，近體與古體，自有不同。近體詩用韻綦嚴，無論絕句、律詩、排律，均須一韻到底，不許通韻；且以用平聲韻爲原則。至若古體詩，雖亦以用本韻爲常見，然仄韻普遍運用，且有問韻、轉韻、上去通押之現象，實較近體詩通融變化。而唐、五代小令之用韻，既有承自近體詩平、仄韻一韻到底之規矩；復將古體詩轉韻、間韻、疊韻之現象，沿爲定律；並有遞韻、同部平仄通協等新發展，可謂繁富多樣。此中，承傳詩之規矩者，亦復加以變化，而呈現同中有異之現象。茲分述如次（因疊句而疊韻之詞調參第二節句法項，此節不重複舉例。）：

㈠同部平聲韻通押

近體詩之用韻，以押同一韻目之字爲規矩，不得混用其他韻目。詞之用韻，固亦兼有詩之規矩，然已擴充爲同部韻通押，特嚴別平、仄韻耳。如東、冬二韻，於詩爲不通押，而詞則因同屬第一部而通押；若欲獨用，亦無不可。如五代和凝之臨江仙，凡用六韻：「濛、中、風、融、東、紅」，均爲「東」韻字。而張泌所用之六韻爲「紅、蹤、空、中、重、風」，其中「紅、空、中、風」爲「東」韻字，「蹤、重」二字爲「冬」韻字，此即詞韻同部平聲通押之例也。準此原則，審度唐、五代小令中，採同部平聲韻通押之詞調，計有六十調，茲臚列如次：

竹枝、漁父引、紇那曲、囉嗊曲、南歌子、回波樂、舞馬詞、三臺、柘枝引、摘得新、漁歌子、憶江南、瀟湘神、解紅、赤棗子、搗練子、陽關曲、欸乃曲、采蓮子、浪淘沙、楊柳枝、字字雙、甘州曲、踏歌詞、秋風清、抛毬樂、遐方怨、訴衷情又一體、天仙子又一體、江城子、長相思、思帝鄉、河滿子、望梅花又一體、春光好、酒泉子又一體、怨回紇、玉蝴蝶、中興樂又一體、贊甫子、浣溪沙、采桑子、好時光、柳含煙、杏園芳、更漏子又一體、巫山一段雲、烏夜啼、阮郎歸、三字令、山花子、月宮春、河瀆神、臨江仙、浪淘沙令、金錯刀、一七令、望遠行、瑞鷓鴣、小重山。

(二)同部仄聲韻通押

所謂「仄聲」,係指上、去、入三聲。近體詩之押仄韻者,仍將此三聲嚴格區分,不得通押。古體詩則因上、去聲韻字較少,偶見通押之現象。如杜甫石壕吏:「吏呼一何怒。婦啼一何苦。聽婦前致詞,三男鄴城戍。」其中上聲「苦」字,即與去聲「怒」、「戍」通押。又如白居易長恨歌:「歸來池苑皆依舊,太液芙蓉未央柳。」亦以去聲「舊」與上聲「柳」通押。至若詞調所謂之「同部仄聲韻通押」,則將古體詩偶然之現象,變爲通則,演爲定律;舉凡同部之上、去聲及同部之入聲韻,均可通押,亦可獨用。如謁金門爲一押仄韻之詞調,韋莊之作凡三首,均以入聲韻獨押,其一爲「憶、息、識、覓、力、跡、寂、碧」,屬第十七部入聲韻;其一爲「足、綠、玉、浴、軸、曲、簇、目」;其一爲「促、燭、竹、續、玉、宿、曲、綠」,均屬第十五部入聲韻。至牛希濟之作,則以「暮、路、去、樹、數、霧」六去聲字,與「鼓、語」兩上聲字通押,以均屬第四部仄聲韻也。準此原則,審度唐、五代小令中,採同部仄聲韻通押之詞調,計有三十四調,茲臚列如次:

竹枝又一體、閒中好、拜新月、醉妝詞、回波樂又一體、塞姑、花非花、漁歌子、秋風清又一體、一葉落、如夢令、天仙子、風流子、望江怨、望梅花、上行杯又一體、長命女、生查子、醉花間、點絳唇、歸國遙、浣溪沙又一體、後庭花、謁金門、憶秦娥、賀聖朝、陽臺夢、應天長、滿宮花、一七令又一體、河傳、木蘭花令又一體、玉樓春、一斛珠。

㈢間　韻

所謂「間韻」，係指一闋詞中，其押韻，無論平、仄，以一部爲主，中夾他部韵以爲叶者。此種現象。古體詩中亦可得而見，王力漢語詩律學第二章第二十五節，名之曰通韻，並分別爲三種：㈠偶然出韵；㈡主從通韻；㈢等立通韻，要皆以一韵目爲主，中夾他韻目之字也。洎乎詞調，先將相近之韻目歸併爲同部，再以一部爲主，他部爲從，演爲定律。如薛昭蘊相見歡詞：

「羅襦繡袂香紅。畫堂中。細草平沙蕃馬、小屏風。　卷羅幕。凭妝閣。思無窮。暮雨輕煙魂斷、隔簾櫳。」

按：此詞係以第一部平聲韵爲主，中夾第十六部入聲韵兩字——「幕、閣」，爲其押韵之定格；斯即「間韵」之例也。似此間一部韻之詞調，唐、五代小令中，尙有添聲楊柳枝、中興樂、紗窗恨、巫山一段雲又一體、喜遷鶯、西江月又一體等六調，合計凡七調。

其次，復有間兩部韻者，則有荷葉杯、憶江南又一體、訴衷情、上行杯、酒泉子、更漏子又一體、河傳又一體等七調，茲舉溫庭筠荷葉杯爲例：

「一點露珠凝冷。波影。滿池塘。綠莖紅豔兩相亂。腸斷。水風涼。」

按：此詞係以第二部平聲韵爲主，中夾「冷」、「影」、「亂」、「斷」四字，前兩字屬第十一部仄聲韵，後兩者屬第十四部仄聲韵，斯即間兩部韵之例。

㈣「轉韻」

在古體詩中，乃屬常見之用韻方式；其在詞中，特擴充爲不同部之韻字，無論平、仄，逐次轉換，亦稱「換韻」。如韋莊之荷葉杯：

記得那年花下。深夜。初識謝娘時。水堂西面畫簾垂。攜手暗相期。　惆悵曉鶯殘月。相別。從此隔音塵。如今俱是異鄉人。相見更無因。

按：此詞之用韻，係由第十部仄聲韵——「下」、「夜」，轉入第三部平聲韻——「時」「垂」、「期」，復轉換爲第十八部入聲韻——「月」、「別」，末以第六部平聲韻——「塵」、「人」、「因」收尾，斯即轉韻之例。唐、五代小令中，採用此用韻方式者，尚有南鄉子、蕃女怨、古調笑、西溪子、上行杯又一體、感恩多、酒泉子又一體、女冠子、清平樂、更漏子、巫山一段雲、喜遷鶯、河瀆神、偷聲木蘭花、思越人、臨江仙又一體、河傳、望遠行又一體、木蘭花令、玉樓春又一體等二十調，合計二十一調。

凡採「轉韻」之詞調，以不回復前韻爲原則；然醉公子、菩薩蠻、虞美人三調仍有回復之現象。茲舉顧敻醉公子爲例：

河漢秋雲澹。紅藕香侵檻。枕倚小山屏。金鋪向晚扃。　睡起橫波慢。獨坐情何限。衰柳數聲蟬。魂銷似去年。

按：此調一名「四換頭」，以其兩句一韻故也。以顧作爲例，起首「澹」、「檻」兩字，屬第七部仄聲韻，而後轉第十一部平聲韻——「屏」、「扃」，其下復回用第七部仄聲韻——「慢」、「限」，末則換爲第七部平聲韻，顯爲轉韻。然其中第三組用韵與第一組用韵，屬同部仄聲韵，造成回復之現象，斯又就換韻稍作變化也。

㈤遞　韻

所謂「遞韻」，係指兩部或數部韻，不論平仄，交替協韻。此用韻方式，不見於詩體，詞體亦罕見，檢視唐、五代小令，僅定西蕃及醉公子又一體兩詞調耳。茲舉溫庭筠定西蕃爲例：

漢使昔年離別。攀弱柳，折寒梅。上高臺。　千里玉關春雪。雁來人不來。羌笛一聲愁絕。月徘徊。

按：此詞以「別」字起韻，屬第十八部入聲韻；其下「梅」、「臺」兩韻，屬第五部平聲韻；下片首韻「雪」字，又回用第十八部入聲韻；其下「來」字，亦回用第五部平聲韻；末兩韻，「絕」字仍屬第十八部入聲韻；「徊」字仍屬第五部平聲韻。如此交遞協韻，即「遞韻」也。

㈥同部平仄通協

本節第㈣項定義「轉韻」時曾謂：「不同部之韻字，無論平、仄，逐次轉換，謂之轉韻。」然若押韻字屬同部，而以平、仄韻轉換相協，則謂之平仄通協；爲求明確，本段特加「同部」兩字，以區別之。見諸唐、五代小令，採此種用韻方式之詞調，厥唯酒泉子又一體及金錯刀又一體耳。茲舉酒泉子又一體，牛嶠之作爲例：

記得去年，煙暖杏園花正發，雪飄香。江草綠，柳絲長。　鈿車纖手卷簾望。眉學春山樣。鳳釵低裊翠鬟上。落梅妝。

按：此詞以第二部平聲韻「香」字起韻，後協一「長」字。下片轉以同部仄聲韻三字：「望、樣、上」相協，並以同部平聲韻「妝」字作結，斯即「同部平仄通協」之例。

除卻韻部重整及上述六種用韻方式外，詞體於用韻之位置，亦有所突破。蓋詩之規矩，以「二、四、六」句用韻為原則，其首句則可押、可不押。而詞體固亦承襲此原則，然絕多數詞調，均已不受此限。即以唐、五代小令110調之正體分析，全符詩之規矩者，僅閒中好、花紇曲、囉嗊曲、回波樂、舞馬詞、三臺、柘枝引、塞姑、陽關曲、欸乃曲、采蓮子、浪淘沙、楊柳枝、八拍蠻、秋風清、拋毬樂、河滿子、怨回紇、生查子、贊浦子、好時光、烏夜啼、陽臺夢、瑞鷓鴣等二十四調。餘八十六調，均未符規矩，此中一七令調，甚而限於「一、三、五」等奇數句用韻，最為特殊。另有竹枝、漁父引、醉妝詞、荷葉杯、南鄉子、字字雙、古調笑、訴衷情、定西蕃、長相思、相見歡、望梅花、醉公子、中興樂、歸國遙、菩薩蠻、後庭花、謁金門、河瀆神、偷聲木蘭花、河傳、虞美人、小重山等二十三調，通首句句用韻，恰似詩中之柏梁體。[17]復有漁歌子、瀟

---

[17] 柏梁體詩，相傳始於漢武帝與群臣於柏梁臺聯句之作，或亦疑其偽，然王力漢語詩律學導言云：「（此詩）從押韻上說，之、咍同部，正是先秦古韻，可見這即使不出於武帝時代，也不會相差太遠。」（頁一四）此體之特色，在於句句用韻，一韻到底；且為七言平韻詩。如唐景龍三年帝誕辰內殿宴聯句，即純然模仿柏梁臺聯句，其時參與聯句之君臣為：中宗、李嶠、宗楚客、劉憲、崔湜、鄭愔、趙彥昭、李適、蘇頲、盧藏用、李乂、馬懷素、薛

湘神、章臺柳、一葉落、如夢令、西溪子、天仙子、望江怨、長命女、酒泉子、蝴蝶兒、添聲楊柳枝、玉蝴蝶、紗窗恨、戀情深、浣溪沙、杏園芳、淸平樂、巫山一段雲、阮郎歸、望遠行等二十一調，通首僅一句不用韻。至若酒泉子、醉花間、點絳唇、采桑子、憶秦娥、喜遷鶯、山花子、應天長、臨江仙、浪淘沙、玉樓春、一斛珠等十二調，爲雙調形式，通首兩句不押韻，上下片各一句，組織形式相同；蓋緣音樂相同，重複詠唱，如此則與通首一句不韻者，實無二致。斯亦可證唐、五代小令，非但用韻位置突破詩之規矩；其用韻之稠密，亦較詩爲甚。至若用韻較詩爲疏者，厥爲慢詞也。

參、結語

綜上分析，可見詞律之形成，實來自三方面：一則承傳自近體詩之規矩，一則將古詩之各種不規則現象，加以「律化」，一則自闢蹊徑，力求突破創新。約而言之，則可自下列四點見其端倪：

其一，就體製觀之，凡齊言之形式，蓋均承傳於詩；其中甚有詞調全然與詩無異，特單、雙調有

稷、宋之問、上官婕妤等。而唐代詩人獨自仿作者，亦所在多有，且均爲七言平韻古風。如王昌齡箜篌引、岑參敦煌太守後庭歌、李白白紵辭、杜甫飲中八仙歌、韓愈陸渾山火和皇甫湜、韓偓寄遠等，皆是也。

別耳。而長短句之形式，亦承自古體詩，詞則加以定律，以成規矩耳。至若雙調兼長短句之形式，則為詞體創新之處。其次，詩體偶數句之篇章組織，以及兩兩相稱之原則，詞體固加以承襲，然已兼採古體詩中，以奇數句組成篇章，以及以奇數句段落或奇、偶相間組成篇章之形式，演為規矩，定為繩墨，誠突出也。

其二，就句法及音樂技巧觀之，除承自一般文學共通之鑄句方法，如頂真、回文、疊句等，詞體復有其創新之規矩；亦即折腰、添字、減字、攤破、和聲、添聲、偷聲等技巧也。至若唐代樂曲已有之犯調與促拍，唐、五代小令似未引用；而詞體頗具特色之領調句法，唐、五代小令亦未加以凸顯（實則中、長調亦然），均有賴宋人之發揚也。

其三，就平仄觀之，除卻齊言體中合於詩律之詞調外，詞體每句之平仄結構，實兼採律句與拗句；甚而將拗句加以規範，不稍通融，企圖造成「以拗為順」之現象。故所謂「一、三、五不論，二、四、六分明」之原則，實難盡括詞體之平仄。其次，詩篇之對、黏關係，絕大多數詞調均加以破壞殆盡，企圖造成「不諧之諧」，以自樹風貌。而能採得個中消息，積極創作發揚者，晚唐溫庭筠當為第一人也。

其四，就用韻觀之，唐、五代雖無詞韻之書，然以實例證之，其時詞體之押韻，已自詩體同一韻目之字通押，拓展為多韻目之字通押；亦即明清以還所謂之「同一部」韻字通押。其次，詞韻之入聲字，經整合後，亦可同部獨押；其未獨用時，則可派入平、上、去三聲。此兩大突破，誠較詩韻通融進步。且在此大變化下，其押韻方式，大抵仍承傳近體詩與古體詩之規矩，如同部平聲韻通押、同部仄聲韻通押、間韻、轉韻、疊韻等。而詞體本身亦有新發展，如遞韻、同部平仄通協即是。再則押韻之位置，詩體係以「二、四、六」句用韻，首句可押、可不押爲原則。詞體於此，固亦加以承襲，然絕多數詞調已然突破此限，而呈變化不定之趨勢。唯見諸唐、五代小令，其通首逐句用韻及僅一、二句不用韻之現象爲最夥，正可見其時小令用韻實較詩爲稠密也。

※原載於《東吳文史學報》第十一號，一九九三年三月，頁七七至一〇六。

體製篇

兩宋集句詞形式考

——兼論兩宋集句詞未必盡集前人成句

壹、前　言

何謂「集句詞」?其要求如何?並未見前人定義。然對於集句詩及其要求,則頗見言之者。宋沈括《夢溪筆談‧藝文一》云:「荆公始爲集句詩,多者至百韻,皆集合前人之詩句。」[1]明徐師曾《文體明辨‧集句詩》云:「按:集句詩者,雜集古句以成詩也。自晉以來有之,至宋王安石尤長於此。蓋必博學強識,融會貫通,如出一手,然後爲工。若牽合傅會,意不相貫,則不足以語此矣。」[2]今人裴普賢《集句詩研究‧何謂集句詩》據前人所言而引伸云:「所謂集句詩,是完全採前人的詩句或文句,以另行組合成一詩的作品,不許有任何一字自創之作摻雜其中,甚至更動前人句子一字,也不被容許(簡縮一、二字,已屬例外),與一般的創作完全不同,而形成一種特

1 臺北:臺灣商務印書館《影印文淵閣四庫全書》本,冊八六二,一九八六年二月,頁七九一。

2 可參考《文體明辨序說》,臺北:長安出版社,一九七八年十二月,頁一一一。

殊的詩體者。」[3]以此標準檢視北宋甫發展之集句詞，誠然未盡如此。

有鑒於此，本人於撰寫〈蘇軾集句詞四考〉[4]一文時，特列「形式考」一節，並舉宋祁、王安石、蘇軾、向子諲四位詞家之集句作品為例，而有以下之結論：「足證宋代之集句詞，其形式與後世對集句詩之定義，誠然有異，蓋可包括：㈠集前人成句；㈡就前人成句更動其字詞而後集之；㈢化用前人詩意，另鑄新詞以集之；㈣截取前人詩句以集之；㈤集入作者個人之作品。」[5]茲為具體且全面了解兩宋集句詞之形式，並兼論兩宋集句詞未必「皆集合前人之詩句」，爰撰成此文，以證明上述結論之正確性。

至若本文所引宋詞，全依唐圭璋編《全宋詞》[6]；所引唐詩，全依康熙敕撰《全唐詩》[7]；所引宋詩，全依北京大學古文獻研究所編《全宋詩》[8]；冊數及頁碼，亦以所舉版本為主，逕標於該詩、詞之後，除非必要，不再一一附注，以省篇幅。

貳、主　文

3 臺北：臺灣學生書局，一九七五年十一月初版，頁一。
4 《宋代文學研究叢刊》第四期，臺灣高雄：麗文文化事業股份有限公司，一九九八年十二月，頁二七一至二九九。
5 同前註，頁二七九。
6 臺北：世界書局，一九七六年十月初版。
7 臺北：盤庚出版社，一九七九年二月第一版。
8 北京：北京大學出版社，一九九二年六月第一版。

欲知兩宋集句詞之形式，首先須了解何者爲集句詞？而就《全宋詞》所錄詞篇，查其詞牌下之詞題及題序，無疑爲最便捷之方法。然由於兩宋詞人之集句作品，未必盡有標示，於焉其總數量，實難明確統計。茲就所見者，分類歸納如次：

一、逕於詞牌下標示「集句」，或相關字樣者，有王安石〈菩薩蠻〉（海棠亂發皆臨水）（冊一，頁二〇八）；蘇軾〈南鄉子〉（寒玉細凝膚）、又（悵望送春杯）、又（何處倚欄杆）（以上三闋，並見冊一，頁二九二）；黃庭堅〈鷓鴣天〉（寒雁初來秋影寒），題標「重九集句」（冊一，頁四〇九）；秦觀〈玉樓春〉（狂風落盡深紅色）[9]（冊一，頁四七五）；晁補之〈江神子〉（雙鴛池沼水融融），題標「集句惜春」（冊一，頁五五七）；鄭少微〈鷓鴣天〉（欲把長繩繫日難）（冊二，頁六九五）；趙彥端〈菩薩蠻〉（青春背我堂堂去）（冊三，頁一四四九）、〈南鄉子〉（窗戶映朝光）（冊三，頁一四五二）、〈卜算子〉（脈脈萬重心）（冊三，頁一四六三）；張孝祥〈水調歌頭〉（五嶺皆炎熱），題標「桂林集句」（冊三，頁一六八八）；楊冠卿〈卜算子〉（蒼生喘未蘇），題標「秋晚集杜句弔賈傅」（冊三，頁一八六一）；辛棄疾〈憶王孫〉（登山臨水送將歸）（冊三，頁一九〇八）、〈踏莎行〉（進退存亡），題標「賦稼軒，集經句」（冊三，頁一九二一）；楊澤民〈點絳脣〉（流水泠泠）（冊四，頁三〇〇五）、又（雨歇方塘）（冊四，頁三〇〇七）；汪元量〈憶王孫〉（漢家宮闕動高秋），題云：「集句數首，甚婉娩，情至可觀」[10]、又（吳王此地有樓臺）、又（長安不見使人

---

9 此詞《全宋詞》列入秦觀「存目詞」（冊一，頁四七二），並按云：「疑亦張綖詞」，由於無確切證據，姑仍視爲秦觀之作。

10 此乃劉辰翁批語，見孔凡禮輯校《增訂湖山類稿》（北京：中華書局，一九八四年六月第一版）卷五，頁一七八。

愁〉、又〈陣前金甲受降時〉、又〈鷓鴣飛上越王臺〉、又〈離宮別苑草萋萋〉、又〈上陽宮裡斷腸時〉、又〈華清宮樹不勝秋〉、又〈五陵無樹起秋風〉（以上九闋，並見冊五，頁三三四二）；朱希真〈采桑子〉（王孫去後無芳草）[11]，題標「閨怨集句」（冊五，頁三八五四）。以上小計，凡二十七闋。

二、詞牌下附題序，自其敘述，知為集句詞者，有蘇軾〈定風波〉（雨洗娟娟嫩葉光），題云：「元豐六年七月六日，王文甫家飲釀白酒，大醉。集古句作墨竹詞」（冊一，頁二八九）；黃庭堅〈菩薩蠻〉（半煙半雨溪橋畔），題云：「王荊公新築草堂於半山，引八功德水作小港，其上壘石作橋。為集句云：『數間茅屋閒臨水。窄衫短帽垂楊裡。花是去年紅。吹開一夜風。　梢梢新月偃，午醉醒來晚。何物最關情。黃鸝三兩聲。』戲效荊公作。」（冊一，頁三九九）；周紫芝〈鷓鴣天〉（終日看山不厭山），題云：「重九登醉山堂，戲集前人句作〈鷓鴣天〉，令官妓歌之，為酒間一笑。前一首，自為之也。」[12]（冊二，頁八七五）；向子諲〈浣溪沙〉（爆竹聲中一歲除），題云：「荊公〈除日〉詩云：『爆竹聲中一歲除，東風送暖入屠蘇；千門萬戶曈曈日，爭插新桃換舊符。』[13]東坡詩云：『老去怕看新曆日，退歸擬學舊桃符。』[14]古今絕唱也。呂居仁詩有『畫角聲中一歲除，平明更

---

[11] 此朱希真非朱敦儒，乃建康府朱將仕女，小字秋娘。

[12] 題中所謂「前一首」，係指〈鷓鴣天〉（年少登高意氣多）一詞，乃周紫芝之創作，非集句詞。

[13] 此詩詩題，《全宋詩》（版本同註八）作「元日」，並注云：「龍舒本作『除日』」；次句「東風」兩字，《全宋詩》注云：「張本作『春風』」；而末句「爭插」兩字，《全宋詩》注云：「張本作『總把』」（冊一〇，頁六六八五）。

[14] 蘇軾此詩，為〈除夜野宿常州城外二首〉七律之二，原詩如次：「南來三見歲云，直恐終身走道途；老去怕看新曆日，退歸擬學舊桃符。煙花已作青春意，霜雪遍尋病客鬚；但把窮愁博長健，不辭最後飲屠蘇。」（《全宋詩》

飲屠蘇酒』[15]之句，政用以為故事耳。薌林退居之十年[16]，戲集兩公詩，輒以鄙意足成〈浣溪沙〉，因書以遺靈照。」[17]（冊二，頁九六〇）；胡平仲〈減字木蘭花□詠梅〉[18]（天然標格）、又（蘭凋蕙歇），題云：「東坡詠梅成三十篇，〈紅梅〉詩有云：『詩老不知梅格在，更看綠葉與青枝。』謂石曼卿有『認桃無綠葉，辨杏有青枝』[19]之句也。夫梅紅與艷杏、夭桃固異，不待觀枝葉，而已辨明矣。然人常言所不能到，予甚愛之，乃集其詩句作〈減字木蘭花〉二曲，一詠紅梅，一詠江梅，乃同韻，以貽好事者。」（冊五，頁三五九二）以上小計，凡六闋。

三、詞牌逕寫〈調笑·集句〉，而後以組詞方式顯現。前附題引云：「蓋聞：行樂須及良辰，鍾情正在我輩。飛觴舉白，目斷巫山之暮雲；綴玉聯珠，韻勝池塘之春草。集古人之妙句，助今

冊一四，頁九一九三）

15 此所引呂本中（字居仁）兩詩句，並未見載於《全宋詩》，待查。

16 向子諲，字伯恭，生於宋神宗元豐八年（一〇八五）。宋室南渡後，累官至徽猷閣直學士，知平江府。紹興八年（一一三九），以不肯拜金詔，忤秦檜意，乃致仕，退閒十五年，號所居曰「薌林」。紹興二十二年（一一五二）卒，年六十八。此云「薌林退居之十年」，則知係作於紹興十八年（一一四九）。其事蹟見《宋史》（臺北：鼎文書局新校點本二十四史，一九八二年十一月四版）卷三七七本傳。其生卒年之推斷，可參 先師鄭騫先生撰《宋人生卒年考示例》（臺北：華世出版社，一九七七年一月初版），頁六一至六二。

17 靈照，乃向子諲之幼女。

18 《全宋詞》案云：「二百零四卷元刊元印本《翰墨大全》原作胡仲平，而一百二十七卷本《翰墨全書》則作胡平仲，《渚山堂詞話》卷一亦作胡平仲，今從之。」（冊五，頁三五九〇）

19 石曼卿，即石延年。此二句見於所作〈紅梅〉五律詩，原詩如次：「梅好唯傷白，今紅是奇絕；認桃無綠葉，辨杏有青枝。烘笑從人贈，酡顏任笛吹；未應嬌意急，發赤怒春遲。」（《全宋詩》冊三，頁二〇〇五。）

日之餘歡。」次錄引詩：「珠流璧合暗連文，月入千江體不分；此曲只應天上有，歌聲豈合世間聞。」而後即以集句方式，分詠「巫山」、「桃源」、「洛浦」、「明妃」、「班女」、「文君」、「吳孃」、「琵琶」，末附「放隊」，亦以七絕作結，詩云：「玉爐夜起沉香煙，喚起佳人舞繡筵；去似朝雲無處覓，游童陌上拾花鈿。」（以上並見冊五，頁三六四七至三六四九）觀此結構，蓋以〈調笑〉集句，聯章歌詠，以供酒筵歌唱，俾助清歡，並角技逞才也。其次，其所詠八主題，均先以兩集句七絕爲引，而以次首絕句之末兩字，作爲〈調笑〉詞之首句，以見頂針之效果。即以詠「巫山」爲例，前附絕句之一云：「巫山高高十二峰，雲想衣裳花想容；欲往從之不憚遠，丹峰碧障深重重。」之二云：「樓閣玲瓏五雲起，美人娟娟隔秋水；江邊一望楚天長，滿懷明月人千里。」，而後即以「千里」爲首句，塡唱〈調笑〉詞，詞曰：「千里。楚江水。明月樓高愁獨倚。井梧宮殿生秋意。望斷巫山十二。雪肌花貌參差是。朱閣五雲仙子。」（以上並見冊五，頁三六四七）由於所詠凡八主題，故此〈調笑〉集句凡八闋。

四、著錄於《全宋詞》，而詞牌、詞題及題序，均未標明「集句」及相關字樣者，筆者亦查得十闋，要皆半數以上詞句，均以「整引」方式呈現，茲臚列如次：宋祁〈鷓鴣天〉（畫轂彫鞍狹路逢）（冊一，頁一一七）；王安石〈甘露歌〉（折得一枝香在手）、又（盡日含毫難比興）、又（天寒日暮山谷裡）、〈菩薩蠻〉（數家茅屋閒臨水）（以上並見冊一，頁二〇五）、〈浣溪沙〉（百畝中庭半是苔）（冊一，頁二〇六）、〈南鄉子〉（自古帝王州）（冊一，頁二〇七）；蘇軾〈阮郎歸□梅詞〉（暗香浮動月黃昏）（冊一，頁二九八）；

黃庭堅〈南鄉子〉（黃菊滿東籬）（冊一，頁三九六）、〈鷓鴣天〉（節去蜂愁蝶不知）[20]（冊一，頁四〇九）。

此外，《全宋詞》中，尚有陳亞子以〈生查子〉詞牌，集藥名入詞，以「陳情」或寫「閨情」者，凡四闋（並見冊一，頁八至九）；又有哀長吉〈水調歌頭〉（紫陌風光好）（冊四，頁二七一六）、張夢協〈渡江雲〉（瑞雲濃）（冊五，頁三五四六）、無名氏〈滿庭芳〉（共慶清朝）（冊五，頁三七三五）、無名氏〈鷓鴣天〉（燭影搖紅玉漏遲）（冊五，頁三七六九）、無名氏〈驀山溪〉（菊花新過）（冊五，頁三八〇八）等五闋，係集曲名入詞，以「賀人新娶」或祝壽、賀筵之用，真集句之變體也。然由於此兩類作品，均僅會集一名詞（或藥名，或曲名）入句，不符集「句」入詞之標準，因之，本文不以「集句詞」視之。秉此原則，總計筆者目前所得兩宋集句詞，凡五十一闋。茲爲歸納分析兩宋詞人集句入詞之形式，兼論兩宋集句詞未必「皆集合前人之詩句」，乃以此五十一闋集句詞爲例，依下列原則，逐次敘論如次：

甲、先後順序係依集句形式之繁簡排列，亦即形式簡單者列前，形式繁複者列後，以見其變化。

乙、每一形式，以舉兩例爲原則；其形式相同者，則以敘述方式，列於該形式之後；數量尤少者，則逕列於例證之前。

丙、每一例證，必予以索原，以見其取用技巧，而明其形式。然由於詞人取材極廣泛，苟有未明

---

[20]《全宋詞》冊一，頁四〇九，列有黃庭堅三闋〈鷓鴣天〉詞，然僅首闋下題云：「重九日集句」，而未云凡幾闋。今查其第二闋內容，亦屬重九之事，且亦集前人句而成，豈一時之作耶？至若第三闋，則與重九無涉，且非集句，蓋以詞牌相同而並列也。

者，僅從「缺如」之例，以俟日後再考。至若附列作品，則礙於篇幅，不予以索原。

丙、每一例證中，若有兩字句，如〈南鄉子〉、〈調笑〉兩詞牌即是，則不予索原，以兩字範圍極泛，難以確指也。

丁、由於五十一闋集句詞之詞題、題序，均已列於本節之前，因之以下每一例證，均予省去，以免重複。

戊、本節所使用之術語，僅詮釋如次：

子、整引——意謂整句引用成句，其中字數、語順、命意不變，而有一、二字相異，亦均屬之；蓋有鑒於宋人所讀版本，未必盡如後世也。

丑、增損——意謂就成句增減或改易一、二字而言，如七言減一字爲六言，或減兩字爲五言；以及五言增一字爲六言，或增兩字爲七言，甚或減一字而成四言等。

寅、截取——意謂就成句截取三字以上，以成獨立句式者。如就七言截取三字，以成三字句；或截取四字，以成四字句者。五言之截取三字者，亦屬此類。

卯、化用——凡取材詩文片段，不易其文意，而另造新句；或引伸文意、反用文意，而另造新句者，均屬之。

辰、檃括——凡取材詩文句意，以塡作半闋詞以上者，即視爲檃括。

原則既明，茲就兩宋集句詞之各種形式，依次列述如次：

一、全詞以「整引」形式呈現——如楊冠卿〈卜算子〉：

蒼生喘未蘇，賈筆論孤墳。文采風流今尚存，毫髮無遺恨。　淒惻近長沙，地僻秋將盡。長使英雄淚滿襟，天意高難問。（冊三，頁一八六一）

索原：

△蒼生喘未蘇：集自杜甫〈行次昭陵〉[21]五古：「往者災猶降，蒼生喘未蘇。」（冊四，頁二四〇七）

△賈筆論孤墳：集自杜甫〈寄岳州賈司馬六丈巴州嚴八使君兩閣老五十韻〉五古：「賈筆論孤墳，嚴詩賦幾篇。」（冊四，頁二四二九）

△文采風流今尚存：集自杜甫〈丹青引贈曹將軍霸〉七古：「英雄割據雖已矣，文采風流今尚存。」[22]（冊四，頁二三二二）

△毫髮無遺恨：集自杜甫〈敬贈鄭諫議十韻〉五言排律：「毫髮無遺恨，波瀾獨老成。」（冊四，頁二三九八）

△淒惻近長沙：

---

21 此詩詩題下附注云：「唐太宗昭陵在醴泉縣九嵕山西北；時甫詔許之鄜州視家，道理所經。」

22 此詩上句「雖已矣」三字，一作「皆已矣」；下句「猶尚存」三字，一作「今尚存」。

集自杜甫〈入喬口〉[23]五律：「賈生骨已枯，凄惻近長沙。」（冊四，頁二五六八）

△地僻秋將盡：

集自杜甫〈秦州雜詩二十首〉之十八：「地僻秋將盡，山高客未歸。」[24]（冊四，頁二四一九）

△長使英雄淚滿襟：

集自杜甫〈蜀相〉[25]七律：「出師未捷身先死，長使英雄淚滿襟。」[26]（冊四，頁二四三一）

△天意高難問：

集自杜甫〈暮春江陵送馬大卿公恩命追赴闕下〉五言排律：「天意高難問，人情老易悲。」（冊四，頁二五五七）

又如汪元量〈憶王孫〉之一：

> 漢家宮闕動高秋。人自傷心水自流。今日晴明獨上樓。恨悠悠。白盡梨園子弟頭。（冊五，頁三三四二）

△漢家宮闕動高秋：

集自趙嘏〈長安晚秋〉[27]七律：「雲物凄涼拂曙流，漢家宮闕動高秋。」[28]（冊九，頁六三七四）

---

23 此詩詩題下附注云：「長沙北界」。

24 此詩下句「客未歸」三字，一作「夜未歸」。

25 此詩詩題附注云：「諸葛亮祠在昭烈廟西」。

26 此詩上句「未捷」兩字，一作「未用」。

△人自傷心水自流：

集自劉長卿〈重送裴郎中貶吉州〉七絕：「猿啼客散暮江頭，人自傷心水自流。」（冊三，頁一五五六）

△今日晴明獨上樓：

集自盧綸〈春日登樓有懷〉七絕：「年來笑伴皆歸去，今日晴明獨上樓。」[29]（冊五，頁三一七二）

△恨悠悠：

集自白居易〈長相思〉詞：「思悠悠，恨悠悠，恨到歸時方始休。」（冊十二，頁一〇〇五七）△白盡梨園子弟頭：

集自趙嘏〈冷日過驪山〉[30]七絕：「霓裳一曲千門鎖，白盡梨園弟子頭。」（冊九，頁六三六八）

此中「弟子」二字，《全宋詞》作「子弟」，唯鮑廷博所刻汪元量《湖山類稿》[31]卷之五，作「弟

---

27 此詩詩題，一作〈秋望〉，一作〈秋夕〉。

28 此詩上句「悽涼」兩字，一作「悽清」。

29 此詩下句「晴明」兩字，一作「春風」。

30 此詩作者，一題作「孟遲」。佟培基編撰《全唐詩重出誤收考》（西安：陝西人民教育出版社，一九九六年八月第一版），據《萬首唐人絕句》、《唐詩紀事》兩書所載，以為作「孟遲」為是，疑係「洪邁誤作趙嘏」（見佟書頁四二四至四二五），錄供參考。

31 見同註10。

子」，正切合《全唐詩》原句。

以上所舉楊冠卿〈卜算子〉、汪元量〈憶王孫〉兩詞，每一句均以「整引」之形式集句，與前人對集句之定義，極其契合，堪稱標準之集句形式。此中汪元量〈憶王孫〉集句詞，有「恨悠悠」三字句，係集自白居易〈長相思〉詞，而該詞上、下闋起首，原即爲「三字句」，故視爲「整引」；與其他「三字句」率以「截取」入詞者有別，特於此補充說明。至若兩宋集句詞，通首採「整引」形式呈現者，尚有：王安石〈甘露歌〉（盡日含毫難比興）、又（天寒日暮山谷裡）[32]；蘇軾〈南鄉子〉（悵望送春杯）、又（何處倚欄杆）[33]；秦觀〈玉樓春〉（狂風落盡深紅色）（參註9）等，凡七闋。

二、全詞以「整引」、「化用」之形式呈現——如蘇軾〈南鄉子〉：

寒玉細凝膚。清歌一曲倒金壺。冶葉倡條遍相識，爭如。豆蔻花梢二月初。　年少即須臾。芳時偷得醉工夫。羅帳細垂銀燭背，歡娛。豁得平生俊氣無。（冊一，頁二九二）

索　原：

△寒玉細凝膚：

集自吳融〈即席十韻〉五言排律：「暖金輕鑄骨，寒玉細凝膚。」（冊一〇，頁七八七〇）

32 以上兩詞，筆者曾予以索原，參拙作「《臨川先生歌曲》借鑒唐詩之探析——王安石爲詞壇開啓集句入詞之風氣」（《東吳中文學報》第四期，一九九八年五月，頁二三八至二三九）。

33 以上兩詞，筆者曾予以索原，參拙作《蘇軾集句詞四考》，見同註4，頁二七四至二七六。

△清歌一曲倒金壺：

集自鄭谷〈席上貽歌者〉七絕：「花月樓臺近九衢，清歌一曲倒金壺。」（冊一〇，頁七七二九）

△治葉倡條遍相識：

集自李商隱〈燕臺四首・春〉：「蜜房羽客類芳心，冶葉倡條遍相識。」（冊八，頁五九八八）

△豆蔻花梢二月初：

集自杜牧〈贈別二首〉七絕之一：「娉娉裊裊十三餘，豆蔻梢頭二月初。」（冊八，頁五九八八）

此中「梢頭」兩字，蘇詞作「花梢」，爲稍異耳。

△年少即須臾：

此句蘇軾原注係集自白居易詩，然遍查白居易詩集，並未見此句。白詩〈東南行一百韻……〉云：「歲華何倏忽，年少不須臾。」（冊七，頁四八七七），又〈短歌行〉云：「勸君且強笑一面，勸君且強飲一杯；人生不得長歡樂，年少須臾老到來。」[34]蘇詞蓋自「年少不須臾」及「年少須臾老到來」兩句，化用而來；以結構、意思相較，筆者較主張化自次句也。

△芳時偷得醉工夫：

此句蘇軾原注係集自白居易，然筆者檢視《全唐詩》，始知出自鄭遨〈招友人遊春〉七絕：「難

[34] 此詩第二句「且強飲」三字，一作「復強飲」。

把長繩繫日烏，芳時偷取醉工夫。」（冊一二，頁九六七一）蘇軾蓋誤記出處，且將「取」字誤記爲「得」字也。

△羅帳細垂銀燭背：

集自韓偓〈聞雨〉七絕：「羅帳四垂銀燭背，玉釵敲著沉函聲。」[35]（冊一〇，頁七八三一）此中「四垂」兩字，蘇詞作「細垂」；「紅燭」兩字，蘇詞作「銀燭」，爲稍異耳。

△豁得平生俊氣無：

出自杜牧〈寄杜子二首〉七絕之一：「狂風烈焰雖千尺，豁得平生俊氣無。」（冊八，頁六〇〇六）

由以上索原可知：除兩字句外，蘇軾此闋〈南鄉子〉集句詞，大抵以「整引」爲主；其中「豆蔻」、「芳時」、「羅帳」三句，用句稍與原詩有出入，基於宋人所見版本，或與今日所見有異，故仍視爲「整引」。至若「年少」一句，則顯係「化用」唐詩也。又如向子諲〈浣溪沙〉詞：

爆竹聲中一歲除。東風送暖入屠蘇。曈曈曉色上林盧。　老去怕看新曆日，退歸擬學舊桃符。青春不染白髭鬚。（冊二，頁九六〇）

索　原：

△爆竹聲中一歲除：

[35] 此詩上句「紅燭背」三字，一作「花燭背」。

集自王安石〈元日〉七絕：「爆竹聲中一歲除，春風送暖入屠蘇。」[36]（冊一〇，頁六六八五）

△東風送暖入屠蘇：

集自王安石〈元日〉七絕，詩見上引；唯詩中「春風」兩字，詞中作「東風」，所依版本有別故耳。（見註36）

△曈曈曉色上林廬：

王安石〈元日〉七絕末兩句云：「千門萬戶曈曈日，總把新桃換舊符。」（見同註36）向子諲此句，蓋就「千門」句化用而來也。

△老去怕看新曆日：

集自蘇軾〈除夜野宿常州城外二首〉七律之二：「老去怕看新曆日，退歸擬學舊桃符。」（冊一四，頁九一九三）

△退歸擬學舊桃符：

集自蘇軾〈除夜野宿常州城外二首〉七律之二，已見上引。

△青春不染白髭鬚：

歐陽脩〈聖無憂〉（世路風波險）：「好酒能消光景，春風不染髭鬚。」（冊一，頁一四一）向子諲此

[36] 見同註13。

句，蓋就歐詞化用而來也。

由以上索原可知：向子諲此詞，亦以「整引」爲主，而雜入「曈曈」、「青春」兩化用句；至若「東風」一句，因版本有別，固不礙爲「整引」句也。他如王安石〈甘露歌〉（折得一枝香在手）、〈菩薩蠻〉（海棠亂發皆臨水）、〈浣溪沙〉（百畝中庭半是苔）；黃庭堅〈鷓鴣天〉（塞雁初來秋影寒）、〈菩薩蠻〉（半煙半雨溪橋畔）；趙彥端〈菩薩蠻〉（青春背我堂堂去）、〈南鄉子〉（窗戶映孤光）、〈卜算子〉（脈脈萬重心）等，亦皆屬「整引」、「化用」一併呈現之集句形式，凡十闋。此中黃庭堅〈鷓鴣天〉一詞，有兩三字句：「蘭委佩」，係化自屈原〈離騷〉：「扈江蘺與薜芷兮，紉秋蘭以爲佩。」「菊堪餐」，係化自屈原〈離騷〉：「朝飲木蘭之墜露兮，夕餐秋菊之落英。」[37]此與其他「三字句」恆以「截取」入詞，迥不相同，特補充說明。

三、全詞以「整引」、「截取」之形式呈現——如汪元量〈憶王孫〉之二：

吳王此地有樓臺。風雨誰知長綠苔。半醉閒吟獨自來。小徘徊。惟見江流去不回。（冊五，頁三三四二）

索　原：

△吳王此地有樓臺：

---

[37] 見《文選》（臺北：藝文印書館，一九七二年九月六版）卷三十二，頁四六五。

集自劉滄〈長洲懷古〉七律：「野燒原空盡荻灰，吳王此地有樓臺。」（冊九，頁六七八七）

△風雨誰知長綠苔：

集自李遠〈聽話叢臺〉七律：「金輿玉輦無形跡，風雨誰知長綠苔。」[38]（冊八，頁五九三三）

△半醉閒吟獨自來：

集自高駢〈訪隱者不遇〉七絕：「落花流水認天台，半醉閒吟獨自來。」（冊九，頁六九二二）

△小徘徊：

《全唐詩》中，「小徘徊」一詞，僅見於李商隱詠〈蝶〉五絕：「孤蝶小徘徊，翩翾粉翅開。」（冊八，頁六二二四）汪元量此句，蓋就李詩上句，截取而來也。

△惟見江流去不回：

集自竇鞏〈南游感興〉七絕：「傷心欲問前朝事，惟見江流去不回。」（冊三，頁三〇五三）

又如〈憶王孫〉之三：

長安不見使人愁。物換星移幾度秋。一自佳人墜玉樓。莫淹留。遠別秦城萬里游。（冊五，頁三三四二）

索　原：

---

[38] 此詩上句「無行跡」三字，一作「無消息」；下句「誰知」兩字，一作「惟知」，而此句本又作「風雨年年長綠苔」。

△長安不見使人愁：

集自李白〈登金陵鳳凰臺〉七律：「總爲浮雲能蔽日，長安不見使人愁。」（冊三，頁一八三六）

△物換星移幾度秋：

集自王勃〈滕王閣〉七律：「閒雲潭影日悠悠，物換星移幾度秋。」（冊二，頁六七二）

△一自佳人墜玉樓：

集自胡曾〈詠史詩□金谷園〉七絕：「一自佳人墜玉樓，繁華東逐洛河流。」（冊一〇，頁七四二〇）

△莫淹留：

《全唐詩》中，「莫淹留」三字凡三見，由於此詞首句有「長安不見使人愁」之句，筆者以爲汪元量蓋截自李郢〈送人之嶺南〉七律：「迴望長安五千里，刺桐花下莫淹留。」（冊九，頁六八四九）

△遠別秦城萬理游：

集自李涉〈再宿武關〉[39]七絕：「遠別秦城萬里游，亂山高下出商州。」（冊七，頁五四三四）

由以上索原可知：此形式之集句詞，仍以「整引」爲主，而所以有「截取」之現象，要以詞牌本身具「三字」、「四字」等句式，故詞人恆自五、七言詩予以「截取」入詞也。除上舉兩詞外，

---

[39] 此詩詩題，一作〈從秦城回再題武關〉。

汪元量〈憶王孫〉集句詞之四（陣前金甲受降時）、之五（鷓鴣飛上越王臺）、之七（上陽宮裡斷腸時）、之八（華清宮樹不勝秋），以及黃庭堅〈鷓鴣天〉（節去蜂愁蝶不知）、鄭少微〈鷓鴣天〉（欲把長繩繫日難）、朱希真〈採桑子〉（王孫去後無芳草）等，亦皆以此形式集句，凡九闋。

四、全詞以「整引」、「截取」、「化用」之形式呈現——如晁補之〈江神子〉：

雙鴛池沼水融融。桂堂東。又東風。今日看花，花勝去年紅。把酒問花花不語，攜手處，遍芳叢。留春且住莫匆匆。秉金籠。夜寒濃。沉醉插花，走馬月明中。待得醒時君不見，不隨水，即隨風。（冊一，頁五五七）

索原：

△雙鴛池沼水融融：

自張先〈一叢花令〉（傷高懷遠幾時窮）：「雙鴛池沼水溶溶，南北小橈通。」[40]（冊一，頁六一）

此中「溶溶」二字，晁索易作「融融」，爲稍異耳。

△桂堂東：

李商隱〈無題二首〉之一七律云：「昨夜星辰昨夜風，畫樓西畔桂堂東。」[41]（冊八，頁六一六三）

---

40 此詞下句「小橈」兩字，一作「小橋」。
41 此詩下句「畫樓」兩字，一作「畫堂」。

晁詞此句，顯自李詩下句「截取」而來。

△又東風：

李煜〈虞美人〉（春花秋月何時了）詞云：「小樓昨夜又東風，故國不堪回首月明中。」[42]，晁詞此句，顯自李詞上句「截取」而來。

△今日看花，花勝去年紅：

歐陽脩〈浪淘沙〉（把酒祝東風）詞云：「今年花勝去年紅。可惜明年花更好，知與誰同。」（冊一，頁一四一）晁詞此兩句，顯自歐詞首句「化用」而來。

△把酒問花花不語：

歐陽脩〈蝶戀花〉[43]（庭院深深深幾許）：「淚語問花花不語，亂紅飛過鞦韆去。」（冊一，頁一六二）晁詞此句，或自歐詞上句「化用」而來。然亦可能化自唐嚴惲〈落花〉七絕：「盡日問花花不語，爲誰零落爲誰開。」（冊八，頁六三〇八）。

△攜手處，遍芳叢：

---

42 此詞見錄於張璋、黃畬合編《全唐五代詞》（臺北：文史哲出版社，一九八六年十月臺一版）卷四，頁四四四。該書「校勘」並云：「小樓」，馬令《南唐書》作「小園」，「東風」作「西風」，「回首」作「翹首」。

43 此詞作者，或題作馮延巳（見同上，卷四，頁三六九），歷來學者於此多有爭論。李清照〈臨江仙〉詞序云：「歐陽公作〈蝶戀花〉，有『深深深幾許』之句，予酷愛之。用其語作『庭院深深』數闋，其聲即舊〈臨江仙〉也。」（見《全宋詞》冊二，頁九二九。）本文從李說，仍題歐陽脩作。

歐陽脩〈浪淘沙〉（把酒祝東風）詞云：「總是當時攜手處，游遍芳叢。」（冊一，頁一四一）晁詞兩句，顯自歐詞兩句「截取」而來。

△留春且住莫匆匆：

歐陽脩〈鶴沖天〉（梅謝粉）詞云：「花無數。愁無數。花好卻愁春去。戴花持酒祝東風，千萬莫匆匆。」（冊一，頁一四四）晁詞此句，蓋自歐詞後三句「化用」而來。

△秉金籠，夜寒濃：

晏幾道〈訴衷情〉（渚蓮霜曉墜殘紅）詞云：「雲去住，月朦朧。夜寒濃。」（冊一，頁二四五）晁詞此兩句，蓋自晏詞後兩句「整引」、「化用」而來；以「月朦朧」，故宜「秉金籠」，以度此寒夜也。

△沈醉插花，走馬月明中：

張泌〈酒泉子〉（紫陌青門）詞：「咸陽沽酒寶釵空。笑指未央歸去，插花走馬落殘紅。月明中。」[44]晁詞兩句，蓋自張泌此詞「化用」而來。

△待得醒時君不見，不隨水，即隨風：

歐陽脩〈定風波〉（把酒花前欲問公）詞云：「待得酒醒君不見。千片。不隨流水即隨風。」（冊一，

[44] 同註42，卷五，頁六〇四。而該詞「箋評」復云：此詞又傳爲李白作，見劉毓盤輯《李翰林集》。

頁一四二）晁詞三句中，首句係「整引」歐詞首句，特有「醒時」與「酒醒」之異；結尾兩句，則顯化自歐詞末句。

自以上索原可知：此集句詞中，「夜寒濃」一句，自屬「整引」句；「雙鴛池沼水融融」、「待得醒時君不見」，或緣版本有別，亦可視爲「整引」。至若「桂堂東」、「又東風」、「攜手處」、「遍芳叢」四句，係以「截取」他人作品之方式入詞；而「今日」兩句、「把酒」一句、「留春」一句、「沈醉」兩句、「不隨」兩句，則係「化用」他人作品入詞。故晁補之此集句詞，係以「整引」、「截取」、「化用」之形式呈現，且「整引」句僅三句，真奇特也。次如汪元量〈憶王孫〉之九：

五陵無樹起秋風。千里黃雲與斷蓬。人物蕭條市井空。思無窮。唯有青山似洛中。（冊五，頁三三四二）

索　原：

△五陵無樹起秋風：

集自杜牧〈登樂遊〉七絕：「看取漢家何事業，五陵無樹起秋風。」[45]（冊八，頁五九五四）

△千里黃雲與斷蓬：

集自楊憑〈雨中怨秋〉七絕：「辭家遠客愴秋風，千里寒雲與斷蓬」（冊五，頁三二九五）此中「寒

---

45 此詩「何事業」三字，一作「何似業」。

雲」一詞，汪詞作「黃雲」，蓋爲切合所見之景而易之也。

△人物蕭條市井空：

集自張泌〈邊上〉七律：「山河慘澹關城閉，人物蕭條市井空。」（冊一一，頁八四五〇）

△思無窮：

此三字，《全唐詩》中凡數見。筆者比較前此所集之詩句，及其所涉內容，均道及邊寇或塞外情景，因以爲此三字，蓋自潘咸〈登明戍堡〉[46]五律之次句「截取」而來。原詩云：「來經古城上，極目思無窮。」（冊八，頁六二六三）

△唯有青山似洛中：

集自許渾〈金陵懷古〉七律：「英雄一去豪華盡，唯有青山似洛中。」（冊八，頁六〇八四）

自以上索原可知：此集句詞中，「五陵」、「人物」、「唯有」三句，係以「整引」方式入詞；「千里」句，係以「化用」入詞；「思無窮」句，係以「截取」他人詩句入詞也。此外，如宋祁〈鷓鴣天〉（畫轂彫鞍狹路逢）[47]、周紫芝〈鷓鴣天〉（終日看山不厭山）、汪元量〈憶王孫〉之六（離宮別苑草萋萋）、胡平仲〈減字木蘭花〉（天然標格）、無名氏〈調笑□明妃〉、〈調笑□班女〉等，亦皆以「整

---

46 此詩作者，一作「潘成」，一作「潘誠」。

47 此詞索原，可參拙作「《臨川先生歌曲》借鑒唐詩之探析——王安石爲詞壇開啓集句入詞之風氣」一文。（見同註32，頁二三七至二三八）

引」、「截取」、「化用」之形式呈現其集句。總計此類集句詞，凡八闋。

五、全詞以「整引」、「截取」、「增損」之形式呈現——如辛棄疾〈憶王孫〉：

登山臨水送將歸。悲莫悲兮生別離。不用登臨怨落暉。昔人非。惟有年年秋雁飛。（冊三，頁一九〇八）

索　原：

△登山臨水送將歸：

集自《楚辭□九辯》：「憭慄兮若在遠行，登山臨水兮送將歸。」[48]辛詞此句，特就《楚辭》原句減一「兮」字，以集入詞中。

△悲莫悲兮生別離：

集自《楚辭□九歌□少司命》：「悲莫悲兮生別離，樂莫樂兮新相知。」[49]

△不用登臨怨落暉：

集自杜牧〈九日齊安登高〉[50]七律：「但將酩酊酬佳節，不用登臨歎落暉。」（冊八，頁五九六六）

---

48 同註37，卷三十三，頁四七九。
49 同註37，卷三十三，頁四七六
50 此詩詩題「齊安」兩字，一作「齊山」。

此中下句後三句，一本作「恨落暉」，而辛詞乃作「怨落暉」，顯有一字之差。

△昔人非：

蘇軾〈陌上花〉絕句三首之一云：「陌上花開胡蝶飛，江山猶是昔人非。」（冊一四，頁九一八四）

辛詞蓋就蘇詩下句「截取」而來。

△惟有年年秋雁飛：

自李嶠〈汾陰行〉七古：「不見祇今汾水上，惟有年年秋雁飛。」[51]（冊二，頁六九〇）

自以上索原可知：此集句詞中，「悲莫悲」、「不用」、「惟有」三句，係以「整引」之方式入詞；「登山」句，係以「減字」之方式入詞；至若「昔人非」一句，則係「截取」蘇詩入詞。次如無名氏〈調笑□桃源〉：

相誤。桃源路。萬里滄滄煙水暮。留君不住君須去。秋月春風閒度。桃花零落如紅雨。人面不知何處。（冊五，頁三六四七）

索原：

△相誤：

無名氏此〈調笑〉集句，於詞前均以兩絕句為引；復以次首絕句之末兩字，作為〈調笑〉詞之

---

51 此詩上句「祇今」兩字，一作「即今」。

起首。而此詞次首絕句之末句爲「流水桃花定相誤」，見晁補之〈調笑□解佩〉（冊一，頁五八二）前附詩。然則此詞「相誤」兩字，蓋屬「截取」前人詩句入詞也。

△桃源路：

此三字，恆見於唐、宋詩詞中，基於此詞率集自唐詩，姑舉唐陳子良〈夏晚尋于政世置酒賦韻〉五律詩爲證：「一返桃源路，別後難追尋。」（冊一，頁四九六）因之，此三字句，自可視爲「截取」前人作品入詞也。

△萬里滄滄煙水暮：

集自韓愈〈桃源圖〉七古：「船開權進一迴顧，萬里滄滄煙水暮。」（冊五，頁三七八七）

△留君不住君須去：

集自元稹〈喜李十一景信到〉七絕：「留君剩住君須住，我不自由君自由。」（冊六，頁四五八八）詩中末用「住」字，不通，集句詞作「去」字爲是[52]；至於「剩住」作「不住」，或緣所從版本有別，或緣作者誤記也。

△秋月春風閒度：

---

52 此詩上句意謂：「留君儘量住下而君必欲離去」，然「剩住」若作「不住」，則謂：「無法留君住下而君必欲離去。」因之，末字若作「住」字，詞意斷難通解。

集自白居易〈琵琶引〉[53]：「今年歡笑復明年，秋月春風等閒度。」（冊七，頁四八二二）無名氏此句，顯就白詩下句，減一「等」字，以集入詞中。

△桃花零落紅如雨：

集自李賀〈將進酒〉：「況是青春日將暮，桃花亂落如紅雨。」（冊六，頁四四三四）詩中「亂落」兩字，集句詞作「零落」，蓋亦所據版本有別也。

△人面不知何處：

集自崔護〈題都城南莊〉七絕：「人面不知何處在，桃花依舊笑春風。」[54]（冊六，頁四一四八）無名氏此句，顯就崔詩減一「在」字，以集入詞中。

自以上索原可知：此集句詞中，「萬里」、「留君」、「桃花」三句，雖有一二字出入，自無妨視爲「整引」；「相誤」、「桃源路」兩句，則係以「截取」方式入詞；至若「秋月」、「人面」兩句，自是以「減字」方式集入詞中也。此外，如楊澤民〈點絳脣〉（流水泠泠）、無名氏〈調笑〉集句之詠「巫山」、「洛浦」、「文君」、「吳孃」、「琵琶」等，亦皆以「整引」、「截取」、「增損」之形式呈現其集句。總計此類集句詞，凡八闋。

---

[53] 此詩前有序云：「元和十年，予左遷九江郡司馬。明年秋，送客湓浦口。……因爲長句歌以贈之，凡六百一十二言，命曰琵琶行。」因之，後世多將此詩題作〈琵琶行〉，蓋從序說也。

[54] 此詩上句「不知」兩字，一作「祇今」。

六、全詞以「整引」、「增損」、「化用」之形式呈現

此類僅得三闋：王安石〈菩薩蠻〉（數家茅屋閒臨水）、〈南鄉子〉（自古帝王州）、黃庭堅〈南鄉子〉（黃菊滿東籬）。茲先舉王安石〈南鄉子〉爲例：

自古帝王州。鬱鬱葱葱佳氣浮。四百年來真一夢，堪愁。晉代衣冠成古丘。　繞水恣行游。上盡層城更上樓。往事悠悠君莫問，回頭。檻外長江空自流。（冊一，頁二〇七）

索　原：

△自古帝王州：

集自杜甫〈秋興八首〉七律之六：「回首可憐歌舞地，秦中自古帝王州。」（冊四，頁二五一〇）

王詞顯就杜詩下句，減去「秦中」兩字，而予以集入詞中。

△鬱鬱葱葱佳氣浮：

集自唐杜羔妻劉氏七絕詩：「長安此去無多地，鬱鬱葱葱佳氣浮。」[55]

△四百年來真一夢：

李商隱〈詠史〉七絕云：「北湖南埭水漫漫，一片降旗百尺竿；三百年間同曉夢，鍾山何處有

55 宋尤袤《全唐詩話・劉氏》（臺北：藝文印書館《歷代詩話》本，一九七四年四月）卷六載：「杜羔不第，將至家，其妻劉氏先寄詩云：『良人的有奇才，何事年年被放回；如今妾面羞君面，君若來時近夜來。』羔即回，尋登第，又寄詩云：『長安此去無多地，鬱鬱葱葱佳氣浮；良人得意正年少，今夜醉眠何處樓。』」（頁一五一）

龍盤。」（冊八，頁六一七三）此乃金陵懷古之作，與王安石詞意相符，因疑王詞係自李詩「三百年」一句化用而來也。

△晉代衣冠成古丘：

集自李白〈登金陵鳳凰臺〉七律：「吳宮花草埋幽徑，晉代衣冠成古丘。」（冊三，頁一八三六）

△繞水恣行游：

集自李翺〈戲贈詩〉五古：「縣君好磚渠，繞水恣行游。」（冊六，頁四一五〇）

△上盡層城更上樓：

集自李商隱〈夕陽樓〉[56]七絕：「花明柳暗繞天愁，上盡重城更上樓。」（冊八，頁六一八八）此中「重城」一詞，王詞易作「層城」，然王安石另一首〈金陵懷古〉集句詩引此句正作「重城」[57]，疑「重城」爲是。

△往事悠悠君莫問：

杜牧〈洛中送冀處士東遊〉五古云：「往事不可問，天地空悠悠。」（冊八，頁五九四三）王詞此句，蓋自杜詩此兩句「化用」而來。

---

56 此詩詩題下原注云：「在滎陽。是所知今遂寧蕭侍郎牧滎陽日作矣。」又注云：「蕭侍郎，蕭澣也。」

57 見《臨川文集》（臺北：臺灣商務印書館《影印文淵閣四庫全書》本，冊一一〇五，一九八七年二月）卷三六，頁二六七。

△檻外長江空自流：

集自王勃〈滕王閣〉七律：「閣中弟子今何在，檻外長江空自流。」（冊二，頁六七二）

自以上索原可知：此集句詞中，「鬱鬱」、「晉代」、「繞水」、「上盡」、「檻外」五句，係以「整引」方式入詞；「自古」一句，係以「減字」方式入詞；至若「四百」、「往事」兩句，則係「化用」前人詞句，而予以集入詞中。次舉黃庭堅〈南鄉子〉爲證：

> 黃菊滿東籬。與客攜壺上翠微。已是有花兼有酒，良期。不用登臨恨落暉。　滿酌不須辭。莫待無花空折枝。寂寞酒醒人散後，堪悲。節去蜂愁蝶不知。（冊一，頁三九六）

索　原（兩字句除外）：

△黃菊滿東籬：

司空圖〈五十〉七律云：「漉酒有巾無黍釀，負他黃菊滿東籬。」（冊一〇，頁七二五〇）黃詞此句，顯自司空此詩下句，減去「負他」兩字，以集入詞中。

△與客攜壺上翠微：

集自杜牧〈九日齊安登高〉（參註50）七律：「江涵秋影雁初飛，與客攜壺上翠微。」（冊八，頁五九六六）

△已是有花兼有酒：

李商隱〈春日寄懷〉七律云：「縱使有花兼有月，可堪無酒又無人。」（冊八，頁六二三一）黃詞此句，蓋自李詩此兩句「化用」而來。

△不用登臨恨落暉：

此句出自杜牧〈九日齊安登高〉詩，已見前節辛棄疾〈憶王孫〉集句詞索原。

△滿酌不須歸：

集自于武陵〈勸酒〉五絕：「勸君金屈卮，滿酌不須歸。」（冊九，頁六八九五）

△莫待無花空折枝：

集自無名氏〈雜詩〉[58]：「有花堪折直須折，莫待無花空折枝。」（冊一一，頁八八六二）

△寂寞酒醒人散後：

白居易〈偶作〉五律云：「闌珊花落後，寂寞酒醒時。」（冊七，頁五〇二九）黃詞此句，蓋自白詩此兩句「化用」而來。

節去蜂愁蝶不知：

集自鄭谷〈十日菊〉[59]七絕：「節去蜂愁蝶不知，曉庭還繞折殘枝。」（冊一〇，頁七七三〇）

[58] 此詩一般唐詩選，均題〈金縷衣〉，杜秋娘作，或亦題李錡作，蓋緣杜牧〈杜秋娘詩〉而誤也。詩云：「京江水清滑，生女白如脂；其間杜秋娘，不勞朱粉施。老濞即山鑄，後庭千蛾眉；秋持玉斝醉，與唱〈金縷衣〉。……」〈金縷衣〉下並注云：「勸君莫惜金縷衣，勸君須惜少年時；花開堪折直須折，莫待無花空折枝。李錡長唱此辭。」（並見冊八，頁五九三八）讀此，可知此詩之意，僅謂「遣杜秋娘唱〈金縷衣〉」，非謂〈金縷衣〉即杜秋娘所作；而注亦僅稱「李錡長唱此辭」，亦非謂李錡作〈金縷衣〉也。故本文謹依《全唐詩》，作「無名氏〈雜詩〉」。

自以上索原可知：此集句詞中，「與客」、「不用」、「滿酌」、「莫待」、「節去」五句，係以「整引」方式入詞；「黃菊」一句，係以「減字」方式入詞；至若「已是」、「寂寞」兩句，則係「化用」前人詩句，而予以集入詞中。

七、全詞以「整引」、「截取」、「增損」、「化用」之形式呈現

此類僅得三闋：辛棄疾〈踏莎行〉（進退存亡）、楊澤民〈點絳唇〉（雨歇芳塘）、胡平仲〈減字木蘭花〉（天然標格）。茲先舉辛棄疾〈踏莎行〉爲證：

> 進退存亡，行藏用舍。小人請學樊須稼。衡門之下可棲遲，日之夕矣牛羊下。　去衛靈公，遭桓司馬。東西南北之人也。長沮桀溺耦而耕，丘何為是栖栖者。（冊三，頁一九二一）

索　原：

△進退存亡：

《周易．乾．文言》云：「知進退存亡而不失其正者，其惟聖人乎？」[60]辛詞此句，顯自《易經》「截取」而來也。

△行藏用舍：

[59] 此詩詩題，一作「十月菊」，非是。

[60] 見《十三經注疏‧周易》（臺北：藝文印書館印行，阮元校勘本，冊一，一九七六年五月六版）卷一，頁一七。

《論語．述而》：「用之則行，舍之則藏。」[61]辛詞此句，顯自《論語》「化用」而來。

△小人請學樊須稼：

《論語．子路》：「樊遲請學稼，子曰：『吾不如老農』」[62]辛詞此句，顯自《論語》「化用」而來。

△衡門之下可棲遲：

《詩經．陳風．衡門》：「衡門之下，可以棲遲」[63]辛詞此句，顯自《詩經》兩句，減一「以」字，而成七字句，以集入詞中。

△日之夕矣牛羊下：

《詩經．王風．君子于役》：「日之夕矣，牛羊下來。」[64]辛詞此句，顯自《詩經》兩句，減去「來」字，而成七字句，以集入詞中。

△去衛靈公，遭桓司馬：

《孟子．萬章上》載：「孔子不悅於魯、衛，遭宋桓司馬，將要而殺之，微服而過宋。」[65]辛

---

[61] 見《十三經注疏．論語》(同前註，冊八) 卷七，頁六一。

[62] 同前註，卷一三，頁一一六。

[63] 見《十三經注疏．詩經》(同前註60，冊二) 卷七之一，頁二五二。

[64] 同前註，卷四之一，頁一四九。

[65] 見《十三經注疏「孟子」》(同註60，冊八) 卷九下，頁一七一至一七二。

詞此兩句，顯「化用」此事；而「遭桓司馬」一句，又係自原文減一「宋」字，以集入詞中。

△東西南北之人也：

集自《禮記・檀弓上》：「今丘也，東西南北之人也，不可以弗識也。」[66]

△長沮桀溺耦而耕：

集自《論語・微子》：「長沮、桀溺耦而耕，孔子過之，使子路問津焉。」[67]

△丘何爲是栖栖者：

《論語・憲問》：「微生畝謂孔子曰：丘何爲是栖栖者與？無乃爲佞乎？」[68]辛詞此句，顯自《論語》原句，減一疑問詞「與」字，而成七字句，以集入詞中。

自以上索原可知：此集句詞中，「東西」、「長沮」兩句，係以「整引」之方式，集入詞中；「行藏」、「小人」、「去衛」三句，係以「化用」之方式，集入詞中；「衡門」、「日之夕矣」、「遭桓司馬」、「丘何爲」四句，則以「減字」方式，集入詞中；至若「進退」一句，顯以「截取」方式入詞也。次舉胡平仲〈減字木蘭花〉爲證：

天然標格。不問青枝和綠葉。彷彿吳姬。酒暈無端上玉肌。　怕愁貪睡。誰會傷春無限

---

66 見《十三經注疏・禮記》（同註60，冊五）卷六，頁一一二。

67 同註61，卷一八，頁一六五。

68 同註61，卷一四，頁一二九。

意。乞與徐熙。畫出橫斜竹外枝。（冊五，頁三五九一）

索　原：

△天然標格：

蘇軾〈荷華媚〉詞起首云：「霞苞電荷碧，天然地、別是風流標格。」[69]（冊一，頁三一九）胡詞此句，顯自蘇詞下句「化用」而來。

△不問青枝和綠葉：

蘇軾〈紅梅三首〉七律云：「詩老不知梅格在，更看綠葉與青枝。」（冊一四，頁九三一六）胡詞此句，顯自蘇詩下句「化用」而來。

△彷彿吳姬：

蘇軾〈王伯揚所藏趙昌花四首□梅花〉五律云：「殷勤小梅花，彷彿吳姬面。」（冊一四，頁九三六〇）胡詞此句，顯自蘇詩下句，減一「面」字，以集入詞中。

△酒暈無端上玉肌：

集自蘇軾〈紅梅三首〉七律：「寒心未肯隨春態，酒暈無端上玉肌。」（冊一四，頁九三一六）

△怕愁貪睡：

---

[69] 此詞上句，「霞苞電荷」殊費解。毛晉《宋六十名家詞□東坡詞》（臺北：臺灣商務印書館，冊一，一九七〇年九月臺一版），作「霞苞霓荷」（頁三三），則可藉狀荷苞之鮮美；故「電」字宜正作「霓」字。

蘇軾〈紅梅三首〉七律云：「怕愁貪睡獨開遲，自恐冰容不入時。」（冊一四，頁九三一六）胡詞此句，顯自蘇詩上句「截取」而來。

△誰會傷春無限意：

蘇軾〈江城子〉詞起首云：「膩紅勻臉襯檀唇。晚妝新。暗傷春。手撚花枝，誰會兩眉顰。」（冊一，頁三二九）胡詞此句，疑自蘇詞此段「化用」而來。

△乞與徐熙，畫出橫斜竹外枝：

蘇軾〈紅梅三首〉七律云：「乞與徐熙畫新樣，竹間璀璨出斜枝。」（冊一四，頁九三一七）胡詞此句，顯自蘇詩兩句「化用」而來；「乞與」句更以「截取」方式，集入詞中也。

自以上索原可知：此集句詞中，「酒暈」一句，係以「整引」方式集句；「天然」、「不問」、「誰會」、「畫出」四句，係以「化用」方式集句；「怕愁」、「乞與」兩句，則以「截取」方式，集入詞中；至若「彷彿」一句，顯以「減字」方式集入詞中也。

八、全詞以「整引」、「增損」、「化用」、「檃括」之形式呈現

此類僅得二闋：蘇軾〈定風波〉（雨洗娟娟嫩葉光）、又〈阮郎歸〉（暗香浮動月黃昏）。玆先舉蘇軾〈定風波〉爲證：

雨洗娟娟嫩葉光。風吹細細綠筠香。秀色亂侵書秩晚。簾捲。清陰微過酒尊涼。　人畫

竹身肥擁腫。何用。先生落筆勝蕭郎。記得小軒岑寂夜。廊下。月和疏影上東牆。（冊一，頁二八九）

索原：

△雨洗娟娟嫩葉光……清陰微過酒尊涼：

杜甫〈嚴鄭公宅同詠竹，得「香」字〉五律中兩聯云：「色侵書帙晚，陰過酒尊涼；雨洗娟娟淨，風吹細細香。」（冊四，頁二四八五）比較杜詩與蘇詞，可見詞中「風吹」、「秀色」、「清陰」三句，係就原五言詩，各增兩字而成；唯起首「雨洗」一句，係更動原詩一句，而化成七字句。嚴格言之，蘇詞實係「檃括」杜詩詩意，而集之入詞也。

△人畫竹身肥擁腫，何用，先生落筆勝蕭郎：

出自白居易「畫竹歌」：「蕭郎下筆獨逼真，丹青以來惟一人；人畫竹身肥擁腫，蕭畫莖瘦節節竦。」（冊七，頁四八一六）比較白詩與蘇詞，可見詞中「人畫」句，係襲用白詩成句；「先生」句，則係翻用白詩詩意而自鑄新詞也。

△記得小軒岑寂夜，廊下，月和疏影上東牆：

據《東坡題跋》卷三〈書曹希蘊詩〉載：「近世有婦人曹希蘊者，頗能詩，雖格韻不高，然時有巧語。嘗作〈墨竹〉詩云：『記得小軒岑寂夜，月移疏影上東牆。』此語甚工。」[70]，是知蘇軾此詞「記得」、「月和」兩句，係集曹希蘊〈墨竹〉詩句，特易「月移疏影」爲「月和疏影」耳。而曹詩下句恐亦化自王安石〈夜值〉詩之詩句：「月移花影上欄杆」。

自以上索原可知：此集句詞之上片，係檃括杜甫詩意入詞。整闋詞中，除兩字句外，其餘各句集句之方式爲：「人畫」、「記得」、「月和疏影」三句，係以「整引」方式入詞；「雨洗」、「先生」兩句，係以「化用」方式入詞；至若「風吹」、「秀色」、「淸陰」三句，則係以「增字」方式，集入詞中也。茲更舉蘇軾〈阮郎歸〉詞爲證：

暗香浮動月黃昏。堂前一樹春。東風何事入西鄰。兒家常閉門。　雪肌冷，玉容真。香腮粉未勻。折花欲寄嶺頭人。江南日暮雲。（冊一，頁二九八）

索　原：

△暗香浮動月黃昏……兒家常閉門：

蔣維翰〈春女怨〉[71]七絕：「白玉堂前一樹梅，今朝忽見數枝開；兒家門戶尋常閉，春色因何入得來。」[72]（冊二，頁一四六七）比較蔣詩與蘇詞，可見詞中「堂前」一句，係就原詩減去「白

[70] 臺北：臺灣商務印書館《叢書集成簡編》本，一九六五年十二月臺一版，頁四九。

[71] 此詩作者，一作「薛維翰」。

[72] 此詩次句「數枝」兩字，一作「數花」；三句「尋常」兩字，一作「重重」；末句「因何入得來」五字，一作「何緣得入來」。

玉」兩字，以集入詞中；「東風」兩句，則係「化用」原詩後兩句。至若詩中之「一樹梅」，蘇詞則藉「暗香浮動月黃昏」一句，予以點明；蓋此句係集自林逋〈山園小梅二首〉七律：「疏影橫斜水清淺，暗香浮動月黃昏。」（冊二，頁一二一八），而此兩句，已成梅花之語典，故蘇詞用以指「一樹梅」。因之，此詞上片，顯隱括自蔣詩也。

△雪肌冷：

《莊子．逍遙遊》載：「藐姑射之山，有神人居焉；肌膚若冰雪，綽約若處子。……」[73]蘇詞此句，顯自「肌膚」一句「化用」而來。

△玉容真：

「玉容」用指女子容貌，詩中常見。劉尚榮校證《傅幹注坡詞》[74]以爲此句係化自白居易〈長恨歌〉：「梨花一枝春帶雨，玉容寂寞淚闌干。」（冊七，頁四八一九），姑錄俟考。

△香腮粉未勻：

此句不知所出。蘇軾〈再和楊公濟梅花十絕〉之七起首云：「洗出鉛華見雪肌，要將真色鬥生枝。」（冊一四，頁九四三八）與此詞「雪肌冷，玉容真，香腮粉未勻」三句，正有異曲同工之妙。

---

73 見郭慶藩《莊子集釋》（臺北：河洛圖書出版社，一九七四年三月臺景印一版），卷一上，頁二八。

74 成都：巴蜀書社，一九九三年七月一版，卷六，頁一五九。

筆者頗疑「玉容真」與本句，恐係蘇軾自鑄詞，以集入詞中，此亦宋詞人集句常見之現象（參後附論），不足怪也。

△折花欲寄嶺頭人：

南朝宋陸凱〈贈范曄〉[75]詩云：「折梅逢驛使，寄與隴頭人；江南無所有，聊寄一枝春。」[76]，蘇詞此句，顯自陸詩前兩句「化用」而來。

△江南日暮雲：

杜甫〈春日憶李白〉五律云：「渭北春天樹，江東日暮雲。」（冊四，頁二三九五）蘇詞此句，顯自杜詩下句「化用」而來。所以易「東」爲「南」者，端欲呼應上舉陸凱「江南折梅寄友」詩意，以道思念故人之情；恰似杜甫春日憶李白也。

自以上索原可知：此集句詞之上片，係檃括蔣維翰〈春女怨〉七絕以入詞。整闋詞中，除「玉容真」、「香腮粉未勻」兩句出處，猶待斟酌，其餘各句集句之方式爲：「暗香」一句，係以「整引」方式入詞；「東風」、「兒家」、「雪肌」、「折花」、「江南」五句，係以「化用」方式入詞；至

[75] 楊慎《升庵詩話》（臺北：藝文印書館《續歷代詩話》本下冊，一九七四年四月）卷九〈寄梅事〉條云：「寄梅事始見於《說苑》，越使諸發云：豈有一枝梅可寄國君者乎？又詩話載南北朝范曄與陸凱相善，凱在江南寄梅花一枝詣長安與曄，且贈一詩云云。按：曄爲江南人，陸凱字智君，代北人，當是范寄陸耳，凱在長安，安得梅花寄曄乎？」（頁九六九至九七〇）楊氏質疑，不無道理，姑錄此供參考。

[76] 此詩見錄於逯欽立編《先秦漢魏晉南北朝詩》（臺北：學海出版社，一九八四年五月）中冊，頁一二〇四。

若「堂前」一句，則以「減字」方式，集入詞中也。

九、全詞以「整引」、「截取」、「增損」、「化用」、「檃括」之形式呈現

此類僅得張孝祥〈水調歌頭〉一闋：

五嶺皆炎熱，宜人獨桂林。江南驛使未到，梅蕊破春心。繁會九衢三市，縹緲層樓傑觀，雪片一冬深。自是清涼國，莫遣瘴煙侵。　江山好，青羅帶，碧玉簪。平沙細浪欲盡，陡起忽千尋。家種黃柑丹荔，戶拾明珠翠羽，簫鼓夜沉沉。莫問驂鸞事，有酒且頻斟。（冊三，頁一六八八）

索原：

△五嶺皆炎熱，宜人獨桂林：

出自杜甫〈寄楊五桂州譚〉[77]五律起首兩句（冊四，頁二四三六）。

△江南驛使未到，梅蕊破春心：

化自南朝宋陸凱〈贈范曄〉詩，詩已見前蘇軾〈阮郎歸〉「折花欲寄嶺頭人」句引，茲不贅。而杜甫〈江梅〉五律起首云：「梅蕊臘前破」（冊四，頁二五五五），不知張詞次句，是否亦自此句化出，錄供參考。

[77] 此詩詩題下，原注云：「因州參君段子之任。」

△繁會九衢三市：待查。

△縹緲層樓傑觀：待查。

△雪片一冬深：

出自杜甫〈寄楊五桂州譚〉（參註77）五律：「梅花萬里外，雪片一冬深。」[78]（冊四，頁二四三六）

△自是清涼國：

陸龜蒙殘句云：「溪山自是清涼國，松竹合封蕭灑侯」[79]（冊九，頁七二三三）張詞顯自上句，減去「溪山」兩字，以集入詞中。

△莫遣瘴煙侵：待查。

△江山好：

杜甫〈續得觀書迎就當陽居止正月中旬定出三峽〉五律云：「俗薄江山好，時危草木蘇。」（冊四，頁二五五四），張詞此句，或「截取」杜詩上句，以集入詞中。

△青羅帶，碧玉簪：

韓愈〈送桂州嚴大夫同用「南」字〉[80]五律云：「江作青羅帶，山如碧玉篸（音簪）。」（冊五，頁

---

78 此詩「雪片」句下，附黃鶴云：「嶺南無雪，惟桂林有之。」

79 此兩句乃陸龜蒙殘句，《全唐詩》係錄自宋葉廷珪《海錄碎事》。

80 此詩詩題下，原注云：「嚴謨也。題下或有赴任二字。」

三八六四）張詞兩句，顯自韓詩兩句「截取」而來。

△平沙細浪欲盡：待查。

△陡起忽千尋：待查。

△家種黃柑丹荔，戶拾明珠翠羽：

韓愈〈送桂州嚴大夫同用「南」字〉五律云：「戶多輸翠羽，家自種黃甘。」（同上，參註80），張詞兩句，顯自韓詩兩句「化用」而來。然曹植〈洛神賦〉云：「或戲清流，或翔神渚；或採明珠，或拾翠羽。」[81]，故張詞「明珠翠羽」四字，或亦「截取」自〈洛神賦〉也。

△簫鼓夜沉沉：待查。

△莫問驂鸞事，有酒且頻斟：

韓愈〈送桂州嚴大夫同用「南」字〉五律末結云：「遠勝登仙去，飛鸞不假驂。」（同上，並參註80），張詞蓋自韓詩「化用」而來。又：李白〈悲歌〉云：「悲來乎！悲來乎！主人有酒且莫斟。」（冊二，頁三一二），張詞下句不知是否自李詩「主人」句化用而來？姑錄供參考。

以上索原，雖仍有六、七句待查，但自已查得者可知：「五嶺」、「宜人」、「雪片」三句，係採「整引」方式集句；「自是」一句，係採「減字」方式集句；「江山好」、「青羅帶」、「碧玉簪」

---

[81] 同註三七，卷一九，頁二七六。

等三字句，係採「截取」方式集句。至若「江南」兩句、「家種」兩句、「莫問」兩句，則採「化用」方式集句。而此詞下片，整體而言，無疑係「檃括」自韓愈〈送桂州嚴大夫同用「南」字〉五律詩，原詩如次：「蒼蒼森八桂，茲地在湘南。江作青羅帶，山如碧玉篸。戶多輸翠羽，家自種黃甘；遠勝登仙去，飛鸞不假驂。」要之，此闋集句詞所採用之方式，真足冠絕兩宋也。

綜合上述歸納分析，可知兩宋之集句詞，除以「整引」之方式集句外，亦可以「增損」、「截取」、「化用」，甚而「檃括」之方式，變化詩文及經書成句，而後集之以入詞。所以然者，蓋詞之爲體，以「長短句」組合爲常見，欲集文句或五、七言詩句，勢不能不予以調整以牽就各詞牌之句式。此中，唯由五、七言句式組成之詞牌，「整引」成句之可能性較高，以其句式與詩句接近，較爲固定也。

至若是否須盡用前人成句，自上述所舉例證得知，亦不盡然。此中，凡「化用」前人成句者，實屬詞人之再創造，自可視爲其個人之作品；甚有結構、命意全然改變者，謂非詞人自身之創作，實無此理。如前舉蘇軾〈定風波〉（雨洗娟娟嫩葉光）集句詞中之「先生落筆勝蕭郎」、汪元量〈憶王孫〉（五陵無樹起秋風）集句詞中之「千里黃雲與斷蓬」等，皆是其例。此外，亦可集時人之作品入詞，如蘇軾〈定風波〉（雨洗娟娟嫩葉光）集句詞中，「記得小軒岑寂夜」、「月和疏影上東牆」兩句，即集自並世女子曹希蘊之詩句，未必爲「前人」也。爲證明此兩現象確乎見於兩宋集句詞中，茲更舉王安石〈菩薩蠻〉、〈浣溪沙〉兩集句詞以證之，先錄〈菩薩蠻〉：

數家茅屋閒臨水。單衫短帽垂楊裡。今日是何朝。看予度石橋。　梢梢新月偃。午醉醒來晚。何物最關情。黃鸝三兩聲。（冊一，頁二〇五）

此闋集句詞，筆者於所撰「《臨川先生歌曲》借鑒唐詩之探析——王安石為詞壇開啓集句入詞之風氣」一文，曾逐句予以索原[82]，茲不贅。此中末句，筆者撰該文時，以為出自白居易〈獨遊玉泉寺〉五律詩：「新葉千萬影，殘鶯三兩聲。」（冊七，頁五〇九三）然胡仔《苕溪漁隱叢話·前集》卷三七乃載云：

《遯齋閒覽》云：功甫曾題人山居一聯云：「謝家莊上無多景，只有黃鸝三兩聲。」荊公命工繪為圖，自題其上云：「此是功甫題山居詩處。」即遣人以金酒鍾並圖遺之。[83]

按：功甫，即郭祥正，乃王安石同時代人，據此記載，則王安石顯係集時人之作入詞也。至若所引詩句，乃郭祥正〈金陵〉七絕，原詩如次：「洗盡青春初變晴，曉光微散淡煙橫；謝家池上無多景，祇有黃鸝一兩聲。」（冊一三，頁八九七一），此中末句，與《全宋詞》、《苕溪漁隱叢話·前集》所引，略有出入；然王安石《臨川文集》卷三七載此集句詞，其末句正作「黃鸝一兩聲」[84]，真得其實也。次錄〈浣溪沙〉：

---

82 同註32，頁二二四〇。
83 同註1，冊一四八〇，一九八八年二月，頁二四八至二四九。
84 同註1，冊一一〇五，一九八七年二月，頁二七三。

百畝中庭半是苔。門前白道水縈迴。愛閒能有幾人來。　小院回廊春寂寂，山桃溪杏兩三栽。為誰零落為誰開。（冊一，頁二〇六）

此闋集句詞，筆者於所撰前揭文中，亦已索原[85]，茲不贅。此中「愛閒能有幾人來」一句，並未見於《全唐詩》；一般索原者，均謂此句蓋化自張籍〈閒居〉五律詩：「盡說無多事，能閒有幾人。」（冊六，頁四三一五）[86]比較原詩與王詞，謂非王氏自作詞句，殊難信服。至若「門前白道水縈迴」一句，則確乎出自王安石〈法喜寺〉七律：「門前白道自縈迴，門下青莎間綠苔；雜樹繞花鶯引去，壞簷無幕雁歸來。寂寥誰共樽前酒，牢落空留案上杯；我憶故鄉誠不淺，可憐鶗鴂重相催。」（冊一〇，頁六六五三）特原詩「自縈迴」三字，集句詞作「水縈迴」，有一字差耳。雖然，李商隱〈無題〉[87]七絕云：「白道縈迴入暮霞，斑騅嘶斷七香車；春風自共何人笑，枉破陽城十萬家。」（冊八，頁六一五七）又不知王詩是否自李詩啓發而予以「化用」耶！要之，兩宋集句詞，非但可集前人詩文，亦可集時人及個人作品入詞也。

參、結　語

85 同註32，頁二四一至二四二。
86 如彭海、張宏梁合撰〈王安石的集句詩詞〉一文（《古典文學知識》，一九八七年五期，頁一〇三），即如此主張。
87 此詩詩題，一作「陽城」。

綜上探析，可證兩宋集句之形式，真有別於集句詩；所集對象，亦不限於「前人」。茲將本文探析結果，簡要作結如次：

一、就兩宋集句詞之形式言之：

兩宋集句詞，固有以「整引」作品之形式呈現者，然以「化用」、「截取」、「增損」，甚而「檃括」之形式呈現者，尤所在多有，且普遍見於詞人自注「集句」之作品中；其時詞人「集句」之概念，亦可知矣！經筆者歸納分析所見五十一闋集句詞，其所呈現之形式，蓋有下列九種：

㈠全詞以「整引」之形式呈現者，凡七闋。
㈡全詞以「整引」、「化用」之形式呈現者，凡十闋。
㈢全詞以「整引」、「截取」之形式呈現者，凡九闋。
㈣全詞以「整引」、「截取」、「化用」之形式呈現者，凡八闋。
㈤全詞以「整引」、「截取」、「增損」之形式呈現者，凡八闋。
㈥全詞以「整引」、「增損」、「化用」之形式呈現者，凡三闋。
㈦全詞以「整引」、「截取」、「增損」、「化用」之形式呈現者，凡三闋。
㈧全詞以「整引」、「增損」、「化用」、「檃括」之形式呈現者，凡二闋。
㈨全詞以「整引」、「截取」、「增損」、「化用」、「檃括」之形式呈現者，凡一闋。

二、就兩宋集句詞之對象言之：

兩宋集句詞，固以合集「前人」之作品最常見，然以時人及個人作品集入詞中者，亦不乏其例。若將以「化用」技巧集句者，均視爲詞人之再創作，則爲數眞不少矣！因之，前言所引沈括之評荆公集句詩，謂其「皆集前人之詩句」；以及徐師曾定義集句詩係「雜集古句以成詩」云云，皆不足以含賅所見兩宋之「集句詞」。至若今人裴普賢嚴格定義集句詩，以爲「是完全採前人的詩句或文句，以另行組合成一詩的作品，不許有任何一句自創之作摻雜其中，甚至更動前人句子一字，也不被容許」云云，尤不適合移作界定「集句詞」。

三、然則「集句詞」之定義為何？

筆者以爲：「集句詞者，以整引、截取、增損、化用、櫽括等方式，雜集古句；間或雜入一、二今人或個人作品以成詞也。」如此，方符所見兩宋集句詞之眞貌。

※原載於《宋代文學研究叢刊》第五期，一九九九年十二月，頁三六三至三九八。

兩宋檃括詞探析

壹、前　言

歷來研究兩宋檃括詞之學者並不多，就筆者知見，相關論文，僅有羅忼烈〈宋詞雜體〉[1]，唐玲玲〈說蘇東坡的檃括詞〉[2]，吳承學〈論宋代檃括詞〉[3]，以及日本內山精也〈蘇軾檃括詞考〉[4]、〈兩宋檃括詞考〉兩文。此中羅文指出首先提出「檃括」之釋義者，為蘇軾〈哨徧〉之題序，而唐玲玲及日人內山精也兩人，於其文中，則明白道出「以檃括詞作為一種獨立的詞體而進行創作的，首推蘇軾」。[5]此外，羅忼烈、唐玲玲與吳承學三人，同時亦提及，蘇軾之前，若北宋劉几

1　收入羅忼烈《兩小山齋論文集》（北京：中華書局，一九八二年七月第一版），頁一三三至一五九。
2　收入唐玲玲《東坡樂府研究》（成都：巴蜀書社，一九九三年二月第一版），頁一六九至一八六。此文原載於《華中師院學報》第六期，一九八四年十一月，頁九四至九八。
3　《文學遺產》第四期，二〇〇〇年，頁七四至八三。
4　〈蘇軾檃括詞考〉，見《中國文學研究》第二四期，日本早稻田大學中國文學會編，一九九八年十二月；〈兩宋檃括詞考〉，收入《村山吉廣教授古稀紀念中國古典學論集》，汲古書院刊行，二〇〇〇年三月，頁七三一至七五一。
5　唐文，同注2，頁一六九；內山文，同注4，頁七三一。

〈梅花曲〉，已有櫽括王安石詩入詞之例，可視爲櫽括詞之先導[6]；吳承學文中，尚且提及，櫽括詞之出現，與宋人將詩度曲之風氣，以及唐宋士子「帖括」之形式有關。[7]種種論點，筆者固有持相同見解者，然於兩宋詞中，如何判定何者爲櫽括詞？其數量凡若干？早於蘇軾或劉几，寧無櫽括詞？兩宋詞人櫽括之對象爲何？技巧如何？目的爲何？此等問題，前揭諸文，或未論及，或已論及而猶有不足，於焉筆者乃有寫作本文之動機。

至若「櫽括」之義，先秦之時，原指矯揉彎曲竹木，使之平直或成形之工具，洎乎劉勰《文心雕龍・鎔裁》云：「櫽括情理，矯揉文采也」[8]，始用於文學批評，謂作者宜認真提煉作品之情理，而裁治詞采，必蕪穢不生也。至宋人所謂之「櫽括」，則兼指就原有之詩文、著作加以剪裁、改寫也。此等意義之演變，唐玲玲、吳承學之文中，均已論及，茲不贅述；而本文所謂之「櫽括詞」，即指凡就原有之詩文、著作（含己作及他人之作），加以剪裁、改寫爲整闋詞者，皆屬之。且爲便讀者檢閱，所據《全宋詞》，係以臺灣：世界書局出版者爲據[9]；頁碼隨文附載，不另作注，以省篇幅。

貳、正文

6 羅文，同注1，頁一五八，注7；唐文，同注2，頁一七一；吳文，同注3，頁七五。
7 同注3，頁七七至七八。
8 見范文瀾《文心雕龍註》（臺北：明倫出版社，一九七五年九月三版），卷七，頁五四二。
9 唐圭璋編纂、王仲聞參訂《全宋詞》，臺北：世界書局，一九七六年十月初版。

一、兩宋檃括詞之判定

欲判定《全宋詞》中，何者爲檃括詞？最直接之方式，即細察其詞牌及題序；依筆者所見，又有下列區別：

1.**詞題或題序即以「檃括」兩字顯示**：如蘇軾〈水調歌頭〉（昵昵兒女語）詞序載：「公舊序云：歐陽文忠嘗問余：琴詩何者最善？答以退之聽穎師琴詩最善。公曰：此詩最奇麗，然非聽琴，乃聽琵琶也。余深然之。建安章質夫家善琵琶者，乞爲歌詞。余久不作，特取退之詞，稍加檃括，使就聲律，以遺之云。」（冊一，頁二八〇）、朱熹〈水調歌頭〉（江水漫雲影）詞題云：「檃括杜牧之齊山詩」（冊三，頁一六七五）、劉克莊〈哨徧〉（聖處可宮）詞序云：「昔坡翁以盤谷序配歸去來詞。然陶詞既檃括入律，韓序則未也。暇日，遊方氏龍山別墅，試效顰爲之，俾主人刻之崖石云。」（冊四，頁二五九一）最奇特者，厥爲岳珂〈六州歌頭〉（海棠開後）一詞（冊四，頁二五一一六），係經由黃機〈六州歌頭〉序云：「岳總幹檃括上吳荆州啓，以此腔歌之，因次韻」（冊四，頁二五三四），而後知該詞爲檃括詞也。

2.**詞牌或詞題、題序以「括」字顯示**：如林正大所作四十一闋檃括詞，均先於詞前摘錄所括之詩文，而後於詞牌前加一「括」字以顯示。茲舉首闋爲例：「杜工部醉時歌：諸公袞袞登臺省，廣文先生官獨冷。甲第紛紛厭粱肉，廣文先生飯不足。先生有道出羲皇，先生有才過屈宋。德尊一代常坎軻，名垂萬古知何用。杜陵野客人更嗤，被褐短窄鬢如絲。日糴太倉五升米，時赴鄭老同襟期。得錢即相覓，沽酒不復疑。忘形到爾汝，痛飲真吾師。淸夜沉沉動春酌，燈前細雨檐花落。

但覺高歌有鬼神，焉知餓死塡溝壑。相如逸才親滌器，子雲識字終投閣。先生早賦歸去來，石田茅屋荒蒼苔。儒術于我何有哉，孔丘盜跖俱塵埃。不須聞此意慘愴，生前相遇且銜杯。」而後詞牌即云：〈括酹江月〉，再錄詞：「諸公臺省，問先生何事，冷官如許。……」（冊四，頁二四四〇）至若吳潛〈哨徧〉題云：「括蘭亭記」（冊四，頁二七二八）、程節齋〈水調歌頭〉題云：「括坡詩」（冊五，頁三五四八），則是詞題以「括」字顯示之例也。

3.詞牌或詞題、題序等，以其他方式顯示：如劉几〈梅花曲〉題云：「以介夫三詩度曲」（冊一，頁一八七），意即取王安石〈與微之同賦梅花得香字三首〉詩[10]，括爲三闋〈梅花曲〉也。又：黃庭堅〈訴衷情〉詞序云：「在戎州登臨勝景，未嘗不歌漁父家風，以謝江山。門生請問：先生家風如何？爲擬金華道人作此章。」（冊一，頁三九八）序中所謂「爲擬金華道人作此章」細考之，則見黃庭堅將唐德誠禪師「千尺絲綸直下垂，一波才動萬波隨；夜靜水寒魚不食，滿船空載月明歸」之偈語[11]，櫽括入詞也。其次，賀鑄〈蝶戀花〉（幾許傷春春復暮）題云：「改徐冠卿詞」（冊一，頁五四二），即謂改寫徐冠卿詞[12]，櫽括成己作也。又：晁補之〈洞仙歌〉（當時我醉）題云：「塡盧仝詩」

---

10 王安石〈與微之同賦梅花得香字三首〉詩，見《全宋詩》（北京：北京大學出版社，一九九二年六月第一版），冊一〇，卷五五七，頁六六三〇。

11 此偈語見載於宋．釋普濟撰《五燈會元》（臺北：臺灣商務印書館《景印文淵閣四庫全書》，冊一〇五三，一九八六年八月），卷五，頁一九四。

12 徐冠卿，不詳，亦無詞傳世。惟宋黃昇《花菴詞選》（同前注，冊一四八九，一九八八年二月），卷六，頁三六六，載有李冠（世英）〈蝶戀花〉一詞：「遙夜亭皋閒信步。才過清明，漸覺傷春暮。數點雨聲風約住。朦朧淡月雲來去。
桃杏依稀香暗度。誰在秋千，笑裡輕輕語。一寸相思千萬緒，人間沒箇安排處。」賀鑄詞與之同調，同

（冊一，頁五五八）即謂取盧仝〈有所思〉詩[13]，檃括入詞也。又：米友仁〈念奴嬌〉（闌干倚處）題云：「裁成淵明歸去來兮辭」（冊二，頁七三〇），即謂檃括陶淵明〈歸去來兮辭〉[14]入詞也。劉袤〈臨江仙〉（櫻桃結子春歸盡）題云：「補李後主詞」（冊二，頁一一七六），即檃括李煜〈臨江仙〉詞[15]，復補以己作也。至如黃庭堅〈漁家傲〉（踏破草鞋參到了）題序云：「余嘗戲作詩云：『大葫蘆乾枯，小葫蘆掔小葫蘆。一惱亂檀那得便沽。每到夜深人靜後，小葫蘆入大葫蘆。』又云：『大葫蘆乾枯，小葫蘆行沽。一住金仙宅，一住黃公壚。有此通大道。無此令人老。不問惡與好，兩葫蘆俱倒。』或請以此意倚聲律作詞，使人歌之，爲作漁家傲。」（冊一，頁三九八）則檃括自作詩入詞也。另如李綱〈水龍吟〉（漢家炎運中微）題云：「光武戰昆陽」（冊二，頁九〇〇），係括寫漢光武帝劉秀以兵三千破王莽十萬軍於昆陽之故事，故本文亦視之爲檃括詞（詳下節列表及相關注釋）。

此外，寇準〈陽關引〉（冊一，頁三）一詞，自詞牌之標示，即知係檃括王維〈陽關曲〉[16]；

韻、同題，並襲用詞中「數點」兩句，疑即改此詞者。

13 盧仝〈有所思〉，見《全唐詩》（臺北：盤庚出版社，一九七九年二月第一版）冊六，卷三八八，頁四三七八。

14 陶淵明〈歸去來兮辭並序〉，見楊勇《陶淵明集校箋》（臺北：中國袖珍出版社，一九七〇年四月）卷五，頁二六六至二六七。

15 李煜〈臨江仙〉詞，見張璋、黃畬編《全唐五代詞》（臺北：文史哲出版社，一九八六年十月臺一版），卷四，頁四五四。

16 王維〈陽關曲〉，見同注13，冊二，卷一二八，頁一三〇六。此詩詩題，一作〈送元二使安西〉；其首句云：「渭城朝雨浥輕塵」，故《全唐詩》題作〈渭城曲〉。

王安中〈北山移文哨徧〉（冊二，頁七四六），自詞牌之標示，即知係隱括孔稚珪〈北山移文〉[17]入詞；楊萬里〈歸去來兮引〉（冊三，頁一六六四），亦可自其詞牌，得知係隱括陶淵明〈歸去來兮辭〉（同注14）入詞也。

除卻自詞牌及詞題、題序判定是否爲隱括詞之外，下列兩種情形，亦可視之爲隱括詞：

其一，將現成作品稍加變化，然仍可見得整體隱括入詞中者。如蘇軾〈浣溪沙〉（漁父）詞：

> 西塞山邊白鷺飛。散花洲外片帆微。桃花流水鱖魚肥。　自庇一身青箬笠，相隨到處綠蓑衣。斜風細雨不須歸。（冊一，頁三一四）

此詞顯將張志和〈漁父歌〉：「西塞山前白鷺飛。桃花流水鱖魚肥。青箬笠，綠蓑衣。斜風細雨不須歸。」[18]隱括入詞也。又如〈定風波〉（重陽）詞：

> 與客攜壺上翠微。江涵秋影雁初飛。塵世難逢開口笑。年少。菊花須插滿頭歸。　酩酊但酬佳節了。雲嶠。登臨不用怨斜暉。古往今來誰不老。多少，牛山何必更沾衣。（冊一，頁二八九）

按：杜牧〈九日齊山登高〉詩云：「江涵秋影雁初飛，與客攜壺上翠微；塵世難逢開口笑，菊花須插滿頭歸。但將酩酊酬佳節，不用登臨悵落暉；古往今來只如此，牛山何必更沾衣。」[19]詩、詞相參，可見蘇軾爲配合〈定風波〉之音節、格律，僅將杜牧詩句次序稍作更動，並將少數字句

---

17 孔稚珪〈北山移文〉，見《增補六臣註文選》（臺北：華正書局，一九七九年五月）卷四三，頁八一四至八一七。

18 張志和〈漁父歌〉，見同注13，卷三〇七，頁三四九一。

19 杜牧〈九日齊山登高〉詩，見同注13，冊八，卷五二二，頁五九六六；此詩詩題一作〈九日齊安登高〉。

予以改易、增字；至其意涵，則全然括自杜牧詩也。又如賀鑄〈晚雲高〉（即〈添聲楊柳枝〉）[20]：

秋盡江南草未凋。晚雲高。青山隱隱水迢迢。接亭皋。　二十四橋明月夜，弭蘭橈。玉人何處教吹簫。可憐宵。（冊一，頁五〇四）

按：杜牧〈寄揚州韓綽判官〉詩云：「青山隱隱水迢迢，秋盡江南草木凋；二十四橋明月夜，玉人何處教吹簫。」[21]詩、詞相參，可見賀鑄爲配合〈晚雲高〉之音節、格律，亦將杜牧詩之次序稍作更動，並於各句間，增加三字句，凡四句；而其意涵，亦全然檃括杜牧之詩也。至若蘇軾〈定風波〉（詠紅梅）詞，則與其〈紅梅三首〉之一，意涵全然相同，由於不知詩、詞何者先作，姑視之爲引己詩入詞之檃括詞：

好睡慵開莫厭遲。自憐冰臉不時宜。偶作小紅桃杏色，閒雅。尚餘孤瘦雪霜姿。　休把閒心隨物態，何事，酒生微暈沁瑤肌。詩老不知梅格在。吟詠，更看綠葉與青枝。（冊一，頁二八九）

而蘇軾〈紅梅三首〉之一爲：「怕愁貪睡獨開遲，自恐冰容不入時；故作小紅桃杏色，尚餘孤瘦雪霜姿。寒心未有隨春態，酒暈無端上玉肌；詩老不知梅格在，但看綠葉與青枝。」[22]詩、詞相

---

20 賀鑄《東山詞》之詞牌，論其命名，蓋有六端：㈠採用一般名稱者；㈡採用樂府詩題而原有詞調者；㈢化用樂府詩題而原有調名者；㈣自擬樂府詩題而原有調名者；㈤取自樂府以外之唐詩而原有調名者；㈥自度新腔調。此中㈡、㈢、㈣、㈤四項，本文均逐一標出一般名稱，以便察閱。

21 杜牧〈寄揚州韓綽判官〉詩，見同注13，冊八，卷五二三，頁五九八二。

22 蘇軾〈紅梅三首〉之一，見同注10，冊一四，卷八〇四，頁九三一六。

較，可見每句次第，全然相同唯字句有出入耳。

其二，將現成詩篇之詩意檃括入詞，且詞牌、題序無任何標示，字句亦另行塡製，未全然引用原作品者。此類作品，泰半難以辨識，然確有其作，如黃庭堅〈瑞鶴仙〉：

環滁皆山也。望蔚然深秀，瑯琊山也。山行六七里，有翼然泉上，醉翁亭也。翁之樂也。得之心、寓之酒也。更野芳佳木，風高日出，景無窮也。　游也。山肴野蔌，酒洌泉香，沸籌觥也。太守醉也。喧嘩眾賓歡也。況宴酣之樂、非絲非竹，太守樂其樂也。問當時、太守為誰，醉翁是也。（冊一，頁四一五）

按：此詞雖無任何檃括詞之提示，亦無法將原有文句全引入詞中，然以其所檃括者，乃眾人皆曉之〈醉翁亭記〉[23]，爲歐陽脩作，故不難辨識。至如賀鑄〈醉夢迷〉（即〈醜奴兒〉）：

深坊別館蘭閨小，障掩金泥。燈映玻璃。一枕濃香醉夢迷。　醒來擬作清晨散，草草分攜。柳巷鴉啼。又是明朝日向西。（冊一，頁五一〇）

按：薛能〈吳姬十首〉之七云：「畫燭燒蘭暖復迷，殿幃深密下銀泥；開門欲作侵晨散，已是明朝日向西。」[24]詩、詞相參，可見賀鑄係將薛詩首兩句詩意，檃括成詞之上闋；後兩句詩意則檃括成詞之下闋。而薛能其人其詩，較不爲人熟知，故詞家若不明言，吾人眞難知其所自。又如賀鑄〈小梅花〉：

23　歐陽脩〈醉翁亭記〉，見《歐陽脩全集》（臺北：河洛圖書出版社，一九七五年三月），卷二，頁一一〇。

24　薛能〈吳姬十首〉之七，見同注13，冊九，卷五六一，頁六五二〇。

思前別。記時節。美人顏色如花開。美人歸。天一涯。娟娟姮娥，三五滿還虧。翠眉蟬鬢生離訣。遙望青樓心欲絕。夢中尋。臥巫雲。覺來珠淚，滴向湘水深。　愁無已。奏綠綺。歷歷高山與流水。妙通神。絕知音。不知暮西朝雲何山岑。相思無計堪相比。珠箔雕闌幾千里。漏將分，月窗明，一夜梅花忽開、疑是君。（冊一，頁五四一）

此詞賀鑄亦未提示括自何詩，經查係盧仝〈有所思〉詩：「當時我醉美人家，美人顏色嬌如花；今日美人棄我去，青樓朱箔天之涯。娟娟姮娥月，三五二八圓又缺；翠眉蟬鬢生別離，一望不見心斷絕。心斷絕，幾千里；夢中醉臥巫山雲，覺來淚滴湘江水。湘江兩岸花木深，美人不見愁人心；含愁更奏綠綺琴，調高絃絕無知音。美人兮美人，不知為暮雨兮為朝雲；相思一夜梅花發，忽到窗前疑是君。」（同注13）詩詞相參，可見賀鑄將盧詩首句至「美人不見愁人心」一段，括成詞之上闋；「含愁更奏綠綺琴」以下，則括成賀詞之下闋。而似此現象，作者均未給予任何提示，乃檃括詞中最不易判定者。

除上述借由各種現象判定檃括詞之外，尚有一類詞篇，僅將現成作品檃括入詞之上闋或下闋，基於整體概念之考量，吾人均不視之為檃括詞。如晏殊〈瑞鷓鴣〉：

江南殘臘欲歸時。有梅紅亞雪中枝。一夜前村、間破瑤英拆[25]，端的千花冷未知。　丹青改樣勻朱粉，雕梁欲畫猶疑。何妨與向冬深，密種秦人路，夾仙溪。不待夭桃客自迷。

---

25 此句《全宋詞》作「間破瑤英拆」，冒廣生校記云：「『間破』，《梅苑》作『聞道』，應依改；周本作『開破』，亦非。」（《冒鶴亭詞曲論文集》，上海：上海古籍出版社，一九九二年八月一版，頁五二七）。

按：此詞上闋，實括自熊皎〈早梅〉詩：「江南近臘時，已亞雪中枝；一夜開欲盡，百花猶未知。……」（冊一，頁一〇二）[26]然下闋仍屬晏殊之自創，故整體而言，自不以檃括詞視之。又如賀鑄〈攀鞍態〉（即〈迎春樂〉）：

逢迎一笑金難買。小櫻唇、淺蛾黛。玉環風調依然在。想花下、攀鞍態。　竚倚碧雲如有待。望新月、為誰雙拜。細語人不聞，微風動、羅裙帶。（冊一，頁五〇二）

按：此詞下闋，實括自李端〈拜新月〉詩：「開簾見新月，即便下階拜；細語人不聞，此風吹裙帶。」[27]然其上闋仍屬賀鑄自創，故亦不視之為檃括詞。又如周邦彥〈尉遲杯〉上闋：

隋堤路。漸日晚、密靄生深樹。陰陰淡月籠沙，還宿河橋深處。無情畫舸，都不管、煙波隔南浦。等行人、醉擁重衾，載將離恨歸去。（冊二，頁六一四）

按：此詞泰半詞意，均為周邦彥所創，唯上闋「無情畫舸」以下四句，實括自宋鄭文寶詩：「亭亭畫舸繫寒潭，直到行人酒半酣；不管煙波與風雨，載將離恨過江南。」[28]，故仍不視之為檃括

---

26 熊皎〈早梅詩〉，見同注13，冊一一，卷七三七，頁八四一〇。

27 李端〈拜新月〉詩，見同注13，冊五，卷二八六，頁三二八〇。而此詩作者，一作「耿湋」。

28 此詩作者，至今猶難斷定。《全宋詩》冊一（同注10，一九九一年七月第一版），卷五八，頁六四〇「鄭文寶」欄下，列有〈絕句三首〉，此詩為第一首。然《全宋詩》冊二〇（同前，一九九五年六月第一版），卷一一八七，頁一三四一八「張耒三三」欄下，亦錄此詩，僅一首，亦名絕句，且按云：「一說唐鄭仲賢作，見《宋詩話輯佚・蔡寬夫詩話》並郭紹虞語，又見楊慎《升庵詩話》卷八。」是知此詩仍以作者兩存為宜，至若此按語為鄭仲賢係唐人，誤甚。即以所舉郭紹虞《宋詩話輯佚》（臺北：華正書局，一九八一年十二月初版，卷下，頁四〇二）核之，郭氏亦已正為宋人，《全宋詩》編纂者，顯未察之。至若此詩之作者，郭氏仍以兩存處理，顯見謹慎，特此

詞。

再者，宋人運用「隱括」一詞，其意涵實甚廣泛，如葉夢得《建康集》載〈賀鑄傳〉云：

（賀鑄）博學彊記，尤長於度曲，掇拾人所遺棄，少加隱括，皆為新奇。[29]

又如陳振孫《直齋書錄解題・清真詞二卷後集一卷》云：[30]

（美成）多用唐人詩語隱括入律，渾然天成；長調猶善鋪敘，富豔精工，詞人之甲乙也。

此處所謂「隱括」，乃泛指運用「截取」、「增損」、「化用」、「襲用」、「集句」，以及本文所謂賅含言之[31]。然基於整體之概念，本文仍以將現成作品剪裁、改寫入整闋詞者，始視爲「隱括詞」，其之「隱括」技巧，將原有作品加以剪裁、改寫，融成一詞、一句、一段，甚或半闋、整闋者，皆餘一概不論，庶免泛泛之譏。

二、兩宋隱括詞之起始

關於兩宋隱括詞之起始，本文前言所舉諸學者，均肯定指出以「隱括」兩字標題填詞者，始於蘇軾（西元一〇三六至一一〇一），然亦以爲蘇軾之前，如劉几（一〇〇八至一〇八八），亦已

說明。

29 見宋葉夢得《建康集》（見同注11，冊一一二九，一九八七年二月）卷八，頁六五九。

30 見宋陳振孫《直齋書錄解題》（見同注11，冊六七四，一九八五年二月）卷二一，頁八八八。

31 可參拙作〈兩宋詞人取材唐詩之技巧〉（《東吳中文學報》第一期，一九九五年五月，頁二二三至二五八。

有檃括之作。而蘇軾、劉几之作，均有線索可知其爲檃括詞；然誠如前節所述，部分宋詞實爲檃括詞，特無任何提示耳。即以《全宋詞》所載，劉几之前仍可見檃括詞，如寇準（九六一至一〇二三）〈陽關引〉：

塞草煙火闊，渭水波聲咽。春朝雨霽輕塵歇。征鞍發。指青青楊柳，又是輕攀折。動黯然，知有後會甚時節。　更盡一杯酒，歌一闋。歎人生，最難歡聚亦離別。且莫辭沉醉，聽取陽關徹。念故人，千里自此共明月。（冊一，頁三）

此詞顯就王維〈陽關曲〉：「渭城朝雨浥輕塵，客舍青青柳色新；勸君更進一杯酒，西出陽關無故人。」（同注16）加以檃括改寫而成；而調名〈陽關引〉，亦可知係就王維〈陽關曲〉，曼衍其聲，別成新腔也。又如晏殊（九九一至一〇五五）〈破陣子〉：

憶得去年今日，黃花已滿籬。曾與玉人臨水檻，共折香泛酒卮。長條插鬢垂。　人貌不應遷換，珍叢又睹芳菲。重把一尊尋徑，所惜光陰去似飛。風飄露冷時。（冊一，頁八八）

按：崔護〈題都城南莊〉詩云：「去年今日此門中，人面桃花相映紅；人面不知何處在，桃花依舊笑春風。」[32]詩、詞相參，顯見晏殊係將崔詩前兩句之詩意，括成詞之上闋；而將崔詩後兩句之詩意，括成詞之下闋。唯詩中春日之桃花，易成詞中秋日之黃花，時節有別耳。又如滕宗諒（九九一至一〇四七）〈臨江仙〉：

湖水連天天連水，秋來分外澄清。君山自是小蓬瀛。氣蒸雲夢澤，波撼岳陽城。　帝子

---

32 崔護〈題都城南莊〉，見同注13，冊六，卷三六八，頁四一四八。

有靈能鼓瑟，淒然依舊傷情。微聞蘭芝動芳馨。[33]曲終人不見，江上數峰青。（冊一，頁一一〇）

按：孟浩然〈望洞庭湖贈張丞相〉詩云：「八月湖水平，涵虛混太清；氣蒸雲夢澤，波撼岳陽城。欲濟無舟楫，端居恥聖明；坐觀垂釣者，徒有羨魚情。」[34]又：錢起〈省試·湘靈鼓瑟〉詩云：「善鼓雲和瑟，常聞帝子靈；馮夷空自舞，楚客不堪聽。苦調淒金石，清音入杳冥；蒼梧來怨慕，白芷動芳馨。流水傳湘浦，悲風過洞庭；曲終人不見，江上數峰青。」[35]詩、詞相參，顯見滕宗諒係將孟詩前四句詩意，括成詞之上闋；而將錢詩詩意，括成詞之下闋也。

以上所舉寇準、晏殊、滕宗諒三人，均屬蘇軾、劉几之前輩，其作品中均已見檃括詞。則知檃括詞之產生，蓋伴隨宋人「以詩度曲」之風氣而存在；而「以詩度曲」所以形成風氣，又因唐宋以還士子「帖括」應試之風使然也。因之，論「檃括詞」之起始，必推至宋初；且以《全宋詞》所錄作品察之，寇準〈陽關引〉，厥為目前所見最早之「檃括詞」。至若詞題下標明「檃括」兩字以填詞者，首推蘇軾，自無可疑。

---

33 此句平仄格律為「平平平平仄平平」，顯然有誤。《全宋詞》於此詞後附載係錄自吳曾《能改齋漫錄》卷一六，經筆者查該書，始知此句原作「微聞蘭芷動芳馨」，《全宋詞》顯將「蘭芷」誤刻作「蘭芝」，以致平仄全失。而此詞下片，係括自錢起〈省試·湘靈鼓瑟〉詩，詩中第八句作：「白芷動芳馨」；詩、詞相參，益可證「芝」為「芷」之誤也。

34 孟浩然〈望洞庭湖贈張丞相〉，見同注13，冊三，卷一六〇，頁一六三三。此詩詩題，一作「臨洞庭」。

35 錢起〈省試·湘靈鼓瑟〉，見同注13，冊四，卷二三八，頁二六五一。

三、兩宋檃括詞之數量

兩宋檃括詞之數量，由於存在「屬檃括詞而無任何標示」之現象，自難提出具體數字。然前言所揭大陸、日本學者之論文，均已概略列舉，而頗有疏忽；因之本文於此乃願就前節對「檃括詞」分類判定之結果，表列《全宋詞》中所見之檃括詞如次：

1、詞題或題序以「檃括」兩字顯示者，凡二十四闋：

作者	詞牌及起句	《全宋詞》冊數及頁碼
蘇軾	水調歌頭（呢呢兒女語）	冊一，頁二八〇。
	哨徧（為米折腰）	冊一，頁三〇七。
朱敦儒	秋霽（壬戌之秋）	冊二，頁八六九〈存目詞〉[36]
程大昌	水調歌頭（綠淨貫闤闠）[37]	冊三，頁一五二五。

36　此詞《全宋詞》於「朱敦儒」欄下，列入〈存目詞〉；另又見錄於「無名氏」欄下，並注云：「案此首別又誤作朱敦儒詞，見沈際飛本草堂詩餘正集卷五。」（冊五，頁三七四五）然鄧子勉校注《樵歌》（上海：上海古籍出版社，一九九八年七月第一版）考云：「朱敦儒年七十有詩〈六月二十日過黃州〉，正在遭彈劾罷官後，而蘇軾〈前赤壁賦〉中不以得思為懷的思想，或於朱氏有同慨，遂被檃括入詞。故此處定為朱敦儒詞。」（頁四〇七），茲從之。

37　此詞題序云：「水晶宮之名，天下知之，而此邦圖志，元不能主其名所。……茲承詞見及，無以為報，輒取此意，稍加檃括，用來況水調歌為腔，輒以奉呈。若遂有取，可補地志之闕，不但持杯一笑也。」是知此詞係就他人詞作，取其意稍加檃括，特不知原詞為何，無從比照，姑錄此存查。

曹冠	哨徧（壬戌孟秋）	冊三，頁一五四〇。
姚述堯	鷓鴣天（昨夜東風到海涯）[38]	冊三，頁一五五五。
朱熹	水調歌頭（江水浸雲影）	冊三，頁一六七五。
辛棄疾	醜奴兒（晚來雲淡秋光薄）[39]	冊三，頁一九七六。
	醜奴兒（尋常中酒扶頭後）	冊三，頁一九七六。
	醜奴兒（此生自斷天休問）	冊三，頁一九七六。
	聲聲慢（停雲靄靄）	冊三，頁一九一二。
汪莘	哨徧（近臘景和）	冊三，頁二二〇二。
徐鹿卿	酹江月（雪銷平野）	冊四，頁二三一五。
劉學箕	松江哨徧（木葉盡凋）	冊四，頁二四三二。
岳珂	六州歌頭（海棠開後）[40]	冊四，頁二五一六。

---

38 此詞題序云：「王清叔具草酌海棠，爲作二絕句，清叔擊節，櫽括以鷓鴣天歌之。」是知姚述堯原有二絕句，此詞特就二絕句加以櫽括，以〈鷓鴣天〉詞歌之。然查《全宋詩》「姚述堯」欄下（見同注10，卷二一二七，頁二四〇四一），並未錄此二絕句，姑錄此存查。

39 此詞題云：「醉中有歌此詩以勸酒者，聊櫽括之。」是知此詞係就他人所歌，加以櫽括，非辛棄疾原作也。又：此詞後並錄有兩闋同調詞，筆者較其內容與節候，判定蓋屬同時所作之聯章詞也。

40 此詞無題序，原不知爲櫽括詞。及見黃機〈六州歌頭〉題云：「岳總幹櫽括上吳荆州啓，以此腔歌之，因次韻。」（冊四，頁二五三四）岳總幹，即岳珂；從此序而後知岳珂〈六州歌頭〉爲櫽括詞也。

葛長庚	賀新郎（露白天如洗）[41]	冊四，頁二五七七。
劉克莊	哨徧（勝處可宮）	冊四，頁二五九一。
方　岳	沁園春（歲在永和）	冊四，頁二八三七。
馬廷鸞	水調歌頭（把酒對湘浦）	冊五，頁三一四〇。
蔣　捷	賀新郎（絕代幽人獨）	冊五，頁三四四八。
劉將孫	滿江紅（千里酸風）	冊五，頁三五二六。
	沁園春（壬戌之秋）	冊五，頁三五二八。
	沁園春（十月雪堂）	冊五，頁三五二八。
無名氏	賀新郎（步自雪堂去）[42]	冊五，頁三七四五。
補充說明：一、劉將孫〈滿江紅〉（千里酸風）題序云：「五日風雨，蕭然獨坐，偶檢康與之伯可順庵詞，見其櫽括金銅仙人辭漢歌，自謂縛虎手，殊不佳。……」然康與之櫽括之詞，今已不存，故不予計數。二、此等作品，已逕注明係「櫽括詞」，故除非必要，不一一附注。		

41　此詞題云：「櫽括菊花新」，經查葛長庚作有〈菊花新〉詞九闋（冊四，頁二五六六至二五六八），比對其內容，則知〈賀新郎〉係就此九闋之詞意，櫽括而成也。

42　此詞後，《全宋詞》案云：「此首別又誤作宋自遜詞，見沈際飛本草堂詩餘正集卷六。」

2、詞牌或詞題、題序以「括」字顯示者，凡四十一闋：

作者	詞牌及起句	《全宋詞》冊數及頁碼
林正大	〈括酹江月〉（諸公臺省）	冊四，頁二四四〇。
	〈括一叢花〉（知章騎馬似乘船）	冊四，頁二四四一。
	〈括賀新涼〉（蘭亭當日事）	冊四，頁二四四一。
	〈括酹江月〉（問陶彭澤）	冊四，頁二四四二。
	〈括沁園春〉（大人先生）	冊四，頁二四四二。
	〈括水調歌〉（太行有盤谷）	冊四，頁二四四三。
	〈括摸魚兒〉（醉之鄉、其去中國）	冊四，頁二四四四。
	〈括聲聲慢〉（暮春天氣）	冊四，頁二四四四。
	〈括賀新涼〉（環滁皆山也）	冊四，頁二四四五。
	〈括水調歌〉（廬山幾千仞）	冊四，頁二四四六。
	〈括酹江月〉（泛舟赤壁）	冊四，頁二四四七。
	〈括酹江月〉（雪堂閒步）	冊四，頁二四四七。
	〈括水調歌〉（仕宦至卿相）	冊四，頁二四四八。
	〈括賀新涼〉（酌以蒲城酒）	冊四，頁二四四九。
	〈括水調歌〉（耿耿銀潢淨）	冊四，頁二四四九。

〈括滿江紅〉（落魄高人）	冊四，頁二四五〇。
〈括朝中措〉（凌波仙子襪生塵）	冊四，頁二四五〇。
〈括滿江紅〉（太一真人）	冊四，頁二四五〇。
〈括賀新涼〉（生長湖山曲）	冊四，頁二四五一。
〈括水調歌〉（欲狀巴陵勝）	冊四，頁二四五一。
〈括木蘭花慢〉（黃河天上派）	冊四，頁二四五二。
〈括水調歌〉（聽說竹樓好）	冊四，頁二四五二。
〈括清平樂〉（若耶溪女）	冊四，頁二四五四。
〈括滿江紅〉（爲憶當時）	冊四，頁二四五四。
〈括滿江紅〉（寂寞江城）	冊四，頁二四五四。
〈括水調歌〉（落日峴山下）	冊四，頁二四五四。
〈括江神子〉（狂胡鞍馬自爲家）	冊四，頁二四五四。
〈括意難忘〉（蜀道登天）	冊四，頁二四五五。
〈括沁園春〉（廬阜諸峰）	冊四，頁二四五六。
〈括摸魚兒〉（汎松江、水遙山碧）	冊四，頁二四五七。
〈括意難忘〉（洶洶松風）	冊四，頁二四五八。
〈括酹江月〉（坐愁書室）	冊四，頁二四五八。

	〈括酹江月〉（杏花春晚）	冊四，頁二四五九。
	〈括水調歌〉（華裾織翡翠）	冊四，頁二四五九。
	〈括虞美人〉（武昌七十龐眉叟）	冊四，頁二四五九。
	〈括江神子〉（拾遺流落錦宮城）	冊四，頁二四六〇。
	〈括沁園春〉（子陵先生）	冊四，頁二四六〇。
	〈括臨江仙〉（須信乾坤如逆旅）	冊四，頁二四六一。
	〈括酹江月〉（開元盛日）	冊四，頁二四六一。
吳　潛	〈哨徧〉（在晉永和）	冊四，頁二七二八。
程節齋	〈水調歌頭〉（秋色正瀟灑）	冊五，頁三五四八。

3、詞牌或詞題、題序以其他方式顯示者，凡五十七闋：

作　者	詞牌及起句	《全宋詞》冊數及頁碼
寇　準	〈陽關引〉（塞草煙光闊）	冊一，頁三。
劉　几	〈梅花曲〉（漢宮中侍女）	冊一，頁一八七。
	〈梅花曲〉（結子非貪）	冊一，頁一八八。
	〈梅花曲〉（淺淺池塘）	冊一，頁一八八。

黃庭堅	〈鷓鴣天〉（西塞山邊白鷺飛）[43]	冊一，頁三九五。
	〈漁家傲〉（踏破草鞋參到了）	冊一，頁三九八。
	〈訴衷情〉（一波才動萬波隨）	冊一，頁三九八。
	〈調笑歌〉（無語）[44]	冊一，頁三九九。
趙令時	〈鷓鴣天〉（可是相逢意變深）[45]	冊一，頁四九九。
賀　鑄	〈綠羅裙〉（東風柳絲長）[46]	冊一，頁五〇五。
	〈蝶戀花〉（幾許傷春春復暮）	冊一，頁五四一。
晁補之	〈洞仙歌〉（當時我醉）	冊一，頁五五八。
米友仁	〈念奴嬌〉（欄杆倚處）	冊二，頁七三〇。

43 此詞題云：「表弟李如箎：『玄真子漁父語，以鷓鴣天歌之，極入律，但少數句耳。』因以玄真子遺事足之。憲宗時，畫玄真子像，訪之江湖，不可得，因令集其歌詩上之。玄真之兄松齡，懼玄真放浪而不返也，和答其漁父云：『樂在風波釣是閒，草堂松桂已勝攀；太湖水，洞庭山，狂風浪起且須還。』此余續成之意也。」是知黃庭堅此詞，係綜括張志和兄弟〈漁父歌〉之作而成也。

44 此詞調寄〈調笑歌〉，依宋人塡此調之習慣，詞前均先附一首詩，而後以該詩之末兩字，爲詞之起首；且泰半就詩意再予延伸。然黃庭堅此詞，係將詩意再括入詞中，故本文仍視之爲檃括詞。

45 此詞題序云：「前改張文潛詩，但有此四句，正爲咸平劉生作。余作後改爲鷓鴣天贈之。」是知趙令時係先改易張耒（字文潛）詩，而後再括詩意成〈鷓鴣天〉詞也。張耒詩，題爲〈倚聲製曲三首〉，趙令時所改者爲第三首。（見同注10，冊二〇，卷一一五五，頁一三〇三二）

46 此詞詞牌爲〈綠羅裙〉（即〈生查子〉），知其係檃括五代牛希濟〈生查子〉（春山烟欲收），以其末句云：「記得綠羅裙，處處憐芳草」（見同注15，卷五，頁六一八），故賀鑄取以名詞也。

徐　俯	〈訴衷情〉（結廬人境羨陶潛）[47]	冊二，頁七三一。
	〈浣溪沙〉（西塞山前白鷺飛）[48]	冊二，頁七四四。
	〈浣溪沙〉（新婦磯邊秋月明）	冊二，頁七四四。
	〈鷓鴣天〉（西塞山前白鷺飛）	冊二，頁七四四。
	〈鷓鴣天〉（七澤三湘碧草連）	冊二，頁七四四。
王安中	〈北山移文哨徧〉（世有達人）	冊二，頁七四六。
葉夢得	〈念奴嬌〉（故山漸近）[49]	冊二，頁七六七。
李　綱	〈水龍吟〉（漢家炎運中微）[50]	冊二，頁九〇〇。

47 此詞題云：「淵明詩」，經查係櫽括陶淵明〈雜詩二首〉之一（見同注14，卷三〇，頁五五八。）

48 徐俯於所列四闋詞後，附一篇長跋云：「張志和漁父詞云……顧況漁父詞云……東坡云：『玄真語極麗，恨其曲度不傳，加數語以浣溪沙歌之云……』山谷見之，擊節稱賞，且云：『惜乎散花與桃花字重疊，又漁舟少有使帆者，乃取張、顧二詞，合爲浣溪沙云……』東坡跋云：『魯直此詞，清新婉麗，……然才出新婦磯，便入兒女浦，此漁父無乃太瀾浪乎。』山谷晚年亦悔前作之未工，因表弟李如篪言，漁父詞以鷓鴣天歌之，甚協律，恨語少聲多耳。因以憲宗畫像求玄真子文章及玄真子兄松齡勸歸之意，足前後數句云：……東坡笑曰：『魯直乃欲平地起風波也。』東湖老人因坡、谷互有異同之論，故作浣溪沙、鷓鴣天各二闋云。」按：東湖老人即徐俯也。而自此跋觀之，其所作四闋詞，即櫽括張志和、顧況之〈漁父詞〉也。

49 此詞題云：「南歸渡揚子作，雜用淵明語」，經查葉夢得係櫽括陶淵明〈歸去來兮辭〉與〈雜詩二首〉之一（見注14、47），以成〈念奴嬌〉也。

50 此詞題云：「光武戰昆陽」，係括寫更始元年，東漢光武帝與王莽戰爭昆陽，興復漢室，作中興主之事。詳《資治通鑑》（臺北：明倫出版社，一九七五年三月初版），冊二，卷三九〈漢紀三十一〉，頁一二四一至一二四四。

〈念奴嬌〉（茂陵仙客）[51]	冊二，頁九〇〇。
〈喜遷鶯〉（長江千里）[52]	冊二，頁九〇〇。
〈水龍吟〉（古來夷狄難馴）[53]	冊二，頁九〇〇。
〈念奴嬌〉（晚唐姑息）[54]	冊二，頁九〇〇。
〈雨霖鈴〉（蛾眉修綠）[55]	冊二，頁九〇一。
〈喜遷鶯〉（邊城寒早）[56]	冊二，頁九〇一。

51 此詞題云：「漢武尋朔方」，係括寫漢武帝命衛青、霍去病將兵攻匈奴，以及元封元年親巡邊垂，至朔方之事。詳《漢書》（臺北：鼎文書局，一九八七年元月五版）冊一，卷六〈武帝紀〉，頁一七一至一八九。又見《資治通鑑》（見同前注），冊二，卷二〇〈漢紀十一〉、卷二一〈漢紀十二〉，頁六四〇至六七六。

52 此詞題云：「晉詩勝淝上」，係括寫晉孝武帝太元八年，謝安於淝水之戰破符堅、延晉祚之事。詳《資治通鑑》（見同注50），冊五，頁一〇五〈晉紀二十七〉，頁三三〇九至三三一四。

53 此詞題云：「太宗臨渭上」，係括寫唐高祖武德九年，突厥頡利可汗入寇，進至渭水便橋之北，太宗親與房玄齡等六騎逕詣渭水之上，與之隔水而語之事。詳《資治通鑑》（見同注50）冊九，卷一九一〈唐紀七〉，頁六〇一九。

54 此詞題云：「憲宗平淮西」，係括寫唐憲宗元和十二年，登用裴度平淮西四郡——淮、蔡、申、光之故事。詳《資治通鑑》（見同注50），冊一一，卷二四〇〈唐紀五十六〉，頁七七三七至七七四五。

55 此詞題云：「明皇幸西蜀」，顯係寫唐玄宗天寶十四載安史亂起，玄宗幸蜀之事。而記載此事之書籍甚夥，今觀李綱此詞所檃括之內容，蓋取自《舊唐書》（見同注51，一九八九年十二月五版）冊三，卷五一〈后妃上〉，頁二一七八至二一八一；以及白居易〈長恨歌〉（見同注13，冊七，卷四三五，頁四八一六至四八二〇）。

56 此詞題云：「真宗幸澶淵」，顯係寫宋真宗景德元年，契丹攻宋抵澶淵城下，寇準力主真宗親征，遂破契丹之事。李綱之前，記載此事者，可見北宋末已行世題曾鞏撰之《隆平集》（見同注11，冊三七一，一九八四年八月）卷二，頁一四；卷二〇，頁二。

趙　鼎	〈河傳〉（年年桃李）[57]	冊二，頁九四二。
	〈滿庭芳〉（靡靡流光）[58]	冊二，頁九四六。
向子諲	〈驀山溪〉（掛冠神武）[59]	冊二，頁九五二。
都下妓	〈朝中措〉（屏山欄檻倚晴空）[60]	冊二，頁一〇四七。
胡　仔	〈水龍吟〉（夢寒綃帳春風曉）[61]	冊二，頁一〇七二。
劉　袤	〈臨江仙〉（櫻桃結子春歸盡）	冊二，頁一一七六。
康與之	〈瑞鶴仙令〉（櫻桃落盡春歸去）[62]	冊二，頁一三〇八。

57 此詞題云：「以石曼卿詩爲之」，經查係檃括石延年〈寄尹師魯〉詩（見同注10，一九九一年八月第一版，冊三，卷一七六，頁二〇〇三。）

58 此詞題云：「九日用淵明二詩作」，經查係檃括陶淵明〈九日閒居〉與〈己酉歲九月九日〉二詩，見楊勇著《陶淵明集校箋》（同注14），卷二，頁五四及卷三，頁一三三。

59 此詞題云：「王明之曲，薌林易置十數字歌之」，顯係向子諲就王明之曲，予以改易十數字，而後括成此詞也。按：宋代有兩位字明之名仲甫者，一爲王珪之侄，曾官至主簿，其詞未見著錄；一號逐客，曾官翰林，《全宋詞》冊一，頁二七〇至二七一，載有其詞，特不知向子諲所改易者，原作爲何耳。然自詞中附註，可知此中「催上泛宅時」一句，爲向子諲改易之句，餘者俟考。

60 此詞題云：「改歐陽脩詞」，經查係檃括歐陽脩〈朝中措〉（平山闌檻倚晴空）詞，見《全宋詞》冊一，頁一二二。

61 此詞題云：「以李長吉美人梳頭歌塡」，意即以李賀〈美人梳頭歌〉（見同注13，冊六，卷三九三，頁四四三四），檃括入詞也。

62 此詞題云：「補足李重光詞」，經查亦係檃括李煜〈臨江仙〉（櫻桃落盡春歸去）詞（見同注15），而後補上己作三句也。

楊萬里	〈歸去來兮引〉（儂家貧甚訴長飢）[63]	冊三，頁一六六四。
	〈歸去來兮引〉（老圃半榛茨）	冊三，頁一六六五。
	〈歸去來兮引〉（扁舟輕颺破朝霏）	冊三，頁一六六五。
	〈歸去來兮引〉（容膝易安棲）	冊三，頁一六六五。
	〈歸去來兮引〉（浮雲出岫豈心思）	冊三，頁一六六五。
	〈歸去來兮引〉（邂逅又春熙）	冊三，頁一六六五。
	〈歸去來兮引〉（欣欣花木向榮滋）	冊三，頁一六六五。
	〈歸去來兮引〉（富貴本危機）	冊三，頁一六六五。
辛棄疾	〈水龍吟〉（昔時曾有佳人）[64]	冊三，頁一九一四。
	〈哨偏〉（蝸角鬥爭）[65]	冊三，頁一九一六。

63 楊萬里〈歸去來兮引〉，乃一組聯章詞，總括陶淵明〈歸去來兮辭並序〉。大陸出版之《全宋詞》（北京：中華書局，一九九九年一月新一版）冊三，頁二一五二至二一五三，載錄此詞時，計分十二闋；本文則依所揭版本，分爲八闋。由於此聯章詞總題爲〈歸去來兮引〉，其下各詞，並未分別標示詞牌，故雖以八闋計數，仍以〈歸去來兮引〉爲總命名。

64 此詞題云：「愛李延年、淳于髡語，合爲詞，庶幾高唐、神女、洛神賦之意云」，細查之，此詞主要係括自《漢書》卷九十七上〈外戚傳〉中李延年之歌（見同注51，冊五，頁三九五一），以及《史記》卷一二六〈滑稽列傳〉中淳于髡之事（見同注51，《史記》冊四，頁三二九九）；間雜宋玉〈高唐賦〉與《毛詩》之語（詳參鄧廣銘《稼軒詞編年箋注》，臺北：臺灣中華書局，一九七二年十二月臺四版，卷五，頁四六〇），故本文仍視之爲櫽括詞。

65 此詞題云：「秋水觀」，細查之，知其主要係總括《莊子》書中〈則陽篇〉、〈秋水篇〉、〈逍遙遊〉、〈齊物篇〉各

	〈哨徧〉（一壑自專）66	册三，頁一九一六。
	〈卜算子〉（一以我爲牛）67	册三，頁一九四六。
林正大	〈水調歌〉（人笑杜陵客）	册四，頁二四四〇。
	〈滿江紅〉（衮衮諸公）68	册四，頁二四四〇。
衛元卿	〈齊天樂〉（藕花洲上芙蓉楫）69	册四，頁二四八六。
劉克莊	〈沁園春〉（昔臥龍公）70	册四，頁二五九八。
	〈賀新郎〉（行樂尤宜少）71	册四，頁二六三二。

篇之詞語與觀念，間雜他書中一二語（詳參鄧廣銘注，同前注，卷四，頁三四三），故本文仍視之爲檃括詞。

66 此詞與〈哨徧〉（蝸角鬥爭）詞，係一時之作。所括者，亦爲《莊子》書中語，見〈秋水篇〉、〈寓言篇〉、〈駢拇篇〉、〈達生篇〉等（見同前注，頁三四四至三四五），間亦雜入他書中一二語，故本文仍視之爲檃括詞。

67 此詞題云：「用莊語」，經查係用《莊子》書中語，見〈應帝王篇〉、〈山木篇〉、〈達生篇〉等（見同注65，頁三九九），自是檃括之作。

68 林正大之檃括詞，其詞牌率以「括」字顯示，唯〈水調歌頭〉、〈滿江紅〉二詞例外。然此兩詞係承〈括酹江月〉（諸公臺省）之後，細讀其內容，亦係括杜甫〈醉時歌〉入詞，自屬檃括詞。

69 此詞題云：「塡溫飛卿江南曲」，實即檃括溫庭筠〈江南曲〉（見同注13，册九，卷五七六，頁六七〇五至六七〇六）入詞也。

70 此詞題云：「五和韻，狹不可復和，偶讀孔明傳，戲成。」蓋此詞原係和林卿（即林希逸）之作。而細考其內容，實以總括《三國志》卷三五〈諸葛亮傳〉爲主（見同注51，《三國志》册二，頁九二一至九二八），故本文仍視之爲檃括詞。關於此詞之說解，可參錢仲聯《後村詞箋注》（臺北：大立出版社，一九八二年景印出版）卷二，頁一八〇至一八一。

71 此詞題云：「五用韻，讀坡公和陶詩，其九篇爲重九作，乃敘坡事而賦之。」蓋此詞原係宋理宗開慶元年己未（西

	〈賀新郎〉（鵬賦年尤少）[72]	冊四，頁二六三二。
	〈洞仙歌〉（上林全樹）[73]	冊四，頁二六三四。
趙孟堅	〈花心動〉（庭院深深）[74]	冊四，頁二八五五。
周　密	〈一枝春〉（簾影移陰）[75]	冊五，頁三二七三。

元一二五九）九日，同其弟劉克永及諸侄、衆族人會飲時，劉克莊先填製〈賀新郎〉（憶昔俱年少）詞，衆人和之，而後克莊續自和。至第五和，即緣蘇軾和陶詩中，有重九之作，遂以軾之生平及作品，括成此詞，故本文仍視之爲檃括詞。至此詞之說解，見同前注，卷二，頁一二八至一二九。

72 此詞題云：「六用韵，敘謫仙爲宮教兄壽」，按：此詞與前闋（即〈賀新郎〉（行樂尤宜少）詞）屬系列作品，而此詞係以李白生平及相關作品爲主軸，自亦可視爲檃括詞。至其說解，見同注70，卷二，頁一二九至一三一。

73 此詞題云：「癸亥生朝，和居厚弟韵，題謫仙像。」按：此原係宋理宗景定四年癸亥，劉克莊七十七歲生日時，族弟居厚填詞祝壽。克莊隨亦和之，乃盡摘取李白生平及相關作品入詞，故本文仍視之爲檃括詞。此詞說解，見同注70，卷二，頁一四八至一四九。

74 此詞題云：「外祖中司常公春日詞曰：庭院深深春日遲，……馬上行人腸斷歸。近日風雅遺音多譜前賢名作，因效顰云。」是知趙孟堅此詞，係就其外祖父原作詩，檃括入詞；並效林正大《風雅遺音》之例，先錄全詩，再括成詞。

75 周密所作〈一枝春〉凡兩闋，其前闋題云：「寄閒飲客春窗，促坐款密，酒酣意冷，命清吭歌新製，余因爲之沾醉，且調新弄以謝之。」而此闋題云：「越一日，寄閒次余前韻，且未能忘情於落花飛絮間，因寓去燕、楊姓事以寄意，此少游『小樓連苑』之詞也。余遂戲用張氏故實次韻代答，亦東坡錦里先生之詩乎？」是知此〈一枝春〉乃周密爲酬應張樞（號寄閒）而做之自度曲，其第二闋且因張樞未能忘情於前日之雅集，遂以張氏故實，括成詞篇，以戲張樞。而張氏故實，依序爲張曙〈浣溪沙〉（枕障熏爐冷透幃）詞、張敞畫眉故事、張耒〈秋蕊香〉（簾幕疏疏風透）、〈少年遊〉（含羞倚醉不成歌）、張倩與關盼盼故事，由於主題一致，故本文仍視之爲檃括詞。至若周密此詞之說解，可參史克振《草窗詞校注》（濟南：齊魯書社，一九九三年十二月第一版），頁六七至六九。

劉將孫	〈沁園春〉（流水斷橋）[76]	冊五，頁三五二九。
無名氏	〈雨中花〉（我有五重深深願）[77]	冊五，頁三六六三。

補充說明：一、凡「兩宋檃括詞之判定」一節中，業已舉例者，不再附註。

二、《全宋詞》載有歐陽脩〈瑞鷓鴣〉詞，題云：「此詞本李商隱詩公嘗筆於扇云，可入此腔歌之。」（冊一，頁一六二）然經查此乃唐吳融〈浙東筵上有寄〉詩（見《全唐詩》，冊一〇，卷六八七，頁七九〇三），誤入歐詞，故不予計數。

三、另有李綱〈減字木蘭花〉，題云：「讀神仙傳」（冊二，頁九〇一）；王質〈八聲甘州〉三闋，題云：「讀周公瑾傳」、「讀諸葛武侯傳」、「讀謝安傳」（冊三，頁一六四六～一六四七）；辛棄疾〈八聲甘

76 此詞題云：「大橋名清江橋，在樟鎮十里許，有無聞翁賦沁園春、滿庭芳二闋，書避亂所見女子，……因念南北之交，若此何限，心常痛之，適觸於目，因其調爲賦一詞，悉敘其意，辭不足而情有餘悲矣。」是知劉將孫係就無聞翁所做〈沁園春〉「悉敘其意」，以入己作，蓋亦檃括之詞；特無聞翁〈沁園春〉僅存殘句，難見全貌，錄此俟考。

77 此詞題云：「改馮相三願詞」，即將馮延巳〈長命女〉〈春日宴〉詞（見同注15，卷四，頁四〇二），檃括入詞也。又：此無名氏之作，蓋錄自吳曾《能改齋漫錄》（臺北：廣文書局，一九七〇年十二月初版）卷十七，而字句與《全宋詞》所載，略有出入，特錄供參考：「我有五重深深願：第一願且圖長遠，二願恰如雕樑雙燕，歲歲得長相見。三願薄情相顧戀，第四願永不分散，五願奴哥收因結果，做箇大宅院。」（頁一二），而馮實亦化自白居易〈贈夢得〉詩（見同注13，冊七，卷四五九，頁五二一八）。

州〉，題云：「夜讀李廣傳，不能寐。因念晁楚老、楊民瞻約同居山間，戲用李廣事賦以寄之。」（冊三，頁一九一二）、〈感皇恩〉，題云：「讀莊子有所思」（冊三，頁一九一七）、〈鷓鴣天〉，題云「讀淵明詩不能去手，戲作小詞以送之。」（冊三，頁一九六三）；高似孫〈鶯啼序〉，題云：「屈原九歌東皇太一，春之神也。其詞悽惋，含意無窮。略采其意，以度春曲。」（冊四，頁二二六九）；程珌〈沁園春〉，題云：「讀史記有感」（冊四，頁二二九三）。凡此等作品，若僅部分隱括；或括史事，而側重抒寫個人情思者均不予計數。

4、整引現成作品入詞，而無任何顯示者，凡七闋：

作者	詞牌及起句	《全宋詞》冊數及頁碼
蘇軾	〈定風波〉（與客攜壺上翠微）	冊一，頁二八九。
	〈定風波〉（好睡慵開莫厭遲）	冊一，頁二八九。
	〈浣溪沙〉（西塞山邊白鷺飛）	冊一，頁三一四。
	〈玉樓春〉（烏啼鵲噪昏喬木）[78]	冊五，頁三八七五。

[78] 此詞，《全宋詞》題為郭生作。然王文誥《蘇文忠公詩篇註集成總案》（臺北：臺灣學生書局，一九八七年十月第

賀鑄	〈晚雲高〉（秋盡江南葉未凋）	冊一，頁五〇四。
	〈釣船歸〉（綠淨春深好染衣）[79]	冊一，頁五〇四。
	〈替人愁〉（風緊雲輕欲變秋）[80]	冊一，頁五〇五。

5、檃括現成作品入詞，而無任何顯示者，凡七闋：

作者	詞牌及起句	《全宋詞》冊數及頁碼
晏殊	〈破陣子〉（憶得去年今日）	冊一，頁八八。
滕宗諒	〈臨江仙〉（湖水連天天連水）	冊一，頁一一〇。
黃庭堅	〈浣溪沙〉（新婦灘頭眉黛愁）[81]	冊一，頁三九八。
	〈瑞鶴仙〉（環滁皆山也）	冊一，頁四一五。

三刷）卷二三謂元豐六年癸亥「三月寒食日，與郭遘渡寒溪，吳亮提壺野飲，遘能為挽歌聲，酒酣發響，四座淒然，復歌寒食詞。」並引《外集》云：「與郭生遊寒溪，主簿吳亮置酒，郭生喜作挽歌，酒酣發聲，座為淒然。郭生言『吾恨無佳詞』，因為略改樂天寒食詩歌之，坐客有泣者。」（冊二，頁八七八）是知此詞乃蘇軾為郭生作，《全宋詞》顯然誤植。至所改白居易詩，實題為〈寒食野望吟〉（見同注13，冊七，卷四三五，頁四八二〇）。

79 此詞實整引杜牧〈漢江〉詩（見同注13，冊八，卷五二三，頁五九七九），而予以添聲，並易其順序，亦宋人檃括之一道也。

80 此詞實整引杜牧〈南陵道中〉（一作〈寄遠〉）詩（見同前注，卷五二四，頁五九九五），亦採添聲技巧，並易其順序，且略改字句。

81 此詞雖無題序，亦未注明括自何詩。然自徐俯〈浣溪沙〉（西塞山前白鷺飛）詞跋（參注48），知黃庭堅係綜括顧況及張志和〈漁父歌〉之作以入詞也。又：此闋別又誤作周邦彥詞，顯然非是。

賀鑄	〈醉夢迷〉（深坊別館蘭閨小）	冊一，頁五一〇。
	〈菩薩蠻〉（章臺游冶金龜婿）[82]	冊一，頁五二〇。
	〈小梅花〉（思前別）	冊一，頁五四一。

自上列五表統計，筆者目前所尋得之兩宋檃括詞，凡一三六闋。茲依《全宋詞》所列詞人次序統計如次：寇準一闋、晏殊一闋、滕宗諒一闋、劉几三闋、蘇軾六闋、黃庭堅六闋、趙令時一闋、賀鑄八闋、晁補之一闋、米友仁二闋、徐俯四闋、王安中一闋、葉夢得一闋、朱敦儒一闋、李綱七闋、趙鼎二闋、向子諲一闋、都下妓一闋、胡仔一闋、劉袤一闋、康與之一闋、程大昌一闋、曹冠一闋、姚述堯一闋、楊萬里八闋、朱熹一闋、辛棄疾八闋、汪莘一闋、徐鹿卿一闋、劉學箕一闋、林正大四十一闋、衛元卿一闋、岳珂一闋、葛長庚一闋、劉克莊五闋、吳潛一闋、方岳一闋、趙孟堅一闋、馬廷鸞一闋、周密一闋、蔣捷一闋、劉將孫四闋、程節齋一闋、無名氏凡兩人，各一闋。此中，填作超過五闋之詞家凡八人：蘇軾、黃庭堅、賀鑄、李綱、楊萬里、辛棄疾、林正大、劉克莊是也。而林正大記填四十一闋，彙總爲《風雅遺音》一書，尤爲兩宋詞人之冠；查其生平所作亦未見其他類型之詞篇，真嗜檃括者也。

雖然，由於兩宋之檃括詞，存有表列4、5兩類之現象，因之其數量實難確定；而歷來學者雖已就各類予以觀察，卻又未能遍及各種可能，以致所得數量遠不及本文，疏漏顯然。

---

82 此詞實取李商隱〈爲有〉詩（見同注13，冊八，卷五三九，頁六一六八）之詩意，檃括入詞也。

四、兩宋詞人檃括之對象

為便於了解兩宋詞人檃括之對象，茲先就所得兩宋檃括詞，以對象為主，依類別及作者先後為序，表列如次：

類別	檃括對象或作品	作者、詞牌及起句	《全宋詞》冊數及頁碼	備註
史傳、故事	屈原故事及其作品	馬廷鸞〈水調歌頭〉（把酒對湘浦）	冊五，三一四○。	
	淳于髡、李延年故事	辛棄疾〈水龍吟〉（昔時曾有佳人）	冊三，頁一九一四	參注64
	漢武帝巡朔方故事	李綱〈念奴嬌〉（茂陵仙客）	冊二，頁九○○。	參注51
	漢光武帝戰昆陽故事	李綱〈水龍吟〉（漢家炎運中微	冊二，頁九○○。	參注50
	諸葛亮故事	劉克莊〈沁園春〉（昔臥龍公）	冊四，頁二五八九	參注52
	謝安淝水之戰故事	李綱〈喜遷鶯〉（長江千里）	冊二，頁九○○。	參注52
	唐太宗臨渭水故事	李綱〈水龍吟〉（古來夷狄難馴	冊二，頁九○○。	參注53
	唐憲宗平淮西故事	李綱〈念奴嬌〉（晚唐姑息）	冊二，頁九○○。	參注54

	唐玄宗幸西蜀故事	李綱〈雨霖鈴〉（蛾眉修綠）	冊二，頁九〇一。	參注55
	李白故事	劉克莊〈賀新郎〉（鵬賦年猶少	冊 ，頁二 三三一	參注72
		劉克莊〈洞仙歌〉（上林全樹）	冊 ，頁二 三	參注73
	宋真宗幸澶淵故事	李綱〈喜遷鶯〉（邊城寒早）	冊二，頁九〇一。	參注56
	張氏故事	周密〈一枝春〉（簾影移陰）	冊五，頁三三七三	參注75
諸子	莊子作品爲主	辛棄疾〈哨徧〉（蝸角鬥爭）	冊三，頁一九一	參注65
		辛棄疾〈哨徧〉（一壑自專）	冊三，頁一九一	參注66
		辛棄疾〈卜算子〉（一以我爲牛	冊三，頁一九	參注67
晉代文學	劉伶〈酒德頌〉	林正大〈括沁園春〉（大人先生	冊 ，頁二 二	
	王羲之〈蘭亭記〉（實即〈蘭亭集序〉）	林正大〈括賀新涼〉（蘭亭當日事）	冊 ，頁二 一	
		吳潛〈哨徧〉（在晉永和）	冊 ，頁二七二八	
		方岳〈沁園春〉（歲在永和）	冊 ，頁二八三七	
	陶淵明〈歸去來兮辭並序〉	蘇軾〈哨徧〉（爲米折腰）	冊一，頁三〇七。	
		米友仁〈念奴嬌〉（闌干倚處）	冊二，頁七三〇。	

		楊萬里〈歸去來兮引〉凡八闋（儂家貧甚訴長飢）	冊三，頁一六六四	參注63
		（老圃半榛茨）	冊三，頁一六六五	
		（扁舟輕颺破朝霏）	冊三，頁一六六五	
		（容膝易安棲）	冊三，頁一六六五	
		（浮雲出岫豈心思）	冊三，頁一六六五	
		（邂逅又春熙）	冊三，頁一六六五	
		（欣欣花木向榮滋）	冊三，頁一六六五	
		（富貴本危機）	冊三，頁一六六五	
		林正大〈括酹江月〉（問陶彭澤）	冊四，頁二四四七	
	陶淵明〈歸去來兮辭〉及〈雜詩二首之一〉	葉夢得〈念奴嬌〉（故山漸近）	冊二，頁七六七。	參注49
	陶淵明〈雜詩二首之一〉	米友仁〈訴衷情〉（結廬人境羨陶潛）	冊二，頁七三一。	參注47

	陶淵明〈九日閒居及〈己酉九月九日二詩	趙鼎〈滿庭芳〉（靡靡流光）	冊二，頁九四六。	參注58
	陶淵明〈停雲詩〉	辛棄疾〈聲聲慢〉（停雲靄靄）	冊三，頁一九一二	
	孔稚珪〈北山移文	安中〈北山移文哨徧〉（世有達人）	冊二，頁七四六。	
隋唐文學	績〈醉鄉記〉	林正大〈括摸魚兒〉（醉之鄉、其去中國）	冊四，頁二四四山	
	孟浩然〈望洞庭湖贈張丞相〉及錢起〈省試・湘靈鼓瑟〉	滕宗諒〈臨江仙〉（湖水連天天	冊一，頁一一〇。	
	維〈山中與裴迪書〉	汪莘〈哨徧〉（近臘景和）	冊三，頁二二〇二	
	維〈陽關曲〉	寇準〈陽關引〉（塞草煙光闊）	冊一，頁三。	
	李白〈送張丞相之東都序〉	林正大〈括酹江月〉（坐愁書室	冊四，頁二四五八	

李白〈春夜宴諸從弟桃李園序〉	林正大〈括臨江仙〉（須信乾坤如逆旅）	冊四，頁二四六一	
李白〈將進酒〉	林正大〈括木蘭花慢〉（黃河天上派）	冊四，二四五二。	
李白〈採蓮曲〉	林正大〈括清平樂〉（若耶溪女	冊四，頁二四五	
李白〈襄陽歌〉	林正大〈括水調歌〉（落日峴山下）	冊四，頁二四五四山	
李白〈蜀道難〉	林正大〈括意難忘〉（蜀道登天	冊四，頁二四五五山	
李白〈清平調〉	林正大〈括酹江月〉（開元盛日	冊四，頁二四六一	
杜甫〈醉時歌〉	林正大〈括酹江月〉（諸公臺省	冊四，頁二四四〇。	
	林正大〈水調歌〉（人笑杜陵客	冊四，頁二四四〇。	參注68
	林正大〈滿江紅〉（袞袞諸公）	冊四，頁二四四〇。	參注68
杜甫〈飲中八仙歌	林正大〈括一叢花〉（知章乘馬似乘船）	冊四，頁二四四一	
杜甫〈麗人行〉	林正大〈括聲聲慢〉（暮春天氣	冊四，頁二四四四山	
杜甫〈佳人〉	蔣捷〈賀新郎〉（絕代幽人獨）	冊五，頁 四八八	
崔護〈題都城南莊	晏殊〈破陣子〉（憶得去年今日	冊一，頁八八。	

韓愈〈送李愿歸盤谷序〉	林正大〈括水調歌〉（太行有盤谷〉	冊四，頁二四三三	
	劉克莊〈哨徧〉（勝處可宮）	冊四，頁二五九一	
韓愈〈聽穎師彈琴〉	蘇軾〈水調歌頭〉（昵昵兒女語）	冊一，頁二八〇。	
張志和〈漁父歌〉	蘇軾〈浣溪沙〉（西塞山邊白鷺飛）	冊一，頁三一四。	
張志和〈漁父歌〉	黃庭堅〈鷓鴣天〉（西塞山邊白鷺飛）	冊一，頁三九五。	參注43
張松齡〈漁父歌〉	徐俯〈浣溪沙〉（西塞山前白鷺飛）	冊二，頁七四四。	參注48
	徐俯〈鷓鴣天〉（西塞山前白鷺飛）	冊二，頁七四四。	
張志和〈漁父歌〉及顧況〈漁父詞〉	黃庭堅〈浣溪沙〉（新婦灘頭眉黛愁）	冊一，頁三九八。	
	徐俯〈浣溪沙〉（新婦磯邊秋月明）	冊二，頁七四四。	

	徐俯〈鷓鴣天〉(七澤三湘碧草連)	冊二，頁七四四。	
德誠禪師〈千尺釣絲〉偈語	黃庭堅〈訴衷情〉(一波才動萬波隨)	冊一，頁三九八。	
劉禹錫〈武昌老人說笛歌〉	林正大〈括虞美人〉(武昌七十龐眉叟)	冊四，頁二四五九	
居易〈廬山草堂記〉	林正大〈括沁園春〉(廬阜諸峰	冊四，頁二四五六山	
居易〈長恨歌〉	黃庭堅〈調笑歌〉(無語)	冊一，頁三九九。	參注44
居易〈寒食野望吟〉	蘇軾〈玉樓春〉(烏鵲噪啼昏喬木)	冊五，頁三八七五山	參注78
李賀〈美人梳頭歌〉	胡仔〈水龍吟〉(夢寒綃帳春風曉)	冊二，頁一〇七二	參注61
李賀〈高軒過〉	林正大〈括水調歌〉(華裾織翡翠)	冊四，頁二四五九	
李賀〈金銅仙人辭漢歌〉	劉將孫〈滿江紅〉(千里酸風)	冊五，頁三五二六山	

盧仝〈有所思〉	賀鑄〈小梅花〉（思前別）	冊一，頁五四一。	
	晁補之〈洞仙歌〉（當時我醉）	冊一，頁五五八。	
杜牧〈九日齊山登高〉	林正大〈括滿江紅〉（爲憶當時	冊四，頁二四五三	
	蘇軾〈定風波〉（與客攜壺上翠微）	冊一，頁二八九。	
	朱熹〈水調歌頭〉（江水浸雲影	冊三，頁一六七五山	
杜牧〈寄揚州韓綽判官〉	賀鑄〈晚雲高〉（秋盡江南草未凋）	冊一，頁五四〇。	
杜牧〈漢江〉	賀鑄〈釣船歸〉（綠淨春深好染衣）	冊一，頁五〇五。	參注79
杜牧〈南陵道中〉	賀鑄〈替人愁〉（風緊雲輕欲變秋）	冊一，頁五〇五。	參注80
溫庭筠〈江南曲〉	衛元卿〈齊天樂〉（藕花洲上芙蓉楫）	冊四，頁二四八六山	參注69
李商隱〈爲有〉	賀鑄〈菩薩蠻〉（章臺游冶金龜婿）	冊一，頁五二〇。	參注82

	薛能〈吳姬十首〉之七	賀鑄〈醉夢迷〉（深坊別館蘭閨小）	冊一，頁五一〇。	
宋代文學	王禹偁〈黃州竹樓記〉	林正大〈括水調歌〉（聽說竹樓好）	冊四，頁二四五二	
	范仲淹〈岳陽樓記〉	林正大〈括水調歌〉（欲狀巴陵勝）	冊四，頁二四五一	
	范仲淹〈嚴先生祠堂記〉	林正大〈括沁園春〉（子陵先生）	冊四，頁二四六〇。	
	范仲淹〈聽真上人琴歌〉	林正大〈括水調歌〉（耿耿銀潢靜）	冊四，頁二四四九	
	石延年〈寄尹師魯〉	趙鼎〈河傳〉（年年桃李）	冊二，頁九四二。	參注57
	葉清臣〈松江秋汎賦〉	林正大〈括摸魚兒〉（汎松江、水遙山碧）	冊四，頁二四五七	
	歐陽脩〈醉翁亭記〉	黃庭堅〈瑞鶴仙〉（環滁皆山也）	冊一，頁四一五。	
		林正大〈括賀新涼〉（環滁皆山也）	冊四，頁二四四五	

歐陽脩〈晝錦堂記〉	林正大〈括水調歌〉（仕宦至卿相）	冊四，頁二四八八	
歐陽脩〈廬山高〉	林正大〈括水調歌〉（廬山幾千仞）	冊四，頁二四四六山	
歐陽脩〈明妃曲〉	林正大〈括江神子〉（狂胡鞍馬自爲家）	冊四，頁二四五四山	
歐陽脩〈朝中措〉詞	都下妓〈朝中措〉（屏山欄檻倚晴空）	冊二，頁一〇四七	參注60
王安石〈與微之同賦梅花得香字三首〉	劉几〈梅花曲〉（漢宮中侍女）	冊一，頁一八七。	
	劉几〈梅花曲〉（結子非貪）	冊一，頁一八八。	
	劉几〈梅花曲〉（淺淺池塘）	冊一，頁一八八。	
蘇軾〈前赤壁賦〉	朱敦儒〈秋霽〉（壬戌之秋）	冊二，頁八六九。	參注36
	曹冠〈哨徧〉（壬戌孟秋）	冊三，頁一五四〇。	
	劉學箕〈松江哨徧〉（木葉盡凋	冊四，頁二四三二	
	林正大〈括酹江月〉（泛舟赤壁	冊四，頁二四四七	
	劉將孫〈沁園春〉（壬戌之秋）	冊五，頁三五二八	
蘇軾〈　赤壁賦〉	林正大〈括酹江月〉（雪堂閒步	冊四，頁二四四七	

	劉將孫〈沁園春〉(十月雪堂)	冊五，頁三五二八	
	無名氏〈賀新郎〉(步自雪堂去	冊五，頁三七四五	
蘇軾〈書林和靖詩後〉	林正大〈括賀新涼〉(生長湖山曲)	冊四，頁二四五一	
蘇軾〈海棠詩〉	林正大〈括滿江紅〉(寂寞江城	冊四，頁二四五三	
蘇軾〈月夜與客飲杏花下〉	林正大〈括酹江月〉(杏花春晚	冊四，頁二四五九	
蘇軾〈賀陳述古弟章生子〉	程節齋〈水調歌頭〉(秋色正瀟灑)	冊五，頁三五四八	
蘇軾〈上元侍飲樓上三首呈同列〉	徐鹿卿〈酹江月〉(雪銷平野)	冊四，頁二三一五山	
蘇軾作品與生平	劉克莊〈賀新郎〉(行樂尤宜少	冊四，頁二一三二	參注71
蘇軾〈梅花〉	蘇軾〈定風波〉(好睡慵開莫厭遲)	冊一，頁二八九。	
黃庭堅〈煎茶賦〉	林正大〈括意難忘〉(洶洶松風	冊四，頁二四五八	
黃庭堅〈送王郎〉	林正大〈括賀新涼〉(酌以蒲城酒)	冊四，頁二四四九	

黃庭堅〈聽宋宗儒摘阮歌〉	林正大〈括滿江紅〉（落魄高人	冊四，頁二四五〇。	
黃庭堅〈水仙花〉	林正大〈括朝中措〉（凌波仙子襪生塵）	冊四，頁二四五〇。	
黃庭堅〈題杜子美浣花醉歸圖〉	林正大〈括江神子〉（拾遺流落錦宮城）	冊四，頁二四六〇。	
黃庭堅戲作詩二首	黃庭堅〈漁家傲〉（踏破草鞋參到了）	冊一，頁三九八。	
張耒〈倚聲製曲三首〉之三	趙令畤〈鷓鴣天〉（可是相逢意便深）	冊一，頁四九九。	參注45
徐冠卿〈蝶戀花〉詞	鑄〈蝶戀花〉（幾許傷春春復暮）	冊一，頁五四一。	參注12
韓駒〈題伯時畫太一真人〉	林正大〈括滿江紅〉（太一真人	冊四，頁二四五〇。	
王明之曲	向子諲〈驀山溪〉（掛冠神武）	冊二，頁九五二。	參注59
岳珂〈上吳荊州啓〉	岳珂〈六州歌頭〉（海棠開後）	冊四，頁二五一六山	參注40
趙孟堅外祖三絕句	趙孟堅〈花心動〉（庭院深深）	冊四，頁二八五五山	參注74

無聞翁〈沁園春〉、〈滿庭芳〉二詞	劉將孫〈沁園春〉（流水斷橋）	冊五，頁三五二九	參注76
姚述堯二絕句	姚述堯〈鷓鴣天〉（昨夜東風到海涯）	冊三，頁一五五五	參注38
葛長庚〈菊花新〉詞九闋	葛成庚〈賀新郎〉（露白天如洗）	冊四，頁二五七七	參注41
某人詞	程大昌〈水調歌頭〉（綠淨貫闤闠）	冊三，頁一五二五	參注37
某人〈醜奴兒〉詞	辛棄疾〈醜奴兒〉（晚來雲淡秋光薄）	冊三，頁一九六七	參注39
	辛棄疾〈醜奴兒〉（尋常中酒扶頭後）	冊三，頁一九六七	
	辛棄疾〈醜奴兒〉（此生自斷天休問）	冊三，頁一九六七	
五代詞			
牛希濟〈生查子〉詞	賀鑄〈綠羅裙〉（東風柳絲長）	冊一，頁五〇五。	參注46
馮延巳〈長命女〉詞	無名氏〈雨中花〉（我有五重深深願）	冊五，頁三六六三	參注77

	李煜〈臨江仙〉詞	劉袤〈臨江仙〉（櫻桃結子春歸盡）	冊二，頁一一七六	參注15
		康與之〈瑞鶴仙令〉（櫻桃落盡春歸去）	冊二，頁一三〇八	參注62

依據以上表列統計，兩宋詞人檃括之對象，值吾人留意者凡八端：

其一、檃括史傳、故事者凡十三闋，含先秦一人（屈原）一闋、漢代兩人（武帝、光武帝）二闋、三國一人（諸葛亮）一闋、晉代一人（謝安）一闋、唐代四人（太宗、憲宗、玄宗、李白）五闋、宋代一人（真宗）一闋；另有綜合兩人以上者（淳于髡與李延年、張氏故事）凡二闋。此中，又以李綱獨塡七闋最爲凸出，且有六闋係以人君積極親征禦敵爲內涵。

其二、檃括諸子，兩宋詞人唯辛棄疾塡製，且以莊子篇章爲主，亦頗具特色。

其三、檃括晉代文學作品凡二十闋，含文四篇（頌、賦、序、移各一篇）括十六闋、詩四首括三闋（含兩詩合括者一闋）、詩文合括者一闋。亦可見兩宋詞尤愛陶淵明，檃括其作品者凡九人十五闋；其中又以〈歸去來兮辭並序〉倍受青睞，凡五人括十二闋；而楊萬里〈歸去來兮引〉以八闋詞括盡全文並序，最爲特殊。其次，爲王羲之〈蘭亭集序〉，凡三人括之，亦足見宋人之雅趣。

其四、檃括隋唐文學作品凡四十七闋，含文六篇（序三篇、記二篇、書一篇）括七闋、詩三十四首括四十闋。而三十四首詩中，古體詩凡二十五首，近體詩凡九首；古體詩中，除〈佳人〉一首外，餘二十四首盡屬歌行體（含偈語一），計括二十八闋。由此可見宋人括唐詩時，已然留意可歌之聲詩與詞之同質性，故最喜括之以入詞也。再者，以唐詩人及作品論之，張志和〈漁父歌〉，計有三人括入七闋詞中，最受青睞。其次爲李白，計有兩文五詩，被括入七闋詞中，盡爲林正大所作，可見得詞人個別之喜好。又次爲杜甫，計有四詩被括成六闋詞；林正大五闋、蔣捷一闋。又次爲杜牧，計有四詩被括成五闋詞；賀鑄三闋、蘇軾與朱熹各一闋。又次爲白居易、李賀，各有三篇作品，分由三人括入三闋詞中。又次爲韓愈，有一文一詩，由三人括入三闋詞中；王維亦有一文一詩，由兩人括入兩闋詞中。若更以單篇作品論之，仍以張志和〈漁父歌〉居冠，其次爲杜甫之〈醉時歌〉，由林正大括入三闋詞中；盧仝之〈有所思〉，由賀鑄、晁補之、林正大括入三闋詞中；又次爲韓愈〈送李愿歸盤谷序〉、杜牧〈九日齊山登高〉詩，各有兩人括之入詞。

其五、檃括宋朝當代文學作品凡四十九闋，含文十篇（計五篇、賦四篇、啟一篇）括十六闋、詩二十五首括二十三闋、詞十八闋括成九闋，以及綜括蘇軾作品及生平者一闋。而二十五首詩中，古體詩凡十二首，近體詩凡十三首；古體詩中，歌行體僅佔半數，就體製論，未見特別凸出。復以作者及作品論之，蘇軾計有兩篇賦六首詩（統括生平與作品者，不計），括成十四闋，褎然冠首；黃庭堅計有一賦六詩，括成六闋詞居次，唯此中五闋，盡爲林正大所作，一闋爲黃庭堅自括其詩，現象較特殊。而歐陽脩，亦有兩文兩詩一詞，括成六闋詞；此中四闋爲林正大所作，餘爲黃庭堅、都下妓各括一闋。又次爲范仲淹，計有兩文一詩，括成三闋詞，盡爲林正大所作，足見其個人之好尚。若更以單篇作品論之，則蘇軾前、後〈赤壁賦〉，被六人括成八闋詞；真可謂一枝獨秀，最爲凸出。而蘇軾、黃庭堅、姚述堯、葛長庚等四人，自括己作入詞，亦別具特色。

其六、以詞括詞之現象，亦已見之。計有宋詞十八闋，被括成九闋詞；五代詞三闋，括入四闋詞中。此中葛成庚以〈賀新郎〉（露白天如洗）詞，自括所作〈菊花新〉九闋之詞意，最爲特殊。辛棄疾〈醜奴兒〉三闋聯章詞，係括席間歌者之詞，可爲應歌娛賓之證；而李煜〈臨江仙〉（櫻桃落盡春歸去）詞，由劉袤、康與之以同樣技巧檃括入詞（並參下節分析），殊屬罕見。

其七、兩宋詞人當中，林正大專以檃括填詞爲能事，故作品最多，計四十一闋，包括文十七篇（計八篇、賦五篇、序三篇、頌一篇）、詩二十四首。而二十四首詩中，歌行體凡十八首，古詩六首，亦可見林氏仍看重詩之音樂性而括以入詞。至若括文而高達十七篇，亦可見逞才之一斑。復以朝代論之，括晉代作品僅三闋，隋唐作品則有十八闋，宋代作品亦有二十闋，眞不貴今古也。至若所括作品，唯杜甫〈醉時歌〉括成三詞，餘均一闋，可見所涉層面之廣。

其八、綜觀兩宋詞人最喜檃括之作品，首推陶淵明〈歸去來兮辭並序〉，計有蘇軾、米友仁、楊萬里、林正大、葉夢得五人，括入十二闋詞中；其中楊萬里括成八闋，最爲凸出，葉夢得則取之與淵明詩合括成一詞。其次爲蘇軾前、後〈赤壁賦〉，計有朱敦儒、曹冠、劉學箕、林正大、劉將孫、無名氏六人，括入八闋詞中，可見蘇軾此賦深受宋人之喜愛；而蘇軾以「檃括」命題之影響，亦可見一斑。又次爲張志和〈漁父歌〉，計有蘇軾、黃庭堅、徐俯三人，括入七闋詞中；以徐俯〈浣溪沙〉所附跋觀之，角技之成分居多。又次爲王羲之〈蘭亭集序〉，計有林正大、吳潛、方岳三人，括入三闋詞中；杜甫〈醉時歌〉，由林正大一人括入三闋詞中；盧仝〈有所思〉，由賀鑄、晁補之、林正大三人，括入三闋詞中，至於辛棄疾綜括莊子篇章之用語入詞，亦甚奇特也。

五、兩宋詞人檃括之技巧

兩宋詞人檃括之技巧，蓋有下列數端：

1.單篇整括——即將原有作品，無論字詞、命意，整體予以括入詞中；縱有變化，亦僅調整一、二字句或原作順序，甚或加以添聲、補句而已。如「兩宋檃括詞之判定」節中，所舉蘇軾〈浣溪沙・漁父〉與〈定風波・紅梅〉兩詞、賀鑄〈晚雲高〉（秋盡江南草未凋）詞，皆屬之。又如賀鑄〈釣船歸〉（即〈添聲楊柳枝〉）：

綠淨春深好染衣。際柴扉。溶溶漾漾白鷗飛。兩忘機。　南去北來徒自老，故人稀。夕陽長送釣船歸。鱖魚肥。（冊一，頁五〇四）

此詞實就杜牧〈漢江〉詩：「溶溶漾漾白鷗飛，綠淨春深好染衣；南去北來人自老，夕陽長送釣船歸。」（出處見注79），予以括入詞中。唯首兩句次序對調，以協格律；且將「人自老」易作「徒自老」，蓋緣下「故人稀」而改之也。此外，並增入「際柴扉」、「兩忘機」、「故人稀」、「釣船歸」四句，予以添聲；此詞原稱〈添聲楊柳枝〉，即緣此故。又如同調〈替人愁〉詞：

風緊雲輕欲變秋。雨初收。江城水路漫悠悠。滯汀洲。　正是客心孤迥處，轉歸舟。誰家紅袖倚津樓。替人愁。（冊一，頁五〇五）

此詞實就杜牧〈南陵道中〉詩：「南陵水面漫悠悠，風緊雲輕欲變秋；正是客心孤迥處，誰家紅袖憑江樓。」（出處見注80），予以括入詞中，技巧同前闋；唯原詩「南陵水面」易作「江城水路」，變化較大，蓋賀鑄爲切合元符元年六月後丁母憂，去官江下東行之行實也。[83]又如蘇軾〈玉樓春〉：

棠梨花映白楊路。盡是死生離別處。冥漠重泉哭不聞，蕭蕭暮雨人歸去。（冊五，頁三八七五；相關考辨並參注78）烏啼雀噪昏喬木。清明寒食誰家哭。風吹曠野紙錢飛，古墓纍纍春草綠。

按：白居易〈寒食野望吟〉云：「丘墟郭門外，寒食誰家哭；風吹曠野紙錢飛，古墓纍纍春草綠。棠梨花映白楊樹，盡是死生離別處；冥寞重泉哭不聞，蕭蕭暮雨人歸去。」（出處見注78）詩、詞相較，即知蘇詞爲切合〈玉樓春〉之句數，將原詩起首十字兩句，化爲一七字句，並另增「烏啼」一句，餘則雖有一二字之異，如「白楊路」與「白楊樹」，要與原詩無差，斯亦單篇整括之道也。

又如劉袤〈臨江仙〉：

櫻桃結子春歸盡，蝶翻金粉雙飛。子規啼月小樓西。玉鉤羅幕，惆悵卷金泥。　門巷寂寥人去後，望殘煙草低迷。何時重聽玉驄嘶。撲簾飛絮，依約夢回時。（冊二，頁一一七六）

康與之〈瑞鶴仙令〉：

櫻桃落盡春歸去，蝶翻金粉雙飛。子規啼恨小樓西。曲屏朱箔晚，惆悵卷金泥。　門巷寂寥人去後，望殘煙草低迷。閒尋舊曲玉笙悲。關山千里恨，雲漢月重規。（冊二，頁一三〇八）

[83] 詳見鍾振振《東山詞》（上海：上海古籍出版社，一九八九年十二月第一版），卷一，頁五五；〈附錄三〉，頁五一四。

以上兩詞，實皆本於李煜〈臨江仙〉詞：「櫻桃落盡春歸去，蝶翻金粉雙飛。子規啼月小樓西，畫簾珠箔，惆悵卷金泥。　門巷寂寥人去後，望殘煙草低迷。爐香閒裊鳳凰兒。空持羅帶，回首恨依依。」（出處見注15）細比較之，則見劉、康兩人之作，均改動原詞末三句之詞意，以及上片第四句之文句，其餘大抵皆從李煜原詞，固本文仍視爲單篇整括。

2.單篇意括——即將原有單篇作品之意旨，括入詞中；亦即「不易其意而造其語」之換骨法，以及「規模其意形容之」之奪胎法也。[84]此乃絕大多數之詞家最常運用之檃括技巧，爲便於比對，茲特將以上下欄並列之方式，舉證如下：

歐陽脩醉翁亭記（出處見注23）	△環滁皆山也。其西南諸峰，林壑尤美，望之蔚然而深秀者，琅邪也。山行六七里，漸聞水聲潺潺，而洩於兩峰之間者，釀
黃庭堅〈瑞鶴仙〉（冊一，頁四一五）	環滁皆山也。望蔚然深秀，瑯琊也。山行六七里，有翼然泉上，醉翁亭也。翁之樂也。得之心、寓之酒也。
林正大〈括賀新郎〉（冊四，頁二四四五）	環滁皆山也。望西南、蔚然深秀者琅邪也。泉水潺潺峰路轉，上有醉翁亭也。亭、太守自名之也。得之心寓酒也。

[84] 釋惠洪《冷齋夜話》（臺北：弘道文化事業有限公司《詩話叢刊》本上冊，一九七一年三月）卷一載黃庭堅之言云：「詩意無窮，人之才有限，以有限之才，追無窮之意，雖淵明、少陵不能盡也。然不易其意而造其語，謂之換骨法；規模其意形容之，謂之奪胎法。」（頁一六一八）

泉也。峰迴路轉，有亭翼然臨於泉上者，醉翁亭也。作亭者誰？山之僧智僊也。名之者誰？太守自謂也。醉翁之意不在酒，在乎山水之間也。山水之樂，得之心而寓之酒也。		
△若夫日出而林霏開，雲歸而巖穴暝，晦明變化者，山間之朝暮也。野芳發而幽香，佳木秀而繁陰，風霜高潔，水落而石出者，山間之四時也。朝而往，暮而歸，四時之景不同，而樂亦無窮也。	更野芳佳木，風高日出，景無窮也。	四時之景無窮也。看林霏、日出雲歸，自朝暮也。
△……釀泉爲酒，泉香而酒	游也。山肴野蔌，酒洌泉香，	交錯觥籌處，肴蔌雜然陳也。

冽，山肴野蔌，雜然而前陳者，太守宴也。宴酣之樂，非絲非竹，射者中，弈者勝，觥籌交錯，起作而諠譁者，眾賓懽也。蒼顏白髮，頹然忽其間者，太守醉也。	沸籌觥也。太守醉也。諠譁眾賓懽也。況宴酣之樂，非絲非竹，太守樂其樂也。	
△已而夕陽在山，人影散亂，太守歸而賓客從也。……人知從太守而樂，而不知太守之樂其樂也。		知太守、遊而樂也。太守歸賓客從擁蒼顏白髮頹然也。
△醉能同其樂，醒能述以文者，太守也。太守謂誰？廬陵歐陽脩也。	問當時、太守爲誰？醉翁是也	太守誰？醉翁也。

比較歐陽脩〈醉翁亭記〉與黃庭堅、林正大之詞篇，即可發現黃、林兩人之作，除一、二句爲原文外，其餘皆以意括。大抵而言，上闋端就首段予以檃括，屬換骨法；下片則規模二、三、四、五段之意以形容之，屬奪胎法。又如盧仝〈有所思〉詩，宋詞人括之入詞者，有賀鑄、晁補之、林正大三人，茲亦先以上下欄對比之方式，臚列如次：

盧仝〈有所思〉（出處參注13）	賀鑄〈小梅花〉（冊一，頁五四一）	晁補之〈洞仙歌〉（冊一，頁五五八）	林正大〈括滿江紅〉（冊四，頁二四五三）
△當時我醉美人家，美人顏色嬌如花；今日美人棄我去，青樓朱箔天之涯。	思前別。記時節。美人顏色如花發。美人歸。天之涯。	當時我醉，美人顏色。如花堪悅。今日美人去，恨天涯離別。青樓朱箔。	爲憶當時，沉醉裡青樓弄月。閒想像、繡幃珠箔魂飛心折。
△娟娟姮娥月，三五二八圓又缺；翠眉蟬鬢生別離，一望不見心斷絕。	娟娟姮娥，三五滿還虧。翠眉蟬鬢生離訣。遙望青樓心欲絕。	嬋娟蟾桂，三五初圓，傷二八、還又缺。空佇立、一望一見心絕。心絕	羞向姮娥談舊事，幾經三五盈還缺。望翠眉、蟬鬢一天涯，傷離別。
△心斷絕，幾千里；夢中醉臥巫山雲，覺來淚滴湘江水。	夢中尋。臥巫雲。覺來珠淚，滴向江水深	頓成凄涼，千里青塵，一夢歡娛，推枕驚巫山遠，灑淚對湘江闊。	尋作夢，巫雲結。流別淚，湘江咽。
△湘江兩岸花木深，			對花深兩岸，忽添悲

美人不見愁人心；含愁更奏綠綺琴，調高絃絕無知音。	愁無已。奏綠綺。歷歷高山與流水。妙通神。絕知音。	美人不見，愁人看花，心亂念愁，奏綠綺、弦清切。何處有知音，此恨難說，怨歌未闋。	切。試與含愁彈綠綺，知音不遇絃空絕。
△美人兮美人，不知爲暮雨兮爲朝雲；相思一夜梅花發，忽到窗邊疑是君。	不知暮雨朝雲何山岑。相思無計堪相比。珠箔雕闌幾千里。漏將分。月窗明。一夜梅花忽開、疑是君。	恐暮雨收、行雲歇。窗梅發。乍似睹、芳容冰潔。	忽窗前、一夜寄相思，梅花發。

比較所列詩詞，即可見賀鑄、晁補之、林正大三人，就盧仝〈有所思〉詩，予以「奪胎」、「換骨」之情形。大抵而言，晁補之〈洞仙歌〉所括，較爲全面，又次爲賀鑄之〈小梅花〉；林正大〈括滿江紅〉則較粗疏。其次，林正大尙有〈括酹江月〉、〈括水調歌〉、〈括滿江紅〉三詞，均係檃括杜甫之〈醉時歌〉，然此三詞係各自獨立，不相隸屬，故仍視爲「單篇意括」之作。

3.單篇聯括——即將原有單篇作品，括成聯章詞。在兩宋詞人當中，唯見楊萬里〈歸去來兮引〉採此技巧，茲亦採上、下欄對比之方式，臚列如次：

陶淵明〈歸去來兮辭並序〉（出處參注14）	楊萬里〈歸去來兮引〉（冊三，頁一六六四）
△序　余家貧，耕植不足以自給。幼稚盈室，缾無儲粟；生生所資，未見其術。親故多勸余爲長吏，脫然有懷，求之靡途。會有四方之事，諸侯以惠愛爲德，家叔以余貧苦，遂見用於小邑。	儂家貧甚訴長饑。幼稚滿庭闈。正坐瓶無儲粟，漫求爲吏東西。
△於時風波未靜，心憚遠役，彭澤去家百里，公田之利，足以爲酒，故便求之。及少日，眷然有歸歟之情。何則？質性自然，非矯厲所得。凍雖切，違己交病。嘗從人事，皆口腹自役。於是悵然慷慨，深愧平生之志。猶望一稔，當斂裳宵逝。尋程氏妹喪於武昌，情在駿奔，自免去職。仲秋至冬，在官八十餘日。因事順心，命篇曰歸去來兮。乙巳歲十一月也。	偶然彭澤近鄰圻。公秫滑流匙。葛巾勸我求爲酒，黃菊怨、冷落東籬。五斗折腰，誰能許事，歸去來兮。

正文	檃括詞
△正文　歸去來兮，田園將蕪胡不歸？既自以心爲形役，奚惆悵而獨悲？悟已往之不諫，知來者之可追。實迷途其未遠，覺今是而昨非	老圃半榛茨。山田欲蒺藜。念心爲形役又奚悲獨惆悵前迷。不諫後方追。覺今來是了，覺昨來非。
△舟搖搖以輕颺，風飄飄而吹衣。問征夫以前路，恨晨光之熹微。	扁舟輕颺破朝霏。風細漫吹衣。試問征夫前路晨光小，恨熹微。
△乃瞻衡宇，載欣載奔。僮僕歡迎，稚子候門三徑就荒，松菊猶存。攜幼入室，有酒盈樽引壺觴以自酌，眄庭柯以怡顏。	乃瞻衡宇載奔馳。迎候滿荆扉。已荒三徑存松菊，喜諸幼、入室相攜。有酒盈尊，引觴自酌庭樹遺顏怡。
△倚南窗以寄傲，審容膝之易安。園日涉以成趣，門雖設而常關；策扶老以流憩，時矯首而遐觀。	容膝易安棲。南窗寄傲睨。更小園日涉趣尤奇儘雖設柴門，長是閉斜暉。縱遐觀矯首，短策扶持。
△雲無心以出岫，鳥倦飛而知還；景翳翳以將入，撫孤松而盤桓。	浮雲出岫豈心思。鳥倦亦歸飛。翳翳流光將入孤松撫處凄其。
△歸去來兮，請息交以絕遊！世與我而相違，復駕言兮焉求？悅親戚之情話，樂琴書以消憂遺	息交絕遊塹山溪。世與我相違。駕言復出何求者，曠千載、今欲從誰。親戚笑談，琴書觴詠莫遺俗人知。
△農人告余以春及，將有事於西疇。或命巾車	邂逅又春熙。農人欲載菑。告西疇有事要耘耔

或棹孤舟；既窈窕以尋壑，亦崎嶇而經丘。	容老子舟車，取意任委蛇。歷崎嶇窈窕，丘壑隨宜。
△木欣欣以向榮，泉涓涓而始流。善萬物之得時，感吾生之行休。	欣欣花木向榮滋。泉水始流澌。萬物得時如許，此生休笑吾衰。
△已矣乎，寓形宇內復幾時？何不委心任去留？胡爲遑遑欲何之？	寓形宇內復幾時。豈問去留爲。委心任運無多慮，顧皇皇、欲將何之。大化中間，乘流歸盡，喜懼莫隨伊。
△富貴非吾願，帝鄉不可期。懷良辰以孤往，或執杖而耘耔；登東皋以舒嘯，臨清流而賦詩。聊乘化以歸盡，樂夫天命復奚疑！	富貴本危機。雲鄉不可期。趁良辰、孤往恣遊嬉。獨臨水登山，舒嘯更哦詩。除樂天知命，了復奚疑。

比較此一賦一詞，可見楊萬里〈歸去來兮引〉，係就陶淵明〈歸去來兮辭並序〉，採聯章方式全面檃括。仔細觀察，復可見所採句式係以「七五六六」、「七五七七四四五」、「五五八五五五四」三組，循環三次以成之。此中，唯「偶然」一段，末句爲四字句；「扁舟」一段，末句六字採「三、三」句式，餘者皆相同。而翻查《詞律》、《欽定詞譜》等書，雖未見相符之詞牌，然如此規律之句式，自亦可視爲楊萬里之自度曲；唯未予以名調，或原有調名而後人佚之耳。

4.聯章合括——即將聯章詩、聯章詞合括成一闋詞，如徐鹿卿〈酹江月〉一詞，係將蘇軾〈上元侍飲樓上三首呈同列〉聯章合括；趙孟堅〈花心動〉一詞，係將其外祖中常司常公所作三絕句合括；葛長庚〈賀新郎〉，則自括所作〈菊花新〉九闋詞也。茲以蘇、徐作品爲例，以明梗槪：

蘇軾〈上元侍飲樓上三首星同列〉[85]：

澹月疏星遶建章，仙風吹下御爐香；侍臣鵠立通明殿，一朶紅雲捧玉皇。（其一）

薄雪初消野未耕，賣薪買酒看昇平；吾君勤儉倡優拙，自是豐年有笑聲。（其二）

老病行穿萬馬群，九衢人散月紛紛；歸來一盞殘燈在，猶有傳柑遺細君。（其三）

徐鹿卿〈酹江月〉：

雪銷平野，正雲開天宇，燈輝花市。明滅吞吐無盡藏，巧鬥飛橋激水。鐵馬響冰，牙旗穿夜，簫鼓聲歌沸。豐年歡笑，釀成千里和氣。　相歡交遊嬉，賣薪買酒，歌舞昇平裡。記得前年隨玉輦，吹下天香撲鼻。璧月騰輝，仙毬穩縋，歸有傳柑遺。來年此夜，通明仍許歸侍。（冊四，頁二三一五）

詩、詞相較，可見：「雪銷」三句、「豐年」兩句、「相歡」三句，係括自第二首詩；「記得」兩句、「來年」兩句，係括自第一首詩；「歸有」一句係括自第三首詩；至若「明滅」以下五句，則規模其意而形容之也。

5.**聯章聯括**——即將聯章詩括成聯章詞。兩宋詞人採此技巧者，厥推劉几〈梅花曲〉三闋（冊一，頁一八七）；此詞係將王安石〈與微之同賦梅花得香字三首〉（出處參注10），括成聯章詞也。爲便對照，茲採詩、詞遞列之方式臚列如次：

85　見同注10，冊一四，卷八一九，頁九四八一至九四八二。

漢宮嬌額半塗黃，粉色凌寒透薄妝。好借月魂來映燭，恐隨春夢去飛揚。風亭把盞酬孤豔，雪徑回輿論暗香；不為調羹應結子，直須留此占年芳。(王詩，其一)

漢宮侍女，嬌額半塗黃。盈盈粉色凌時，寒玉體、先透薄妝。好借月魂來，娉婷畫燭旁。惟恐隨、陽春好夢去，所思飛揚。　宜向風亭把盞，酬孤豔，醉永夕何妨。雪徑蕊、真凝密，降回輿、論暗香。不為藉我作和，肯放結子花狂。向上林，留此占年芳。(劉詞，其一)

結子非貪鼎鼐嘗，偶先紅杏占年芳；從教臘雪埋藏得，卻怕春風漏洩香。不御鉛華知國色，祇裁雲縷想仙裝；少陵為爾牽詩興，可是無心賦海棠。(王詩，其二)

結子非貪，有香不俗，宜當鼎鼐嘗。偶先紅紫，度韶華、玉笛占年芳。眾花雜色滿上林，未能教、臘雪埋藏。卻怕春風洩漏，一一盡天香。　不須更御鉛黃。知國色，稟自天真殊常。祇裁雲縷，奈芳滑、玉體想仙妝。少陵為爾東閣，美豔激詩腸。當已陰未雨春光。無心賦海棠。(劉詞，其二)

淺淺池塘短短牆，年年為爾惜流芳；向人自有無言意，傾國天教抵死香。鬚裊黃金危欲墮，蒂團紅蠟巧能妝；嬋娟一種如冰雪，依倚春風笑野棠。(王詩，其三)

淺淺池塘。深深庭院，復出短短垣牆。年年為爾，若九真巡會、寶惜流芳。向人自有，綿渺無言，深意深藏。傾國傾城，天教與、抵死芳香。　鬚裊金色，輕危欲壓，綽約冠中央。蒂團紅蠟，蘭肌粉豔巧能妝。嬋娟一種風流，如雪如冰衣霓裳。永日依倚，春風笑野棠。(劉詞，其三)

詩、詞相較，可見劉几係就王安石三首聯章梅花詩，採換骨法，亦步亦趨，檃括成聯章〈梅花曲〉三闋，誠然信服王氏者也。

6.多篇合括——即結合兩篇以上之詩文，合括成一闋詞，包括詩與詩、文與文，以及詩文合括等現象。如滕宗諒以孟浩然〈望洞庭湖贈張丞相〉及錢起〈省試‧湘靈鼓瑟〉兩詩文字，合括成〈臨江仙〉；黃庭堅以張志和、張松齡〈漁父歌〉及顧況〈漁父詞〉，合括成〈浣溪沙〉；甚至以自作二首詩，合括成〈漁家傲〉，皆屬之。又如葉夢得以陶淵明〈歸去來兮辭〉與〈雜詩二首〉之一中之文字，合括成〈念奴嬌〉；趙鼎以陶淵明〈九日閒居〉及〈己酉九月九日〉二詩文字，合括成〈滿庭芳〉；趙孟堅以其外祖三絕句，合括成〈花心動〉，皆是其例。至如辛棄疾〈哨遍〉、〈卜算子〉諸詞，以綜括莊子各篇文字爲主，亦屬此類。此中，滕宗諒〈臨江仙〉詞，可視爲合括兩詩以成一詞之例，已見「兩宋檃括詞之起始」一節引述，茲不贅。若論合詩文以成一詞，則可舉葉夢得〈念奴嬌〉詞爲例：

故山漸近，念淵明歸意，翳然誰論。歸去來兮秋已老，松菊三徑猶存。稚子歡迎，飄飄風袂，依約舊衡門。琴書蕭散，更欣有酒盈尊。　惆悵萍梗無根，天涯行已徧，空負田園。去矣何之窗戶小，容膝聊倚南軒。倦鳥知還，晚雲遙映，山氣欲黃昏。此還真意，故應欲辯忘言。（冊二，頁七六七）

閱讀此詞，則知葉夢得係規模陶淵明〈歸去來兮辭〉之旨意而檃括之；至末兩句始引〈雜詩二首〉之一末兩句：「此中有真意，欲辯已忘言」，以造其語也。又如辛棄疾〈卜算子〉：

一以我為牛，一以吾為馬。人與之名受不辭，善學莊周者。　江海任虛舟，風雨從飄瓦。

醉者乘車墜不傷，全得於天也。(冊三，頁一九四六)

此詞即檃括《莊子》語而成，其上片係見於〈應帝王篇〉:「其臥徐徐，其覺于于，一以己為馬，一以己為牛，其知情信，其得甚真，而未始入於非人」[86];「江海」句，括自〈山木篇〉:「方舟而濟於河，有虛船來觸舟，雖有惼心之人不怒。……人能虛己以遊，是其孰能害之」[87];「風雨」以下三句，則括自〈達生篇〉:「夫醉者之墜車，雖疾不死。骨節與人同而犯害與人異，其神全也。……彼得全於酒而猶若是，而況得全於天乎?聖人藏於天，故莫之能傷也。復仇者不折鏌干，雖有忮心者不怨飄瓦，是以天下平均，故無攻戰之亂。」[88]要之，辛棄疾此類作品，率以莊子篇章為主要檃括對象，既造其語，亦括其意;間或雜入他書之詞意，終不礙體現莊子之思想，本文一律視之為檃括詞，即緣此故也。

7.一事總括——即以人物或特定史事為主，總括相關資料以成一詞。本文「兩宋詞人檃括之對象」中，所列「史傳、故事」項下之作品，皆屬此類。茲以李綱〈念奴嬌・漢武巡朔方〉詞為例，且以《漢書・武帝傳》所載史事為主，《資治通鑑・漢紀》所載史事為輔，分上、下兩欄，比對如次:

《漢書》卷六〈武帝紀〉、《資治通鑑》卷二〇〈漢
李綱〈念奴嬌　漢武巡朔方〉(冊二，頁九〇〇)

86 見郭慶藩《莊子集釋》(臺北:河洛圖書出版社，一九七四年三月臺影印一版)，卷三下，頁二八七。
87 見同前注，卷七上，頁六七五。
88 見同注86，卷七上，頁六三六。

紀十一〉、卷二二〈漢紀十二〉（出處並見注51	
（元狩二年）春，遣驃騎將軍霍去病出隴西，至皋蘭，斬首八千餘級。（元狩四年）夏，大將軍衛青將四將軍出定襄，將軍去病出代，各將五萬騎，步兵踵軍後數十萬人。青至幕北圍單于，斬首萬九千級，至闐顏山乃還。去病與左賢王戰，斬獲首虜七萬餘級，封狼居胥山乃還。（以上並見《漢書》）	茂陵仙客，算真是、天與雄才宏略。獵取天嬌馳衛霍，如使鷹鸇驅雀。鏖戰皋蘭，犁庭龍磧，飲至行勛爵。中華彊盛，坐令夷狄衰弱。
……封狼胥山，禪於姑衍，登臨瀚海，……乃益置大司馬位，大將軍、票騎將軍皆爲大司馬，定令，令票騎將軍秩祿與大將軍等。（《資治通鑑》） 元封元年冬十月，詔曰：「南越、東甌咸伏其辜，西蠻北夷頗未輯睦，朕將巡邊陲，擇兵振旅躬秉武節，置十二部將軍，親帥師焉。」行自雲陽，北歷上郡、西河、五原，出長城，北登單于臺，至朔方、臨北河。勒兵十八萬騎，旌旗徑千餘里，威震匈奴。遣使者告單于曰：「南越王頭	追想當日巡行，勒兵十萬騎，橫臨邊朔。視總貔貅談笑看，黠虜心驚膽落。寄語單于，兩君相見何苦逃沙漠。英風如在，卓然千古高著。

已縣於漢北闕矣。單于能戰，天子自將待邊；不能，亟來臣服，何但亡匿幕北寒苦之地爲！」（《漢書》）	

試比較史書所載，與李綱所括，即可發現：李詞除「茂陵」兩句、「中華」兩句、「英風」兩句，爲個人增益之詞句外，餘皆自史書記載予以括寫，以見其事；特漢武巡朔方之兵騎，史書載係十八萬，李詞云十萬，頗有出入。而李綱尚有他詞，亦提及數據，均與史書契合，唯此處有差異，不知是否另有所本？姑記之俟考。又如劉克莊《洞仙歌》，亦括寫與李白相關之故事或詩文以成者，茲亦以上、下兩欄之方式，比對如次：

與李白相關之故事及詩文	劉克莊〈洞仙歌〉（冊四，頁二六三二）
△《隋唐嘉話》：「李義府始召見，太宗試令詠烏其末句云『上林許多樹，不借一枝棲。』帝曰：『吾將全樹借汝，豈惟一枝。』[89]	上林全樹，曾借君棲宿。
△李白〈清平調〉：「若非群玉山頭見，會向瑤臺	朝過瑤臺暮群玉。

---

89 見唐劉餗《隋唐嘉話》（收入《叢書集成新編》，冊八三，臺北：新文豐出版公司，一九八五年元月初版）中，頁三七九。

90 見同注13，卷一六四，頁一七〇三。

月下逢。」[90]《穆天子傳》：「天子北征東還，乃循黑水。癸巳，至於群玉之山。」[91]	
△《舊唐書‧李白傳》：「嘗月夜乘舟自采石達金陵，白衣宮錦袍，於舟中顧瞻笑傲，旁若無人。」[92]王琦《李太白年譜》：「天寶三載甲申，懇求還山，帝乃賜金放歸。……於是就從祖陳留採訪大使彥允，請北海高天師授道籙於齊州紫極宮。」[93]	忽翩然脫下，宮錦袍來，□□□卻向齊州受籙
△李白〈妾薄命〉：「咳唾落九天，隨風生珠玉。」[94]杜甫〈飲中八仙歌〉：「李白斗酒詩百篇，長安市上酒家眠。」[95]《新唐書‧杜甫傳》：「殘膏賸馥	等閒揮醉筆，咳唾千篇，長與詩家竊膏馥。

91 見晉郭璞《穆天子傳》（見同注11，冊一〇四二，一九八六年八月），卷二，頁四。
92 見《舊唐書》（見同注51，一九八九年十月五版），冊六，卷一九〇下〈文苑下‧李白〉，頁五〇五三。
93 王錡《李太白年譜》，筆者猶未見之；此處轉引自錢仲聯《後村詞箋注》，見同注70。
94 見同注13，卷一六四，頁一六九六。
95 見同注13，卷二一六，頁二二五九。
96 見《新唐書》（見同注51，一九八九年十月五版），冊七，卷二〇一〈文藝上□杜甫〉，頁五七三八。

沾丐後人多矣。」[96]	
△鄭谷〈讀李白集〉：「何事文星與酒星，一時鍾在李先生。」[97]皮日休〈七愛詩・李翰林白〉：「吾愛李太白，身是酒星魄。」[98]	身是酒星文星，剛被詩人，□喚做禁中頗牧。
△杜甫〈送孔巢父謝病歸遊江東兼呈李白〉：「若逢李白騎鯨魚，道甫問信今何如。」[99]《論語・公冶長》：「子曰：道不行，乘桴浮於海，從我者其由與！」[100]	便散髮騎鯨去何妨，從我者誰與，安期徐福。

經列表比對，可見劉克莊〈洞仙歌〉，係採與李白相關之故事詩文，括以成詞；由於對象單一，句有所本，故本文亦視之爲檃括詞，且視此爲檃括技巧之一。

六、兩宋詞人檃括之目的

關於兩宋詞人檃括之目的，張高評〈「破體出位」與宋代文學的整合研究──以詩、詞、檃括爲例〉一文，曾指出：「這是文類間的『破體』效應，以尊重典範爲前提，又以挑戰典範爲手段。

[97] 見同注13，卷六七五，頁七七三六。詩中「鍾在」兩字，一作「分付」。

[98] 見同注13，卷六〇八，頁七〇一八。

[99] 見同注13，卷二一六，頁二二五九。「若逢」句，一作「南尋禹穴見李白」。

[100] 見朱熹《四書集注・上論》（臺北：學海出版社，一九七四年九月初版），卷三，頁二六。

其要領在求變追新，其目的在自成一家；可以表現學養，可以揮灑才情，宋代文學之注重技巧，於此可見一斑。」[101] 此種以文類間的「破體」效應，觀察宋人檃括為詞的目的，理論複雜，讀者自可參考張氏所著書。本節僅就兩宋檃括詞所涉及之內容，以及詞題、題序所提示者，歸納兩宋詞人檃括之目的如次：

1.言志抒懷

就傳統「詩言志」之角度，觀察兩宋詞人檃括之目的，最值得留意者，即藉檃括詞以表達個人對時政之關心，以及抒發個人閱世之情。以前者論，如李綱檃括史事所填之〈水龍吟〉（漢家炎運中微）、〈念奴嬌〉（漢武巡朔方）、〈喜遷鶯〉（長江千里）、〈水龍吟〉（古來夷狄難馴）、〈念奴嬌〉（晚唐姑息）、〈雨霖鈴〉（蛾眉修綠）、〈喜遷鶯〉（邊城寒早）七詞，其詞題依序為「光武戰昆陽」、「漢武巡朔方」、「晉師勝淝上」、「太宗臨渭上」、「憲宗平淮西」、「明皇幸西蜀」、「真宗幸澶淵」。此中，四闋均涉及皇帝親征禦敵之事，意即括寫漢光武帝與王莽決戰昆陽、漢武帝親巡朔方抗匈奴、太宗臨渭上禦頡利可汗入寇，以及宋真宗聽寇準之諫親征破契丹之事。證諸宋室南渡之後，高宗裹足不敢北渡長江之舉，此等作品所顯現之目的，誠然不言可喻矣！李綱〈論建中興之功劄子〉云：

> 臣扶睹車駕以仲春令辰，發軔吳門，巡幸建康，斷自宸衷，不貳不疑；慨然有恢復土宇、

---

[101] 此文收入張高評《會通化成與宋代詩學》（臺南：國立成功大學出版社，二〇〇〇年八月）一書，此段文字見頁二七九。

掃清中原、拯濟蒸黎、戡定禍亂、克剪大憝、刷恥復仇之大志。天下臣子莫不望風跂竦，抃蹈踴躍，願少須臾無死，以觀中興之功。……夫中興之於用兵，止是一事。

對照此劄子觀之，則知李綱此等檃括詞篇，真意在言外也。而欲北伐抗金，斷宜事先立志，任用得人，於焉「漢武巡朔方」，提及武帝用衛青、霍去病；「晉師勝淝上」，全括寫謝安之「從容頤指」；「憲宗平淮西」，則稱道憲宗「登庸裴度」，以平淮蔡四郡；「真宗幸澶淵」，亦以寇準勸真宗親征爲是。證諸〈論建中興之功劄子〉所云：

高祖之志，見於不肯鬱鬱久居漢中，而與韓信論定三秦之策；光武之志，見於披輿地圖於信都城樓上，與鄧禹論天下大計。此皆志定於前，功成於後。……顧雖衰病，尚庶幾未填溝壑間，獲觀陛下恢復中原，攄憤千古，志願畢矣。[102]

然則李綱欲高宗畀以重責、信任行事之心，亦皦然可見矣！苟不如此，則「明皇幸西蜀」之事，真足殷鑒也。

就後論者，如辛棄疾二度被黜，閒居江西信州鉛山瓢泉期間，所填之〈哨徧〉(蝸角鬥爭)、(一壑自專)兩詞，以及〈卜算子〉(一以我爲牛)一詞，全以括《莊子》書中用語爲主，即在傳達其心境也。茲以〈哨徧〉兩詞爲例：

蝸角鬥爭，左觸右蠻，一戰連千里。君試思、方寸此心微。總虛空、并包無際。喻此理。何言泰山毫末，從來天地一稊米。嗟大少相形，鳩鵬自樂，之二蟲又何知。記跖行仁義孔

---

[102] 李綱〈論建中興之功劄子〉，見《梁谿集》(同注11，冊一一二六，一九八七年二月)，卷九四，頁二一三。

丘非。更殤樂長年老彭悲。火鼠論寒，冰蠶語熱，定誰同異。噫。貴賤隨時。連城纔換一羊皮。誰與齊萬物，莊周吾夢見之。正商略遺篇，翩然顧笑，空堂夢覺題秋水。有客問洪河，百川灌雨，涇流不辨涯涘。於是焉河伯欣然喜。以天下之美盡在己。渺滄溟望洋東視。逡巡向若驚歎，謂我非逢子。大方達觀之家，未免長見，猶然笑耳。北堂之水幾何其。但清溪一曲而已。

一壑自專，五柳笑人，晚乃歸田里。問誰知、幾者動之微。望飛鴻、冥冥天際。論妙理。濁醪正堪長醉。從今自釀躬耕米。嗟美惡難齊，盈虛如代，天耶何必人知。試回頭五十九年非。似夢裡歡娛覺來悲。夔乃憐蚿，穀亦亡羊，算來何異。嘻。物諱窮時。豐狐文豹罪因皮。富貴非吾願，皇皇呼欲何之。正萬籟都沉，月明中夜，心彌萬里清如水。卻自覺神遊，歸來坐對，依稀淮岸江涘。看一時魚鳥忘情喜。會我已忘機更忘己，又何曾物我相視。非會濠梁遺意，要是吾非子。但教河伯、休慚海若，大小均為水耳。世間喜慍更何其。笑先生三仕三已。(以上兩詞，並見冊三，頁一九一六。)

此兩詞均題爲「秋水觀」，此觀乃辛棄疾閒居瓢泉時所建，而以「秋水」命名，並以括寫《莊子・秋水篇》爲主，兼及其他篇章與他書一二語(參注65、66)；藉以撫慰其憤懣與沉鬱之襟懷。蓋二度被閒置之後，辛棄疾已然徹悟：人生在世，貴賤隨時而異；苟能齊物等觀，則天地不過一稊米，泰山亦與毫芒無異，又何必斤斤於名利之爭與是非之計較？因之退居瓢泉，苟能忘機忘己，則清溪雖僅一曲，然小大均爲水，亦可以陶冶性情，參悟玄理，以其仍包羅萬有也。

2.酬贈唱和

詞體入宋之後，已由應歌之場合，逐漸走向文人案頭之作，至蘇軾出，「無意不可入，無事不可言」[103]之趨向，已呈沛然莫之能禦之勢。文人競相塡作之結果，「酬贈唱和」終亦蔚爲風氣。以櫽括詞而言，吾人自詞題所敘，如趙令畤〈鷓鴣天〉題序云：「前改張文潛詩，但有此四句，正爲咸平劉生作。余作後改爲鷓鴣天贈之。」(冊一，頁四九九)、程大昌〈水調歌頭〉序云：「水晶宮之名，天下知之，而此邦圖志，元不能主名其所。……茲承詞見及，無以爲報，輒取此意，稍加櫽括，用來況水調歌頭爲腔，輒以奉呈。若遂有取，可補地志之闕，不但持杯一笑也。」(冊三，一五二五)、黃機〈六州歌頭〉題云：「岳總幹櫽括上吳荆州啓，以此腔歌之，因次韻。」(冊四，頁二五三四)，凡此皆可見此等櫽括詞，端以「酬贈唱和」爲目的也。茲更舉程節齋〈水調歌頭〉(括坡詩)詞爲例：

> 秋色正瀟灑，佳氣夜充閭。人傳好語，君家門左正垂弧。畢萬從來有後，釋氏果然抱送，丹穴鳳生雛。未做湯餠客，先寫弄麞書。參軍婦，賢相敵，古來無。鍾奇毓秀，應是積善慶之餘。想見珠庭玉角，表表出群英物，我已預知渠。他日容相顧，啼看定何如。

讀此詞之內容，所謂「人傳好語，君家門左正垂弧」，則知係賀人生子添丁之作；而所括者，經查係蘇軾〈賀陳述古弟章生子〉之詩：「鬱蔥佳氣夜充閭，始見徐卿第二雛；甚欲去爲湯餠客，

---

103 清劉熙載《藝概▯詞概》(收入唐圭璋《詞話叢編》，冊四，臺北：新文豐出版公司，一九八八年二月臺一版)云：「東坡詞頗似老杜詩，以其無意不可入，無事不可言也。若其豪放之致，則時與太白爲近。」(頁三六九〇)

惟愁錯寫弄麞書。參軍新婦賢相敵，阿大中郎喜有餘；我亦從來識英物，誠教啼看定何如。」[104] 如此以應酬詩括入應酬詞中，真可謂取之有道也。又如劉克莊〈賀新郎〉(憶昔俱年少)詞，題云：「已未九日同季弟子侄飲倉部弟兔庵，艮翁宮教來會」(冊四，頁二六三一)，顯然此詞係作於某次家族聚會之際。當劉克莊塡就後，與會之居厚(按：爲劉克莊族弟，「兔庵」爲其室名)、艮翁(即李綱，字汝礪，號艮翁)皆有和作，劉克莊乃繼和之，凡六闋，其五闋題云：「五用韻，讀坡公和陶詩，其九篇爲重九作，乃敘坡事而賦之。」(同上，頁二六三二)；其六闋題云：「六用韻，敘謫仙爲宮教兄壽」(同上)，本文依既定原則，均判定此兩詞爲檃括之作。茲舉其六爲例：

> 鵬賦年猶少(初為大鵬遇希有鳥賦，後悔少作，改為大鵬賦。)晚飄蓬、夜郎秋浦，漁歌猿嘯(猿嘯風中斷，漁歌月下聞。見太白詩。)駿馬名姬俱散去，參透南華微妙。斂萬丈、光芒迴照。妃子將軍瞋箇甚，老先生、拂袖金鑾了。供玉齒，粲然笑。　解驂賴有汾陽老。嘆今人、布衣交薄，綈袍情少。黃祖斗筲何足算，鸚鵡才高命夭。與賀監、其歸同道。脫下錦袍與戱底，謫仙人、白苧烏紗帽(題太白像：烏紗之巾白苧袍。)邀素 月，入杯醑。

此詞率以括李白故事爲主，括弧文字，爲劉克莊原注。自原題可知係爲宮教(即李綱號艮翁其人，與劉克莊俱爲福建莆田人，歷官諸王宮教授、權禮部郎官，故以宮教稱之)祝壽而作。讀其內容，蓋以李白才大不爲世用，後乃拋盡名利、灑脫處世之行徑，以壽李綱兼慰勉之意也。

3.遣興娛賓

---

[104] 見同注10，冊一四，卷七九四，頁九一九〇。

詞自文人假手後，遣興娛賓之功能，即始終存在。無論文人集會，發響遣興；或酒宴別席，應歌娛賓，提筆填詞，乃成當然之事。其時，不論「選辭以配聲」，或「由樂已定詞」[105]，若能助長氣氛，或供歌者引吭，即可恣意揮灑。而檃括現成作品入詞，無乃既便且快之技巧；因之兩宋詞人為此目的而填作之檃括詞，亦不在少數。如前節「單篇整括」項；所舉蘇軾〈玉樓春〉(烏啼雀啼昏喬木)詞，依王文誥《蘇文忠公詩編註集成總案》稱，係元豐六年癸亥寒食日，與郭遘渡寒溪時所作。而郭遘於酒酣之際，先為挽歌聲，四座聞之淒然，但猶以「無佳詞」為憾，於焉蘇軾乃即席括白居易〈寒食野望吟〉詩，以成〈玉樓春〉詞，供郭遘歌之，坐客中乃有不勝其情而泣者(參注78)，真遣興之異調也。又如辛棄疾〈醜奴兒〉詞，題云：「醉中有歌此詩以勸酒者，聊檃括之。」(冊三，頁一九六七)，雖為席上聞歌而作，然應歌娛賓之目的，並無二致，茲移錄如次：

晚來雲淡秋光薄，落日晴天。落日晴天。堂上風斜化燭煙。　從渠去買人間恨，字字都圓。字字都圓。腸斷西風十四絃。

讀此詞，則知純為應歌而作，內容徒為稱頌歌者之音聲而已。再者，《全宋詞》於此調，係三闋並列，筆者讀其內容，較其節候，推測此蓋為聯章之作，並錄其他兩闋供比對：

尋常中酒扶頭後，歌舞支持。歌舞支持。誰把新詞喚住伊。　臨岐也有旁人笑，笑己爭知。

105 元稹《元氏長慶集》(見同注11，冊一〇七九，一九八七年二月)卷二三，載其言云：「採民甿者為謳歌備曲度者，總得謂之歌曲詞調，斯皆由樂以定詞，非選詞以配樂也。由詩而下九名(指其所作樂府詩九篇)，皆屬事而作，雖題號不同，而悉謂之詩可也。後之審樂者，往往采取其詞度為歌曲，蓋選詞以配樂，非由樂以定詞也。」(頁四六四)

笑己爭知。明月樓空燕子飛。

此生自斷天休問，獨倚危樓。獨倚危樓。不信人間別有愁。　君來正是眠時節，君且歸休。君且歸休。說與西風一任秋。

至如周密〈一枝春〉（簾影移陰）檃括詞，雖爲塡贈張樞（號寄閒）；而括與張樞相關之故事以戲之。然此詞凡兩闋，其前闋題云：「寄閒飲客春窗，促坐款密，酒酣意洽，命清吭歌新製，余因爲之沾醉，且調新弄以謝之。」（並參注75），顯見此乃應歌娛賓而作之自度曲也。

4.角技逞才

檃括之作，既可表現學養，復可揮灑才情，因之爲「角技逞才」而塡製者，自不乏其人。嘗言：「吾筆端驅使李商隱、溫庭筠，當奔命不暇」（見同注29）之賀鑄，固無論矣！即如批評辛棄疾「時時掉書袋，要是一癖」[106]之劉克莊，於所作〈沁園春〉（疇昔遭逢）詞，題云：「和林卿韻」，顯係唱和之作，而此調劉氏凡和十闋，其第五闋詞題云：「五和，韻狹不可復和，偶讀孔明傳，戲成。」（冊四，頁二五九八）與人唱和，至「韻狹不可復和」，乃至括孔明故事以成詞，又和至十闋，劉氏之角技逞才，亦可知矣！今讀《後村長短句》，似此和韻之作，觸處皆是，檃括特爲和作之一途而已；若曰劉氏「好使事逞才，要是一癖」，孰曰不宜。再者，《風雅遺音》之作者林正大，

---

106 此語屢見人稱引，均謂出於劉克莊《後村詩話》，渾無異詞。然實見劉克莊《跋劉叔安感秋八詞》，原文爲：「近歲放翁、稼軒，一掃纖豔，不事斧鑿，高則高矣，但時時掉書袋，要是一癖。」（見收於《唐宋詞集序跋匯編》，臺北：臺灣商務印書館，一九九三年二月臺灣初版，頁二五三）

所填詞盡屬檃括之作，凡四十一闋，涵蓋賦、頌、記、序、古詩、歌行等，尤屬角技逞才之詞手。茲更以宋人檃括張志和(號玄真子)、張松齡、顧況〈漁父〉作品之演變，以見角技逞才之一斑。首先錄二人作品如次：

西塞山前白鷺飛。桃花流水鱖魚肥。青箬笠，綠蓑衣。斜風細雨不須歸。(張志和，出處見注18)

樂在風波釣是閒。草堂松徑已勝攀。太湖水，洞庭山。狂風浪起且須還。[107](張松齡)

新婦磯邊月明。女兒浦口潮平。沙頭鷺宿魚驚。[108](顧況)

三詩之中，顧況之作乃獨立之個體。張松齡之作，據黃庭堅〈鷓鴣天〉詞序稱，係「憲宗時，畫玄真子像，訪之江湖，不可得，因令集其歌詩上之。玄真之兄松齡，懼玄真放浪而不返也。」(參注43)，乃和答志和之作而成者。宋人首先檃括張志和詞者，厥爲蘇軾，調寄〈浣溪沙〉：

西塞山邊白鷺飛。散花洲外片帆微。桃花流水鱖魚肥。　自庇一身青箬笠，相隨到處綠蓑衣。斜風細雨不須歸。(冊一、頁三二四)

黃庭堅見蘇軾此詞，擊節稱賞，且云：「惜乎散花與桃花字重疊，又漁舟少有使帆者。」(參注48)乃取張志和與顧況之作，括成〈浣溪沙〉詞：

新婦灘頭眉黛愁。女兒浦口眼波秋。驚魚錯認月沉鉤。　青箬笠前無限事，綠蓑衣底一

---

107 見同注13，卷三〇八，頁三四九二；題作〈和答弟志和漁父歌〉。

108 見同注13，卷二六七，頁二九七二。今本《全唐詩》僅錄兩句，茲從徐俯詞跋，作三句，見《全宋詞》冊二，頁七四四。

時休。斜風吹雨轉船頭。(冊一、頁三九八)

蘇軾見黃庭堅此作，跋云：「魯直此詞，清新婉麗，問其最得意處，以山光水色，替卻玉肌花貌，真得漁父家風也。然才出新婦磯，便入女兒浦，此漁父無乃太瀾浪乎？」(並參注48)而黃庭堅晚年亦悔此作之未工，其表弟李如箎亦謂之曰：「玄真子漁父詞，以鷓鴣天歌之，極入律，但少數句耳。」(參注43)因以憲宗畫像求張志和之事，與夫張志和之兄松齡勸歸之意，足前後數句，以成〈鷓鴣天〉詞：

西塞山前白鷺飛。桃花流水鱖魚肥。朝廷尚覓玄真子，何處如今更有詩。　青箬笠，綠蓑衣。斜風細雨不須歸。人間底是無波處，一日風波十二時。(冊一，頁三九五)

蘇軾見此詞，復笑曰：「魯直乃欲平地起風波也？」而後徐俯見蘇、黃兩人，互有異同之論，乃綜合前人作品，括成〈浣溪沙〉、〈鷓鴣天〉詞各兩闋：

西塞山前白鷺飛。桃花流水鱖魚肥。一波才動萬波隨。　黃帽豈如青箬笠，羊裘何似綠蓑衣。斜風細雨不須歸。〈浣溪沙〉之一

新婦磯邊秋月明。女兒浦口晚潮平。沙頭鷺宿戲魚驚。　青箬笠前明此事，綠蓑衣底度平生。斜風吹雨小舟輕。〈浣溪沙〉之二

西塞山前白鷺飛。桃花流水鱖魚肥。朝廷若覓玄真子，晴在長江理釣絲。　青箬笠，綠蓑衣。斜風細雨不須歸。浮雲萬里煙波客，惟有滄浪孺子知。〈鷓鴣天〉之一

七澤三湘碧草連。洞庭江漢水如天。朝廷若覓玄真子，不在雲邊則酒邊。　明月棹，夕

陽船。鱸魚恰似鏡中懸。絲綸釣餌都收卻，八字山前聽雨眠。〈鷓鴣天〉之二（以上四詞，並見冊二，頁七四四）

如此角技逞才，寧不嘖嘖稱奇！然以檃括詞角度論之，蘇詞尚能就張志和詩，括得其詞意；黃詞則已逐步引伸二張一顧況之原意，至「人間底是無波處，一日風波十二時」，則隱然藉以言志抒懷矣！至若徐俯所作，乃自「西塞山前」，推衍至「七澤三湘」、「洞庭江漢」，詞意全然遠離原詩，幾難稱之爲檃括詞；亦見詞盡才窮之窘境，足爲角技逞才者戒。

參、結　語

本論文「正文部分」，既將兩宋檃括詞做一全面整理，爰依各節探析結果，略綴數語如次：

㈠**就「兩宋檃括詞之判定」而論**，吾人判定之依據凡五端：其一，詞題或題序即以「檃括」兩字顯示；其二，詞牌或詞題、題序以「括」字顯示；其三，詞牌或詞題、題序以其他方式顯示，如「度」、「塡」、「改」、「裁」、「補」某文、某詩、某詞等；其四，將現成作品稍加變化者，雖詞牌、題序無任何提示，然遺詞、內容仍可見整體檃括入詞；其五，將現成作品之命意檃括入詞，且詞牌、題序無任何標示，字句亦另行塡製，未全然引用原作品者。此中第五項，可謂最難尋覓，亦導致兩宋檃括詞數量難以定奪之主因。

㈡**就「兩宋檃括詞之起始」而論**，雖然兩宋詞人檃括原有作品之現象，早已存在；然僅成詞中片段文字者，基於整體考量，仍不宜列入檃括詞。因之就目前《全宋詞》所錄之作品度之，寇準之〈陽關引〉應屬最早之作品；而將「檃括」兩字標示題下，進行創作者，最早見於蘇軾《東坡詞》中。

㈢就「兩宋詞人檃括詞之數量」而論，雖判定上，仍有實屬檃括詞而無任何提示之現象存在；然經筆者爬羅剔抉之結果，計得一三六闋；較之前此中、外學者所蒐得者，實遠過之。此中，塡作超過五闋之詞家凡八人：蘇軾、黃庭堅、賀鑄、李綱、楊萬里、辛棄疾、林正大、劉克莊是也。而林正大計塡四十一闋，彙總爲《風雅遺音》一集，尤爲兩宋詞人之冠。

㈣就「兩宋檃括之對象」而論，依朝代區分，檃括隋唐與宋代文學作品之數量，可謂平分秋色，其次爲晉代文學作品。以體制區分，古體詩最受青睞，其次爲古文（含賦、頌、記、序等），又次爲兩宋五代詞，又次爲近體詩，又次爲史傳、《莊子》。以作家、作品區分，陶淵明〈歸去來兮辭並序〉，以楊萬里聯括成八闋，因之總數最高；其次爲蘇軾前、後〈赤壁賦〉，又次爲張志和〈漁父歌〉，又次爲王羲之〈蘭亭集序〉、杜甫〈醉時歌〉、盧仝〈有所思〉。至若辛棄疾綜括《莊子》篇章之用語入詞，亦甚奇特也。

㈤就「兩宋詞人檃括之技巧」而論，蓋有下列七端：其一，單篇整括——即將原有單篇作品，無論字詞、命意，整體或略作調整，予以括入詞中；其二，單篇意括——即運用「奪胎換骨」法，將原有單篇作品之意旨括入詞中，此乃兩宋詞人最喜採用之技巧；其三，單篇聯括——即將現成單篇作品，括成聯章詞，兩宋詞人當中，唯楊萬里〈歸去來兮引〉採此技巧；其四，聯章合括——即將聯章詩、聯章詞合括成一闋詞；其五，聯章聯括——即將聯章詩括成聯章詞，兩宋詞人當中，唯劉几〈梅花曲〉採此技巧；其六，多篇合括——即結合兩篇以上之詩文，合括成一闋詞，包括詩與詩、文與文，以及詩、文合括等現象；其七，一事總括——即以人物或特定史事爲主，總括相關資料以成一詞，兩宋詞人當中，李綱所塡之檃括詞，皆此類也。

㈥**就「兩宋詞人檃括之目的」而論**，除破體創新之文學企圖之外，吾人可自其題序及內容，得出下列四端：其一，言志抒情——亦即藉檃括詞以表達個人對時局之關心，以及抒發個人閱世之情；其二，酬贈唱和——亦即運用檃括詞作爲酬酢之工具，如祝壽、賀人生子及相互唱和等；其三，遣興娛賓——亦即文人集會，發響遣興；或酒筵別席，應歌娛賓等；其四，角技逞才——亦即藉檃括詞，表現學養、揮灑才情，以見因難見巧之工夫，此乃兩宋詞人普遍存在之風尙也。

※原載於《宋元文學學術研討會論文集》二〇〇二年三月，頁二二一至二八八。

主題篇

南宋詞中所反映之朝政

——以高、孝、光、寧四朝為例

壹、前言

詞之發展，在南宋以前，率以娛賓遣興、析酲解慍爲其目的，而以離情別緒、兒女私情、吟風弄月爲其內容。間或藉以抒寫性情襟抱、身世遭遇，已屬別調；況乃藉以反映朝政，議論時局，則尤少見也。洎乎「金兵南侵，二帝北狩，江山僅餘半壁，繁華盡付流水。一時慷慨悲歌之士，莫不攘臂激昂，各抱恢復失地之雄心，藉展『直搗黃龍』之素願。而高宗誤信讒 ，不惜靦顏事仇，逼處臨安，以度其『小朝廷』生活。坐令士氣消阻，一蹶而不可復振。不平則鳴，於焉橫放傑出之歌詞，宛若天假之，以洩一代英雄抑塞磊落不平之氣。此時外逼於強寇，內誤權奸，在長短句中所表現之熱情，非嫉讒邪之蔽明，即痛仇讎之莫報，蒼涼激壯，一振頹風。」（龍沐勛〈兩宋詞風轉變論〉，《詞學季刊》第二卷第一號）於焉詞之內容丕變，功用擴大，而有大量反映朝政之作；不惟高宗朝，終南宋之世，實皆有之。本人爲進一步了解當代詞人對朝政關注之方向，乃自其詞作中，爬羅剔抉，比對史實，作一番整理探討，期有以知其具體內容。

其次，本文所謂之南宋詞，實包含下列三種人士之作品：㈠生於北宋而隨宋室南渡者，如李綱、岳飛、陸游。㈡生卒皆在南宋者，如陳亮、劉過、劉克莊。㈢自金歸正之北人，如辛棄疾。至若宋遺民，固屬南宋範圍，然本文爲省篇幅，僅以高、孝、光、寧四朝爲例，未涉遺民生活之時代，故不予計數。

爲求了解各代之朝政與詞人之反映，本文乃以朝代爲脈絡，略分三期：㈠高宗朝；㈡孝宗朝；㈢光宗、寧宗朝（光宗即位僅五年，旋以疾傳位，故與寧宗合併。）而後擬具詞人所反映之朝政，先敘史實，後舉作品加以印證；一則有以了解各代之政治措施，再則觀其異同，三則結合文史，互爲佐證也。

貳、主　文

一、高宗朝

㈠議論建都

高宗南渡之初，朝臣首度爭議之問題，厥爲建都。建炎三年（西元一一二九年）二月，帝在鎭江。當時金軍正擬渡江南下，帝召從臣問去留，王淵以錢塘有重江之險，建言逃往錢塘。高宗畏敵如虎，深然其言。而張邵乃上疏曰：「今縱未能遽爭中原，宜進都金陵，因江、淮、蜀、漢、閩、廣之資，以圖恢復。」帝不聽，終駐蹕杭州。紹興六年（一一三六）七月，張浚復奏曰：「東南形勝莫重於建康（即金陵），實爲中興根本；且使人主居此，北望中原，常懷憤惕，不敢暇逸。而臨安僻在一隅，內則易生玩肆，外則不足以號召遠近，繫中原之心。請臨建康，撫三軍，以圖恢復。」高宗採信其議，乃於次年移蹕建康。然八年復還臨安，張守諫曰：「建康自六朝爲帝王都，氣象雄偉；且據都會以經理中原，依險阻以捍禦強敵。陛下席未及暖，今又巡幸，百司六軍有勤動之苦，民力邦用有煩費之憂。願少安於此，以繫中原民心。」（以上並見《宋史紀事本末》卷六三南遷定都）而高宗一心欲與金人和議，殊不以北方失地爲念，執意返杭。同年，宋金簽訂「紹興和議」，南宋終定都臨安（即杭州）。

針對朝廷已然之定局，詞人康與之嘗填一闋菩薩蠻令，題曰「金陵懷古」，實乃借以傷今；亦即針對當時統治者之決定，發出嘆惋之音。其詞曰：

龍蟠虎踞金陵郡。古來六代豪華盛。縹鳳不來游。臺空江自流。　下臨全楚地。包舉中原勢。可惜草連天。晴郊狐兔眠。

此詞上片寫歷史中之金陵，下片始切時事。「下臨」兩句，描述金陵視通萬里，復將今日金陵之足以包舉中原，道其戰略地位之重要。然南宋統治者乃棄此而都臨安，聽任金陵王都荒廢不治，無從發揮其作用，寧不可惜！

㈡反對和議

高宗自即帝位後，怯懦一如其父兄；又緣曾爲質金營，親見金人之野蠻殘暴，畏懼之心油然而生；復囿於偏安據守之主意，故仍沿襲北宋對外之綏靖政策，以求苟安。及至秦檜自金地南歸，首謀相位，既而探知高宗心意，乃積極議和。據李心傳《建炎以來繫年要錄》卷七二載：「紹興八年，宰執入見，檜獨留奏事，言：『臣僚畏首畏尾，多持兩端，此不足與託大事。若陛下決議講和，乞專與臣議，勿許羣臣預。』帝曰：『朕獨委卿。』檜曰：『臣恐未便，望陛下更思三日。』檜復留身奏事，帝言欲和甚堅，檜猶以爲未可，復進前說。又三日，知帝不移，乃出文字，乞決和議。」是知秦檜之於主和，實「用心良苦」也。

面對朝廷之決策，南宋忠義之士，或藉詞作表達其積極主戰之心願。如李綱七首詠史詞，內容即頗積極。茲舉〈喜遷鶯〉（晉師勝淝上）爲例：

長江千里。限南北、雪浪雲濤無際。天險難踰，人謀克壯，索虜豈能吞噬。阿堅百萬南牧，倏忽長驅吾地。破強敵，在謝公處畫，從容頤指。　奇偉。淝水上，八千戈甲，結陣蛇豕。鞭弭周旋，旌旗麾動，坐卻北軍風靡。夜聞數聲鳴鶴，盡道王師將至。延晉祚，庇烝民，周雅何曾專美。

按：此詞係以歷史著名之淝水之戰，借古喻今，激勵南宋朝廷善依天險，克壯人謀，以抗金取勝。餘六首，或詠漢武帝擊敗匈奴（〈調寄念奴嬌〉），唐太宗擊退突厥（〈調寄水龍吟〉），宋真宗幸澶淵抗遼（〈調寄喜遷鶯〉），則寓意高宗效法漢帝、唐皇、乃至宋真宗，以武力抗金也。或詠漢光武帝中興（〈調寄水龍吟〉），唐憲宗平淮西（〈調寄念奴嬌〉），則寓意高宗能中興宋室也。而真宗幸澶淵詞中，盛稱寇準力排眾議，奉真宗「親行天討」，可知作者亦渴望助高宗完成保國安民之大業也。至若〈雨霖鈴〉（明皇幸西蜀），則深戒朝廷勿苟安度日，庶免遺恨千古也。

或亦對朝廷主和之政策，表現憤憤不平之心境，如任官西北之胡世將，即塡酹江月詞道其事

[1]神州沈陸，問誰是、一范一韓人物。北望長安應不見，抛却關西半壁。塞馬晨嘶，胡笳夕引，贏得頭如雪。三秦往事，只數漢家三傑。　試看百二山河，奈君門萬里，六師不發。閫外何人，回首處、鐵騎千羣都滅。拜將臺欹，懷賢閣杳，空指衝冠髮。闌杆拍遍，獨對中天明月。

按：此詞誠然感時而發，指斥和議之非，期待真有抱負之志士實現恢復大業。詞中用三組人物以喻志：其一，一范一韓——北宋抗西夏名將范中淹與韓琦；其二，漢家三傑——張良、蕭何、韓信；其三，懷賢閣主——諸葛亮。然冠上「嘆」、「欹」、「杳」等字，豈非說明「時無英堆」！而所謂「奈君門萬里，六師不發」，即反對議和之政策也。

又如無名氏作〈水調歌頭詞〉（建炎庚戌題吳江）：

平生太湖上，短棹幾經過。如今重到，何事愁與水雲多。擬把匣中長劍，換取扁舟一葉，歸去老漁蓑。銀艾非吾事，丘壑已蹉跎。　鱠新鱸，斟美酒，起悲歌。太平生長，豈謂今日識兵戈。欲瀉三江雪浪，淨洗胡塵千里，不用挽天河。回首望霄漢，雙淚墮清波。

此詞據龔明之《中吳紀聞》卷六載，乃建炎四年庚戌（一一三〇）題於吳江者，作者姓名不詳。而曾敏行《獨醒雜誌》卷六更載：「紹興（一一三一至一一六二）中有於吳江長橋上題水調歌頭，……

---

[1] 此詞題爲「秋夕興元使院作」，蓋爲紹興九年七月（一一三九），時川陜宣撫使吳玠卒，胡氏方領其職。（參《宋史》卷三七〇）興元，今陝西漢中。

不題姓氏。後其詞傳入禁中，上命詢訪其人甚力。秦丞相乃請降黃榜招之，其人竟不至。或曰：『隱者也。自謂『銀艾非吾事』，可見其泥軒冕之意。秦丞相請招以黃榜，非求之，乃拒之也。』」雖然，其爲反映當時朝政，則確乎不移也。

此詞起首先回憶今昔生活之異，並設問何事使然？「擬把」三句，以劍換舟，暗喻報國無門，唯擬終老江湖耳。上片末結，謂已無意爲官（銀艾，指印綬），然今已無從歸隱，孰令改之？過片三短句，音節疾促，作者感情亦噴湧而出，且以新鱸、美酒，反襯其悲苦之心境。「太平」兩句，將上片種種疑問，做一回應：皆緣「兵戈」使然也。「欲挽」三句，謂已欲傾盡心力，洗盡蒙受胡塵之山河；顯係主戰者之心聲。然回望霄漢，徒嘆奈何！蓋以霄漢喻朝廷，怨其竟採主和妥協之政策，致難伸其素志也。

而不少南渡之士大夫於主和政策下，亦僅能於期待之歲月中，搔首感嘆而已。如斥責朝廷「無處問豪英」（〈八聲甘州〉句）之葉夢得，即自嘆：「坐看流年輕度，拚卻鬢雙華」（〈水調歌頭〉句）；欲「試倩悲風吹淚過揚州」（〈相見歡〉句）之朱敦儒，亦僅能搔首出紅塵，度其「醒醉更無時節」（〈好事近〉句）之生活；而立志「笑談渴飲匈奴血」之岳飛，終太息：「欲將心事付瑤琴。知音少，絃斷有誰聽。」（〈小重山〉句）[2]至若呂本中南歌子末結：「只言江左好風光，不道中原歸思轉淒涼。」

---

[2] 清沈雄《古今詞話》上卷引陳郁藏一話腴云：「武穆收復河南罷兵表云：『莫守金石之約，難充谿壑之求。暫圖安而解倒懸，猶之可也。欲遠慮而尊中國，豈其然乎？』故作小重山云：『欲將心事付瑤琴。知音少，絃斷有誰聽。』指主和議者。」

亦深改不滿與無奈也。

㈢反抗權相——秦檜

秦檜主和之苦心，已如前述。然猶以羣臣爲患，乃設法排擠反對和議者。《宋史紀事本末》卷七二載：「勾龍如淵爲檜謀曰：『相公爲天下大計，而邪說橫起，何不擇人爲臺諫，使盡擊去，則事可定矣。』檜大喜，即擢如淵爲中丞，劾異己者，卒成檜志。」於焉殺岳飛，竄張浚，貶李綱，逐胡銓，一時忠臣良將，誅鋤略盡。

面對此等政治迫害，南宋忠義之士，絲毫不以進退而妥協。如李綱被貶江西，仍藉詞抒其立場，其〈六么令〉下片云：

潮落潮生波渺，江樹森如髮。誰念遷客歸來，老大傷名節。縱使歲寒途遠，此志應難奪。高樓誰設。倚闌凝望，獨立漁翁滿江雪。（次韻和賀方回金陵懷古，鄱陽席上作。）

此中「誰念」句，即謂誰能體諒被朝廷排擊，貶斥至此之遷客？而人已老大，聲名未立爲可傷耳。其下謂不論環境若何，抗金之意志終難奪。結尾三句，則以寒江獨釣之漁翁，象徵其獨立不移、堅韌不拔之精神。

而南宋士人，對於反對和議而遭罷黜之忠臣，亦時挺身支持，彌壯其節。如紹興八年，宋金議和成，李綱於是年十二月，自洪州上書反對，卒遭罷歸福建長樂，張元幹於焉填賀新郎詞寄之，其下片云：

十年一夢揚州路，倚高寒、愁生故國，氣吞驕虜。要斬樓蘭三尺劍，遺恨琵琶舊語。謾暗澀銅華塵土。喚取謫仙平章看，過苕溪尚許垂綸否，風浩蕩，欲飛舉。

詞中「要斬」句，係借漢使臣傅介提劍斬樓蘭王之典[3]，勉宋將亦能如此對抗金人。「遺恨」句，則借漢嫁昭君和親匈奴之事，影射和議之不可行。「謾暗澀」句，係以寶劍被棄，喻李綱主戰人物之見黜也。「喚取」以下，則以李白比李綱，兼切李姓；並對和議形勢設問：愛國志士豈能自此退隱苕溪，逍遙林下？末兩句陡然振起，否定退隱之思，端欲氣衝雲霄，有所作為也。張元幹另有一首〈賀新郎〉送胡邦衡待制詞，其上片云：

夢繞神州路。悵秋風，連營畫角，故宮離黍。底事崑崙傾砥柱，九地黃流亂注。聚萬落千村狐兔。天意從來高難問，況人情，易老悲難訴。更南浦，送君去。

按：胡邦衡即胡銓，曾於紹興八年，秦檜再度入相之際，上書高宗曰：「臣備員樞屬，義不與檜共戴天。區區之心，願斬三人頭（指秦檜、王倫、孫近），竿之藁街。……不然，臣有赴東海而死，寧能處小朝廷求活耶！」此書甫上，檜以銓「狂妄凶悖，鼓眾劫持」，詔除名，編管昭州（今廣西平樂）；四年後，諫官羅汝楫劾銓飾非橫議，復編管新州（今廣東新興）（參《宋史》卷三七四）。元幹此詞即作於此時。首句言我輩日夜繫心者，皆中原故土；「悵秋風」三句，謂值此秋日，一則聽聞吹角連營之景，似乎此地武備十分雄武；一則思彼故都汴京，已然禾黍離離，一片荒蕪。如此起筆，南宋局勢亦隱然縮攝於尺幅之中。「底事」三句，設問：黃河中流砥柱緣何傾倒，以致濁流

3 《漢書》卷七。傅介子傳載，時龜茲、樓蘭皆曾殺漢者，介子奉命使樓蘭，「（樓蘭）王貪漢物，來見使者。介子與坐飲，陳物示之，飲酒皆醉。介子謂王曰：『天子使我私報王。』王起，隨介子入帳中，屏語。壯士二人從後刺之，刃交胸，立死。」詞中以樓蘭影射金國，以傳介子喻李綱等主戰之士。

汜濫，令九州爲陸沈？而中原文明之地，亦處處爲狐兔盤踞橫行，寧不可嘆！「天意」兩句，謂天高難問，人間復無可共語者，唯志同道合之胡公可共處，而今公又遽去，忠臣落落處境可知矣！稍後，元幹亦因之除名。足證當時法網之峻，而義士求仁得仁，固無所懼也。十年後，新州守臣張棣訐銓與客唱酬（〈調寄好事近〉，參注4），謗訕怨望，乃移銓吉陽軍（今海南島崖縣）。而胡銓主戰反和之立場，始終不變。甚而符離戰敗後，孝宗詔以「和戎遣使，大詢于庭，待從、臺諫預議者凡十有四人。主和者半，可否者半，言不可和者，銓一人而已。」（參《宋史》卷三七四）誠然耿介之士也。

他如「某知有君父，不知有權臣」之高登，亦一再譏斥秦檜，志不稍屈（參《宋史》卷三九九）。嘗塡〈好事近〉詞云：[4]

富貴本無心，何事故鄉輕別。空使猿驚鶴怨，誤薜蘿秋月。　囊錐剛要出頭來，不道甚時節。欲駕巾車歸去，有豺狼當轍。

此詞下片，謂囊錐硬要出頭，而不顧何等時代，正見志士之執着也。然道既不行，不如駕巾車歸去；奈豺狼仍當道，自無從歸去也。顯然此亦諷刺秦檜等主和派汨亂朝政，陷害忠良，致忠良之士縱欲報效朝廷，亦難盡其力也。

(四)采石磯之戰

4 此詞俗謂胡銓所作，唐圭璋〈宋詞互見考案〉云：「此首高登詞，見東溪詞。張棣迎秦檜意，誣爲胡銓作，見名臣言行錄。」唐說有據，茲從之。

紹興三十一年（一一六一）十一月，金主完顏亮舉兵突破南宋淮河防線，直趨長江北岸，假道采石（今安徽馬鞍山）渡江之際，爲虞允文督水師擊退，大敗而走。完顏亮行至揚州，甚而爲部下所弒。此役，對南宋而言，可謂難得大捷，頗能振奮人心。愛國志士聞之，自爲之鼓舞不已；形之於詞，宜推張孝祥〈水調歌頭〉最著名：

雪洗虜塵靜，風約楚雲留。何人為寫悲壯，吹角古城樓。湖海平生豪氣，關塞如今風景，剪燭看吳鉤。賸喜燃犀處，駭浪與天浮。　憶當年，周與謝，富春秋。小喬初嫁，香囊未解，勛業故優游。赤壁磯頭落照，肥水橋邊衰草，渺渺喚人愁。我欲乘風去，擊楫誓中流。

此詞起首，先敘采石戰勝以切題，而後爲自己未能參與戰爭而遺憾；時孝祥方知撫州未能赴前線也。其下復敘此悲壯之戰蹟，而以吹角聲象徵勝利喜悅之心情。「湖海」以下，則藉三國陳登故實[5]，表明個人亦有澄清天下之志；且以剪燭看刀之豪舉，寫出殺敵建功之熱切期待。「燃犀」用溫嶠典[6]，既點明地點，亦擬敵軍爲妖魔鬼怪；且以駭浪浮天，狀采石戰役雄偉之場面。下片則以周瑜大敗曹軍、謝玄擊敗前秦之往事，稱頌虞允文之戰功；且藉祖逖擊楫中流[7]之壯舉，寫個

5 《三國志．魏志》卷七〈陳登傳〉載：「許汜與劉備共在荊州牧劉表坐，表與備共論天下人，汜曰：陳元龍（登）湖海之士，豪氣不除。」

6 《晉書》卷六七〈溫嶠傳〉載，嶠奉命平蘇峻之反，「至牛渚磯，水深不可測，世云其下多怪物，嶠遂燬犀角而照之。須臾，見水族覆火，奇形狀異，或乘馬車著赤衣者。」

7 《晉書》卷六二〈祖逖傳〉載，逖北伐時，渡江至中流，擊楫而誓曰：「祖逖不能清中原而復濟者，有如大江！」

人欲建功立業之雄心大志也。紹興三十二年，張孝祥另塡一闋六州歌頭[8]，表達對南宋偷安江左、遣使講和之憤慨，所謂：「念腰間箭，匣中劍，空埃蠹，竟何成。時易失，心徒壯，歲將零。渺神京，干羽方懷遠，靜烽隧，且休兵。冠蓋使，紛馳騖，若爲情。聞道中原遺老，常南望翠葆霓旌。使行人到，忠憤氣塡膺，有淚如傾。」是又對時事之另一種反應也。

(五)諷刺使臣

再者，南宋士大夫對奉命出使之朝臣，亦頗留意其行徑；苟或違命見辱，亦時藉詞諷之。如紹興太學生之南鄉子：

> 洪邁被拘留。稽首垂哀告敵仇。一日忍飢猶不耐，堪羞。蘇武爭禁十九秋。　厥父既無謀。厥子安能解國憂。萬里歸來誇舌辨，村牛。好擺頭時便擺頭。

按：此詞係描述洪邁使金之懦弱。據《宋史》卷三七三本傳載：高宗紹興三十二年春，金主遣使來告登位，且議和。邁爲接伴使，曾奏十有四事，折伏金使，頗稱名一時。至三月丁巳，朝廷議遣使報金國聘，邁乃慨然請行。至燕，金閣門見國書，謂不如式，抑令使人於表中改「陪臣」二

---

[8] 此詞之寫作時間，一般箋注均定爲孝宗隆興二年（一一六四），孝祥作於兼領建康留守宴客席上。大陸學者宛敏灝則以爲當作於紹興三十二年（一一六二），其理由有二：「(1)紹興三十一年十一月張浚自判潭州改判建康府行宮留守。次年正月五日高宗到建康，浚入對，詔浚仍宮兼行宮留守（浚未到前曾以湯思退充任）。二月六日高宗還臨安。孝祥赴建康在浚幕作客即在此時。(2)詞中無一語涉及『符離之潰』，而以『騎火』、『笳鼓』等指出金人近在對江，『冠蓋使，紛馳騖』是指兩國使者絡繹於途，這年正月金主遣使來聘，宋亦遣洪邁使金，故詞人憤激而發出『若爲情』的質詢。」（《唐宋詞鑒賞辭典》，頁一四二九，上海辭書出版社）茲從之。

字，朝見之儀必欲復舊禮。邁初執不可，既而金鎖使館，自旦及暮，水漿不通，三日邁遂屈服。此詞上片，即針對此事，刺洪邁之毫無骨氣，羞對蘇武也。下片並刺其父洪皓，按《宋史》同卷載，皓之使金，見羈十五年始歸，高宗曾譽云：「蘇武不能過」，然紹興太學生仍刺其「無謀」，蓋謂其空留金國，束手無策也。結句復回諷洪邁但憑口舌，能言善道，返國後竟神氣擺頭也。

二、孝宗朝

㈠譏刺和議苟安及小人亂政

孝宗即位後，仁孝奮發，志切恢復。而張浚受高宗之託，輔弼左右，益見朝氣。然隆興元年，符離軍潰，國家平日所積之兵財，掃地無餘。於焉秦檜餘流湯思退等，乃積極主和，孝宗心志動搖，和議之說遂行，終孝宗之世不變（參《宋史紀事本末》卷七七隆興和議）。面對此種轉變，南宋忠義之士恒藉詞抒其不滿。既痛陳和議之非，復斥責小人亂政，兼亦流露「時不我予」之慨嘆。如陸游〈鷓鴣天〉詞：

家住蒼烟落照間。絲毫塵事不相關。斟殘玉瀣行穿竹，卷罷黃庭臥看山。　貪嘯傲，任衰殘。不妨隨處一開顏。元知照物心腸別，老却英雄似等閒。

此詞據夏承燾、吳熊和放翁詞編年箋注，以為乃乾道二年所作，時陸游年四十二，以言官彈劾謂其「交結臺諫，鼓唱是非，力說張浚用兵」（《宋史》卷三九〈陸游傳〉），免隆興通判，始卜居鏡湖之三山。詞中末兩句，本謂：原已了解造物者之無情，徒令英雄衰頹老死，仍等閒視之。此固為怨天，而尤抱怨南宋統治者無心恢復，以致英雄無用武之地也。再者，此詞通篇充滿退隱思想，然此乃忠義之士一時沮喪而發，未必其真情。故朝廷屢召，彼等亦屢起，陸游如此，辛棄疾、楊炎正與夫晚宋之劉克莊，亦莫不如此（參拙作《南宋詞研究》，頁二三四至二三六），所謂「自許封侯在萬里，有誰知，鬢雖殘，心未死」是也。

至如辛棄疾，以二十三歲盛年率眾南歸後，即熱切期待朝廷重用，以遂恢復中原之素志；其壯年歲月，亦於孝宗時代度過（年二十四至五十一）。然面對朝廷泄沓之風氣，復迭遭遺廢，其沈鬱固可知也。發之於詞，對朝政自多不滿。如其〈賀新郎〉詞（同父見和再用韻答之）下片：

事無兩樣人心別。問渠儂、神州畢竟，幾番離合。汗血鹽車無人顧，千里空收駿骨。正目斷、關河路絕。我最憐君中宵舞，道男兒、到死心如鐵。看試手，補天裂。

關於此段，大陸學者薛祥生、王少華有精彩之詮釋，茲移錄如下：「『事無兩樣人心別』，展望時世，山河破碎，愛國志士方痛心疾首，而南宋統治者卻偏安一隅，把家恥國難全拋在腦後。詞人用『事無兩樣』與『人心別』兩種不同意象加以對照，極其鮮明地刻劃了南宋統治者苟且偷安的慵懦醜態，深刻地抒發了鬱勃胸中的萬千感慨。詞人禁不住義憤填膺，向統治者發出了嚴厲的質問：『問渠儂：神州畢竟，幾番離合！』神州大地，山河一統，自古已然，『合』時多而所『離』時少。今當政者不思恢復，以和議確定了『離』的局面，是何居心！詞語中凜然正氣咄咄逼人，足以使統治者無地自容。……詞人想到：神州大地要想得到統一，就必須重用抗戰人材，可是當今社會卻是『汗血鹽車無人顧，千里空收駿骨』。當道諸公空說徵求人材，但志士卻長期受到壓抑，正像拉鹽車的千里馬困頓不堪而無人過問，徒然去購置駿馬的尸骨又有何用！詞人連用三個典故[9]，非常曲折而又貼切地表達了鬱勃心頭而又不便言明的不幸。一個『空』字，集中表達了詞人對朝中當政者打擊排斥主戰派種種行爲的無比怨忿。……『正目斷關河路絕』，詞人觸景生情，由大雪塞途聯想到通向中原的道路久已斷統，悲愴之情油然而生。山河分裂的慘痛局面，激起了詞人收復中原的熱情。他想起晉代祖逖與劉琨聞鷄起舞的動人故事，想起了古代神話中女媧氏煉石補天的美麗傳說，更加堅定了統一祖國的必勝信念，唱出了『我最憐君中宵舞，道男兒到死心如鐵。看試手，補天裂』這時代的最強音」（《唐宋詞鑒賞辭典，頁一五三三，上海辭書出版社》）。又如：

却憶安石風流，東山歲晚，淚落哀箏曲。兒輩功名都付與，長日惟消棋局（〈念奴嬌〉，起句：我來吊古）

渡江天馬南來，幾人真是經綸手。長安父老，新亭風景，可憐依舊。夷甫諸人，神州沈陸，幾曾回首，算平戎萬里，功名本是，真儒事，公知否。（〈水龍吟〉上片）

9「汗血」，見《漢書》卷六〈武帝本紀〉應劭注云：「大宛舊有天馬種，蹋石汗血，汗從前肩轉出如血，號一日千里。」「鹽車」，見戰國策楚策：「驥之齒至矣，服鹽車而上太行，蹄甲膝折，尾湛附潰，漉汁灑地，白汗交流，外阪遷延，負轅而不能止。」「千里」句，見戰國策燕策，郭隗對燕昭王曰：「臣聞古之君人有以千金求千里馬者，三年不能得，涓人言於君曰：請求之。君遣之，三月得千里馬，馬已死，買其首五百金，反以報君。君大怒曰：所求者生馬，安事死馬，而捐五百金！涓人對曰：死馬且買之五百金，況生馬乎？天下必以王爲能市馬，馬今至矣。於是不期千里馬之至者三。」

此兩段文字，一則反用謝安之典，諷刺朝廷將恢復之事，盡付兒輩[10]；且以桓伊撫箏典，慨嘆君臣相遇之難。[11]一則深嘆朝中無經綸之才，且盡屬晉代王衍等清談者流，全不以朝政爲事也。[12]

又如：

鬱孤臺下清江水。中間多少行人淚。東北望長安。可憐無數山。　青山遮不住。畢竟東流去。江晚正愁余。山深聞鷓鴣。（〈菩薩蠻〉）

卮酒向人時，和氣先傾倒。最要然然可可，萬事稱好。滑稽坐上，更對鴟夷笑。寒與熱，總隨人，甘國老。　少年使酒，出口人嫌拗。此個和合道理，近日方曉。學人言語，未會十分巧，看他們，得人憐，秦吉了。（〈千年調〉）

去天尺五君家別，看乘空、魚龍慘淡，風雲開合。起望衣冠神州路，白日消殘戰骨。嘆夷

---

10 《晉書》卷七九〈謝安傳〉載：「安雖放情丘壑，然每游賞必以妓女從。屢違朝旨，高臥東山。……時苻堅強盛，疆埸多虞，諸將敗退相繼，安遣弟石及兄子玄等應機征討，所在尅捷。玄等既破堅，有驛書至，安方對客圍棋，看書既竟，便攝放床上，了無喜色，棋如故。客問之，徐答曰：『小兒輩遂已破賊。』」按：安意本謂後生小輩果然傑出，堪破殘賊。辛棄疾則反用其事，用以諷刺朝廷所任者，盡屬兒輩耳。

11 《晉書》卷八一〈桓伊傳〉：「伊字叔夏，善音樂，盡一時之妙，爲江左第一。時謝安婿王國寶專利無檢行，安惡其爲人，每抑制之。及孝武末年，嗜酒好肉，以安功名盛極而構會之，嫌隙遂成。帝召伊飲讌，安侍坐，……便撫箏而歌怨詩曰：「爲君既不易，爲臣良獨難，忠信事不顯，乃有見疑患。……」聲節慷慨，俯仰可觀。安泣下沾衿，乃越席而就之，捋其鬚曰：「使君於此不凡！」帝甚有愧色。

12 晉書》卷九八〈桓溫傳〉載：「溫自江陵北伐，……過淮、泗，踐北境，與諸寮屬登平乘樓眺矚中原，慨然曰：『遂使神州陸沉，百年丘墟，王夷甫諸人不得不任其責！』」按：夷甫，王衍字，其生平事蹟參《晉書》卷四三。

甫諸人清絕。夜半狂歌悲風起，聽錚錚、陣馬檐間鐵。南共北，正分裂。（〈賀新郎〉下片，起句：細把君詩說）

此三段文字，一則用「青山」喻小人之蔽賢，且以水畢竟東流，反襯己終難東歸也。[13]次則以酒器——滑稽、鴟夷，藥材——甘草，禽鳥——秦吉了等擬喻小人，刻劃其阿諛逢迎、虛與委蛇之醜態也。三則以魚龍紛擾，騰飛搏鬬於風雲開合之中，隱喻朝中羣小趨炎附勢，爲謀權位而激烈爭鬬之狀；且嘆中原陸沈，只今唯見一堆白骨，而朝中當權者，乃如晉代王衍般，不理政事，苟安偷樂，無視南北分裂之局也。

孝宗朝，另一位急切反映朝政而發之於詞者，厥爲與辛棄疾志同道合，過從甚密之陳亮。其作品，如：

危樓還望，嘆此意今古幾人曾會。鬼設神施，渾認作天限南疆北界。一水橫陳，連崗三面，做出爭雄勢。六朝何事，只成門戶私計。（〈念奴嬌〉登多景樓上闋）

此乃登多景樓所作，樓在鎮江，陳亮曾於淳熙十五年至金陵、鎮江（即京口）一帶視察形勢，詞當作於此時。詞中以六朝戒南宋，亦詩人微而婉之意也。然南宋朝臣終以安享太平爲渾穆之王風，恢復中原爲戰爭之霸術，而任國勢頹唐；甚乃視陳亮上書之舉爲狂怪，而百般沮阻（見《宋史》本

[13] 關於此詞「山」、「水」之喻，鄭騫先生《詞選》云：「……望長安而青山無數，傷朝士之蔽賢也，即孔子『吾欲望魯兮，龜山蔽之』之意。……贛江不受青山之遮，畢竟東流，己則終難東歸，置身十八灘頭，真有蹙蹙靡騁之感矣。」（頁一三二）茲從之。

傳）。其三闋賀新郎酬辛稼軒之作，將平生素志遭際淋漓道盡，並對朝政提出熱切批評。茲舉一闋爲例，而以二闋爲輔，略述如次：

> 離亂從頭說。愛吾民、金繒不愛，蔓藤纍葛。壯氣盡消人脆好，冠蓋陰山觀雪。虧殺我一星星髮。涕出女吳成倒轉，問魯為齊弱何年月。丘也幸，由之瑟。　斬新換出旗麾別。把當時、一樁大義，拆開收合。據地一呼吾往矣，萬里搖肢動骨。這話霸、只成癡絕。天地洪爐誰扇，算于中安得長堅鐵。淝水破，關東裂。

此詞前三句，諷刺南宋朝廷一味納金帛求和，未能與金人決戰，遂致民離國亂，後患無窮。殊不知此策徒能得短暫之和平，而非長久之計，所謂「小屈穹廬，但二滿三平，共勢均佚」[14]（〈三部樂〉），七月送丘宗卿使虜）是也。

「壯氣」兩句，謂苟安之計，坐令天下士氣日漸頹惰，甚而使臣出使，亦忘卻廉恥，無所成事，徒能觀雪陰山，誠教英雄扼腕。此種現象，陳亮終身引以爲憂，詞集中亦一再致意，所謂：「天下適安耕且老，看買犁賣劍平家鐵。壯士淚，肺肝裂」（〈賀新郎〉懷辛幼安用前韻）。尤可懼者，此家國之恥，今世若不雪，則中原父老殂謝後，其子孫「生長於戎，豈知有我」（〈中興論〉），必以奉賊爲忠義而狃於其習，甚而與宋室爲敵，不自知其逆，所謂「父老長安今餘歲，後死無仇可雪，猶未燥當時生髮」（〈賀新郎〉寄辛幼安和見懷韻），即此義也。

14　「二滿三平」，係宋時方言。陳昉穎川語小卷下載：「俗言『二滿三平』，蓋三遇平，二遇滿，皆平穩得過之日。」二、三即初二、初三日也。

「涕出」兩句，係借古喻今。孟子離婁篇：「齊景公曰：『既不能令，又不受命，是絕物也』，涕出而女于吳。」《吳越春秋》載：「闔閭復謀伐齊，齊侯使女爲質於吳。」合而讀之，上句意蓋謂：南宋求和于金，乃倒轉之局。左傳哀公十四年載：「孔丘三日齋，而請伐齊，三。公曰：『魯爲齊弱久矣』，子之伐之，將若之何？」引申言之，下句蓋以問句作肯定叮嚀：莫忘金人竊據宋土。此即陳亮終身切齒而引以爲辱之事，所謂「二十五絃多少恨，算世間那有平分月。胡婦弄，漢宮瑟」（〈賀新郎〉寄辛幼安和見懷韻）是也。

「丘也幸，由之瑟」兩句，典皆出於《論語》述而篇：「丘也幸，苟有過，人必知之。」先進篇：「由之瑟，奚爲於丘之門。」蓋子路彈瑟發武勇之音，故孔子有是責也。然陳亮引此，反用其義，乃慶幸今日舉朝苟安柔靡之際，能得棄疾共發積極主戰之聲，誠有志一同也。

下片承上而來，設想朝廷若用棄疾領軍，定出現「斬新換出旗麾別」之局面，而有一番新氣象也。「把當時」句，蓋謂：苟以辛氏領軍，則能秉「尊王攘夷」之春秋大義，整頓乾坤。於焉「據地」云云，乃陳亮想像隨軍馳騁萬里，英勇抗金之景。然此等主戰言論，特爲今日朝廷視爲話柄，而吾等期待，終成「癡絕」而已。思及此，滿腔無奈，顯而易見。然陳亮終未喪氣，特恐人壽不久，未能長存，以見大業爲憾，故云：「天地洪爐誰扇　，算于中安得長堅鐵！」[15]，末結，則以晉謝玄破苻堅於淝水，秦張儀破關東六國之合縱爲例，切盼南宋王師有朝一日亦如是，且以之與辛棄疾互勉也。

---

15 扇鞴，煉鐵之鼓風皮囊。故「天地」二句謂：人壽不久，猶洪爐中無不鎔之鐵。

此外，如劉仙倫送張明之赴西京幕所作〈念奴嬌〉詞，亦云：「勿謂時平無事也，便以言兵爲諱。眼底河山，樓頭鼓角，都是英雄淚。功名機會，要須閑暇先備。」均以朝廷苟安爲憂，而互勉同志也。

(二)關心大臣出使

據史書載，宋高宗於秦檜等主和派慫恿下，於紹興十一年向金帝進表，卑躬屈膝曰：「世世子孫，謹守臣節。每年皇帝生辰並正旦，遣使稱賀不絕；歲貢銀、絹各二十五萬兩、匹。」洎乎孝宗符離兵敗，復訂「隆興和約」，從此宋帝不再對金稱臣，而改君臣關係爲叔侄，疆界仍維持完顏亮南侵前狀況，歲貢由二十五萬，減爲二十萬（參《宋史》〈高宗〉及〈孝宗〉本紀、《宋史紀事本末》卷七二及卷七七）。然此終屬屈辱條約，故對於奉命使金以賀正旦之任務，時亦寫入詞中。如〈曾覿金人捧露盤〉（起句：記神京）、〈憶秦娥〉（起句：風蕭瑟）；〈韓元吉好事近〉（起句：凝碧舊池頭）等，即用寫出使北國所見之景與當時之心情。茲更舉范成大出使之作爲例：

萬里漢家使，雙節照清秋。舊京行徧，中夜呼禹濟黃流。寥落桑榆西北，無限太行紫翠，相伴過盧溝。歲晚客多病，風露冷貂裘。　對重九，須爛醉，莫牽愁。黃花為我，一笑不管鬢霜羞。袖裏天書咫尺，眼底關河百二，歌罷此生浮。惟有平安信，隨雁到南州。（〈水調歌頭〉，燕山九日作）

此詞爲孝宗乾道六年重九，成大出使金廷途中所作。上片首敘己之出使，冰心一片；並借禹之治洪流，以喻其力挽狂瀾之志也。「寥落」以下，敘經行所見之景，且暗點節侯。下片承上而來，明示時序。「袖裏」句，謂已奉命出使，必謹慎其事，不敢怠慢。「眼底」句，則謂眼前所見之山河，盡屬險要之地，而爲虜廷竊據泰半，慨嘆之情，油然而生。末兩句雖爲尋常報平安之語，而出於眾人懸念之際，意義自不尋常也。[16]

至若對於奉命出使之官吏，忠義之士亦時塡詞相勉，期勿忘國仇家恨，而有辱節之行。如陳亮即曾於賀新郎詞中斥責出使官吏徒知「冠蓋陰山觀雪」；及至送章德茂大卿使虜，乃勉之曰：

不見南師久，漫說北羣空。當場隻手，畢竟還我萬夫雄。自笑堂堂漢使，得似洋洋河水，依舊只流東。且復穹廬拜，會向藁街逢。　堯之都，舜之壤，禹之封。于中應有，一個半個恥臣戎。萬里腥羶如許，千古英靈安在，磅礡幾時通。胡運何須問，赫日自當中。（〈水調歌頭〉）

此詞係陳亮於孝宗淳熙十三年送章森（字德茂）使金賀正旦所作。上片順旨而起，先勉德茂克盡使臣之責。「自笑」三句，筆意一轉，以爲堂堂漢使，豈應年年向敵臣服求和。「且復」兩句則肯定道出：目前之局勢終有改易之日。下片「堯之都」五句，期勉志士宜奮發雪恥，然着看一「應」

16　宋室此次遣使出行，涉及受書之禮，恐激怒金廷，遭殺身之禍，故爲眾人所懸念。《中興兩朝聖政》卷四八載：「自紹興和敵後，定受書之禮，多有可議者。……至是虞允文議遣使，上問誰可使者，允文薦李燾及成大。退以語燾，燾曰：『今往，敵必不從，不從，必以死爭之，是丞相殺燾也。』更召成大告之，成大即承命。」《桯史》卷四亦載：「上臨遣之，曰：『朕以卿氣宇不群，親加選擇，聞外議洶洶，官屬皆憚行，有諸？』范對曰：『無故遣泛使（按：宋金兩曾約，互不遣泛使。），近於求釁，不執則戮，臣已立後，乃區處家事，爲不還計，心甚安之。』上色愀然，曰：『朕不敗盟發兵，何致害卿，嚙雪餐氈，理或有之，不欲明言，恐負卿耳！』范奏乞國書並載受書一節，弗許。遂行。」足見石湖勇於任事，精神固可佩。亦可知此詞末兩句正在安眾人之心也。

字，則於南宋君臣之苟安，含無限譏刺之意。「萬里」三句，寫出陳亮對於伸張民族正義之迫切期待。「胡運」兩句，復肯定金人氣數不旋踵將盡，而南宋國運自必如日中天也。

㈢關於官吏任期

官吏任期問題，當以辛棄疾之遭遇最值同情。其〈摸魚兒〉詞（淳熙己亥，自湖北漕移湖南，同官王正之置酒小山亭，為賦。）云：

更能消、幾番風雨，匆匆春又歸去。惜春長怕花開早，何況落紅無數。……長門事，準擬佳期又誤。蛾眉曾有人妒。千金縱買相如賦。脈脈此情誰訴。君莫舞，君不見、玉環飛燕皆塵土。

此乃為官無法久任，未能施展抱負，而引發之不滿也。按：辛氏曾於孝宗乾道元年（一一六五）奏進美芹十論，其中「久任」項即云：「嘗竊深嘉越勾踐漢高祖之能任人，而種、蠡、良、平之能處事：驟而勝，遽而敗，皆不足以動其心，而信之專，期之成，皆如其所料也。……誠以一勝一敗兵家常勢，懲敗狃勝，非策。故古之人君，其信任大臣也，不間於讒說；其圖回大功也，不恤於小節；所以能責難能不可為之事於能為必可成之人而收其效也。」然自辛氏南歸（一一六二），至寫作至此詞止——孝宗淳熙六年（一一七九）三月，凡歷十七春秋，迭換十一職務[17]，是真違

---

17 據鄧廣銘《辛稼軒年譜》載，辛棄疾南渡十七年中，計任右承務郎差江陰僉判、建康府通判、司農寺主簿知滁州、江東安撫司參議官、倉部郎中出為江西提點刑獄、秘閣修撰任京西轉運判官、差知江陵府兼湖北安撫、知隆興府兼江西安撫、大理少卿、湖北轉運副使、湖南轉運副使，凡歷十一職。

反「久任」之原則。此次，原謂朝廷或欲予以重用，乃復失望，於焉借用陳皇后與玉環、飛燕之往事以起興。梁啓超曾釋云：「先生兩年來由江陵帥、隆興帥，暫任漕司，雖非左遷；然先生本功名之士，惟專閫庶足展其驥足，碌碌錢穀，當非所樂。此次去湖北任，謂當有新除，然仍移漕湖南，殊乖本望；故曰：準擬佳期又誤也。本年論盜賊劄子有云：『臣孤危一身久矣，荷陛下保全；專有可危，殺身不顧。』又云：『生平則剛拙自信，年來不爲衆人所容，顧恐言未脫口而禍不旋踵。』則蛾眉曾人妒，亦是實情。蓋歸正北人，驟躋道顯，已不爲南士所喜；而先生以磊落英多之姿，好談天下大略，又遇事負責任，與南朝士大夫泄沓柔靡風習尤不相容，前此兩任帥府皆不久於其任，或即緣此。詩可以怨，怨固宜矣。」（鄭騫先生《詞選》一二二頁）

三、光、寧兩朝

(一)反映韓侂胄之亂政與北伐

韓侂胄，字節夫，安陽人。韓琦曾孫，以蔭入官，爲汝州防禦使，知閤門事。孝宗崩，光宗即位，旋以疾不能執喪，趙汝愚議定策立寧宗，請憲聖吳太后（即高宗后也）垂簾，因侂胄以入白。及寧宗立，遂以傳導詔旨見幸，時弄威福，甚乃假御筆逐朝臣留正、黃度、朱熹等。侂胄自以預定策功而賞不厚，怨汝愚，諷其黨劾去之；彭龜年、徐誼、楊簡等數十人，亦以言得罪，皆貶斥之。侂胄爲根絕異己，復倡僞學之禁，凡不附己者，悉指爲僞學，而盡逐之：蓋以道學本爲美名，故易稱僞學也。一時善類悉罹黨禍，史稱慶元黨禁。《宋史》卷四二九〈朱熹傳〉載：「是時士之繩趨尺步，稍以儒名者，無所容其身；從遊之士，特立不顧者，屏伏丘壑。」網禁之嚴，亦可知矣。

或勸侂胄立功名以自固，乃於嘉泰四年，決議伐金。侂胄以太平師平章軍國事，封平原郡王，序班丞相上，總三省印，一時羣小如蘇師旦，周筠、陳自強等皆阿附之，甚或稱爲恩王、恩父，勢燄薰灼，乘輿服御，潛妄無軌。已而師屢潰敗，侂胄懼，使北請和，金人以縛送首議用兵之臣爲言。開禧三年十一月，楊皇后乃用史彌遠之議誅侂胄，斬其首，函以遺金人約和。然自開禧用兵以還，民不聊生，公私力屈，孝宗所創「小元祐」[18]之氣象，至此耗費殆盡，南宋終無抗金之實力矣！（除引文外，參《宋史》卷四七四本傳、《宋史紀事本末卷》八二、方豪《宋史》㈡第三章第三、第四節）

面對韓氏此等作風，南宋士大夫實憂心忡忡；既不滿其亂政，復寄望其慎重北伐，誠然進退維谷也。如嘉泰四年（一二〇四），已被起用知紹興府兼浙東安撫使之辛棄疾，曾於召赴行在之際，陳言：「金國必亂必亡，願付之元老大臣，務爲倉卒可以應變之計」（《建元以來朝野雜記》乙集卷一八）。開禧元年（一二〇五）復塡〈永遇樂〉詞道其事：

元嘉草草，封狼居胥。贏得倉皇北顧。四十三年，望中猶記，烽火揚州路。可堪回首，佛貍祠下，一片神鴉社鼓。憑誰問、廉頗老矣，尚能飯否。（下片）

顯然藉南朝宋文帝輕信王玄謨北伐政策，出師敗創之往事[19]，深戒侂胄謹慎其事，且以廉頗自況，

---

18 周密《武林舊事》序云：「乾道，淳熙間，三朝授受，兩宮奉親，古昔所無。一時聲名文物之盛，號『小元祐』，豐亨豫大。」

19 《宋書》卷七六〈王玄謨〉傳：「玄謨每陳北侵之策，上謂殷景仁曰：『聞玄謨陳說，使人有封狼居胥意。』」按：

願擔負此重任也。[20]

雖然，韓氏決議北伐之事，亦確乎能激起朝廷主戰派之響應。如劉過即曾塡一闋〈西江月〉表達愛國志士之心聲：[21]

> 堂上謀臣尊俎，邊頭將士干戈。天時地利與人和。燕可伐歟曰可。　今日樓台鼎鼐，明年帶礪山河。大家齊唱大風歌。不日四方來賀。

此詞上片先稱頌韓氏堂上有善謀之賢臣，邊疆有能戰之將士；而天時、地利、人和均對宋室有利，北伐之事誠然可行也。下片起首，先寫韓氏今日之治國，次句引昔人封爵之語[22]，預祝韓氏明年

狼居胥，山名，一名狼山，在今綏遠省西北境。漢霍去病戰勝匈奴，封狼居胥山，見《漢書》卷五五。又《宋書》卷九五〈索虜傳〉載：「（元嘉八年）上以滑臺戰守彌時，遂至陷沒，乃作詞曰：『逆虜亂疆場，邊將嬰寇仇。……惆悵懼遷逝，北顧涕交流。』」

20 《史記》卷八一〈廉頗傳〉載：「廉頗居梁，久之，魏不能信用。趙以數困於秦兵，趙王思復得廉頗，廉頗亦思復用於趙。趙王使使者視廉頗尚可用否，廉頗之仇郭開多與使者金，令毀之。趙使者既見廉頗。廉頗爲之一飯斗米，肉十斤，被甲上馬，以示尚可用。趙使還報王曰：『廉將軍雖老，尚善飯，然與臣坐頃之，三遺矢矣。』趙王以爲老，遂不召。」

21 又見四卷本稼軒詞丁集，而字句頗有出入，茲錄供參考：「堂上謀臣帷幄，邊頭猛將干戈。天時地利與人和。燕可伐與曰可。　此日樓臺鼎鼐，他時劍履山河。都人齊和大風歌。管領群臣來賀。」唐圭璋〈宋詞互見考〉云：「丁集不知何人所編，收劉過詞以入辛詞，乃傳聞失實也。吳禮部詩話（元吳師道著）引謝疊山文，亦謂借劉誣辛，不免有冤忠魂，故此詞當以劉作爲是。」

22 記》卷一八高祖功臣侯年表載：「封爵之誓曰：『使河如帶，泰山若厲，國以永寧，爰及苗裔。』」

戰勝敵寇，更封高爵，傳之子孫。末結益以高祖還沛歌詩之故實[23]，爲朝廷預唱勝利凱歌也。

此外，亦有志士爲反對韓氏倉卒北伐而遭貶者，華岳即是也。據《宋史》卷四五五〈華岳傳〉載，岳曾於開禧元年四月上書寧宗，諫阻倉卒用兵，其大意謂：此時百姓未安，士氣未振；且韓侂冑實不宜主其事，其所用者亦屬貪懦無用之輩，故「雖帶軍百萬，饋餉千里，而師出無功，不戰自敗。」書上，侂冑大怒，補岳入獄，發往建寧編管，囚於獄中。而後北伐果失敗，岳之好友趙希蓬曾填《滿江紅》記其事：

> 勁節剛姿，誰與比、歲寒松柏。幾度欲、排雲呈腹，叩頭流血。杜老愛君□謾苦，賈生流涕衣空濕。為國家、仔細計安危，淵然識。　英雄士，非全闕。東南富，尤難匹。卻甘心修好，無心逐北。螳怒空橫林影臂，鷹揚不展秋空翼。但只將、南北限藩籬，長江隔。

按：此詞見全宋詞補輯，原據詩淵輯錄，寫作時間，當是北伐失敗以後，韓氏被殺之前。詞之上片極力讚美華岳之憂國赤誠與謀國識見。「幾度」句，謂岳屢欲向皇上披肝瀝膽，貢獻卓見，乃橫遭迫害；一腔忠憤，無人理解。其下，則以憂國憂民之杜甫、賈誼比華岳。蓋「杜老愛君」，終生流落；「賈生流涕」[24]，反被放逐；而爲國仔細計安危，識見淵深之華岳乃身陷縲紲，誠志士之悲哀也。下片由華岳之遭遇論及政局，忠憤填膺。「英雄士」一段，謂似華岳識見淵深者，

---

23 《史記》卷八高祖本紀載：「高祖還歸，過沛，留。置酒沛宮，悉召故人父老千弟縱酒。發沛中兒，得百二十人，教之歌。酒酣，高祖擊筑，自爲歌詩曰：『大風起兮雲飛揚，威加海內兮歸故鄉，安得猛士兮守四方！』令兒皆和習之。」

24 賈誼〈上文帝陳政事疏〉云：「臣竊惟事勢，可爲痛哭者一，可爲流涕者二，可爲長太息者六。」

南宋不乏其人；而東南之富有，亦甲於天下，足供進取之資。而南宋朝廷乃靦顏媚金，棄之不顧，誠令人憤慨。「螳怒」兩句，則喻謂韓侂胄輩既視戰爭爲兒戲，故一觸即潰，更無餘勇可賈也。末結以深憂深憤之語謂：金人要脅割兩淮之地，以長江爲界，誠令人爲家國之情勢憂心也。[25]

再者，值韓侂胄禁僞學之際，士大夫多罹網禁；而朱熹亦於慶元六年（一二〇〇）辭世。然由於其時「僞學禁方嚴，門生故舊至無送葬者」。辛棄疾乃爲文往哭之，曰：「所不朽者，垂萬世名。孰謂公死，凜凜猶生。」（《宋史》卷四〇一〈辛棄疾傳〉）寧非抗言僞學之禁耶？形之於詞，則調寄惑皇恩，其下片云：

一壑一丘，輕衫短帽。白髮多時故人少。子雲何在，應有玄經遺草。江河流日夜，何時了。

首三句，寫自我放浪山水之閒退生活，語淡情深，似曠達而實哀傷；「白髮」一句，尤覺感情真摯，寄慨遙深，頗有壯志消磨之隱痛，亦所以哀朱熹之逝也。「子雲」四句，乃以承繼儒家道統之揚雄況朱熹，稱其文章著述終將傳之後世，「不廢長江萬古流」也。如此肯定之友誼，較之避忌不敢送葬者，辛氏情懷固甚偉也。

㈡議論用人

[25] 《宋史紀事本末》卷八三載：「（開禧三年）夏四月，以方信孺爲國信使所參議官，如金軍，持張巖書以行（按：時巖督視江淮軍馬，移書金帥議和。）。……信孺至濠州，紇石烈子仁止於獄，露刃環守，絕其薪水，要以五事。……子仁遣至汴，見完顏宗浩，出就傳舍。宗浩遣將命者來，堅持五說，信孺辨對不少屈。……會蜀中遣師復大散關，宗浩益疑之，乃遣信孺還，復書於張巖曰：『若能稱臣，即以江、淮之間取中爲界；欲世爲子國，即盡割大江爲界，且斬元謀姦臣函首以獻，及添歲幣五萬兩，犒師銀一千萬兩，方可議和好。』」

光、寧時期，或緣韓侂冑有北伐之議，因之早期主戰之士，雖已垂老，仍雀躍不已。然復懷疑其能力，自不免憂心忡忡（參前段敘述）。而所以懷疑朝廷無能力，乃緣所任非人。故「用人」政策，亦為時人所關切，形之於詞，如：

千古李將軍，奪得胡兒馬。李蔡為人在下中，却是封侯者。（辛棄疾〈卜算子〉上片）

此以李廣、李蔡之故實[26]，隱喻朝廷之用人，庸愚倒置也。辛氏另有〈水調歌頭〉詞云：「人間萬事，毫髮常泰山輕」（起句：長恨復長恨），亦此意也。

年少萬兜鍪，坐斷東南戰未休。天下英雄誰敵手。曹劉。生子當如孫仲謀。（辛棄疾〈南鄉子〉下片）

此以曹操之語[27]，引喻對主戰者之肯定，而以朝廷所任主和派者，斥為任人宰割之豬狗也。辛氏《賀新郎》詞（起句：甚矣吾衰矣）所謂「江左沈酣求名者，豈識濁醪妙理」，亦以不識飲酒妙理，

---

26 《史記》卷一〇九〈李將軍列傳〉載：「李將軍廣者，隴西成紀人也。……以衛尉為將軍，出鴈門擊匈奴，匈奴兵多，破敗廣軍，生得廣。……廣時傷病，置廣兩馬間，絡而盛臥廣，行十餘里，廣佯死，睨其旁有一胡兒騎善馬，廣暫騰而上胡兒馬，因推墮兒，取其弓，鞭馬南馳數十里，復得其餘軍。……初，廣之從弟李蔡，與廣俱事孝文帝。……元狩二年，代公孫弘為丞相。蔡為人在下中，名聲出廣下甚遠，然廣不得爵邑，官不過九卿，而蔡為列侯，位至三公。」

27 《三國志．吳書》卷二吳主傳注引吳歷之言：「曹公出濡須，作油船，夜渡洲上，權以水軍圍取，得三千餘人。……公見舟船、器仗、軍伍整肅，喟然歎曰：『生子當如孫仲謀，劉景升兒子若豚犬耳。』」

諷諭朝廷所任，盡醉心名利者耳。至如：

江頭日日打頭風。憔悴歸來邴曼容。鄭賈正應求死鼠，葉公豈是好真龍。（〈瑞鷓鴣〉下片）

此乃開禧元年，辛棄疾以六十六歲再度被彈劾免職時所作。首句以逆風行船喻世路艱難，次句以邴曼容「爲官不肯過六百石，輒自免去」之典故（參《漢書》卷七二），自嘲其處境，並流露其憤慨。末兩句，則以鄭賈、葉公[28]喻朝廷統治者，謂其非真愛憐能扭轉乾坤，叱咤風雲之「真龍」——穩重謀國之志士，特求「死鼠」耳。誠然對朝廷之用人，深致不滿也。

他如：

知音者少，算乾坤許大，著身何處。直待功成方肯退，何日可尋歸路。（劉過〈念奴嬌〉上片）

酒須歡，詩可作，鋏休彈。人生行樂，何自催得鬢毛斑。（劉過〈水調歌頭〉下片）

此兩段文字，乃以側筆論用人：一則慨嘆天地雖大，竟無處容身；正緣積極主戰而未見用於當時朝廷也。一則以「休」彈鋏[29]，怒斥朝廷盡昏憒無能，不曉用人也。

少年有意伏中行，馘名王。掃沙場。擊楫中流。曾記淚沾裳。欲上治安雙闕遠，空悵望，

---

28 《戰國策．秦策》：「鄭人謂玉未理者璞，周人謂鼠未臘者朴。周人懷朴過鄭賈，曰：『欲買朴乎？』曰：『欲之。』出其朴，乃鼠也，因謝不敢。」又劉向《新序》雜事條：「葉公子高之好龍，雕文畫之，於是天龍聞而示之，窺頭於牖，施屈於堂，葉公見之，五色無主。是葉公非好龍也，好其似龍非龍也。」

29 彈鋏，事見《戰國策．齊策》。記載馮諼爲求孟嘗君提昇其待遇而三度彈鋏（鋏者，劍也），禮賢下士之孟嘗君均滿足其需求。

過維揚。（李好古〈江城子〉下片）[30]

此段起首謂：年輕時即有降服中行說[31]與鹹名王，掃沙場之壯志；甚而學祖逖擊楫中流、立誓報國之抱負。結句「欲上治安雙闕遠」，則謂：欲效賈誼上治安策予朝廷而遙不可及，其言外之意，蓋貴朝廷未能納言用人也。

㈢譏刺和議苟安

光、寧兩朝，由於客觀形勢未變，宋金對峙依然，因之報效朝廷之言論，時有所聞；形之詞作，亦自可得。如崔與之，於寧宗十二年至十五年（一二一九至一二二二），出任成都知府兼成都府路安撫使時，曾登臨劍閣，寫〈水調歌頭〉詞，其上片云：「萬里雲間戍，立馬劍門關。亂山極目無際，直北是長安。人苦百年塗炭，鬼哭三邊鋒鏑，天道久應還。手寫留屯奏，炯炯寸心丹。」即表明決心抗敵守邊，報效家國之一片丹心也。

然寧宗一朝，先是貿然北伐，開釁邊場；繼則和議定約，益增歲幣。徒然勞民傷財，耗損國力，倍受屈辱。然朝野風氣，始終泄沓苟安，了無良策，誠令有志之士，憂心悲憤，不勝感嘆。形之於詞，尤多此類心聲。如韓淲〈賀新郎〉詞：

萬事佯休去。漫棲遲、靈山起霧。玉溪流渚。擊楫淒涼千古意，悵怏衣冠南渡。淚暗灑、

---

30 宋時姓李名好古或字好古者，約四、五人，不知此李好古爲何許人，姑從全宋詞列於寧宗時期。

31 中行說，文帝時宦者，使送公主妻匈奴，說不肯行。強之，因降單于。復事其子軍臣單于，日夜教單于候伺利害，爲漢患。事見《漢書》卷九三〈匈奴傳〉上。

神州沉處。多少胸中經濟略，氣□□、郁郁愁金鼓。空自笑，聽鷄舞。　天關九虎尋無路。歎都把、生民膏血，尚交胡虜。吳蜀江山元自好，形勢何能盡語。但目盡、東南風土。赤壁樓船應似舊，問子瑜公瑾今安否。割舍了，對君舉。

此詞係和張元幹〈賀新郎〉詞韻（起句：曳杖危樓去）。據方回《瀛奎律髓》載，滮於「嘉定初，即休官不仕。」此詞云：「漫棲遲、靈山起霧」，蓋作於退居上饒之時也。首句云「萬事佯休去」，著一「佯」字，則見其棲遲山林，亦難拋卻萬事也。「繫楫」兩句，藉祖逖典，緬懷靖康南渡，先輩北伐遺願，至今未能實現；「淚暗灑」句，則慼嘆中原淪陷也。「多少」一段，謂愛國志士滿懷救國韜略，「待重頭收拾舊山河」，乃不爲朝廷所用；北伐之金鼓亦久久不聞，致豪氣鬱鬱難伸；縱有聞鷄起舞之志，終無用武之地也。下片起首，言君門凶險，無路可通，致有志難達；尤嘆小朝廷但吮吸人民膏血，以和議換取苟安，此誠南宋一大國恥也。「吳蜀」句，謂南宋尚有一片大好河山，人力、物力、地利，形勢何可勝道？可以有爲也。然朝廷一味苟安，但見東南半壁江山，目光何其淺短！「赤壁」兩句，則以三國諸葛謹、周瑜等破曹大將爲喻，爲問一切報國英雄而今可好？實乃報國無門之沉痛也。既如此，何如拋盡一切，大醉壺中天地！

㈣評議岳飛之死

高宗時代，抗金名將岳飛之遭遇，衆所周知（可參《宋史》卷三六五本傳、《宋史紀事本末卷七。》）然其時詞人似未對此事作一反映。孝宗臨朝，始爲岳飛平冤，詔復官，諡武穆，並爲其建廟於鄂（即武昌）。寧宗嘉泰四年（一二〇四）五月，追封鄂王；蓋韓侂冑欲風勵諸將，故追封之也。（參《宋史紀事本末》卷八三）劉過〈六州歌頭〉詞（題岳鄂王廟），即寫於此後，於岳飛事多所評議：

中興諸將，誰是萬人英。身草莽，人雖死，氣填膺。尚如生。年少起河朔，弓兩石，劍三尺，定襄漢，開虢洛，洗洞庭。北望帝京。狡兔依然在，良犬先烹。過舊時營壘，荊鄂有遺民。憶故將軍。淚如傾。說當年事，知恨苦，不奉詔，偽耶真。臣有罪，陛下聖，可鑒臨。一片心。萬古分茅土，終不到，舊姦臣。人世夜，白日照，忽開明。袞佩冕圭百拜，九泉下、榮感君恩。看年年三月，滿地野花春。鹵簿迎神。

此詞首兩句，以問代讚，肯定岳飛堪為高宗朝抗金諸將之豪英也。其下四句，謂岳飛雖出身草野，已處冥世，然一腔忠義之氣，仍照耀人間。「年少」以下，寫岳飛一生經歷：少時在黃河以北從軍抗金；而後提猛弓犀劍，收復襄陽府等六處州郡，洗劫聚集洞庭之農民起義軍，並先後收復虢州、洛京、東虢等失地。更乘勝進軍朱仙鎮，離開封僅四十五里，故云「北望帝京」。（按：詞中為押韻，於岳飛戰功之順序略有顛倒。岳飛事功並參《宋史》本傳。）復國在即，朝廷乃令岳飛班師回朝，非但令英雄「十年之力，廢於一旦」，且慘遭殺身之禍，故詞人因有「狡兔」之句。然其命意，較之「狡兔死，良犬烹」，尤深痛惜也。其下四句，寫至今荊鄂地區存活之百姓，仍深切懷念岳將軍，傾盡熱淚！下片轉而評論岳飛之死，「不奉詔，偽耶真」尤有力駁斥秦檜陷害加罪之莫須有也。「臣有罪」四句，對高宗頗有微辭，隱謂高宗不聖，未能辨明真偽，致釀成千古冤獄也。「萬古」三句，語氣一轉，謂千年萬代，分封王侯，終不予昔日奸臣。[32] 其下三句，寫岳飛冤獄，終

---

[32] 分茅土，謂分授茅土，古封建制度，天子大社，以五色土為壇，封諸侯者，取方面土，苴以白茅授之，謂之授茅土。

於平凡，俾人間重見光明。著一「忽」字，驚喜之情，亦可知也。「衮佩」三句，想像冥世有知之英雄，得知謚封之事，必着穿禮服禮冠，手持圭璧，拜謝君恩也。結三句，轉寫百姓每年三月，於春光明媚之際，亦以隆重儀仗致祭鄂王神靈也。

要之，復古此詞，記一段史實，且反映四代處理之大要，自屬朝政之一端。而後武穆事蹟，乃成詞人勵志之指標，譏諷苟安之殷鑒。如戴復古題贈李季允（埴）侍郎之水調歌頭詞，其下片即云：「岳王祠畔，楊柳烟鎖古今愁。整頓乾坤手段，指授英雄方略，雅志若爲酬。杯酒在手，雙鬢恐驚秋。」

(五)使臣回報敵情

朝臣之使金，高、孝兩朝均有之，然其時詞人之反映，特着重其行止操守，而未及回報敵情也。寧宗朝，韓侂胄主政，史達祖爲其堂吏，起草文字，多出其手。嘉泰四年（一二〇四），韓氏欲伐金，先遣張嗣古入觀金之虛實，不得要領；次年，復遣李壁（參葉紹翁《四朝聞見錄》戊集），命史達祖隨行。事畢返程，九月二十一日，經汴京故都，史達祖填一闋〈滿江紅〉，上片寫汴京之蕭條云：「雙闕遠騰龍鳳影，九門空鎖鴛鴦翼。更無人擫笛傍宮牆，苔花碧。」下片轉入議論云：

> 天相漢，民懷國。天厭虜，臣離德。趁建瓴一舉，并收鰲極。老子豈無經世術，詩人不預平戎策。辦一襟風月看昇平，吟春色。

大陸學者陳長明於此段文字有精闢之解說，茲移錄如次：「『漢』、『虜』字代指宋與金，『天』謂『天意』。古人相信有『天意』，將事勢的順逆變化都歸之於『天』。『天相』意爲上天幫助，語出

《左傳》．昭公四年『晉、楚唯天所相』。『天厭』出左傳．隱公十一年『天而既厭周德矣』。『厭』謂厭棄。事勢不利於金即有利於宋。永樂大典卷一二九六六引陳桱《通鑑續編》載：『金主自即位，即為北鄙阻轐等部所擾，無歲不興師討伐，兵連禍結，士卒塗炭，府藏空匱，國勢日弱，羣盜蠭起，賦斂日繁，民不堪命？……韓侂胄遂有北伐之謀。』就在李壁等出使的這一年春，鄧友龍充賀金正旦使歸告韓侂胄，謂在金時『有賂驛吏夜半求見者，具言虜為韃（蒙古）之所困，饑饉連年，民不聊生，王師若來，勢如拉朽』，侂胄『北伐之議遂決（見羅大經《鶴林玉露》卷四）』。羅大經是肯定這些告密者的，說是『此必中原義士，不忘國家涵濡之澤，幸虜之亂，潛告我使。』這也是『民懷國』之一證。《通鑑續編》所謂的『羣盜蠭起』，即是說金境內的農民起義軍，也是『民懷國（宋）』的又一證。以上這些情況，對金國內部必有影響，李壁、史達祖一行當有更新的情況了解。如此年六月，金制定『鎮防軍逃亡致邊事失錯陷敗戶口者罪』，七月，定『奸細罪賞法』（均見《金史．章宗紀》），反映了他內部的不穩。總的是民心懷宋厭金，大可乘機恢復，統一疆土。話雖如此說，但一想到自己並非無才，只因未能考取進士不得以正途入仕，只屈身作吏，便覺英雄氣短，於是接著有『老子豈無經世術，詩人不預平戎策』的大聲慨嘆。最後『辦一襟風月看昇平，吟春色』，『辦』是準備之義，『昇平』即上文『建瓴一舉，並收鰲極』，國家恢復一統的太平景象，也就是下句的『春色』。這裏一個『看』字意味深長。『平戎策』即因自己無位無權而『不預』，『收鰲極』又望其成，則只有等著『看』而已，其中也頗含自嘲之意。（《唐宋詞鑒賞辭典》頁一八四四至四五，上海辭書出版社）是知，除卻末結之慨嘆，此詞無異金人虛實之報告，亦足反映朝政之一端也。

參、結　論

㈠綜上敘述，可知南宋詞中所反映之朝政，以朝代分，其層面蓋為：

1.高宗朝：議論建都、反對和議、反抗權相——秦檜、釆石磯之戰、譏刺使臣。

2.孝宗朝：譏刺和議苟安及小人亂政、關心大臣出使、關於官吏任期。

3.光宗、寧宗朝：反映韓侂胄之亂政與北伐、議論用人、譏斥和議苟安、評議岳飛之死、使臣回報敵情。

㈡以朝政分，則和議政策、權相亂政、朝臣出使等，誠屬三大問題，各朝詞人均及之；餘則反映較少。

㈢以史實論，則詞人於朝政，亦有所選擇，未必全面反映。如建都問題、孝宗符離之役、韓侂胄偽學之禁，在當時均屬重大朝政，而詞中反映，則頗嫌不足。至若對問題之見解，亦未盡周到。即以戰和政策為例，詞中所反映者，非積極主戰，即反對議和。然當時實亦有「主守」之說，如范成大試館職策云：「漢高帝，一天下者也，家室狼狽而不顧；越王勾踐，復仇者也，非報吳之事則不言；東晉，保境土者也，稽古禮文之事畢興，而北嚮爭天下之事不問焉。今終日所從事者，保境土之規模而已，又兼欲為越王漢高之所為，宜其材散力分，坐糜歲月。」（《黃氏日抄》卷六七引）似此衡量，孰曰不是！然終未見於詞作，顯未周到。雖然，詞自非論政文體，亦難責全；而南宋詞人藉以反映朝政，則確乎為狹隘之詞境，別開生面也。

※原載於《文學與社會》（臺北：臺灣學生書局，一九九〇年十月初版），頁七九至一一六。

南宋詞中所反映之宋季朝政

壹、前　言

民國七十九年六月十七日，古典文學研究會假東吳大學舉行第十一屆研討會，會前，本人原擬以「南宋詞中所反映之朝政」為題，發表論文。但由於時間匆促，又為遵守大會對論文字數之限制，遂冠以副標題，而以「南宋詞中所反映之朝政——以高、孝、光、寧為例」為題，在會中宣讀（該文已收入學生書局出版之「文學與社會」一書中）。然宋季一段，若未補充，終覺不足。今乃以「南宋詞中所反映之宋季朝政」為題，繼續探討，期有以完成此區區心得也。

在「南宋詞中所反映之朝政——以高、孝、光、寧為例」一文中，本人寫作之體例，係以朝代為脈絡，略分三期：㈠高宗朝；㈡孝宗朝；㈢光、寧朝。而後擬具詞中所反映之朝政，先敘史實，再舉作品加以印證。然宋季朝廷雖有理宗、度宗、恭帝、端宗、帝昺之分，而國祚不等——理宗四十年、度宗十年、恭帝二年、端宗三年、帝昺二年，難以均列；況朝政泰半由賈似道主導，亦不必更分。故本文之寫作，不擬分朝代，而係就詞中所反映之朝政，歸納分類，列舉史實，期能結合文史，相互佐證，並了解彼時詞壇對朝政關心之方向也。

貳、主　文

一、善待淪陷區之義軍

自宋室南渡後，淪陷區內即有不少義軍組織，然南宋朝廷對此等義軍之處理，意見始終不一，以致義軍之在北者，恆不得充分聲援；其求歸者，亦不得重用。即以辛棄疾為例：辛氏原為山東忠義軍耿京之幕下，金海陵王南侵之際，殺賊南歸，文章才智，皆勝常人；遇事又負責任，誠然豪傑也。然南歸後，孤危一身，朝中別無奧援，依然剛拙自信，不稍迎合。卒乃遭七次彈劾，罪名始終不脫「用錢如泥沙，殺人如草芥。」遂抑鬱而終。（參鄧廣銘辛稼軒年譜）梁啓超對辛氏之被劾，曾評曰：「蓋歸正北人驟躋通顯，已不為眾人所喜，而先生以磊落英多之姿，好談天下大略，又遇事負責任，與南朝士大夫泄沓柔靡風習，尤不相容。」（參梁氏辛稼軒年譜孝宗淳熙六年條）此乃歸正北人在南方被歧視、排擠之最佳證明也。

洎乎宋季，對待義軍之態度，仍紛爭不已；而朝廷態度之不定，尤為人詬病。如吳潛在「奏乞分路取士以收准襄之人物守准襄之土地」一文中，即剴切指陳：「……我高宗南渡，孝宗承之，立賢無方，意度恢闊，李世輔、王友直為將帥，王希哲、辛棄疾為率守監司，皆北來人也。自故相（指史彌遠）外招李全之徒，而內實忌之。既使有所激而叛，而世之昧者，習熟見聞，槪以厭薄疑忌爲事，凡出於淮襄者，幾待以胡粵，況自淮以北乎？積疑成釁，積釁成叛，而范用吉、尙全、常進、郭勝輩且皆爲敵國於一水之外矣，此由南北太分，既蓄之而反外之故也。此意不改，豪傑不附，棄材以資敵，殆不止如春秋聲子之所嘆。蓋商鞅不用於魏，而秦孝取河西；王猛不歸於晉，而符堅取慕容，此則議者所不慮，而臣以爲他日大可憂者也。」（參許國公奏議卷二）雖然，此等主張見諸詞作者甚鮮，而劉克莊賀新郎（送陳真州子華）詞曾道及之，殊覺可貴：

北望神州路。試平章、這場公事，怎生分付。記得太行山百萬，曾入宗爺駕馭。今把作、握蛇騎虎。君去京東豪傑喜，想投戈、下拜真吾父。談笑裏，定齊魯。（上片）

按：陳子華，名韡，侯官人，與劉克莊爲福建同鄉，曾受學於葉適。寧宗嘉定十四年（一二二一），賈涉開淮閫，子華辟爲京東、河北幹官，會主張安撫運用淪陷區之義軍。[1]其出知真州（今江蘇儀徵縣）在理宗寶慶三年（一二二七）四月，時李全等忠義軍尙未叛降蒙古。南宋果能結合此力量，抗金或仍有可爲，故劉克莊在送陳子華赴江北前線真州時，剴切請陳氏考慮此問題。

此詞起首三句，突如其來，提出北望中原而產生之問題，欲與陳氏共商。然問題爲何？頗耐人尋思。其下兩句，始藉宋金交戰之際，宗澤招撫太行山義軍之事，點明問題之具體內容。據熊克中興小記卷十九載：「自靖康以來，中原之民不從金者，於太行山相保聚。」又據宋史卷三六

---

[1] 宋史卷四一九陳韡傳載：韡辟爲京東、河北幹官，嘗謂：「山東、河北遺民，宜使歸耕其土，給耕牛農具，分配以內郡之貧死者。然後三分齊地：張林、李全各處其一，其一以待有功者。河南首領以三兩州來歸者，與節度使；一州者守其土，忠義人盡北還。然後括淮甸閒田，倣韓琦河北義勇法，募民爲兵，給田而薄征之，擇土豪統率；鹽丁又別廩爲一軍，此第二重藩離也。」

○宗澤傳載，金人南侵之際，宗澤曾招撫巨寇王善及在京西、淮南、河南北侵掠爲患之楊進、王再興、李貴、王六郞等，並置使以招集之。又進而「沿河鱗次爲連珠砦，連結河東、河北（即太行山地區）山水砦忠義民兵，於是陝西、京東西路諸人馬，咸願聽宗澤節制。」況山東盜起之際，執政謂其多以義師爲名，請下令止勤王。宗澤乃上疏曰：「自敵圍京城，忠、義之士憤懣爭奮，……爭先勤王。當時大臣無遠識大略，不能撫而用之，使之饑餓困窮，弱者塡溝壑，強者爲盜賊。此非勤王之罪，乃一時措置乖謬所致耳。」如此爲義軍仗義執言，自能結合民心，故其「威聲日著，北方聞其名，常尊憚之，對南人言，必曰宗爺爺。」至若「今把作」一句，則用「魏書彭城王勰傳」典[2]，批評當時朝廷把義軍視爲長蛇難握、猛虎難騎而不敢親近。洵非良策。蓋自宋寧宗嘉定十年以還，宋金連年用兵，兩淮邊境，戰事尤爲頻繁。北方人民在金統治衰弱之時，紛紛起義。其中紅襖軍人馬最夥，力量最大，其首領名楊安兒。先是，安兒未敗時，即有意歸宋、招禮宋人。及安兒敗死，其部下季先，來見楚州應純之，道豪傑願附之意。當時江淮制置李珏、淮東安撫崔與之，令純之沿江增戍，存戒備之心。而丞相史彌遠鑒於開禧攻金失敗，不肯公開招納，密令珏與純之慰勞接待，號「忠義軍」，並令義軍就聽節制。洎乎理宗朝，義軍已由李全爲首，而南宋朝廷仍抱狐疑態度，未肯助其力討金人，致有楚州軍亂之事。（以上參宋史卷四七六李全傳）比較宗澤

---

2 魏書卷二一彭城王勰傳：「咸陽王禧疑勰爲變，停在魯陽郡外，久之乃入，謂勰曰：『汝非但辛勤，亦危險至極。』勰恨之，對曰：『兄識高年長，故知有夷險，彥和（勰字）握蛇騎虎，不覺艱難。』」蛇虎喻危險事物，此處用指南宋朝廷看待義軍似蛇虎之可畏也。

與寧、理兩朝對待義軍之態度，無怪乎劉克莊於詞中用極憤懣之語氣，予以鮮明之對比。「君去」四句，進而期待陳子華能效法宗澤，以及令迴紇、賊寇感動，稱「果吾父也」之郭子儀及岳飛[3]，予義軍多關注，如此，京東（指山東一帶）之豪傑必然歡欣鼓舞；甚而於談笑間定齊魯也。

再者，劉克莊於寧宗嘉定十七年，送宋惠文（名普）赴江西幕時，曾塡滿江紅詞送行，其下片曰：

谿峒事，聽儂說。龔遂外，無長策。便獻俘非勇，納降非怯。帳下健兒休盡銳，草間赤子俱求活。

蓋當時江右峒民（今江西贛縣南）起事，宋惠文奉命前往鎭壓，而劉克莊對此等爲朝廷視爲「盜賊」者流，頗爲同情，因叮嚀宋氏宜效漢代龔遂之手段——「治亂民猶治亂繩，不可急也；唯緩之，然後可治。」[4]切勿使盡精銳，一網打盡；宜予招降，爲其求活。蓋亦鑒於朝廷之無策，不知善待化外並結合「困於饑寒而吏不恤」之平民，以爲家國之用也。

---

[3] 舊唐書卷一二〇郭子儀傳載：「子儀以數十騎徐出，免冑而勞之曰：『安乎？久同忠義，何至於是？』迴紇皆捨兵下馬齊拜曰：『果吾父也。』」又宋史卷四七六岳飛傳載：「張用寇江西，用亦相人，飛以書諭之。……用得書曰：『果吾父也。』遂降。」

[4] 漢書卷八九龔遂傳載：「渤海左右歲饑，盜賊並起，二千石不能禽制。上選能治者，承相御史舉遂可用，上以爲渤海太守。……遂曰：『臣聞治亂民猶治亂繩，不可急也；唯緩之，然後可治。』……乘船至渤海界，……移書屬縣悉罷逐補盜賊吏，諸持鉏鉤田器者皆爲良民，吏毋得問，持兵者乃爲盜賊。遂單車獨行至府，郡中翕然，盜賊亦皆罷。」

二、憂心宋、蒙之邊事

南宋自高宗以還，對於北方之金，大抵皆採和議政策，無所更張。及至宋季，理宗應蒙古之約，於紹定五年（一二三二）共伐金，且於端平元年（一二三四）滅之，始復數代之深仇，然金之亡，實亦宋禍之始也。

先是，宋、蒙滅金後，蒙古允以陳、蔡東南之地歸宋，雙方退兵，而宋主帥史嵩之乃提議收復三京，以趙范爲東京留守，趙葵爲南京留守，全子才爲西京留守。時眞德秀、洪咨夔等人皆反對，理宗不聽，於端平元年六月孟浪出兵，遂令蒙古以宋敗盟爲藉口，揮兵南下，宋、蒙之釁自此啓矣！

面對此新興勢力，宋室之束手無策，實令人憂心忡忡，不時反映在詞作中。如王埜西河：

> 天下事。問天怎忍如此。陵圖誰把獻君王，結愁未已。少豪氣概總成塵，空餘白骨黃葦。千古恨，吾老矣。東游曾吊淮水。綉春臺上一回登，一回搵淚。醉歸撫劍倚西風，江濤猶壯人意。　只今袖手野色裏。望長淮、猶二千里。縱有英心誰寄。近新來，又報胡塵起。絕域張騫歸來未。

此詞前段，以激憤之口吻，問天何忍令家國積弱如此！「陵圖」句，則指端平元年宋蒙滅金後，朝廷曾遣使朝謁河南鞏縣之北宋諸帝陵寢，並繪八陵圖呈獻君王[5]，重燃志士恢復之望。然思念

---

5 獻陵圖事，在理宗朝堪稱盛舉。據宋史卷一二三禮志卷二六載：「端平元年正月，京西湖北安撫制置使史嵩之露布以滅金聞。二月，御筆：『國家南渡以後，八陵迥隔，常切痛心。今京湖帥臣以圖來上，恭覽再三，悲喜交集，凡

國事日非，中原旋復失守，蒙兵不斷南侵，而當權者乃束手無策，因之結愁未已也。「少豪」兩句，則爲報國無門，齎志而沒之志士，發出深沈之感嘆。而後於次段轉寫自己弔古傷今，撫劍慷慨、英雄落落之志；恰似江濤呼嘯翻卷，奔騰不已也。三段首敘自己雖處閒地，遠離淮河前線，然「縱有英心誰寄」，其鬱結悲憤，自可想見。末結謂近日胡塵迭起，宋蒙邊界日趨險惡，詞人因盼能見似西漢張騫之勇將，出使西域，聯合各方力量以抗敵也。[6]又如陳人傑沁園春下片：

> 諸君傅粉塗脂。問南北戰爭都不知。恨孤山霜重，梅凋老葉，平堤雨急，柳注殘絲。玉壘騰烟，珠淮飛浪；萬里腥風送鼓鼙。原夫輩，算事今如此，安用毛錐。

按：此詞題序註明「嘉熙庚子秋季下浣」，亦即理宗嘉熙四年（一二四〇）九月下旬。當時蒙古興起，南宋政權正處風雨飄搖之際。作者則藉遊西湖，回憶昔日游覽江、淮及荊湖一帶山川名勝古蹟之經過，因抒眼前情勢及個人襟抱也。首兩句描寫南宋君臣文恬武嬉、醉生夢死、百事不問之模樣，而後借景抒情，將無限憤慨與憂心均濃縮於景物中：孤山之霜重，蘇堤、白堤之急雨，凋零之梅葉，低泣之柳絲，正象徵風雨飄搖、滿目衰殘之危險國運，其憂心可知矣。玉壘山，位在四川灌縣西；淮水，因產貢珠而稱珠淮。當時此等地區均遭蒙古軍之進攻，騰起硝烟，掀起戰

在臣子，諒同此情。可令卿、監、郎官以上，謂尚書省恭朏集議。』遂遣太常寺主簿朱揚祖、閤門祇候林拓朝謁八陵。」又據宋史卷四一理宗本紀（一）記載：「（端平元年八月甲戌）朱揚祖、林拓朝謁八陵回，以圖進，上問諸陵相去幾何及陵前澗水新復，揚祖悉以對，上忍涕太息。」此處則以獻陵圖事代指故土之恢復也。

6 張騫出使西域，聯絡諸國事，見史記卷一一一及漢書卷六一，其事略如下：騫，成固人。建元中爲郎，應募使月氏，經匈奴，知水草處，軍得不乏，封博望侯。還後，請賂烏孫以斷匈奴右臂，乃拜中郎將，使烏孫。復分遣副使至大宛、康居、大夏，自此西北諸國始通於漢。

波。而萬里前線，一派腥風；鼓鼙之聲，不絕於耳。作者身爲一介書生，請纓無路，報國無門，其內心之激憤亦可知也。「原夫輩」，泛指舞文弄墨之知識分子；毛錐，即毛筆。作者將自己歸入「原夫輩」，顯然有自我解嘲之意；然一腔憂憤亦躍然紙上，迴盪不已。

雖然，若有志士英雄能獻身國難，拒退蒙兵，詞人時亦寫入作品中。如理宗寶祐五年（一二五七），蒙古曾侵擾蜀地；翌年，蒙古可汗蒙哥甚而親率十萬軍自六盤山扑擊川蜀，連敗宋軍，然至合州，賴守將王堅頑強扳抗，攻勢受阻；開慶元年（一二五九）正月，蒙古派往招降之使臣，亦遭王堅追殺，令蒙哥嚴重挫折，一度考慮退兵。（參元史卷三憲宗本紀）此等消息，自足振奮人心，吳潛海棠春（己未清明對海棠有賦）所謂「羽書萬里飛來處。報掃蕩、狐號兔舞。」即寫此事也。

至若宋、蒙邊境表面之平靜，詞人亦深致警惕，盼朝廷萬勿輕忽，宜嚴加戒備。張紹文酹江月下片即流露此心情：「雖是幕府文書，玉關烽火，暫送平安信。滿地干戈猶未戢，畢竟中原誰定。」詞中殷殷垂戒之意，與憂慮家國存亡之心，皦然可見也。

三、呼籲朝廷任用賢才

南宋政局，自始至終即在戰、守、和之爭論中消長。誠如王夫之宋論所云：「宋自南渡後，所爭和與戰耳。」（卷一三寧宗條）因之，朝臣之立場恆見壁壘分明之現象。即以蒙古崛起後之朝廷觀之：有爲聯蒙與否爭論不已之程珌、魏了翁、孟珙、杜如淵、賈涉、史嵩之、劉克莊等。理宗聯蒙滅金後，又有主張乘機入洛收回中原之趙范、趙葵、鄭清之，與極力反對之喬行簡、史嵩之、眞德秀、魏了翁。而後釁端既啓，與蒙之戰、和、守又成新爭論，如徐鹿卿、眞德秀、魏了翁主戰；史嵩之、王柏、吳泳主和；牟才子、呂午則主守。實則，不論主戰、主和、主守，原無所謂之是非，以其皆屬應敵之政策，特觀點不一而有不同之意見耳。然此等爭論若流於意氣，則有傾軋異己，破壞士氣之虞。偏南宋執政若斯者流，皆久掌權柄，致令國祚於戰則毫無勝算，和則苟且偷安，守則束手無策中，消磨殆盡。洎乎晚宋，賈似道秉權，戰和之權已不在我，全憑蒙古主張，賈相僅能屈膝承意，欺瞞朝廷而已（參本節第五條）。面對國事日非，應敵無策，以及權相亂政之局面，詞中呼籲朝廷任用賢人之文字，乃不時湧現。如劉克莊在一闋賀新郎詞中即云：

國脈微如縷。問長纓、何時入手，縛將戎主。未必人間無好漢，誰與寬些尺度。……聞說北風吹面急，邊上衝梯屢舞。君莫道投鞭虛語。自古一賢能制難，有金湯、便可無張許。

按：此詞序云：「實之三和有憂邊之語，走筆答之。」實之，即克莊好友王邁也。而所謂「憂邊」，指憂元兵逐步南侵也。據夏承燾後村詞箋註云，此詞係作於理宗淳祐四年。而宋史卷四二理宗本紀淳祐三年七月載：「壬辰，四川制司言大元兵破大安軍。」又卷四三淳祐四年五月載：「戊午，大元兵圍壽春府，呂文德節制水陸諸軍解圍有功。」克莊與王邁睹危險局勢即至，不覺憂心忡忡，因在詞中呼籲朝廷「寬些尺度」，俾有志之士得以出頭。並表明：值此元兵猖獗之際，若能得一「投鞭斷流」[7]之豪傑，自足安邦定國，解此災難。詞末以疑問之口吻，強調賢才良將之重要；

[7] 晉書卷一一四苻堅傳（下）載堅語曰：「昔夫差威陵上國，而爲句踐所滅。仲謀澤洽全吳，孫皓因三代之業，龍驤一呼，君臣面縛，雖有長江，其能固乎！以吾之眾旅，投鞭於江，足斷其流。」此處以苻堅之語喻壯志，固不以苻堅成敗論英雄也。

其意蓋謂：縱有固若金湯之城邑，亦不可缺乏似唐代張巡、許遠般肯死守城邑之良才也。[8]雖然，劉克莊一生終未受朝廷重用，甚而「前後四立朝，惟景定及二年，端平一年有半，餘僅數月。」（洪天錫後村先生墓誌銘）於焉其後村別調中，時見落落不得志之心聲：

嘆年光過盡，功名未立，書生老去，機會方來。使李將軍遇高皇帝，萬戶侯何足道哉。[9]（沁園春下片，起句：何處相逢？）

平戎策，從軍什。零落盡，慵收拾。把茶經、香傳，時時溫習。生怕客談榆塞事。且教兒誦花間集。嘆臣之壯也不如人，今何及。（滿江紅下片，起句：金甲琱戈。）

陌上行人怪府公，還是詩窮。還是文窮。上車下馬太匆匆。來是春風。去是秋風。[10]（一剪梅上片）

而克莊好友王邁見其遭遇如此，亦曾塡賀新郎詞相慰勉，詞末並呼籲朝廷：「時事多艱人物少，便中興、誰辨浯溪頌。[11]爲大廈，要梁棟。」類似之言論，尚見於其他詞作中：

---

8 張巡、許遠於唐安、史亂時，曾堅守睢陽，至於被圍數月，糧盡援絕，羅雀掘鼠以食，士多餓死，外援不至，城遂陷，兩人俱被執，不屈死。張巡每戰，且大呼罵賊，眦裂血面，嚼齒皆碎；被俘之際，仍當面痛罵叛賊，致叛賊以刀抉其口。（詳參舊唐書卷一八七忠義傳）

9 史記卷一〇九李將軍傳載漢文帝對李廣曰：「惜乎！子不遇時，如令子當高帝時，萬戶侯豈足道哉！」此處克莊用以自憐生不逢時也。

10 宋理宗嘉熙元年（一二三七）春，克莊出守袁州，數月後，即因火災被劾罷官，此詞即作於解印之時，詞中「下車」，指官員到任，「上馬」，指離任而去，其間不過收月，故云「太匆匆」。

11 唐肅宗平安史之亂後，元結曾作「大唐中興頌」頌其功，顏眞卿書字，泐石於永州浯溪。此處王邁藉謂：苟朝廷報國無門空自怨，濟時有策從誰吐？

此乃吳潛於理宗嘉熙元年（一二三七）八月送李珙辭官所作滿江紅詞句也。詞中說盡志士有報國濟時之策，卻無從傾吐之委屈，寧非責怪朝廷之遺賢耶？又如李曾伯詞：

水北洛南，未嘗無人，不同者時。（沁園春上片起句）

問只今人物，豈無安石；且容老子，還訪浮丘。（沁園春下片，起句：天下奇觀。）

前段「水北洛南」原指唐處士石洪、溫造之住處[1]，此處意謂：今日未嘗無石、溫般之人才，特時代不同耳。苟遇於時，則人才輩出；否則終如塵土銷磨也。後段意謂：而今豈無謝安（字安石）般能在淝水戰役中抗敵致勝之人物？特時不我予，反不如尋訪浮丘道人，退隱去也。是知，此亦以側筆呼籲朝廷宜進用賢才也。此外，蔣捷在一闋題爲「鄉士以狂得罪，賦此餞行」之賀新郎詞中亦云：

世上恨無樓百尺，裝著許多俊氣，做弄得、栖栖如此。臨別贈言朋友事，有殷勤、六字君聽取。節飲食，慎言語。（下片，起句：甚矣君狂矣。）

按：此鄉士顯亦以言論得罪當權者，致遭罷黜。其詞意係在揭露當時朝廷未能容納賢俊，遂令有志之士栖遑不安。其中「恨」字，表現作者對現實之強烈不滿；亦流露對朋友生不逢時，懷才不

滅敵中興，亦得有人撰文頌功；然則朝廷緣何不重用克莊耶！

[1] 石洪、溫造本唐洛陽處士，韓愈送溫處士赴河陽軍序云：「洛之北涯曰石生，其南涯曰溫生」故此詞乃有「水北洛南」之語。元和五年，烏重胤任河陽節度使，曾先後徵辟石、溫二人入幕，一時傳爲佳話。（參新唐書卷九一及一七一）

遇之深切同情。「樓百尺」，蓋用劉備百尺樓典[13]，以喻儲備賢才之所。歇拍乃作者對其友之臨別贈言——欲其節制飲食，注意養身；且謹慎言行也。表面似在勸友朋明哲保身，實則係對朝廷之遺賢深致不滿也。

四、痛斥朝廷苟安無策

南宋自高宗採和議政策後，歷代相衍，鮮有更易。其間雖有幾度北伐之舉，終因意見不一，舉措倉促而落敗。晚宋，因主和政策導致朝廷宴安、百姓奢靡之風氣，較之前朝，實有過之而無不及。今可見之當時著作，如吳自牧夢粱錄、周密武林舊事、灌圃耐得翁都城紀勝、西湖老人繁勝錄等，均有詳盡之記載。茲舉武林舊事卷三西湖遊幸條所載為例，以見其概：

西湖天下景，朝昏晴雨，四序總宜。杭人亦無時而不遊，而春遊特盛焉。承平時，頭船如大綠、間綠、十樣錦、百花、寶勝、明玉之類，何啻百餘。其次則不計其數，皆華麗雅靚，誇奇競好。而都人凡締姻、賽社、會親、送葬、經會、獻神，仕官恩賞之經營，禁省臺府之囑託，貴璫要地，大賈豪民，買笑千金，呼盧百萬。以至癡兒騃子，密約幽期，無不在

[13] 三國志魏志卷七陳登傳載：「許汜與劉備共在荆州牧劉表坐。表與備共論天下人。汜曰『陳元龍湖海之士，豪氣不除。』……備問汜：『君言豪，寧有事耶？』汜曰：『昔遭亂，過下邳，見元龍，元龍無客主之意，久不相與語，自上大牀臥，使客臥下牀。』備曰：『君有國士之名，今天下大亂，帝王失所，望君憂國忘家，有救世之意；而君求田問舍，言無可采，是元龍所諱也，何緣當與君語？如小人（劉備自稱），欲臥百尺樓上，臥君於地，何但上下牀之間耶！』」

焉。日糜金錢，靡有紀極。故杭諺有『銷金窩兒』之號，此語不為過也。

斯可見晚宋臨安之繁華，朝民之奢侈，終掩卻岌岌可危之局勢。此等現象，恆令志士仁人缺望不已，時於詞中揭露其情，如文及翁賀新郎（游西湖有感）詞：

一勺西湖水。渡江來、百年歌舞，百年酣醉。回首洛陽花石盡，烟渺黍離之地。更不復、新亭墮淚。簇樂紅妝搖畫舫，問中流擊楫誰人是。千古恨，幾時洗。余生自負澄清志。更有誰、磻溪未遇，傅岩未起。國事如今誰倚仗，衣帶一江而已。便都道、江神堪恃。借問孤山林處士，但掉頭笑指梅花蕊。天下事，可知矣。

起首以「一勺」喻西湖範圍之小，容量之淺。然僅此一彎湖水，乃成君臣宴樂之地，歌舞酣醉，充分揭露朝廷腐朽之生活。「回首」兩句，借洛陽名花奇石之烟渺，喻北宋家國之淪亡，斯亦宴安所致也。[14]而後語氣漸轉抑鬱，如泣如訴；蓋痛繁華之故都已荒蕪不堪，而南渡君臣又不思收復，甚而似新亭對泣，空發感嘆者流[15]亦缺如，寧不可悲！「簇樂」句，形容湖上笙歌競奏仕女相雜尋歡作樂之場面，因思而今寧復見似晉末祖逖中流擊楫，志在家國之人物[16]？兩相對照，北方為淪陷荒蕪之國土，南方為醉生夢死之游樂，無怪作者發出「千古恨，幾時洗」之悲嘆！下片

14 李格非洛陽名園記云：「天下之治亂，候於洛陽之盛衰而知；洛陽之盛衰，候於圈囿之廢興。」又云：「高亭大榭，煙花焚燎，化而為灰燼。」本詞「回首洛陽花石盡」蓋化用此語而影射北宋末年之史實也。

15 新亭墮淚，見世說新語言語篇：「過江諸人，每至暇日，輒相要出新亭，藉卉飲宴。周侯（周顗也）中坐而歎曰：「風景不殊，舉目有江河之異！」皆相視流淚。」

16 晉書卷六二祖逖傳載，祖逖統兵北伐，渡江至中流，擊楫而誓曰：「祖逖不能清中原而復濟者，有如大江！」

首三句，表明作者立志救國之決心與期待朝廷起用賢才之殷望。「磻溪未遇」、「傅岩未起」，即在藉姜子牙遇周文王與殷高宗重用傅說之典故[17]，表明欲振興國運，謀圖恢復，必大力起用賢才也。「國事」三句，係對南宋王朝不曉結合人力，一味倚仗長江天險，盲目追求苟安之心理，以及君臣不切實際之言論，予以深切之諷刺。蓋「衣帶」極言長江似帶之細窄微弱，不足憑恃也。末結「借問」數句，筆鋒一轉，對士大夫不問國事之風氣，亦提出尖銳之批評。蓋南宋國力不振，朝廷固難辭其咎；而一般自命清高之士大夫，一味寄情山水，度其似孤山林處士之生活[18]，對國事不聞不問，自亦加深家國之危機。無怪乎作者於詞末終發出「天下事，可知矣」之沈重感慨！南宋滅亡之後，陳德武曾塡一闋水龍吟，題名「西湖懷古」。詞中對南宋一百餘年宴樂、苟安之現象，亦有深刻之描述，悲壯之慨嘆，並移錄供參考：

東南第一名州，西湖自古多佳麗。臨堤台榭，畫船樓閣，游人歌吹；十里荷花，三秋桂子，四山晴翠。使百年南渡，一時豪傑，都忘卻、平生志。　可惜天旋時異，藉何人、雪當

---

17 姜子牙遇周文王事，見史記卷三二，概云：呂尙，本姓姜氏，其先封於呂，從其封姓，故曰呂尙。字子牙，年老隱於釣。文王出獵，遇於渭水之陽（俗謂之磻溪），與語大悅，曰：「吾太公望子久矣！」因號「太公望」。載與俱歸，立爲師，爲文王四友之一。至若殷高宗之任傅說，則見載於史記卷三殷本紀：「帝武丁即位，思復興殷，而未得其佐。三年不言，政事決於冢宰，以觀國風。武丁夜夢，得聖人名曰：『說』，以夢所見，視群臣百吏，皆非也。於是乃使百工營求之野，得說於傅險中。是時，說爲胥靡，築於傅險。見於武丁，武丁曰：『是也！』得而與之語，果聖人，舉以爲相，殷國大治，故遂以傅險姓之，號曰：『傅說』」

18 宋史卷四五七載：「林逋，字君復，杭州錢塘人。少孤，力學，不爲章句。……初放游江淮間，久之歸杭，結廬西湖之孤山，二十年，足不及城市。」逋之隱孤山，種梅養鶴以度日，因有「梅妻鶴子」之說。

年恥。登臨形勝，感傷今古，發英雄氣。力士推山，天吳移水，作農桑地。借錢塘潮汐，
為君洗盡，岳將軍淚。

此外，南宋聯蒙滅金後，由於宋廷倉卒進兵中原，蒙古遂以宋壞盟約爲藉口，連年發兵南下。理宗驚恐之餘，命草詔罪己。然大片南宋土地，仍紛紛失守。後幸有江陵、眞州及安豐諸守將士卒奮力死戰，暫挫蒙軍，淮右以安。（參宋史卷四一理宗本紀）面對此種局勢，不少士大夫既痛朝廷之腐敗，復嘆當權之束手無策，紛提出猛烈之抨擊。陳人傑於理宗嘉熙元年（一二三七）即塡一闋沁園春表達其痛心與憤慨：

誰使神州，百年陸沈，青氈未還。悵晨星殘月，北州豪傑，西風斜日，東帝江山。劉表坐談。深源輕進，機會失之彈指間。傷心事，是年年冰合，在在風寒。　說和說戰都難。算未必江沱堪宴安。嘆封侯心在，鱣鯨失水，平戎策就，虎豹當關。渠自無謀，事猶可做，更剔殘燈抽劍看。麒麟閣，豈中興人物，不畫儒冠。

此詞起首即引用西晉王衍淸談誤國與盜竊王獻之靑氈之典故[19]，責問：中原大片國土淪陷敵方，久久不得恢復，究屬誰之責任？理正辭嚴，大義凜然。「悵晨星」四句，則謂：今北方有志之士

---

19 晉書卷四三載：「（王衍）初好論從橫之術，故尚書盧欽舉爲遼東太守，不就，於是口不論世事，唯雅詠玄虛而已。……衍既有盛才美貌，明悟若神，常自比子貢；兼聲名藉甚，傾動當世。妙善玄言，唯談老莊爲事。每捉玉柄麈尾，與手同色。講理有所不安，隨即改更，世號口中雌黃。」時值匈奴南侵，衍等行徑若是，無怪中原淪陷。桓溫北伐之際，與諸僚屬登平乘樓，眺矚中原，慨然曰：「遂使神州陸沈，百年丘墟，王夷甫（衍）諸人不得不任其責。」（晉書卷九八）至若王獻之遭竊事，見晉書卷八〇：「（獻之）夜臥齋中，而有偷人入其室，盜物都盡。獻之徐曰：『偷兒，青氈我家舊物，可特置之。』群偷驚走。」詞中則以「青氈」喻中原故土也。

已寥若晨星，所存無幾；南宋半壁江山亦似落日西風，難以久長。其下引劉表與殷浩（字深源）典[20]，說明「坐談」與「輕進」皆足貽誤事機。「傷心事」三句，以「冰合」、「風寒」，比喻南宋遭北方強敵不斷威脅與進攻，長期屈辱苟安，束手無策，恰似處於嚴酷之寒冬也。下片首兩句，反映當時朝廷兩種現象：其一，由於朝臣對戰、和之問題，並無切實可行之主張，唯各執己見，爭吵不休，以致出現和不能安、戰不能勝之兩難情勢。其二，君臣一味依恃江淮天險，毫無備戰心態之風氣，誠令人憂心；蓋似此表面之享樂安逸，實難久長也。「嘆封侯」以下七句，自嘆空有建功雄心，而處境困頓，全無用武之地。縱欲上書陳述恢復大計，無奈「虎豹」當關，孰願採納？於焉作者在深夜獨自挑燈看劍，仍期待為國殺敵立功。且進一步表明：實則形勢並未絕望，國事亦尚有可為，特渠等無謀，致未能扭轉乾坤也。末結引漢宣帝命人在麒麟閣上圖畫霍光等十一位功臣之故實，表達高昂之情志，因謂：豈武將方能為家國立下中興之功，而書生終未能畫像麒麟閣上耶？

至若李演及李好古兩人之詞作，則頗為前線戰士打抱不平，因以「玉關」勞苦，「玉樓」歌舞對比之技巧，表達對朝政之不滿。茲節錄如下：

20　三國時，曹操攻柳城，劉備勸荊州牧劉表乘機襲擊許昌，劉表不聽，坐失良機，遂悔之莫及。曹操謀士郭嘉聞之，謂曰：「表坐談客耳！」（參三國志魏志卷一四）殷浩輕進事，見晉書卷七七，概云：殷浩平素唯知高談莊老，說空終日。洎乎胡中大亂，朝廷欲遂蕩平關河，遂以浩為中軍將軍，假節都督揚、豫、徐、兗、青五州軍事。浩既受命，頗以中原為己任，乃上疏北征。師次壽陽，會前秦苻健殺其大臣，健兄子眉自洛陽西奔，浩乍聞梁安事捷，意苻健已死，乃請進屯洛陽，修復園陵；且以前秦降將姚襄為前驅。師次山桑，而姚襄反，浩懼，棄輜重，士卒亦多亡叛，後遂為襄所殺。

落落東南牆一角，誰護山河萬里。問人在、玉關歸未。老矣青山燈火客，撫佳期、漫灑新亭淚。歌哽咽，事如水。（李演賀新郎下片，起句：笛叫東風起）

誰在玉關勞苦。誰在玉樓歌舞。若使胡塵吹得去。東風侯萬戶。（李好古謁金門下片）

五、譏刺賈似道亂政

賈似道，字師憲，號秋壑，天台人。賈涉子，少落魄爲游博，不事操行，以蔭補官。理宗時，以姊爲貴妃，累拜右丞相，軍漢陽，授鄂州。寶祐六年，蒙古兵攻鄂州，似道密遣宋京割地納幣請和，而詭以鄂州大捷啓奏。尋入朝主政，權傾中外，度宗立，以太師平章軍國事，封魏國公，賜第葛嶺，作半閒堂，吏抱文書就第署，大小朝政，一決於館客廖瑩中等。初、度宗之立，似道有定策之功，於焉每朝必答拜，稱之曰「師臣」而不名；朝臣則稱曰「周公」。入朝不拜，朝退，帝必起避席，目送之出殿，始坐。然權益盛，誤國愈深。宋季三朝政要卷四咸淳六年條載：「上一日問似道：『襄陽之圍三年矣，奈何？』對曰：『北兵已退去，陛下得臣下何人之言？』上曰：『適有女嬪言之。』似道詰問其人，誣以他事賜死，自是邊事無人敢對上言者。」同卷咸淳七年條又載：「邊報愈急，似道占湖山之勝，作半閒堂，延羽流塑己像其中，內殖貨利，蠱聲色。寵妾葉氏，本淑妃閣宮人也；潘氏，倪氏妓也，取而有之。令陳振、譚玉、趙與枬等，廣收奇器異寶。閱余玠有玉帶，發冢取之；劉震孫有玉鉤桶，本安丙家物，不獻，罷去。建多寶閣，日一登玩其間，門客朝士稱功頌德，誦說太平；誇咸淳爲元祐，尊似道曰周公，諛言溢耳，不復加意邊事。」（本段除引文外，餘參宋史卷四七四賈似道傳、宋史記事本末卷一〇五）賈氏荒唐行徑，亦云極矣！

面對賈氏此等行徑，宋末詞人自是多方寓諷。如陳郁念奴嬌（詠雪）詞，一般均視爲諷刺賈氏弄權之作：

沒巴沒鼻。霎時間、做出漫天漫地。不論高低幷上下，平白都教一例。鼓動滕六，招邀巽二，一任張威勢。識他不破，至今道是祥瑞。　卻恨鵝鴨池邊，三更半夜，誤了吳元濟。東郭先生都不管，關上門兒穩睡。一夜東風，三竿暖日，萬事隨流水。東皇笑道，山河原是我底。

此詞起首以當時俗語入詞，並以飛雪爲喻，謂賈似道「沒來由」即自一無賴之徒，飛黃騰達。「不論」一句，謂其既當權即欲專擅權勢。而後以雪神滕六、風神巽二，喻賈氏呼朋引類，濫施淫威，恰如風雪之襲人也。「識他」兩句，則痛責朝廷昏庸，乃不識賈氏真面目，反以爲祥瑞也。過片三句，以唐憲宗元和十二年李愬夜襲蔡州，活捉吳元濟之事[21]，喻宋理宗端平元年，宋蒙滅金於蔡州，而與蒙結盟，以致「誤了」宋也。此事雖與賈氏無闕，然爾後宋蒙諸多衝突，賈氏實扮演重要角色，其暗中「稱臣納幣」之和議，尤誤南宋一朝也。「東郭」兩句，蓋以東郭先生不畏風雪之典[22]，喻不畏淫威者流。「一夜」以下，乃作者想像之詞，謂風雪終必消釋，紅日終必高照，山河亦必復其原貌；蓋喻賈氏必然垮台也。又如醴陵士人所作一剪梅：

---

21 唐憲宗時，大將李愬攻打蔡州節度使吳元濟。夜半大雪，城邊有鵝鴨池，愬命士兵驚動鵝鴨，鵝鴨亂州，掩卻行軍之聲，遂破蔡州，逮吳元濟。（詳參資治通鑑卷二四〇唐紀憲宗元和十二年條）

22 初學記卷二載：「東郭先生，……貧寒，衣履不完，行雪中，履有上無下，足盡踐地。」此詞蓋以東郭先生不畏風雪喻不畏淫威者也。

宰相巍巍坐廟堂。說著經量。便要經量。那個臣僚上一章。頭說經量。尾說經量。輕狂太守在吾邦。聞說經量。星夜經量。山東河北久拋荒。好去經量。胡不經量。

此詞花草粹編卷七題為「咸淳甲子又復經量湖南」，而「甲子」，即宋理宗景定五年（一二六四），此年十月，理宗死，度宗繼位，始詔改明年為咸淳元年，題稱「咸淳甲子」，當誤。景定五年九月，宰相「賈似道請行經界推排法於諸路，由是江南之地，尺寸皆有稅，而民力益竭。」（續資治通鑑卷一七七）[23]經界推排法即丈量田地，重定稅額之措施。當時，南宋朝廷已日益腐敗，對金人一味屈辱求和，而不思收復北方大好山河，對內則剝削壓榨，使人民處於水深火熱之中。醴陵士人之一剪梅，即真實反映此朝政也。

此詞以重疊錯綜之修辭技巧，刻劃宰相、臣僚、太守三種形象，含有濃烈之諷刺意味及無限憤怒之情。起句以「巍巍」形容賈似道高高在上，不可一世。而後以「說著」、「便要」綰合下兩句，充分突出賈氏之獨斷專橫。其下接寫朝臣全依賈氏之眼色行事，故聞道賈氏欲推行經界法，即爭上奏章，為之附和奉承，徹頭徹尾均為贊成「經量」之言論，深刻寫盡官僚之奴才相。過片三句，轉寫「輕狂」之地方官員，如太守者流，始聞賈氏「經量」之措施，即迫不及待，「星夜」執行。以上寥寥數語，即將當時宰相、臣僚、太守之言語、行為、神態，刻劃盡致，印象鮮明。末結三句，尤沈痛嘲諷賈氏，而以疑問句法問道：北方大片荒蕪之土地「好去」收回經量，為何

---

[23] 又據江湖紀聞載：理宗淳祐壬子，饒州、信州舉行「經量」制，為增加賦稅也。於焉有人於牆上題此詞與兩詩諷刺之，其一詩云：「失淮失蜀失荊襄，卻把江南寸寸量；一寸縱教添一丈，也應不是舊封疆。」亦足證當日百姓對朝廷之不滿也。然所載年代不符，姑錄於此，以供參考。

不去？讀罷，不覺令人氣憤塡膺，迴盪不已。

度宗咸淳四年（一二六八）九月，蒙古發兵攻打襄樊，遭守城軍民頑強抵抗。戰事延續四年有餘，城中軍民已致「食子爨骸」之悲慘地步。然遠在南宋京都臨安，由於賈似道之隱瞞軍情，匿而不報，於焉朝臣權奸仍「怙權妒賢，沈溺酒色；論功周、召，粉飾太平。」（引文並見陳世隆隨隱漫錄卷二）度其文恬武嬉、醉生夢死之無恥生活。當時有楊僉判者（僉判為「簽書判官廳公事」之省稱，為州府之幕僚），耳聞前線將士被困襄樊之慘況，目睹賈似道等權奸賣國求榮、奢侈淫逸之行徑，乃寫下揭露事實與抨擊朝政之一剪梅：

襄樊四載弄干戈。不見漁歌。不見樵歌。試問如今事若何。金也消磨。穀也消磨。　柘枝不用舞婆娑。醜也能多。惡也能多。朱門日日買朱娥。軍事如何。民事如何。

此詞起首三句，寫襄樊一帶戰事進行四載有餘，人民生活全遭破壞，「漁歌」、「樵歌」已不復聞，顯然民不聊生、糧盡援絕也。然當權之賈似道又如何對待此事？據史載，賈氏爲應付窘境，一則在江南諸地推行「經界推排法」，大肆搜刮民脂民膏；一則向蒙古進貢財寶，冀其退兵。然「奉之彌繁，侵之愈急」，蒙軍終未退去，以致徒然消磨錢穀，亦難解除災阨也。過片由憂慮國事轉而直斥權奸；且以「醜」、「惡」兩字抨擊賈氏者流可恥之行徑。末結復重申上意，而以兩問句痛責渠等誤國殃民之罪惡。據宋史賈似道傳載：「時襄陽圍已急，似道日坐葛嶺，起樓閣亭榭，取宮人娼尼有美色者爲妾，日淫樂其中。」此即「柘枝舞婆娑」與「朱門買朱娥」之事實依據也。

此外，劉辰翁有一闋六州歌頭詞，亦以史實爲依據，痛斥賈似道之誤國行徑：

向來人道，真個勝周公。燕然渺。浯溪小。萬世功。再建隆。十五年宇宙，宮中贋。堂中伴。翻虎鼠，搏鷞雀，覆蛇龍。鶴髮龐眉，憔悴空山久，來上東封。便一朝符瑞，四十萬人同。說甚東風，怕西風。　甚邊塵起，漁陽慘。霓裳斷。廣寒宮。青樓杳。朱門悄。鏡湖空。裡湖通。大纛高牙去，人不見，港重重。斜陽外，芳草碧，落花紅。拋盡萬金無計，方知道，前此和戎。但千年傳說，夜半一聲銅。何面江東。

此詞題序云：「乙亥二月，賈平章似道督師至太平州魯港，未見敵，鳴鑼而潰，后半月聞報，賦此。」乙亥，即宋恭帝德祐元年（一二七五）。而「魯港」之潰，可謂賈氏誤國行徑之總結，茲道其原由如次：宋理宗寶祐六年（一二五八），蒙古軍三路南犯；翌年，忽必烈進圍鄂州，賈似道以右丞相兼樞密使督師援鄂，然賈似道見蒙軍凶猛，不敢與戰，乃私自向忽必烈乞和，允以納幣稱臣。時忽必烈聞國內將亂，急於回京爭帝位，遂允諾退兵。事後，賈似道隱匿議和納幣之內幕，上表言：「諸路大捷，鄂圍始解，江漢肅清。」而帝以似道再造有功，下詔褒美，進封衛國公；後又加太師，封魏國公。度宗咸淳三年（一二六七），蒙古再度南下，圍困襄陽，時賈似道獨攬大權，聲震朝野，既未全力援救，復扣留蒙古使者，封鎖前次和議消息及時下戰況。咸淳九年（一二七三），襄陽失守，賈似道假意上表請求率師禦敵，暗中指使親信奏請皇上慰留。翌年，元軍（蒙古於咸淳七年——至元八年建國，號大元）破鄂州，國勢岌岌可危，迫於朝野壓力，賈似道始率軍至前線督戰。原欲故伎重施，向元乞和，均遭拒絕，不得已，遂自領精銳駐紮在太平州魯港，以爲後援。元軍來攻，賈似道不戰自潰，倉皇遁逃。迫於公議，賈似道被貶竄循州，爲誤國行徑自食其果。然恭帝德祐二年（一二七六），元軍大破臨安，南宋旋即滅亡，賈氏之貶，又何足以謝罪大宋耶！

此詞起首，先反諷賈似道之不自量力，而左右之阿諛者趨炎附勢，乃競以「周公」媲美賈氏。於焉既鄙視竇憲伐匈奴，令班固作銘，刻石燕然山之功；復輕忽唐肅宗平安史之亂，中興唐室，元結撰大唐中興頌，刻石浯溪之業；甚而自以爲可建立萬世之功，再興宋室。「十五年」六句，謂賈氏自景定元年（一二六〇）進少師，封衛國公，至德祐元年（一二七五）魯港軍潰，十五年間，全然控制南宋朝廷，翻雲覆雨，指鹿爲馬；弄鼠成虎，顛倒黑白，充分刻劃賈氏奸惡弄權之劣迹。「鶴髮」以下，追溯賈氏由落拓之身，一躍入朝，而後學王莽假造符瑞，蠱惑民心[24]，俾吏民同頌其德；氣焰囂張，壓倒君王。「西風」下原有注：「都人竊議者稱『西頭』」「西頭」即「賈」字；「西風」指賈似道，「東風」指皇帝，此兩句謂賈氏權傾君王，至於君畏臣之地步。過片以下，以唐安史亂起，玄宗夢斷之事[25]，喻元軍南下，一切享受頓成空。不論朱門歌舞，或葛嶺宅第，均化爲烏有。「大纛」以下，寫魯港之行及魯港之敗。蓋賈氏往前線督戰時，調錢糧，選精兵，建大纛，誇軍容，氣勢何其盛也。然元軍甫至，不戰自潰，「人不見，港重重」，何其諷刺。「斜陽」一句，係以時令節物暗寓花落水流、斜陽烟柳之殘局。爲收拾殘局，賈氏復重施故伎，遣人犒勞敵軍，百般求和。然「黃金抛盡」，和議不成，反露出本來面目，令世人知曉：前此「江漢肅

---

24 王莽居攝期間，自比周公，以輔孺子。梓潼人哀章，見莽居攝，即作銅匱爲兩檢，署其一曰「天帝行璽金匱圖」；其一署曰「赤帝行璽某傳予黃帝金策書」。書言王莽爲真天子，於焉莽至高廟，拜受金匱神嬗，因即天子位。又遣五威將王奇等十二人班符命四十二篇於天下，其文爾雅依託，皆爲作說，大歸言莽當代漢有天下云。事見漢書卷九九。

25 白居易長恨歌云：「漁陽鼙鼓動地來，驚破霓裳羽衣曲。」所以記唐玄宗天寶十四年，安祿山兵起范陽，驚破玄宗、貴妃享樂之美夢也。此詞則藉寫元軍大舉南侵，宋室（尤指賈似道）之一切享受頓成空也。

清」，特「納幣和戎」之結果耳。末結三句，謂千年萬年，終將傳說此「未見敵，鳴鑼而潰」之行徑，賈氏終無顏再見江東父老也。此外，聞知賈似道被竄逐循州之消息，有無名氏者，塡一闋長相思嘲弄之：

去年秋。今年秋。湖上人家樂復憂。西湖依舊流。　吳循州。賈循州。十五年間一轉頭。人生放下休。

按：宋理宗景定元年（一二六〇），右相賈似道授意沈炎彈劾左相吳潛，遂令吳氏被貶循州（今廣東惠陽）。賈氏乃乘機攬權，並命循州知州劉宗申毒死吳潛。孰料，恭帝德祐元年（一二七五），賈氏因與元軍作戰失利，被貶循州，途中且爲鄭虎臣錘死於漳州木棉庵。如此戲劇性之巧合，實含莫名之嘲弄，於焉有此語帶含蓄，卻極諷刺之作品出現。上片以時間之循環，引出憂樂之相隨相倚。「湖上人家」非泛指，而係指賈似道當年彈劾計成，異己排除，其樂何極！然今日官職削去，謫竄南荒，前途黯然，終引憂相伴。不變者，唯西湖流水，似爲人世之更迭而嗚咽。下片揭露一段對廷公案，深刻寫下賈十五年之作威作福，以及終遭惡報之下場。結句則以賈氏行徑爲戒，道出禍福無常、憂樂相隨之哲理，並告知世人：世事宜「放下」，庶免煩惱也。

六、勸勉朝臣盡忠守節

恭帝德祐元年（一二七五），元軍終於直指臨安，南宋政權危如累卵，群臣惶惶不可終日。而賈似道竟匿情不報，粉飾太平，依杭州湖山之勝，蓄妓納妾，整日游湖取樂。目睹此矛盾現象，褚生百字令曾有深刻之描述：「真個恨殺東風，幾番過了，不似今番苦。樂事賞心磨滅盡，忽見飛書傳羽。湖水湖烟，峰南峰北，總是堪傷處。新塘楊柳，小腰猶自歌舞。」（下片）然面對沈淪之國勢，朝臣乃紛紛棄職走避，無怪謝太后慨然揭榜朝堂曰：「我國家三百年，待士大夫不薄，吾與嗣君遭家多難，爾小大臣不能出一策以救時艱。內則畔官離次，外則委印棄城，避難偷生，尙何人爲？亦何以見先帝於地下乎？」（宋史卷二四三后妃列傳）雖然，誤事者，權臣也；淪亡者，父母之國也，故値此家國變動之際，仍不乏深明大義、不事二主之士大夫挺身抗敵，與家國共存亡。故藉詞呼籲朝臣守節，表明盡忠職守者，亦時見之。而此亦朝政之現象，故附於文末敘述。

茲先舉家鉉翁念奴嬌（送陳正言）爲例：

南來數騎，問征塵、正是江頭風惡。耿耿孤忠磨不盡，唯有老天知得。短棹浮淮，輕氈渡漢，回首觚棱泣。緘書欲上，驚傳天外清蹕。　路人指示荒台，昔漢家使者，曾留行跡。我節君袍雪樣明，俯仰都無愧色。送子先歸，慈顏未老，三徑有餘樂。逢人問我，為說肝腸如昨。

按：恭帝德祐二年（一二七六）正月，元相伯顏入臨安府，請太皇太后降令太皇降詔受降。丞相吳堅、賈餘慶乃檄告天下守令以城降，家鉉翁獨不署。元帥遣使至，欲加縛，鉉翁曰：「中書省無縛執政之理」，遂止。宋廷遣使議和，鉉翁以參知政事充祈請使。二月初九，在元兵監督下啓程北上；閏三月初十，至大都；四月十二日，轉赴上都。從此羈留北方，直至元成宗即位，始放還。（參宋季三朝政要卷五、宋季忠義錄卷一〇）

此詞係家鉉翁羈留北方送陳正言（蓋亦南宋官員赴北者）南歸時所作。起首兩句，寫作者對南方情勢之關心，故遇南來者，即詢問消息。孰知「江頭風波惡」，正喻指形勢之險惡也。「耿耿」兩句，寫作者之孤忠氣節，始終中一，恰似磐石，銷磨不盡；實亦表明彼在北方之種種磨難也。然遠離故國，何人知曉，故云「唯有老天知得」。「短棹」五句，轉敘國亡之種種。蓋自元軍渡淮，即揭開亡宋之序幕；而襄樊戰役後，元軍（詞中以「輕氈」喻元軍，以元人戴氈笠故也。）即潛兵入漢水，水陸並進，與渡淮軍隊相策應，勢如破竹，終導致臨安之淪陷。「回首」句，係寫作者赴北途中望京城宮闕而痛哭也。其時，宋室未亡，猶有宮闕可望；然俟鉉翁至北地，尚未及向宋廷報告祈請狀況，而三宮被擄北遷之悲劇終發生，故云「驚傳天外清蹕」也。（清蹕，原指皇帝出行，清道戒嚴，此則用指宋三宮北遷也。）下片轉寫羈留北方所受之磨難，及其「磨而不磷」之忠節。「路人」三句，引出漢家使者蘇武；「我節」兩句，將自己與蘇武並提，謂：蘇武持節漢北，堅貞不屈，吾亦「節如冰雪」也。蓋家鉉翁北上後，始終不變節，並得元帝批准，不易服色[26]，其心跡行事，自無愧天地家國也。「送子」五句，乃送別陳正言之話語，意含兩層：其一，趁慈顏未老，正可歸去承歡，並享歸園田居之生活；其二，以回答故人詢問之形式，寓忠肝義膽於委婉之言辭中，讀之，益覺悲壯動人也。[27]

南宋端宗景炎三年，亦即帝昺祥興元年（一二七八）十一月至十二月十五日，文天祥以少保

---

26 家鉉翁奉命北赴上都，既至，不易服色，堅著宋服，元皇帝特予允准，且曰：「不要改變服色，只依宋朝甚好。」（參錢塘遺事卷九丙子北狩條）

27 家鉉翁羈留北地，每逢友朋南歸，即將思鄉及忠義之情，流露於送別之際。如送朱信叔赴長安省幕，即云：「我家正住岷峨下，定有鄉人故老諏哀蹤；爲言仗節瀛海上，齒髮衰謝氣如虹。」正足與此詞相印證。

右丞相兼樞密仗駐兵潮陽，時潮陽有張巡、許遠二公之廟[28]，文天祥思古鑑今，有感而發，因填一闋沁園春詞：

> 為子死孝，為臣死忠，死又何妨。自光岳氣分，士無全節，君臣義缺，誰負剛腸。罵賊張巡，愛君許遠，留取聲名萬古香。後來者，無二公之操，百煉之鋼。　人生翕欻云亡。好烈烈轟轟做一場。使當時賣國，甘心降虜，受人唾罵，安得流芳。古廟幽沈，儀容儼雅，枯木寒鴉幾夕陽。郵亭下，有奸雄過此，仔細思量。

此詞首二句，以對仗起，發出絕大議論：苟爲臣、子，能爲忠、孝而死，死又何妨！此兩句既所以自許，亦足以勉人，尤足以激勵當時士大夫也。其下，則追溯自三光、五岳氣分，安史亂起，天崩地坼，無復見盡忠報國之烈士矣！此時，唯見罵賊之張巡，愛君之許遠（張、許事蹟參附注8），能從容就義，至死不降，固足留取萬古聲名也。「後來者」三句，一筆帶至今日，發出極深沈之感慨！蓋宋亡之際，叛國投降者甚夥，上自具文痛責士大夫之謝太后，下至赴元奉降表之賈餘慶等，何可勝數！相對於張、許二人之行爲，自足汗顏！而天祥自負有「二公之操，百煉之鋼」，亦凜然見於言表矣！下片意脈不斷，復以絕大議論，道出儒家人生哲學——人生短暫，宜爲國爲民轟轟烈烈做一番事業，正與起句相呼應。「使當時」以下，假設當時張、許二公貪生怕死，賣

28 張、許雙廟原在睢陽，所以見於粵之潮陽，蓋緣韓愈故也。唐憲宗元和十四年，愈以諫迎佛骨，貶潮州刺史，問民疾苦，開設鄉校，潮州遂爲文化之邦。韓去後，潮人思韓，乃建書院、廟祀，皆以韓爲名。而韓曾撰「張中丞傳後敘」一文，表彰張、許之功烈，堪稱張、許之知己，潮人因並爲張、許建立祠廟。張、許潮陽雙廟建於北宋神宗熙寧年間，位在潮陽縣東郊之東山山麓。（參永樂大典卷五三四五潮州府）

國降虜，將受人唾罵，遺臭萬年，又如何流芳萬古耶！此亦所以勉當時朝臣也。「古廟」以下，以景語寫張許二公塑像，儀容莊嚴典雅，栩栩如生；相對於樹木之幾番榮枯，夕陽之幾度出沒，二公之精神固萬古不朽，令人肅然。末結，文天祥以痛憤之巨筆，警告當時賣國降敵者流：走過雙廟前，郵亭下，面對先烈，亦當反躬自省矣！此一無比深沈有力之結筆，亦爲宋季朝廷寫下最後之生氣！

參、結　論

其一，綜上敘述，可知在宋季婉約詞風盛行之際，詞壇仍有不少作家對劇變之時代，投入絕大之關心；並將此關心寫入作品中。此等作品，並不以審音協律、詠物寄情見長，而係以反映當時朝政爲可貴。要而言之，其反映之朝政蓋有下列數端：㈠善待淪陷區之義軍；㈡憂心宋、蒙之邊事；㈢呼籲朝廷任用賢才；㈣痛斥朝廷苟安無策；㈤譏刺賈似道亂政；㈥勸勉朝臣盡忠守節。

其二，詩詞韻文，固宜抒情言志，然其功用擴大後，實亦可用來記事評論；而其感人之深，甚有超乎史傳奏議者。蓋史傳、奏議、筆記、文集等資料，所以詳載一人之行徑、一事之始末，誠然有助於對事實之通盤了解。然於其人其事之概括或評論，終不如詩詞之精簡雋永，感人深刻，此南宋反映朝政之詞作，所以耐人再三玩味，並轡史傳也。

※原載於《東吳文史學報》第十號，一九九二年三月，頁七五至九四。